貫 成人 著

図説・標準 哲学史

新書館

目次

はじめに 6

古代

すべてのはじまり 10
古代哲学年表 11
自然学者とソフィスト 12
ソクラテス 16
プラトン 20
アリストテレス 24
ヘレニズム 30
新プラトン主義 32

中世

最初の変質 36
中世哲学年表 37
中世哲学地図 43
アウグスティヌス 38
普遍論争 40
トマス・アクィナス 44
末期中世哲学 48
神秘思想 52

近世

哲学の文法 56
近世哲学年表 57
ルネサンスの思想 58
マキアヴェッリ 60
モンテーニュ 62
デカルト 64

近代

パスカル 72
スピノザ 74
ロック 78
バークリ 82
ライプニッツ 84
ヒューム 88
哲学の確立 92
近代哲学年表 93
ルソー 94
カント 96
フィヒテ 106
シェリング 108
ヘーゲル 110
ショーペンハウアー 116
功利主義 118
キルケゴール 120
マルクス 122
ニーチェ 126
フロイト 130
ブレンターノ 134
中欧論理思想 136
新カント派 138
プラグマティズム 140
ベルクソン 142

現代

哲学の多様化 146
現代哲学年表 147
現代1●英米哲学
フレーゲ 148
ラッセル 150
ホワイトヘッド 152
ウィトゲンシュタイン 154
ライル 158
オースティン 160
カルナップ 162
クワイン 164
デイヴィドソン 166
クリプキ 168
ローティ 170
ロールズ 172
現代2●現象学と解釈学
フッサール 174
ハイデガー 178
サルトル 182
メルロ=ポンティ 184
ガダマー 186
レヴィナス 188
フランクフルト学派 190

現代3●構造主義とポスト構造主義
エピステモロジー（科学認識論） 192
ソシュール 194
ラカン 196
レヴィ=ストロース 198
バルト 200
アルチュセール 202
ドゥルーズ 204
フーコー 206
デリダ 210
クリステヴァ 212
現代4●今日の諸問題
応用倫理学 214
フェミニズム 216
オリエンタリズム、ポストコロニアリズム 218
アフォーダンス 220
複雑系 222
おわりに 224
事項索引 235
人名索引 238

はじめに

現在、「哲学（ギ・フィロソフィア、英・フィロソフィー）とよばれる知的活動が最初におこなわれたのは、二千四百年前の古代ギリシア文明圏であったとされている。

ミレトスなどエーゲ海沿岸、あるいはイタリア半島のエレアなど、ギリシア植民都市の住人、タレスやヘラクレイトス、パルメニデスといったひとびとによる「自然哲学」だ。

エジプトやメソポタミアの思想とも親近性をもつ、こうしたひとびとに対して、はっきり「哲学」という名前を用いて活動したのが、アテナイの人ソクラテスであった。「自己知」を追求したかれは、イデア論を唱えた、弟子のプラトン、さらにその弟子であるアリストテレスとともに、古代ギリシア哲学の頂点をなす。かれらの活動は、当時、商取引の活発化、遠距離化とともにあらわれた、「ソフィスト」の、リアリスティックな相対主義に対して、真理の絶対性を確保しようとする営みでもあった。

やがて、アレクサンドロスの大帝国が出現するとともに、ポリスを追われたギリシア人からは、現世を達観するストア派やエピキュロス派、超越的存在によって現世を意味づけようとする新プラトン主義など、「ヘレニズム哲学」があらわれる。

ローマ帝国衰退のなか、政治的理由から厚遇されたキリスト教が地中海世界に徐々に浸透し、ローマ帝国が崩壊するとともに長い中世がはじまる。そこで支配的だったのは、当初プラトン、やがて十一世紀以降、イスラム世界を経由して導入されたアリストテレスと、キリスト教とを調停、統合し、その教義上の矛盾を解消するための、アベラールやトマス・アクィナスなど神学者たちによる哲学だった。普遍論争を通じ、記号や論理に関する分析もなされた一方、やがて、経験論的傾向をもつウィリアム・オッカムとともに、神学と哲学の分離という新路線が登場する。「祈る人、戦う人、はたらく人」という三身分制だった中世にたいして、「王侯貴族、聖職者、市民、農民」の四身分制となる近世においては、法服貴族や貴族、聖職者の間から哲学者が生まれる。十四〜十六世紀のイタリアを中心に、古典研究や、キリスト教内部での路線対立、絵画などの興隆がおこり、のちに「ルネサンス」とよばれる。その時期には、コペルニクスやケプラーなどによって「地動説」が提唱されたが、それをうけて、デカルトが試みた懐疑は、「われ思う、ゆえにわれあり」という定式を導くとともに、その後の近世哲学の文法となる「主観／客観図式」を確立する。それを批判的に摂取する形で、オランダやフランスなどヨーロッパ大陸には、パスカル、スピノザ、ライプニッツなどの「大陸合理論」、イギリスにはロック、バークリ、ヒュームなど「イギリス経験論」が生まれた。

アメリカ合州国独立宣言（一七七六年）、フランス革命（一七八九年）に彩られた十八世紀末、ヒュームならびに革命思想に大きな影響を与えたルソーの刺激によって、ドイツにカントが登場する。カントは、個々人が自分の理性をみずからの責任において用いながら、共同体の維持を図る「啓蒙」によって近代市民社会の倫理を準備したが、それは、各自の理性の暴走をかたく戒め、その一方で、知識や学問が根本から揺るがされる事態は排除する哲学的防壁（『純粋理性批判』）に支えられたものでもあった。

カント以降、十九世紀は、一七六〇年頃からイギリスにはじまる産業革命の波が、徐々にヨーロッパ大陸に到り、近代国民国家の誕生が予感され、あるいは実現する時期、すなわち近代であった。その時期、カントを批判する中からあらわれたフィヒテ、シェリングらの「ドイツ観念論」は、ヘーゲルの体系に結実する。ヘーゲルの体系は法や歴史、人倫、芸術、自然科学などすべてを包括する理性主義であったが、同時にそれは、古代の新プラトン主義に発し、中世の神秘主義思想を経て、ルネサンス期のコペルニクスの地動説にまで影響を与えた、絶対的超越者と個物とを一挙に覆う包括的体系の近代的姿でもあった。こうした包括的体系への志向は、のちのホワイトヘッド、パースにまで引き継がれる。

一方、近代国民国家が完成する十九世紀中葉以降、近代後期には、ヘーゲルの理性主義が取りこぼしたものに注目するショーペンハウアーやキルケゴール、あるいは近代の矛盾を衝くマルクスなどがあらわれる。マルクスとともに、一九六〇年代フランスで「思想の三統領」とよばれるフロイトやニーチェは、デカルト以来の自我中心の哲学、あるいは、そもそもプラトン、キリスト教以来の西洋哲学そのものを転覆しようとするものだった。また、この時期には、各地の伝統や社会事情に応じた哲学が同時多発する。すなわち、中欧におけるブレンターノや論理思想、ドイツにおいて教壇哲学を形成した新カント派、フランスにおけるベルクソン、イギリスを中心とした功利主義、アメリカ合州国のプラグマティズムなどだ。いずれも、二十世紀のひとびとに大きな刺激と影響を与えた。

二十世紀、哲学はとりあえず三つの大きな「潮流」として語られる。ドイツ語圏のフレーゲやウィトゲンシュタインに端を発し、イギリスのラッセル、ドイツ生まれのカルナップなど論理実証主義、日常言語学派（ライル、オースティン）を経て、アメリカ合州国のクワイン、デヴィドソン、クリプキ、ローティらへと到る「言語分析哲学」、やはりドイツ語圏のフッサールやハイデガー、ガダマー、それをうけてフランスで展開したサルトルやメルロ＝ポンティ、さらにレヴィナスに到る、現象学、解釈学、存在論、反-存在論の流れ、そして、一九六〇年代のフランスで一気に開花した、レヴィ＝ストロースやアルチュセール、ラカンなどの構造主義、さらにフーコー、ドゥルーズ、デリダ、ロラン・バルト、クリステヴァなどのポスト構造主義である。

冷戦終結前後には、とりわけポスト構造主義を利用する形で、フェミニズムやヨーロッパ中心主義批判が生まれ、その一方、技術や社会制度の変化に対応した応用倫理学、自然科学などの新たな知見から発したアフォーダンス理論、複雑系理論などが生まれることになる。

古代

《パルテノン神殿》（B.C.447-432）アテナイ、アクロポリス

すべてのはじまり

「哲学（フィロソフィア）」は、古代ギリシアにおける学芸の中心都市国家アテナイの住人**ソクラテス**によってはじまり、その弟子の**プラトン**、さらにその弟子の**アリストテレス**によって頂点を迎えた、というのがヨーロッパ哲学史における定説であった。

とはいえ、ソクラテスが登場するはるか以前から、広い意味で「哲学」に相当する知的営みをおこなったひとびとは存在した。

タレスをはじめとする、いわゆる「**自然学者**」たち、さらにアテナイがその栄華の絶頂を迎えた時期にあらわれた「**ソフィスト**」たちである。かれらは、「**ソクラテス以前のひとびと**（Vorsokratiker）」あるいは「初期ギリシア哲学」とよばれる。

自然学者の考えは、一見素朴な、宗教的、神話的思考ともみえるが、ヘーゲルやハイデガーといった後の哲学者にとって、大きな知的刺激となった。

また、都市国家アテナイが海運によって覇権をたもつ通商国家になったときに登場したのがソフィストだった。「ソフィスト」というと、詭弁を弄する不誠実な知識人の代名詞だが、実際には、アテナイの経済体制（マルクスの言う「下部構造」）変革期に登場した先進的なひとびととも言える。

とはいえ、ソフィストの「相対主義」への対抗策として登場したのが、プラトンの「**イデア説**」だった。その考えは、ソクラテスの「**無知の知**」から大きく一歩を踏み出したものであるが、同時に、伝統的なギリシア人的発想をも超えた「異教的」発想でもあった。

そのプラトンを徹底的に批判するアリストテレスは、巧みに、古来の思考法とプラトン的要素を調停する。

とはいえ、アリストテレスの時代は、ギリシアの都市国家が没落を迎え、アレクサンドロス大王の巨大帝国が西地中海を支配した時代でもあった。その時代に各地に生まれた、**新プラトン主義**や**懐疑主義**、**快楽主義**、**ストア派**などを総称して「**ヘレニズム哲学**」とよぶ。この時代の哲学は、ヘーゲルの哲学史において低く評価されたため、近年まで重視されなかった。しかし、都市国家という故郷をうしない、やがてローマ帝国という一大軍事国家に呑み込まれるひとびとの思索は、現代にもっとも通じるものかもしれない。

古代哲学年表

年代	世界情勢
前700	オルフェウス信仰の成立
前612	アッシリア滅亡
前586	ユダヤ王国滅亡
前529	ピュタゴラス、教団を組織
前508	アテナイ民主政成立
前492	ペルシア戦争
前431	ペロポーネソス戦争
前400 頃	旧約聖書成立
前387	アカデメイア創設
前335	リュケイオン創設
前334	アレクサンドロス大王の遠征開始
前272	ローマ半島統一
前264	ポエニ戦争
前 27	ローマ帝国成立
前 4	イエス誕生
30 頃	イエス十字架刑に
66	ユダヤ戦争
117	ローマ帝国領最大に
200 頃	新約聖書成立
245	マニ教創始
380	キリスト教、ローマ国教になる
395	ローマ帝国、東西に分裂
1462	メディチ家、アカデミア・プラトニカ創設

活躍した哲学者

イオニア学派
- タレス
- アナクシマンドロス
- アナクシメネス
- ヘラクレイトス

エレア学派
- クセノパネス
- パルメニデス
- エレアのゼノン

- エンペドクレス
- アナクサゴラス
- デモクリトス

ソフィスト（プロタゴラス、ゴルギアスなど）

ソクラテス → シノペのディオゲネス

プラトン（アカデメイア創設）

アリストテレス（リュケイオン創設）

懐疑主義
- ピュロン

快楽主義
- エピクロス

ストア派
- キュプロスのゼノン
- クリュシッポス
- セネカ
- マルクス・アウレリウス

新プラトン主義
- プロティノス
- プロクロス

- フィチーノ
- ピーコ・デッラ・ミランドラ
- クザーヌス

自然学者とソフィスト

地中海東部から中央アジアにかけての地域には、すでに紀元前三十世紀頃からエジプトならびにメソポタミアを中心とする文明が栄え、紀元前十二世紀には、さまざまな出自のひとびとが貿易、航海などの活動を共にするコスモポリタンな状況が出現していた。その中で、『イリアス』『オデュッセイア』（伝ホメロス作、前八世紀後半頃）に見られるような独自の文化が生まれ、のちに「ギリシア文明」とよばれることになる。

彼らの間で、人間や社会をも包み込む原理に思いを馳せるひとびとが生まれたのは紀元前六世紀頃のことだった。すべてを包む原理は「**自然**」（**ピュシス**）とよばれ、それについて諸説を述べたひとびとは「**自然学者**」とよばれる。

時代が下って紀元前五世紀半ばのアテナイには、人間社会における活動のあり方を伝授する「**ソフィスト**」（知恵者）とよばれるひとびとが現れた。

（一）自然学者

アナクシマンドロス

紀元前六世紀、イオニア（現在のトルコ共和国）にあったギリシアの植民都市ミレトスの住人、**タレス**（前六二四頃～五四六頃）を「最初の哲学者」とするのが西洋哲学の公式見解である。

タレスは、「万物の大元（**アルケー**）は水である」とした。地形は水の流れによって形成され、また、動植物や人間は生きるために水を必要とする。このことを思えば、タレスの考えも理解できないわけではない。また、当時絶大な影響力をもっていたエジプトやメソポタミアでは、万物の起源を洪水に求める神話が信じられていた。

ところがタレスの考えには早速反論が寄せられる。たとえば、火は水を蒸発させ、水によって消えてしまうという意味で、水の反対物であり、また、流体である水に比べて土は固体である。万物の大元を水に限定すると、こうしたものがどうして生まれたのか説明できない。そこで、**アナクシマンドロス**（前六一〇頃～五四〇頃）は、水や火のように性質の限定されない「**ト・アペイロン**」（無規定なもの）をあげた。**アナクシメネス**（前五四六頃）は、水よりは広く見られる空気を万物の根源とした。彼らは、自然を形作る素材

ソクラテス以前の哲学者関連地図

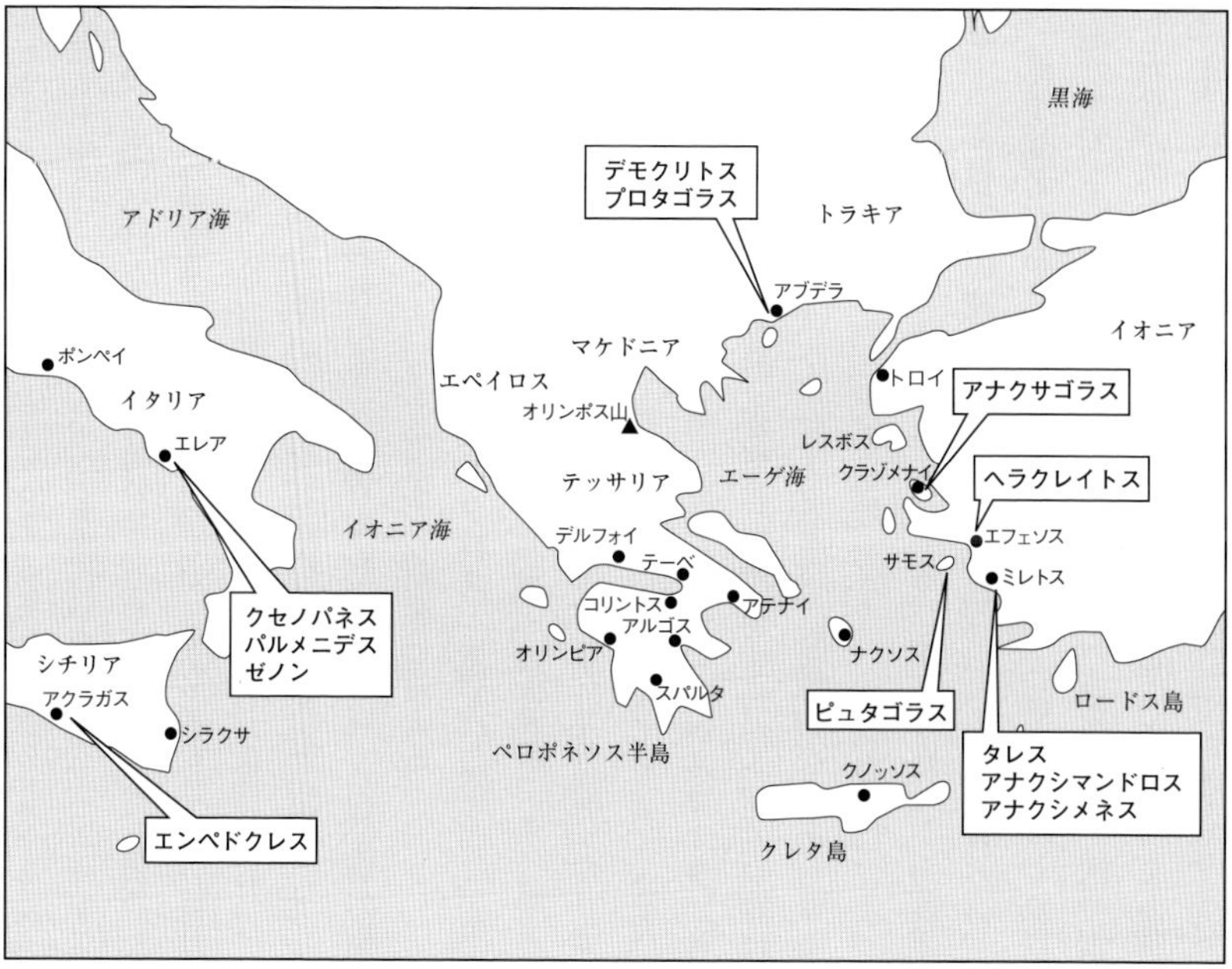

に大元を求めたのである。

一方、**ヘラクレイトス**（前五〇〇頃）は、火こそが万物に通底するものであるとした。これは一見、イオニア派のように「素材」に大元を求めるかに見えるが、じつは万物の「あり方」にかかわる見解である。すなわち、ロウソクの炎は、次々に供給されるロウを気化させ、炭素と水素に分解することによって炎たりえている。炎を構成する物質的な基盤は、絶えず入れ替わり、今ある火先は直ちに消滅して、次の火先に入れ替わる。このように、自らを消し去りつつ存在するのは、実のところ、二ヵ月ごとに分子レベルでは入れ替わってしまう動物や人体についても変わらない（福岡伸一『もう牛を食べても安心か』文春新書）。「同じ川には二度と入れない」という言い方もされるこの主張を「**万物流転**」（**パンタ・レイ**）とよんだのは、のちの**新プラトン主義**だった。

一方、**パルメニデス**（前五一五頃～四五〇頃）は「**ある**」ことこそが万物の大元であると主張した。万物は変化しうるが、その大元が変化したのでは大元たりえず、したがって「あるものはある」というわけである。さまざまな**パラドクス**で名高い**エレアのゼノン**（前四九〇頃～四三〇頃）は、パルメニデスの弟子である。彼は、「ある」ことこそが万物の大元であるという師の主張を擁護するため、変化、運動を否定する「飛ぶ矢は飛ばない」（的にいたるためには、必ずその中間点を通らねばならず、最初の中間点通過後は次の中間点を通らねばならず……、と分割していくと無限にいたるため）、「アキレスは亀に追いつけない」（亀に追いつくためには、はじめに亀がいたところまでたどり着かなければならないが、そのときにはすでに亀は先に行っており、その位置についたときには、さらに亀は先に行っており……、と無限に続くため）などのパラドクスを主張した。

その後あらわれた多元論者や原子論者は、自然物の構成要素とそのあり方による説明の折衷と言える。

多元論者とされる**エンペドクレス**（前四九二頃〜四三二頃）は、土や水、空気、火などの諸元素（**四大元素**）が、愛と憎しみの原理にもとづいて互いに混合したり分離したりする中で、万物は発生し、形成され、消滅するとした。また、**アナクサゴラス**（前五〇〇頃〜四二八頃）は、「**スペルマータ**」（種子）に「**ヌース**」（知性）が働きかけることによって万物は生まれるとした。スペルマータとは、動植物などあらゆるものの元を含み、そのつどの摂理（ヌース）の働きかけによって特定の性質を発現するものである。現在で言う「万能細胞」（ES細胞）の発想を思い浮かべればいいかもしれない。

原子論者である**デモクリトス**（前四二〇頃）は、「それ以上分割できないもの」である「**アトム**」（原子）が、快や憎しみなどの力次第でさまざまに結合することによって万物は生まれるとし、原子同士の間は「真空」であると考えた。

このような考え方の背景に、当時すでに古くから交流のあったインドの思想の影響を見て取ることもできる。また、彼の考えは、のちのボーアによる量子力学の発想のヒントとなった。

タレスらが遺した史料は極めて少ない。にもかかわらず彼らが「最初の哲学者」とされるのは、アリストテレスの哲学史についての記述（『形而上学』第一巻）に記載されているからである。

自然学者については、合理的思考や自然科学の萌芽と称揚する者も（バーネット、コーンフォード）、神話を徹底した非合理性を強調する者もいた（イェーガー、ドッズ）。一方、諸元素や原子などが「愛憎快不快」によって離合集散するとされる点に見られるように、自然現象と人間や社会とを区別せず、逆に、それについて語る人間をも包み込んだ上で、それ自身の中に生成消滅の原理をもつ、彼らの「自然」概念に、プラトン以来の西洋形而上学を乗り越える手がかりを求める者もいる（ハイデガー）。自然学者は、自然に関するさまざまな捉え方を示したものと考えるのが穏当だろう。

（二）ソフィスト

アテナイなど諸都市国家連合軍がペルシア軍を退けた前四七九年以降、アテナイでは、二万人ほどの政治参加資格保持者の合意による政治が行われるようになった（ちなみに政治参加資格をもたない「奴隷」はその五倍にのぼった）。特定の指導者や政治専門家集団によることのないこうしたシステムにおいては、不特定多数の聴衆を相手に自分の意見や考え、政策などを提示し、自分の支持者を増やすための技術が必要になる。非専門家集団を相手に、限られた時間内に、効果的かつ印象的に語る技法を「**弁論術**」（**レトリック**）とよぶが、レトリックに代表されるような知をひとびとに教える専門家集団が「**ソフィスト**」だ。彼らは諸国を巡回する専門家集団であり、職業教師であった。とりわけアテナイのように、集会での弁論、演説によって政策が決定されるところでは、弁論術は、本職の如何に関わらず当事者の全員が身につけておくべき「教養」「ポリスの一員としての徳」なのである。

ソクラテス以前の哲学者たち

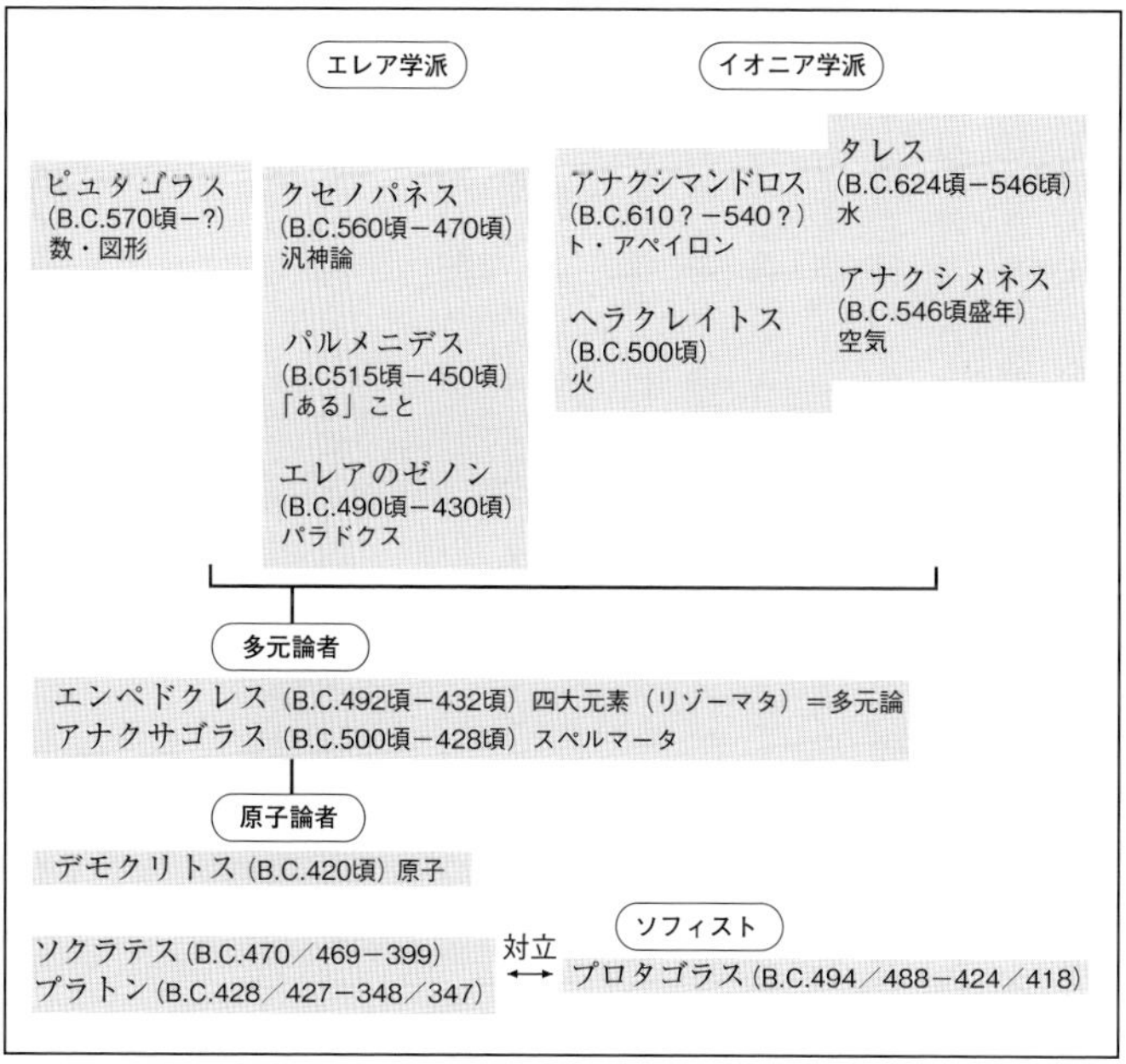

ソフィストとは、こうした教養を教授する専門家集団であったが、諸国を巡回する活動形式から特有の哲学的主張にいたる。すべてについて、対立する二つの立場が存在する、というのが彼らの考えであり、**プロタゴラス**（前四九四／四八八～四二四／四一八）の「**人間は万物の尺度である**」という言い方が典型的に示すように、認識や価値に関わる相対主義の立場がとられた。

【参考文献】『初期ギリシア哲学者断片集』（岩波書店）、『ソクラテス以前哲学者断片集』（岩波書店）、ディオゲネス・ラエルティオス『ギリシア哲学者列伝』（岩波文庫）、ブラン『ソクラテス以前の哲学』（白水社・文庫クセジュ）、廣川洋一『ソクラテス以前の哲学者』（講談社学術文庫）、田中美知太郎『ソフィスト』（講談社学術文庫）、荻野弘之『哲学の原風景』（NHK出版）、納富信留『ソフィストとは誰か？』（人文書院）

ソクラテス Sōkratēs（前四七〇／四六九～三九九）

西洋哲学のはじまりはソクラテスとされる。実際、「哲学」という語を名詞としてはじめて用いたのはかれだった。

（一）「無知の知」

事の発端は、ソクラテスの友人カイレポンがデルフォイ（デルポイ）のアポロ神殿で聞いた神託だった。それは、「ギリシアにソクラテス以上の賢人はいない」というものだったのである。それを聞いたソクラテスはジレンマに陥る。かれは神の言葉を疑う不信心者ではなかったが、自分が賢人であるとも思っていなかったからである。そこでかれは、自分を上回る賢人を見つけて、神託を反駁しようとした。

ところが賢人（詩人・政治家・手職人）と言われるひとびとに〝大切なこと〟を尋ねても、満足な答えは返ってこない。勇気ある軍人に「そもそも勇気とは何か」と聞いても、「敵に背中を向けない者は勇気がある」とか「暴れ馬を乗りこなそうとする者は勇気がある」などと言うばかりだったのである。これでは、勇気がある者や行為の例が増えるばかりで、そうした人物や行為のすべてに共通した〝勇気なるもの〟とは何かわからない。「正義とは何か」と尋ねられた政治家、「美とは何か」と尋ねられた詩人も、それぞれ正義や美しいものの例を挙げるばかりだった。

一般に、「暴れ馬に乗る」など、あるものP（＝勇気、正義、美）の事例は、「何がPか」という問いへの答えでしかない。「Pとは何か」という問いに答えるためには、Pであるあらゆるものに共通の特徴、なにかがPであるための普遍的な尺度、基準、定義を見いださなければならないのである。

ところがこれは極めて難しい。「誰かが何かを知っているとはどういうことか（知識とは何か）」という問いを考えてみよう。「ヘロドトスは、昔のことをよく知っている物知りである」などと答えても、知識もしくは知識ある者の例を挙げたことにしかならない。知識の基準、尺度としては、たとえば「正しいことを考えている、思っていること」などと答えなければならない。ところが、いくら正しいことを思っていても、それを知識とよべない場合がある。たとえば、サイコロを振る前に、でたらめに「次は五が出る」と述べ、本当に五が出るようなケースである。このとき、確かにその人は正しいことを思っていたことになるが、それは後になってたまたま正しいことになっただけであり、実際にはただの出まかせにすぎない。そこで、「根拠のある正しい思い」でなければ知識とは言えないことになるが、しかしそれに対しても反論は可能である（『テアイテトス』）。

勇気とは何か

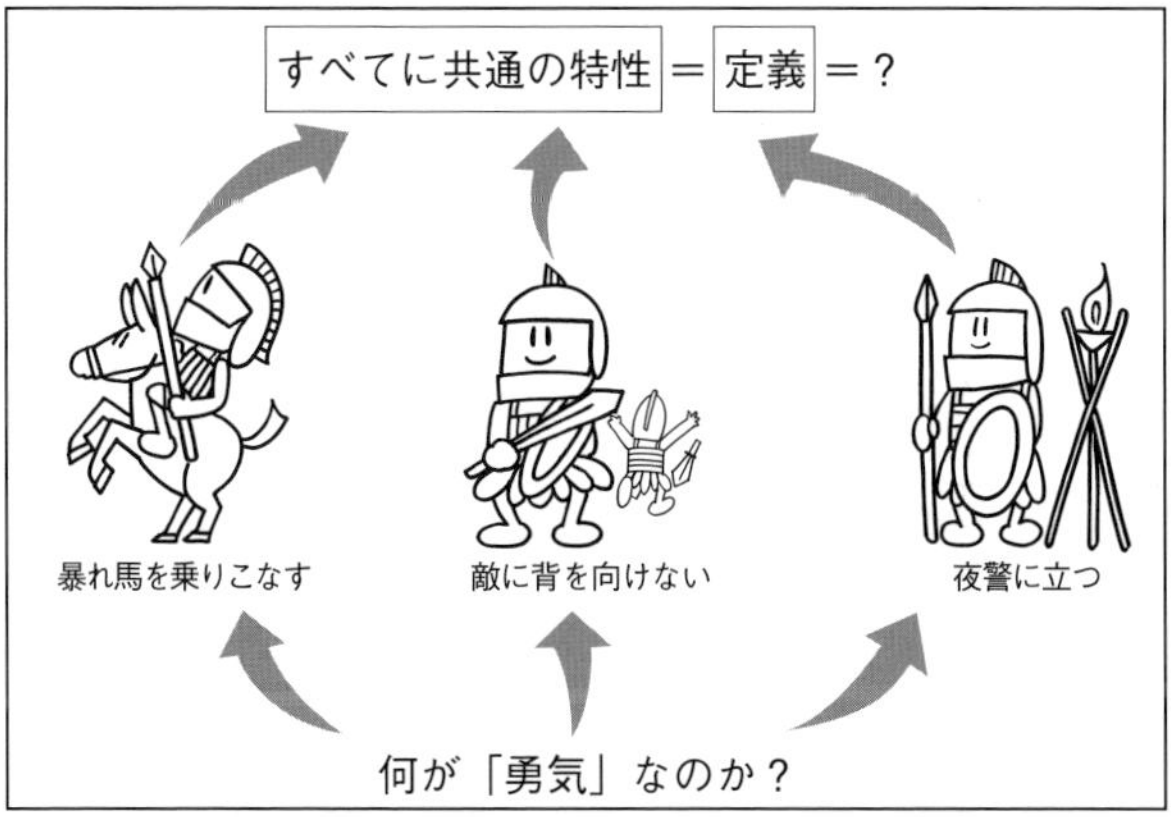

善や正義、勇気、美とは何かを答えることができず、そのような大切なことについて無知である点、ソクラテスも他の賢人と変わりなかった。ただ、ひとつだけかれがほかのひとびとより優っていることがあった。他の者が自分の無知について無知だったのに対し、ソクラテスは自分の無知を知っている。「**無知の知**」という点でソクラテスが他のだれよりも優っているということ、それこそが神託の言わんとすることだったのである。

（二）問答法

「無知の知」が人間の真相であり、またそれを知ることによってこそひとは傲慢におちいることなくよく生きることができる。そのことに気づいたソクラテスは、相手かまわず問いを投げかけ、相手の答えを吟味してその誤りや不備を明らかにする「**問答**（**エレンコス**）」にあけくれる。

ひとは、自分が知っていると思っていることについてはそれ以上考えたり、調べたりはしない。けれども、自分が考えていたことが誤りであったこと、自分勝手な「**思いこみ**（**ドクサ**）」であったことに気づいたとき、正しい答えを知りたいという渇望が生まれる。そのように知を求めることをソクラテスは「**愛知**」とよぶ。男女がおのれの欠けているものを相手に求め、たがいに愛し合うように、自分に欠けた「**知**（**エピステーメ**）」を求めるのが「**愛知**」すなわち「フィロ（愛する）」「ソフィア（知）」である。こうして「**哲学**（ギ・フィロソフィア、英・フィロソフィー）」という言葉が生まれた。

そのような気持ちを、とりわけ若いひとびとに生むことが「**産婆術**」だ。デルフォイ神殿の入口には、タレスが述べたとされる「**汝自身を知れ**」という言葉が彫ってあった。無知である自分に気づいたときはじめて、安易な自己満足を脱して、真の知に近づくことができる。しかも、それはソクラテスにとって、単なる知識追求ではない。〝ほんとうに大切なこと〟、とりわけ善や徳とはなにかを問いたずねることによって、自分自身もまた徳によって存在するものとして鋳直されるからだ。知を愛することは、「単に生きるのではなく、よりよく生きること」を可能にする。ソクラテスが目指したのは、自分の富や身体の健康ではなく、自分の「魂の気遣い」「魂への配慮」であった。

ソクラテスにとって、徳とはなにが善いかを知っていること（「**徳は知なり**」）であった。これをソクラテスの**主知主義**と言う。一方、ソクラテスは、まるで何かに取り憑かれたようにエレンコスに熱中したが、それはデーモン、すなわちアテナイやゼウスのようなギリシア神話の神々が生まれる以前のギリシアの地霊に駆られた結果であったとも言われる。

（三）ソクラテスの死

ソクラテスの活動は保守的なひとびとの不安を掻き立てる。前三九九年、かれは、メレトスという青年から、神を敬わず、若者を惑わす者として告訴され、裁判の結果、死刑を宣告される。かれの友人は、国外逃亡を勧めたが、ソクラテスは、魂の不滅を否定することはできないと論証してみせる。そして、そのようなことを論証しておきながら死を恐れることは、哲学者としては恥ずかしいことだとして、毒杯を飲み干したのだった。アテナイにおいて問答を行うことが、神もしくはデーモンに与えられた使命であるとすれば、ポリスを離れることは、「よく生きる」ことの挫折にほかならない。法がアテナイの住民たちによって決定される以上、「**悪法もまた法である**」として、法に従わざるをえないのである。

ソクラテスの主張は一見、単純に見えるが、じつは多くの困難や両義性をまとっている。「徳は知である」とするソクラテスの立場は「主知主義」と言われたが、この立場では、いくらなすべきことが分かっていてもそれを実行しない「**意志の弱さ**（**アクラシア**）」が説明できない（「**ソクラテスの逆説**」）。そればかりか、かれの活動はデーモンという非合理的なものに根拠を持つものでもあった。また、かれの問答は、無知を人間の宿命とするネガティブな洞察を原理とする一方、魂への配慮というポジティブな実践でもある。しかも、「問答法」は、人間のあり方に関する「途方もない前提」に支えられていた（G・ヴラストス）。すなわち、ソクラテスが問答を行う際、彼はけっして自分が負ける可能性を想定しなかったという。なぜなら、かれは「偽りの倫

ダヴィッド《ソクラテスの死》（1788）ニューヨーク、メトロポリタン美術館

理的信念を持つ者は、かならずその信念を否定する信念をいくつか持ち、そのため矛盾に到る」という大前提に立っていたからである。たとえば、「人生には目的がなければならない」と主張する者も、遊びや旅といった無目的なものに意味を認め、その結果、最初の主張と矛盾する。あるいは「確かなことは何もない」と主張する者も、「誰でもいつかは死ぬ」ということには同意するだろうし、あるいはそもそも「〝確かなことは何もない〟ことは確かである」と言わざるをえず、こうして、首尾一貫性を欠くことになるのである。

ソクラテスは著作を残さず、その活動は、**クセノフォーン**の伝記、ソクラテスを揶揄する内容である**アリストパネス**の喜劇『雲』、**アリストテレス**の『形而上学』、そしてなにより弟子のプラトンにより知るしかない。とりわけプラトンの著作によりソクラテスは哲学の祖と仰がれる。だが、問答によって、首尾一貫したあり方を否定してゆく態度は、二十世紀終盤における**ウィトゲンシュタイン**の「家族的類似」や**デリダ**の「二項対立」に見られる反-本質主義など現代の反-哲学に連なるものとも言える。

【参考文献】プラトン『ソクラテスの弁明／クリトン』（講談社学術文庫）、クセノフォーン『ソクラテスの思い出』（岩波文庫）、井上・山本編『ギリシア哲学の最前線』（東京大学出版会）、荻野弘之『哲学の饗宴』（NHK出版）

プラトン Platōn（前四二八／四二七～三四八／三四七）

若い頃から**ソクラテス**に学んだプラトンは、師の主張から一歩を踏み出したイデア説を唱え、ヨーロッパの哲学に重大な影響を与えた。

（一）イデア

あらゆる行為に共通の「勇気」や「正義」「善」とはなにか、ソクラテスは問い続けたが、それが何かを述べることは結局なかった。

だが、兵士は勇敢であることを、裁判官は正義であることを理想として目指す。また、誰かの行為が勇敢であったか、不正でなかったか否かの判断は、一定の基準をもとにする。理想として目指され、判断の基準となるものは、ソクラテスが問い続けたものにほかならないが、プラトンは、それに名前を付けて「**イデア**」とよんだ。「正義とは何か」の答えは「正義のイデア」であり、裁判官はそれを理想としている、というわけである。

「イデア」とは、「見る（イデイン）」という動詞の受身形で、「見られたもの」「見られた真の姿」といった意味である。ただし、理想の正義や勇気が肉眼に見えるわけはないので、ここでは精神の目に見えていることを指す。

ところで、裁判官はさらなる公正を願い、植物はより大きくなるべく成長する。すべてはより完全になろうとするが、このようにすべてが目指すものをプラトンは「**善**」とよぶ。したがって、勇気や正義、図形、植物などすべてにイデアはあるが、なかで**善のイデア**は最高の価値を持つ。

さて、すべてが目指す理想、基準をイデアと名付けた瞬間、次の一歩が開ける。ソクラテスと同様、プラトンも「善のイデア」がどのようなものであるか規定しえない。だが、イデアがどのようなものであるか、イデアと個物がどう違うかを語ることはできる。

壺はそれぞれ少しずつ異なり、誰かが作り、どこか不備があり、いつかは壊れる。すなわち、個物は多様で、生成消滅する有限の、不完全な存在だ。だが、壺職人はつねに理想の壺を目指し、その理想となる「壺のイデア」は完全なものであり、どんな職人にとっても目標となる普遍的なものであり、したがって永遠で無限なものであるはずだ。

現実に存在する個々の壺は、目に見え、触ることもできるが、理想の壺はそうはいかない〝非感覚的〟存在である。
あるいは、大工が二枚の板を等しい長さに切ろうとしても、どうしても精度の違いが生まれる。だが、「等しさのイデア」は、いつも同一で、普遍的かつ永遠で完全である。こうした、同一性、単一性、普遍性、永遠性、完全性、非感覚性はどんなイデアにもあてはまる。
一方、個物とイデアとの関係についても規定可能だ。個物が感覚的なのに、イデアは非感覚的なのだから、個物とイデアは存在者として別個のものである（「離在」）。だが、個々の壺が「壺」であるのは、液体を入れるのに適した形状であるなど、壺のイデアが備える性質を分かち持っているからだ（「分有」）。板を等しく切ろうとする大工が「等しさのイデア」を目標にするように、イデアは、個物にとっての目標、範型、基準である。
人工物ばかりか、動植物や天体などにとってもイデアは目標となる。なぜなら、自然物は「**造物主**（**デミウルゴス**）」によって作られたからだ。壺職人がこれから作る壺のプランを思い描きながら制作にかかるのと同様、造物主は動植物や天体、人間のプランを念頭に世界を作った。そのとき造物主の頭の中にあったのが自然物のイデアであり、これは、現実の自然物が今あるように存在する大元、原因である。
後の**アリストテレス**が生物をモデルとしたのに対して、プラトンは製作をモデルに、イデアと個物の関係を考えた。

プラトンの生涯／著作

前428/427　母方がソロンに繋がる名門の息子としてアテナイに生まれる。「アリストクレス」と名付けられた。だが肩幅が広かった（プラティス）ため、レスリングの師匠アリストンに「プラトン」とよばれる。

前408頃　悲劇への参加をソクラテスに諫められ、作品を火中に投じて門人となる。

前399　ソクラテスは「神々への不敬と青年に害毒を与えた罪」により毒杯を仰いで刑死。この後プラトンはエジプトを遍歴（遍歴時代）。

前394　コリントス戦争に従軍。このころ、主にソクラテスの姿を描く「初期対話篇」（『ソクラテスの弁明』『クリトン』『プロタゴラス』『ラケス』『リュシス』『ゴルギアス』）執筆か。

前388　第1回シチリア旅行。シラクサでディオンを知る。ピュタゴラス派、エレア派とも交流を持つ。

前387　アテナイ郊外にアカデメイア創設（学頭時代）。イデア論を展開する「中期対話篇」（『メノン』『饗宴』『国家』『パイドロス』『パイドン』『パルメニデス』）執筆か。

前367　第2回シチリア旅行。シラクサの若き僭主、ディオニュシオス2世を指導し哲人政治の実現をめざしたが、友人ディオンが追放され不首尾に終わる。

前361　ディオニュシオス2世自身の強い希望を受け、第3回シチリア旅行。軟禁されなんとかアテナイに帰りつく。この頃、「後期対話篇」（『テアイテトス』『ソピステス』『政治家』『ピレボス』『ティマイオス』『クリティアス』『法律』）執筆か。

前353　ディオンが政争により暗殺。

前347/348　80歳で死去。

前275　アカデメイア第6代学頭アルケシラオスがピュロンに影響され、懐疑主義的傾向を強める（新アカデメイア派）。

前87　ペルシアがアテナイを占拠。

前80　第16代学頭アンティオコスが形而上学を復活（中期プラトン主義、～後220）

3世紀半ば　新プラトン主義勃興（～6世紀）。

1484　フィチーノ、プラトン全著作をラテン語訳。

イデア

壺も人も様々だが、目に見えない理想（イデア）の存在がある。

（二）思想の変転

当初、プラトンが目指したのは、ソクラテスと同様、徳の探求であり、かれにとってもまた「知を愛すること」は「よりよく生きること」だった。

中期は、「知を愛すること」の困難との格闘からはじまる。探求対象がどのようなものかが分からなければ、なにを探せばいいのかがわからず、そもそも探求の試み自体が不可能となるからだ（「**探求のパラドクス**」）。この困難を回避するためにプラトンが導入するのが、学習は想起であるとする「**想起説**」である（『メノン』）。無学な奴隷に、「ある正方形の二倍の面積の正方形」の作図を命じると、奴隷は試行錯誤（と、対話相手であるソクラテスの誘導）により、ある正方形（一辺の長さ1）の対角線（√2）を一辺とする正方形が求める正方形であることに気づく。それがなぜ元の正方形の二倍であるかを正確に理解するためには平方根の知識が必要だが、いずれにしても奴隷は、自分の中にあるものを駆使して課題を解いたことになる。それが可能なのは、各自が、自分でも気づかぬうちに〝求めるもの〟をすでに前世において知っていたからだ、とプラトンは考える。こうして魂の不滅と輪廻転生の「**ミュトス**（物語）」が語られ、探求の目的、魂を形成するための範型としての「イデア」が前面に打ち出される。

後期に到ると、さまざまな困難から、ミュトスを伴う想起説も後退し、「分割」と「綜合」による探求対象の規定が試みられ、また、秩序の根本原因としての造物主（〝神的知性〟、宇宙〝制作者〟、〝神〟、〝宇宙知性〟）が導入される。

（三）哲人王

プラトンにとって、実在と言えるのは**イデア界**だけであり、**感性界**はその影にすぎない（**二世界説**）。この考えは、タレス以来の自然学者やソクラテスと比べてはるかに過激であり、「異教的」とさえ言われた。エジプトやメソポタミアなどには、当時、はるかに高度な文明があり、ギリシアはその影響下にあったと言われる（M・バナール）。プラトンが、異教的な考えまで導入しようとした背景には、当時のアテナイの政治的混乱を防ごうという強烈な政治的野望があった。その状況を物語るのが「**洞窟の比喩**」だ。

人は自由に行為し、諸物を知覚していると思っているが、じつは、暗い洞窟で鎖に繋がれた囚人のようなものであり、しかも彼らは奥の壁に向かって繋がれ、首を回すこともできない。かれらの背後には台があり、そこで諸物の模型が動かされている。台の後ろの火のおかげで奥の壁には動物の影が映る。ひとはそれを見て、本物と思いこんでいるにすぎない。ひとはエピステーメ（真の知）ではなく、ドクサ（思いこみ）しか持たず、にもかかわらずそれに気が付いていない。

そのような人間に、ある時、哲学者が近づき、いましめを解いて、仕掛けを見せてやる。哲学者はさらに人間を洞窟の外、太陽の下に連れ出す。そこは眩しいので、人間には始め何も見ることはできない。眩しさの苦痛を耐えた者のみが、やがて、真実を直視する力を持つに到る。

洞窟の比喩

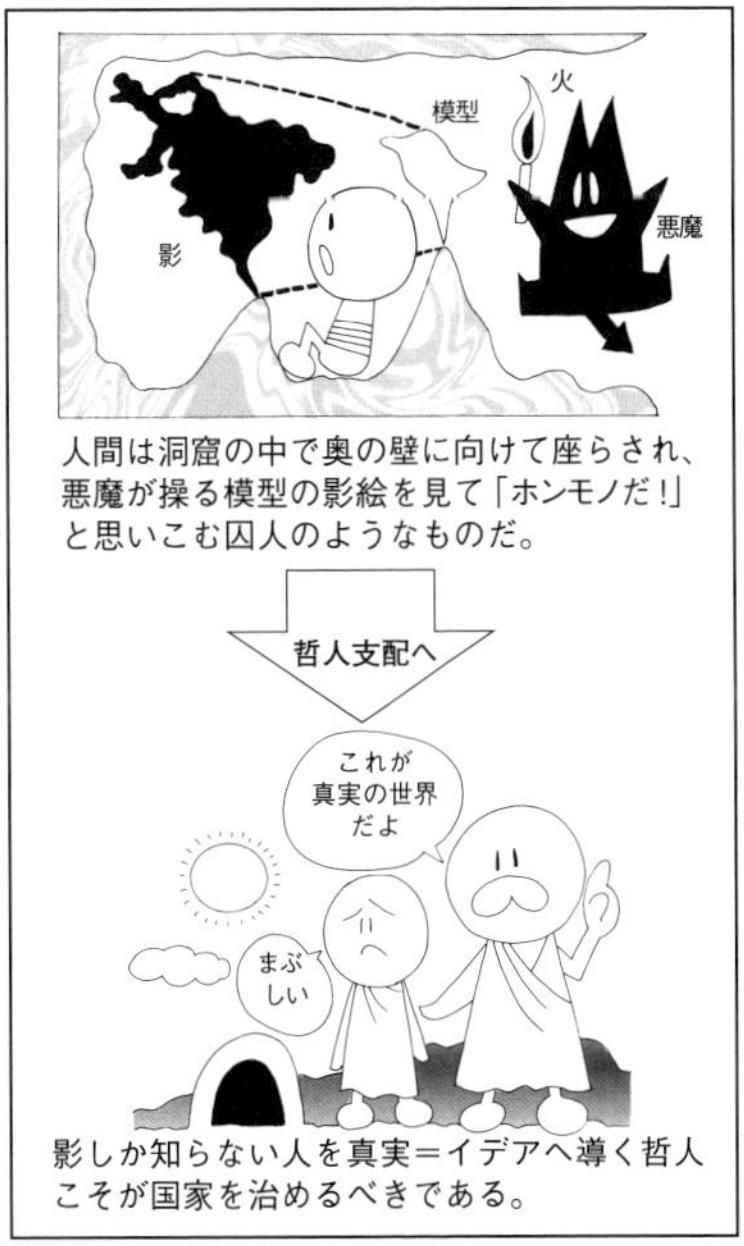
火
模型
悪魔
影
人間は洞窟の中で奥の壁に向けて座らされ、悪魔が操る模型の影絵を見て「ホンモノだ！」と思いこむ囚人のようなものだ。
哲人支配へ
これが真実の世界だよ
まぶしい
影しか知らない人を真実＝イデアへ導く哲人こそが国家を治めるべきである。

（四）影響

西洋哲学の伝統は「プラトンについての脚注」にすぎないと言われるほど（**ホワイトヘッド**）、プラトンの考えは広く影響を与えた。古代から近世にいたる「**新プラトン主義**」はもとより、一般に、数字や無限など数学的対象が、規約や形式的操作によって構築されたものではなく、独立に存在するとする実在論を「**プラトニズム**」とよぶ一方、その対立物である観念論（idealism）の原語も「イデア」からとられている点に、プラトン哲学の波及のほどを見て取ることができる。それはまた、イデア論に対する**ニーチェ**の執拗な攻撃にも逆説的に示されている。

【参考文献】田中美知太郎・藤沢令夫編『プラトン全集』（岩波書店）、加藤信朗『初期プラトン哲学』（東京大学出版会）、荻野弘之『哲学の饗宴』（NHK出版）、古東哲明『現代思想としてのギリシア哲学』（ちくま学芸文庫）

アリストテレス Aristotelēs（前三八四～三二二）

アリストテレスは、**プラトン**の弟子、**アレクサンドロス大王**の家庭教師として知られる。ギリシアのポリスが限界を迎えた時代を生きたアリストテレスの考えは、師プラトンとは鋭く対立するものだった。

（一）四原因説

プラトンのイデア説にはさまざまな困難があった。たとえば、多くの個物が同一のイデアを分有した場合、イデアは、多くの個物の中に分割されて存在することになり、イデアが一者であるという主張と矛盾する。

また、個物がイデアの性質を共有する以上、両者は類似しているはずだが、この点についても困難が生じる。A（個々の人間）とB（人間のイデア）が類似しているとき、AとBはなんらかの観点（P＝手足がある、言葉をしゃべるなど）で似ている。Pは、AともBとも異なるけれども、同じ性質を共有するものである（「第三の人間」）。ところが、AとBがPの観点で似ていると言えるのは、AとP、BとPとが何らかの観点（Q、R）で似ているときである。そのため、さらに同じ事は、AとQ、PとQ、BとR、PとRとの間にも成りたち、「無限後退」に陥ってしまう（「第三人間論」）。

アリストテレスは、個物から独立のイデアを認めない。そもそもイデアが問題になるのは、現実の諸物がなぜ今あるように存在しているかを説明するためである。ところが、個物が成立するためには、じつに多様な要因が必要である。

アリストテレスによれば、動植物や人間など、およそ個物が成立するための原理となる要因は四つある。種や幼児は、それ自体のうちに芽吹き、成長する力をもち、外部から栄養や水分、酸素などを取りこんで組織を作り、それぞれ桜や人間らしい姿をとってゆく。こうした、各個物がそれ自体の内に持つ成長しようとする力を「**作用因**（**アルケー**）」、それぞれの組織を作るアミノ酸や石灰質などを「**質料因**（**ヒュレー**）」、成長の過程で目標となる姿を「**目的因**（**テロス**）」、人間や桜のあるべき姿を「**形相因**（**エイドス**）」とよぶ（「**四原因説**」）。なお、成長が始まる前の種子や幼児は、それぞれの形相因を持ってはいても、それが完全には実現されていない「**可能的状態**（**デュナミス**）」にある。じゅうぶ

四原因説

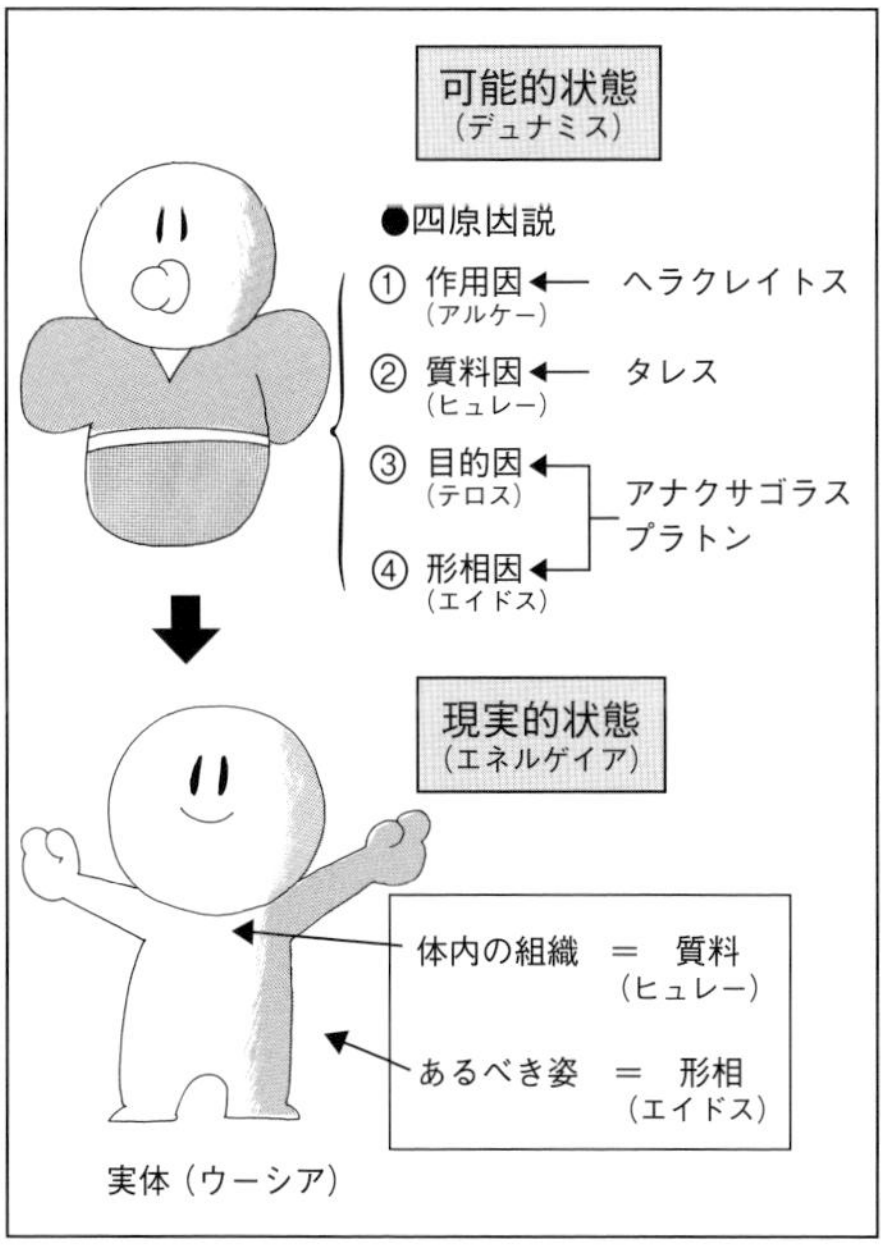

ん成長した段階ではじめて、桜や人間としての形相が実現された「**現実的状態**（**エネルゲイア**）」にいたる。

アリストテレスのこの考えは、タレス以来の諸学説を総合するものである。タレスらの水や火は質料因、ヘラクレイトスの生成は作用因、アナクサゴラスの理性やプラトンのイデアは目的因や形相因にあたるからだ。また、プラトンが職人や造物主による製作をモデルにし、普遍的なものに的を絞っていたのに対して、アリストテレスは、個物、それも生物を重視し、その成長をモデルにした。どんな生物も、精密に組織化された、生きた秩序であり、美と驚きに満ちた小宇宙だからだ（『動物部分論』『動物発生論』『動物運動論』）。この点にも、「異教的」なプラトンに対して、自然（ピュシス）の自然発生的な力を信頼するタレス以来の伝統が生きている。また、四原因説は、われわれの日常的思考法にも即している。「原因」と訳されるaitiaは、「責務」「事由」などを本義とするが、あるものについてそれが何であるかを知るとは、それがどのようにして生まれたのかを知ることであり、「なぜ」という問いへの答えとして通常考えられるのが、上の四つだからである。

（二）実体、「不動の動者」

形相と質料からなる個物を、アリストテレスは「**実体**（**ウーシア**）」とよぶ。人間や山は、「酸素呼吸をする」「標高三七七六メートルである」といった性質とは異なり、〈他のものに拠らず、それ自身で存在しうるもの〉、すなわち実体である。

なお、性質をあらわす語は、何かの述語としても（「空は青い」）、主語としても用いられる（「青は色だ」）が、実体をあらわす語は原則として文の主語としてのみ登場し、述語にはならない。アリストテレスによれば、学問に用いられる言語は、性質をあらわす一般的述語からなり（『分析論』）、一方、日常言語において基礎となるのは個体である（『カテゴリー論』）。

　ちなみに、複数のものに当てはまる一般的述語のことをアリストテレスは「普遍」とも言うが、この〝普遍がなければ学問は成立しない〟という主張が、中世における普遍論争のきっかけとなった。

　一方、主語とはなるがけっして述語とならないものは（一般的述語が主語に転化したものに対して）「第一の実体」と言われる。この実体についてよく考えていくと、プラトンに抵抗して現実界にとどまろうとしたアリストテレスも、プラトン哲学の強烈な引力圏に引き戻されてしまう。

　実体とは、〈他のものに拠らず、それ自身だけで存在しうるもの〉であった。だが、人間も山も、両親や造山活動がなければ存在しえない。両親、造山活動も祖父母、大陸プレートの移動などがなければ存在しえない。およそ、すべてのものはなんらかの原因があって生まれるのだから、なにかを結果として生み出す原因をたどっていけば無限の連鎖にいたらざるをえず、ふたたび無限後退に陥る。

　無限後退の困難は、結果と原因の連鎖がいつまでも続き、全体の起点が見いだせない点にある。この事態を避けるには、「すべてのものには原因がある」という原則の例外、すなわち、「それが存在するために他のものを原因とする必要はなく、しかも、他のすべての原因となりうるもの」があればいい。それをアリストテレスは、「他から動かされることなく、他のものを動かすもの」（「**不動の動者**」）とよぶ。

　造物主が、他のすべてを動かすことができるのは、それが純然たる**理性的思惟**（**ヌース**）であり、完全な存在だからだ。完全であるがゆえに、それは他の何物にも気を使わない。一方、他の存在は、人が恋人に憧れてその周囲を動くように、その完全さに憧れて動く、というわけである。

(三) 実践三段論法

　最高善としての造物主は、一見、イデアを求めるプラトンへの退行に見える。だが、現実変革を志すプラトンの熱気に対して、アレクサンドロス大王の時代に生きたアリストテレスの境地は、むしろ、静謐な諦念だった。

　動物の行動や、人の呼吸消化活動とは異なり、人間の行為は一定の意図（「本意」）にもとづく。そのメカニズムをアリストテレスは「実践三段論法」によって解きほぐす。「人間は呼吸する、プラトンは人間である、ゆえにプラトンは呼吸する」という三段論法は、一般原則に関わる大前提、個物にかかわる小前提、両者から導かれる結論からなる。おなじように、人が行為する場合でも、「過食は不健康だ。これで丼三杯目である。ゆえにもう食事はやめる」など、一般原則、ならびに目の前の現実に関わる個別認識が相まって、具体的な行為が導かれる。これが**実践三段論法**だ。

　この考えは、人が一般原則と事実を正しくわきまえていれば、けっして誤った行為にいたることはない、というソクラテスの主知主義を引き継ぐものである。だが、実際には、いくら原理や事実を正しく認識していても、その行為をおこなわない事例は数多く、「**意志の弱さ**（**アクラシア**）」とよばれるこの事態は、アリストテレスにとって大問題であった。

　一方、「過食は不健康だ」「困った人は助けるべきだ」といった一般原則を考えてみると、すべてはじつは、「より善く生きる」ためのものであり、もし概して人が、こうした実践三段論法にしたがって行為を選択しているのであれば、だれもが自ずと、善を目指し、善によって動かされていることになる。善は「不動の動者」にほかならないが、それは必ずしも現実を超越した別次元のものではない。

　意志の弱さに陥ることなく行為し続けることが、すなわち各人の「**人徳**（**アレテー**）」であるとされ、これを倫理学の基礎とする点で、アリストテレスは、後のカント的規範主義やベンサムらの功利主義とは鋭く対立する。「道徳的な生き方こそがもっとも自己の利益に叶っている」とするアリストテレスは、状況に柔軟に対応する「分別」と、個別状況から全体としての目的に到る経路を見通す「**思慮**（**プロネーシス**）」によって、「中庸」を選択することが徳であるとする。善という最終目的をわきまえつつ、正しい現実認識をおこなうことが実践三段論法の要諦であるからだ。

アリストテレスの生涯／著作

前 384　マケドニア支配下のトラキアのスタゲイロスに生まれる。父親ニコマコスはマケドニア王室のお抱え医師。
前 367　17 歳でアテナイに行き、アカデメイアに入学。自然学に才能を示す。アカデメイアにとどまった 20 年間を修行時代（～前 347）とよぶ。
前 347　プラトンの死と共に小アジアのアッソスに移住。結婚し、息子ニコマコス誕生。プラトンの死からリュケイオン創設までの 12 年間を遍歴時代（～前 335）とよぶ。
前 344　レスボス島東岸ミティレネに移住し、海洋生物の研究に従事。
前 343　マケドニアのフィリッポス王に招かれ、13 歳の王子アレクサンドロスの家庭教師になる。
前 338　カイロネイアの戦いに勝利したマケドニアはギリシア全土を支配下におさめる。
前 336　フィリッポス王が暗殺され、20 歳のアレクサンドロスが即位。
前 335　アリストテレス、アテナイ西郊外のリュケイオンに学園を創設。学園の歩廊（ペリパトス）を逍遥しながら議論を交わしたため、ペリパトス学派 (逍遙学派）とよばれる。この 8 年間を学頭時代（～前 323）とよぶ。
前 323　アレクサンドロス大王急逝。アテナイ市民は反マケドニア運動に走り、国家の神々への不敬罪でアリストテレスを訴える。
前 322　母親の故郷であるエウボイア島のカルキスに逃れるが、胃病で没。
前 30 頃　ローマで、リュケイオン最後の学頭であるロードス島のアンドロニコスが、講義ノートを整理して出版。現今の『アリストテレス全集』はこれを基にしている。
12 世紀　イブン＝ルシュド（アヴェロエス）が『政治学』を除く全著作に注釈を施す。
13 世紀　トマス・アクィナスが神学にアリストテレス哲学を援用したことで、アリストテレスは長く教会教義に一致する唯一の哲学とみなされた。
1880　エジプトの砂漠から『アテナイ人の国制』のパピルスが見つかる。

実践三段論法

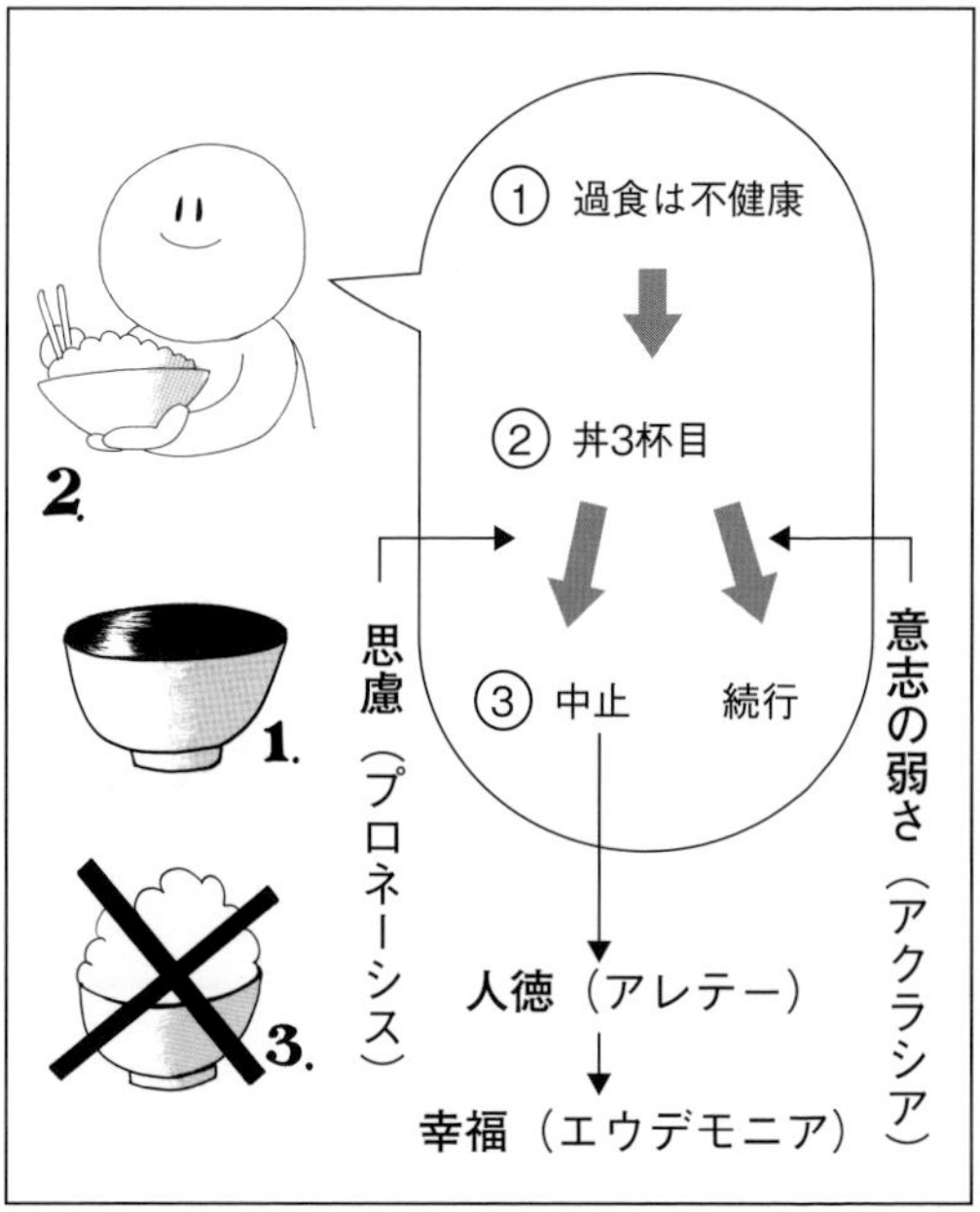

アリストテレスにとっては、造物主のあり方に似た「**幸福**（**エウデモニア**）」が重要だったが、これは偶然に左右される「幸福（happy=happen）」ではなく、自分自身の訓練、修行と、それによって形成される習慣によってはじめて実現しうるものだった（『ニコマコス倫理学』）。こうした人間は同時に「社会的動物」であり、それを基礎に国家共同体が築かれることになる（『政治学』）。

(四)『詩学』

「悲劇の詩作」を論じた『詩学』もまた、「悲劇は人間の行為と生の**模倣**（**ミーメーシス**）である」とする基本命題によって、十六世紀以降の美学に大きな影響を与えた。

悲劇は「筋書き（ミュトス）」、すなわち、「ひとつの全体へと編成された行為と出来事」からなる。オイディプス王の悲劇が典型的であるように、ミュトスは、登場人物の運命の劇的変転によって観客の心に「痛み」と「怖れ」の感情を引き起こすが、それは同時に、人間の生を例示するものであるため、観客は〝生の意味〟をあらたに学び直すことになる。それはわれわれの根本的情動を変容し、「**カタルシス**（浄化、排泄）」をもたらすと同時に、人間にありうる事柄を例示することによって、普遍的な真実の認識をもたらす。こうして、悲劇は、単に生起した偶然的事柄を記した歴史記述とは異なり、普遍的真実をもとめる「愛知」の営みに呼応するものと位置づけられる。

(五)「形而上学」

アリストテレスはマケドニアのスタゲイラ生。十七歳でプラトンのアカデメイアに参加。アレクサンドロス大王の家庭教師を務めたあと、前三三五年アテナイにもど

り**リュケイオン**を開く。散歩しながら議論したため「**逍遙学派**」ともよばれた。著作のうち現存するものは三分

ラファエッロ《アテナイの学堂》(1509-10) ローマ、ヴァティカン宮。中央左がプラトン、その右がアリストテレス。

の一。前三〇年頃、アンドロニコスによってローマで全集が公刊されるが、中世ではキリスト教に異端とされ、忘れられていた。アリストテレスが受容されたのはむしろアラビアであり、**イブン＝シーナー**（**アヴィケンナ**）、**イブン＝ルシュド**（**アヴェロエス**）など、アラビア語の解説書が十一世紀にキリスト教社会に流入し、十二世紀にトマス・アクィナスによって本格的に受容された。その後、二十世紀にはハイデガーなどに、多くの材料を提供した。

　なお、実体や「不動の動者」などに関する思索を「**形而上学**（ギ・メタフィジカ、英・メタフィジックス）」とよぶ。アリストテレス全集編集時、具体的テーマに関する著作がまとめられたあとに残った抽象的な断片がまとめて最終巻とされ、ひとつ前の『自然学（フィジカ）』（今で言う「物理学」）の「次の巻」という意味で『メタフィジカ』（ギ・「メタ」は「～のあと」「～を超えた」）とよばれた。その語がのちに、宇宙の原因などに関する思索の名称となり、和訳に際しては「自然すなわち形あるものを超え、その上位の原理についての学」という意味をこめて、古代中国の『易経』にある「形而上者謂之道（形よりして上なるものこれを道という）」からこの語が作られた。

【参考文献】出隆監修、山本光雄編『アリストテレス全集』（岩波書店）、高橋久一郎『アリストテレス』（NHK出版）

ヘレニズム

アレクサンドロス大王（前三五六〜三二三）は、ギリシアのポリス（都市国家）を解体したが、その反面、ギリシア人（ヘレネス）特有の文物が中央アジアにまで広まるという結果をももたらした。この時代をヘレニズムとよぶが、この頃、都市国家という故郷を失ったギリシア人の哲学は、厳しい現実に対処しつつ、個人の救済を図るものへと大きく変貌した。

杖と頭陀袋だけもって町をさまよい、樽の中に住んだ**シノペのディオゲネス**（前四〇〇／三九〇〜三二八／三二三）は、イデアを否定し、何ごとにも動じない心をもつことを最善とした。住居も都市も国家も無関係に、宇宙（コスモス）のいたるところを住処とするあり方を意味する「**コスモポリタン**」という言葉を最初に用いたとされ、**キュニコス派**（**犬儒派**）とよばれた。

とはいえ、ヘレニズムを代表するのは、懐疑主義、快楽主義、ストア派の三つである。

ピュロン（前三六五頃〜二七〇頃）は、政治や生活における争いに巻き込まれず「**魂の平安**」（**アタラクシア**）を達成することを最善とし、そのためには一切について「**判断中止**」（**エポケー**）すべしとする**懐疑主義**を説いた。対立する二つの立場のうち、どちらかを正しいとすればそれを追求することになるし、誤りとすればそれを退けなければならず、いずれにしてもアタラクシアはえられないからである。

シノペのディオゲネス

快楽主義（**エピクロス派**）の代表のように言われる**エピクロス**（前三四一頃〜二七〇）もアタラクシアを薦めたが、その理由は独特である。彼はデモクリトスやレウキッポスの原子論を踏まえ、宇宙は原子と空虚からなるのだから、人間は死ねば原子に還ると考えた。魂の可滅性の主張は当時としては独特であり、また、死後の審判を考える必要がないという帰結が生じるために、のちのキリスト教会からは激しく批判される。しかしエピクロスは、知覚に現前するものは確実とし、現前しないものについては反証の不在を「真」の基準とする経験主義をとるなど、その立場は穏健だった。

一方、**キュプロスのゼノン**（前三三五頃〜二六三頃）、**クリュシッポス**（前二八〇〜二〇七頃）、**セネカ**（前一〜後六五）、**マルクス・アウレリウス**（一二一〜一八〇）などに代表される**ストア派**は、物質的原理である質料にロゴスが作用することにおいて宇

ヘレニズム時代の哲学の流れ

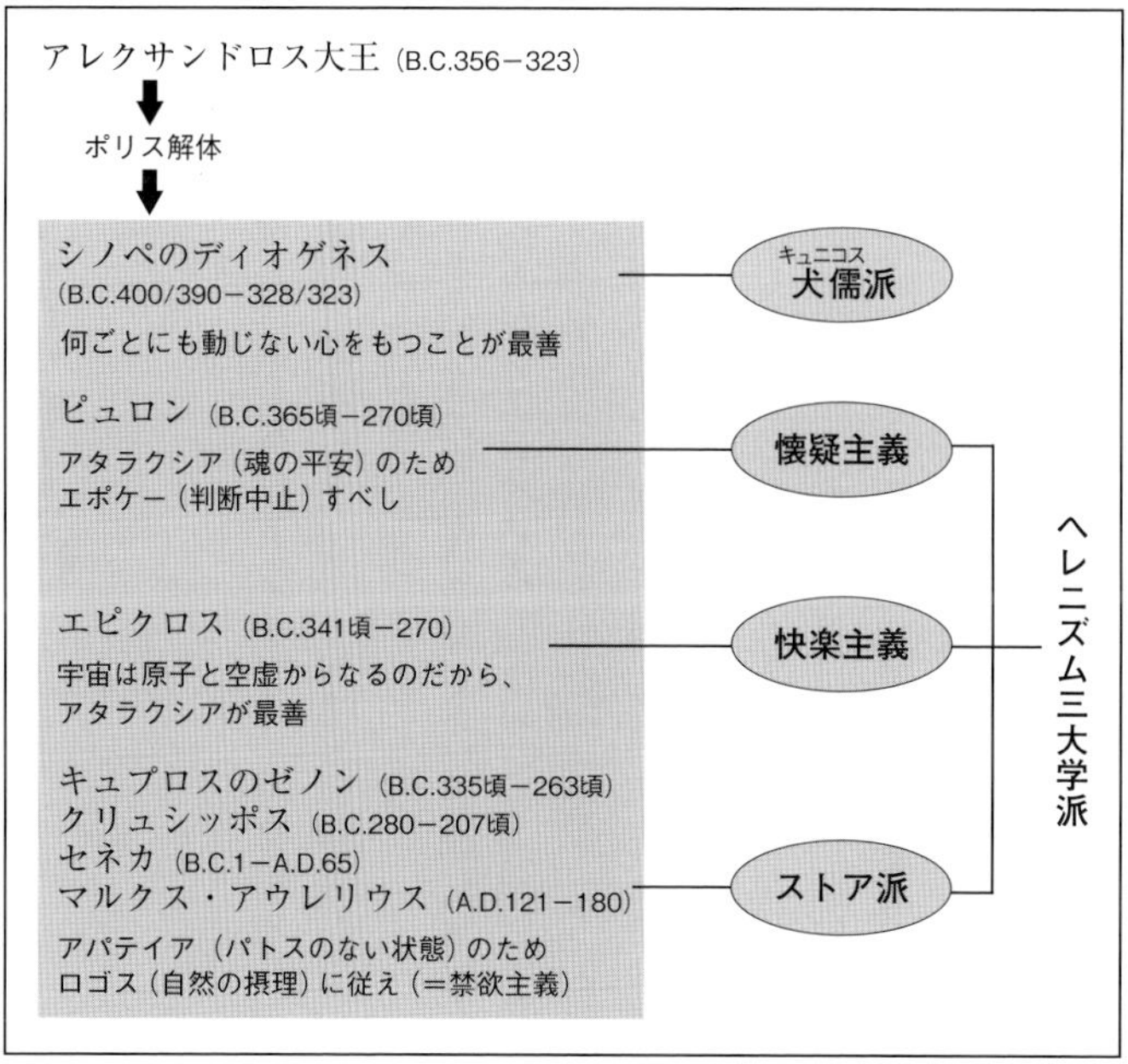

宙は成立するとし、空虚を否定して、「ロゴスある火」を絶対的存在とした。はじめは未熟な種子のようなあり方をしているロゴスは、やがて自己展開して秩序を形成するが、その勢いが尽きれば、火の本性をあらわして「宇宙焼盡」にいたり、秩序は炎上し、同じ過程がもう一度繰り返される。人間とはそもそもこうしたロゴスに従って生まれたものであり、それゆえ、ロゴスすなわち自然の摂理にしたがって生きることが最善のあり方である。こうして感情や情念に翻弄され、運命に一喜一憂することのない「**アパテイア**」(情念＝パトスのない状態)が求められた。「自由にいたる唯一の道は、自分の手に入らぬものを軽蔑することである」という言葉にそのあり方はあらわれている。彼らに安住の場所はなく、「生きるとは戦いなり」がそのモットーだった。

ヘレニズムの哲学は、神を火とみなす汎神論、魂の可滅性の主張ゆえに、のちのキリスト教会から敵視され、また、「学の総体がそれぞれの体系に分裂していく時期」(『哲学史』第一部序論)とした**ヘーゲル**の歴史観の影響のため、不当に低く評価されてきた。しかし、初期ストア派のクリュシッポスをはじめ、記号論や自然学、独自の運命論など、単なる人生哲学に尽きない重要な構想が、そこには含まれている。**フーコー**が晩年の『性の歴史』において注目した「生の技法」もヘレニズム哲学に共通する理念である。

【参考文献】山本光雄・戸塚七郎編『後期ギリシア哲学者資料集』(岩波書店)、ロング『ヘレニズム哲学——ストア派、エピクロス派、懐疑派』(京都大学学術出版会)、アナス『古代哲学』(岩波書店)、出隆・岩崎允胤編訳『エピクロス——教説と手紙』(岩波文庫)

新プラトン主義

プラトンは、現実を超越した**イデア**を、諸物の存在の範型、目的、基準、原因としたが、イデアと個物との間を取りもつものについては語らなかった。

これに対して、存在の階層構造をさらに詳細に規定し、断絶を埋めたのが**プロティノス**（二〇五～二七〇）だった。彼は、善のイデアに相当するものを「**一者**」（**ト・ヘン**）とし、一者への魂の自己還帰と自己超越を説いた。すなわち、可知的で不変的であるイデアすなわち一者と、可感的で可変的な事物とは鋭く対立するが、魂は内に知性を有するため、事物の世界である外界から魂の内面へと目を向けることにおいて、すでに魂は通常の世界を超越し、上昇している。ただし、知性はすでにそれ自体存在ではあるが、まだ思惟するものと思惟されるものとの分裂、対立、多性があり、それゆえ一者ではない。そこで、魂はさらに、思惟と存在からなる自己を超え、「**脱自**」（**エクスタシス**）、「**単一化**」（**ハプローシス**）、「**脱我**」（**エピドシス・アウトゥー**）にいたり、こうして一者との「合一」を果たす。そのとき自己は「まるで自己自身でさえも」なく、いかなる言葉も認識もない。

一者については、それを積極的に言い表す言葉も概念もなく、一切の概念規定を否定する「**否定の道**」によってしか一者については語りえない。一般に、何ものかについてそのあり方を説明し、性質を規定することは、そのものに制限を加えることである（「学校」に「男子」をつけると、女子の入学が禁じられるという制限、限定が加えられる）ため、最高位の存在としての「一者」については規定が与えられない。一者を言い表す言葉はなく、したがってそれについては沈黙するしかない。こうして帰結するのが「**神秘主義**」だ。

プロティノスは、**アウグスティヌス**などキリスト教を前提とする哲学者たちにも影響を与えたが、アウグスティヌスや**トマス・アクィナス**にとってエホバ神が存在であったのに対して、プロティノスにとって一者は存在をも超えたものであった。

後期新プラトン主義の**プロクロス**（四一二～四八五）は、プラトン以来のイデア界と現実界の間を、プロティノスよ

プロティノス

ヘレニズム・新プラトン主義関連地図

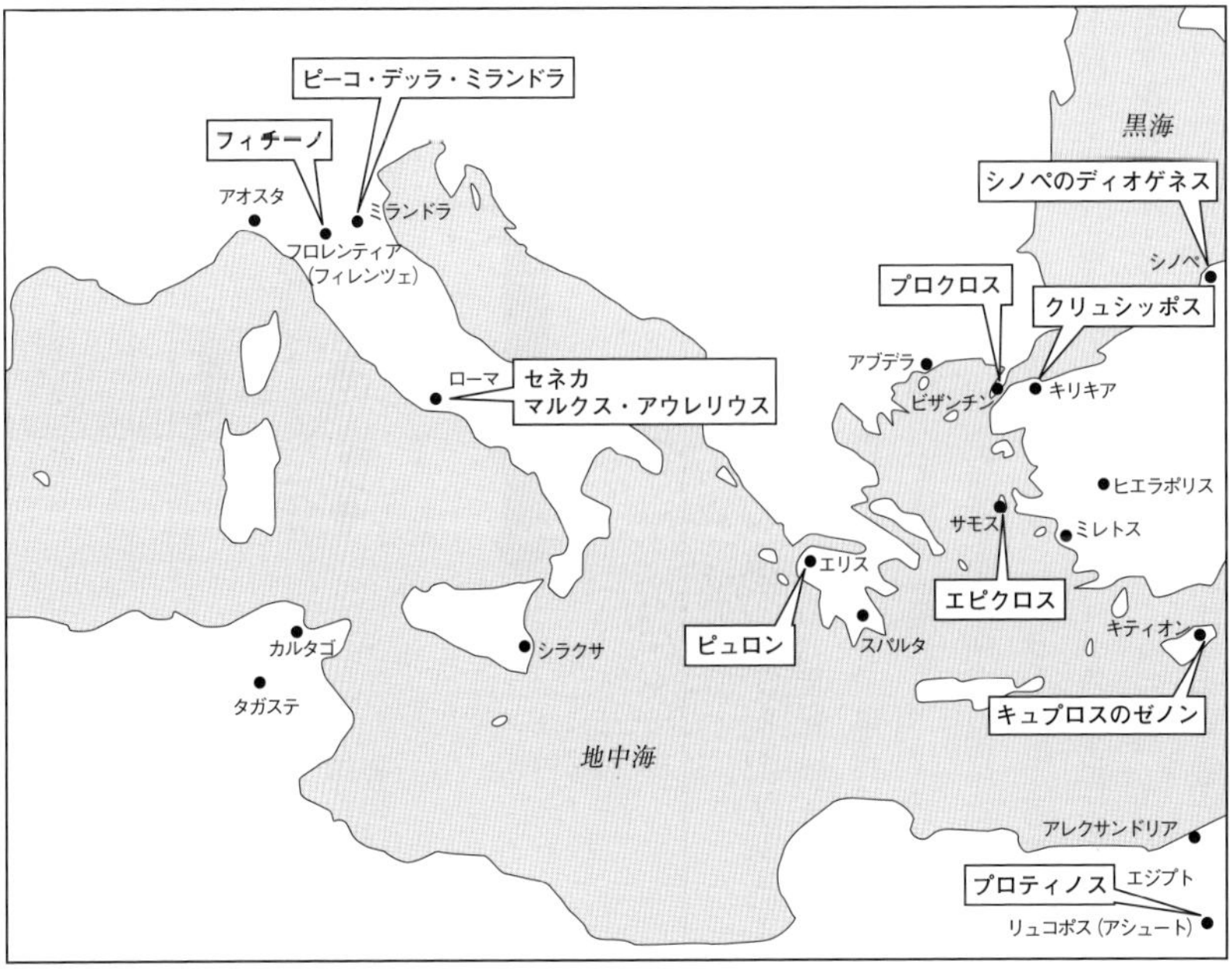

りさらに細かい階層に区分する。かれによれば「一者」「知性」「魂」「物体」といった諸階層は、それぞれ一者からの**流出**（発出）と一者への**還帰**によって関係づけられる。魂はその諸階梯を順次経験し、超越しながら最終的に一者と合一するとされる。

　一者から物質的存在にいたる階層は、一者から「流出」した流れに満たされている。あたかも、部屋の中心に置かれた光が、隅々にまで及ぶように、個々の物質にいたるすべては、程度の差こそあれ一者の光を宿しているのである。たとえば、知性と物質との間に位置する魂は、物体的素材を統合して有機的身体を作り、物体を認識する原理である感覚的感性と知性とを媒介し、こうして一者からの流れを仲介する。一方、魂は、より上位の存在である知性を拠り所として、単なる物質や動物とは異なる自己の実在性を保つが、それを実現する点に、欲望などの肉体的衝動を離れた**観照**の役割がある。

　プロティノスにおいても、下位の存在は上位の存在の「影」であると言われ、その点はプラトンに似る。けれども、イデアと個物の関係を制作モデルで把握したプラトンが、両者の存在の次元を峻別したのに対して、プロティノスにおいては、諸階層をつらぬいて通路が設定されている。彼にとって現実世界は、イデアの影、闇の世界ではなく、一者から流出した光に満ちた住処であった。

流出説

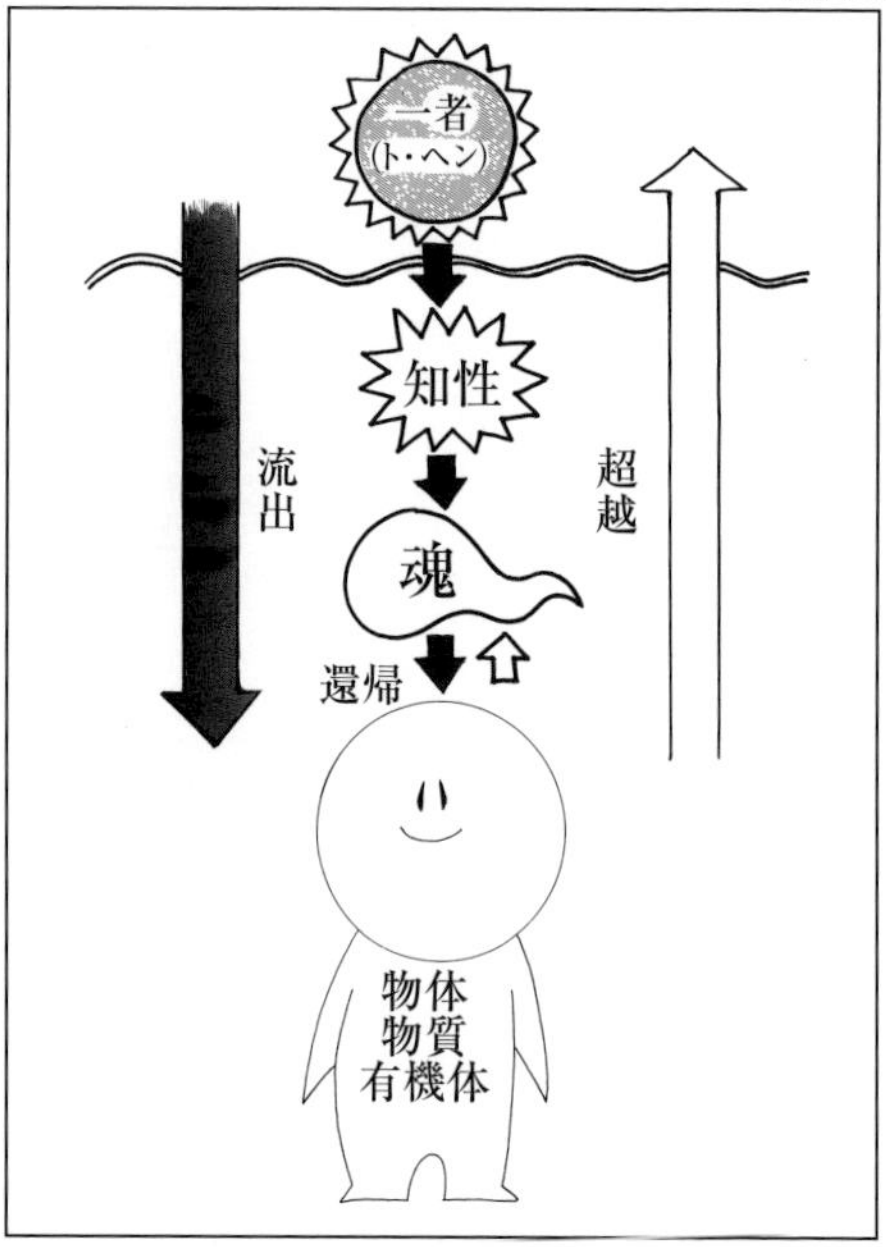

　新プラトン主義は、三世紀半ばから六世紀にかけて広く支持された、古代哲学の最終形態であり、場合によってはプラトンをもしのぐ影響力を後世に残した。プロティノスの神秘主義は、神についての規定を排除する否定神学に影響を与え、また、ルネサンスの頃、プラトン哲学とキリスト教とを統合しようとして、プロティノスの著作を翻訳した**マルシリオ・フィチーノ**（一四三三～一四九九）、ユダヤ教のカバラやゾロアスター教にまで及ぶ諸思想を融合し、「天界－天使界－元素界」によって全存在を捉えようとした**ピーコ・デッラ・ミランドラ**（一四六三～一四九四）、**ニコラス・クザーヌス**（一四〇一～一四六四）をはじめとする近世の神秘思想において復権された。

　さらに、一者からすべては流出し、逆に、自己の魂の内面に還帰することによって、全存在を覆う一者へと最終的に超越するという、「**流出－還帰－超越**」のダイナミズムは、主体によって全存在をカバーしようとする**ヘーゲル**の弁証法に大きな影響を与えた。ほかにも、**ライプニッツ**、**ベルクソン**、**ホワイトヘッド**など、新プラトン主義の影響をこうむった近現代の哲学者は多い。

　プロティノスはナイル河畔の出身とされ、アジアの神秘主義の影響のもとに構想された新プラトン主義は、「脱自」による一者との合一などといった神秘体験を裏付けとして語られるため、非合理なお伽話と見られがちである。だが、ヘーゲルは「新プラトン主義者の場合、そもそも「神秘的」(mystisch) という表現がよく使われる。ギリシア語の「ムエイン」(myein) が意味するのは「思弁的考察」ということに他ならない」と述べるのである（ヘーゲル「新プラトン主義哲学」、七四頁、また七三頁参照）。

【参考文献】『プロティノス／ポルピュリオス／プロクロス』（中央公論社「世界の名著」）、山口誠一、伊藤功『ヘーゲル「新プラトン主義哲学」註解』（知泉書館）

中世

《サン・ペドロ・デ・ラ・ナーヴェ聖堂》（691年頃）サモーラ

最初の変質

アレクサンドロス大王の巨大帝国が、王の突然の死によって空中分解したあと、地中海世界を支配したのは、これも巨大軍事国家だったローマ帝国である。

ゲルマンの地からの「蛮族」の侵入、国内経済の不調などにより、不安に駆られたひとびとの間にキリスト教は急速に普及していった。やがて蛮族が西ローマ帝国を落としたとき、長い中世が始まる。

ヨーロッパの「中世」は、西ローマ帝国滅亡の年（四七六）から東ローマ帝国の首都コンスタンティノープルをオスマン・トルコが征服した年（一四五三）までとされる。

キリスト教は三八〇年にローマ帝国の国教となり、当初、旧ローマ帝国支配下の地中海周辺にひろまった後、九〜十世紀にはゲルマン民衆にも浸透する。

その間、哲学は、主として新プラトン主義者やヘレニズムのひとびとから伝承された。**アウグスティヌス**をはじめとする「**教父**」などにとって、哲学は、キリスト教を理解し、ほかの宗教に対抗し、キリスト教内部の教義解釈上の対立を処理するための道具となる。

哲学は、そのような動きの中で錬磨されていくが、こうしたキリスト教内部の教義解釈抗争のなかで生じたのが「**普遍論争**」だ。

一方、キリスト教の浸透や教皇権と王権の抗争のなかで**十字軍運動**（十一〜十三世紀）が発生すると、当時の先進地域であるアラビアから多くの知がもたらされる。そのひとつが、キリスト教世界ではながく異端として忘れ去られていた**アリストテレス哲学**だった。

十一世紀にもたらされたアリストテレス哲学は、やがて**トマス・アクィナス**によって神学や、**プラトン哲学**と調停される。ここに「**神学の婢**《はしため》」とよばれる中世哲学が体系的に完成することになった。

ところが、トマスによる体系化は、当初かれが想定しなかった結果を生む。すなわち、**ドゥンス・スコトゥス**や**ウィリアム・オッカム**である。かれらは、プラトン的イデア論やキリスト教的神学とは別に、現実に存在する個体や個人を重視する考えを形成する。それは、経験重視の近世への扉を開くことでもあった。

中世哲学年表

年代	世界情勢
前334	アレクサンドロス大王東征
前264	ポエニ戦争
前 73	スパルタクスの乱
前 4	イエス誕生
117	ローマ帝国全盛
200 頃	新約聖書成立
375	ゲルマン民族大移動
380	キリスト教のローマ帝国国教化
395	ローマ帝国の東西分裂
476	西ローマ帝国滅亡
486	フランク王国成立
610 頃	イスラム教成立
750 頃	イスラム帝国全盛
829	イングランド王国成立
962	神聖ローマ帝国成立
1077	カノッサの屈辱（ローマ教皇権絶頂）
1096〜1291	十字軍遠征
1299	オスマン・トルコ建国
1309	教皇のアヴィニヨン幽囚
1338	百年戦争
1453	東ローマ帝国滅亡
1479	スペイン王国成立
1492	コロンブスが西インド諸島に達する
1517	ルター「95ヵ条の提題」
1571	レパントの海戦
1618	三十年戦争

活躍した哲学者

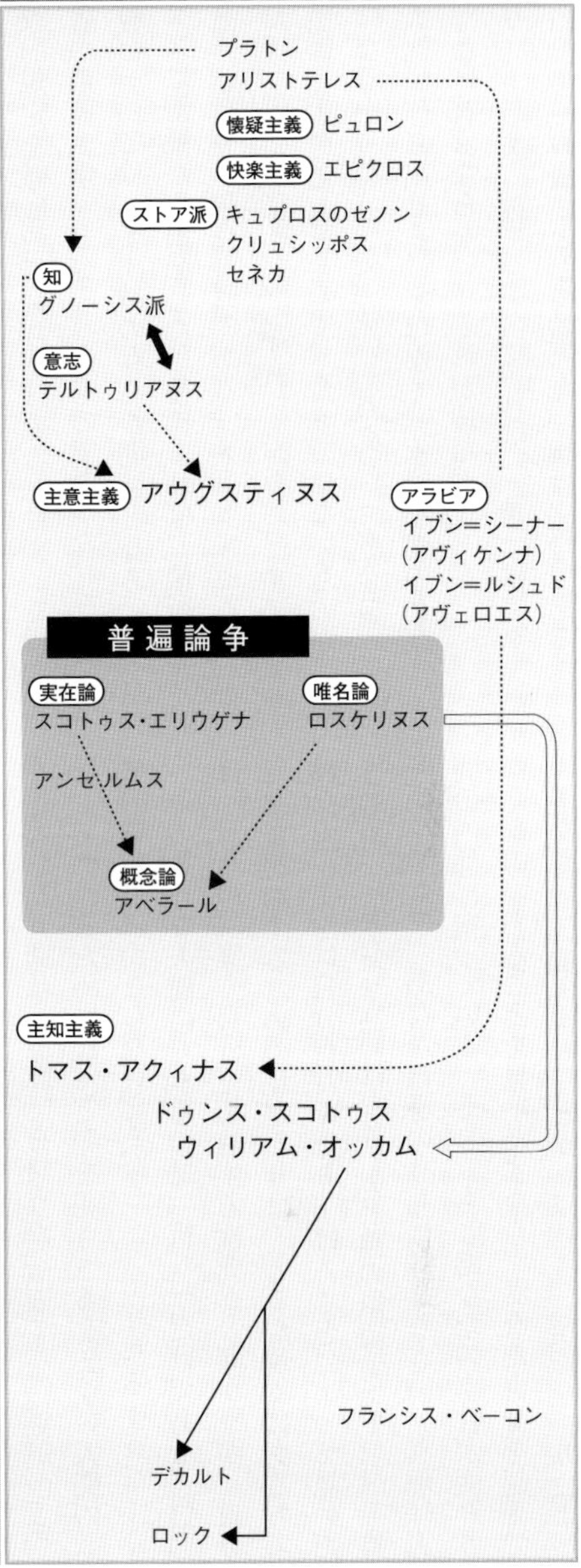

アウグスティヌス Aurelius Augustinus（三五四〜四三〇）

　キリスト教と取り組んだ最初の偉大な哲学者は、北アフリカ出身のアウグスティヌスだった。当初、かれは、善悪二元論を旨とする**マニ教**を信じていたが、三十二歳の時、キリスト教に転じる（三八六年）。**ストア派**や**新プラトン主義**を摂取しながらすすめられたかれの思索は、原罪を逃れられない人間の矛盾を、「**神の似姿**（imago Dei）」というそのキリスト教的規定を徹底的に掘り下げることによって得られた「内省の形而上学」と言うべきものであった。

　キリスト教においては、まず神の存在が問題となる。アウグスティヌスは懐疑から出発した。彼によれば、懐疑は〝疑いえぬ真理〟があるから可能である。メートル原器があってはじめて一メートルからの〝ずれ〟と言えるように、〝疑いえぬ真理〟があってはじめて、そうではないものが疑いの対象になるからだ。だが、〝疑いえぬ真理〟（「**永久真理**」）は、有限な人間に作り出せるはずはなく、永遠不変の存在に根拠をもたなければならない。それが神だ。

　一方、キリスト教典『創世記』によれば、「神」はアダムとイブを自分の「似姿」として造った。神は完全であるのに、なぜ、その似姿である人間は罪をおかすのか。アウグスティヌスによれば、アダムとイブは意志の自由を保証されていたが、にもかかわらず、かれらはみずから禁断の「知恵の実」を食べてしまった。罪が発生したのは、人間の自由意志の誤動作ゆえである（『自由意志論』）。こうしたアウグスティヌスの立場は「**主意主義**」と言われる。楽園を追われた人間は「原罪」を負うが、原罪とは、欲情（libido）にとらわれるために次々と罪を犯さざるをえない人間の欲望の構造にほかならない。

　そのような人間にできるのは「祈り」だけである。信仰は、日常の現実や自分を超越する次元へと向かうが、自分自身を超越するための足がかりは、どこか遠くにあるのではなく、じつは自分自身を掘り下げることによって見いだされる。なぜなら人間はだれしも「神の似姿」だからだ。「外へ出ていかず、あなた自身のうちに帰りなさい。真理は人間の内部に宿っている。そしてもしあなたの本性が変わりゆくものであることを見いだすなら、あなた自身を超えてゆきなさい」（『真の宗教』）とかれは言う。信仰を祈りによっ

アウグスティヌスの思想

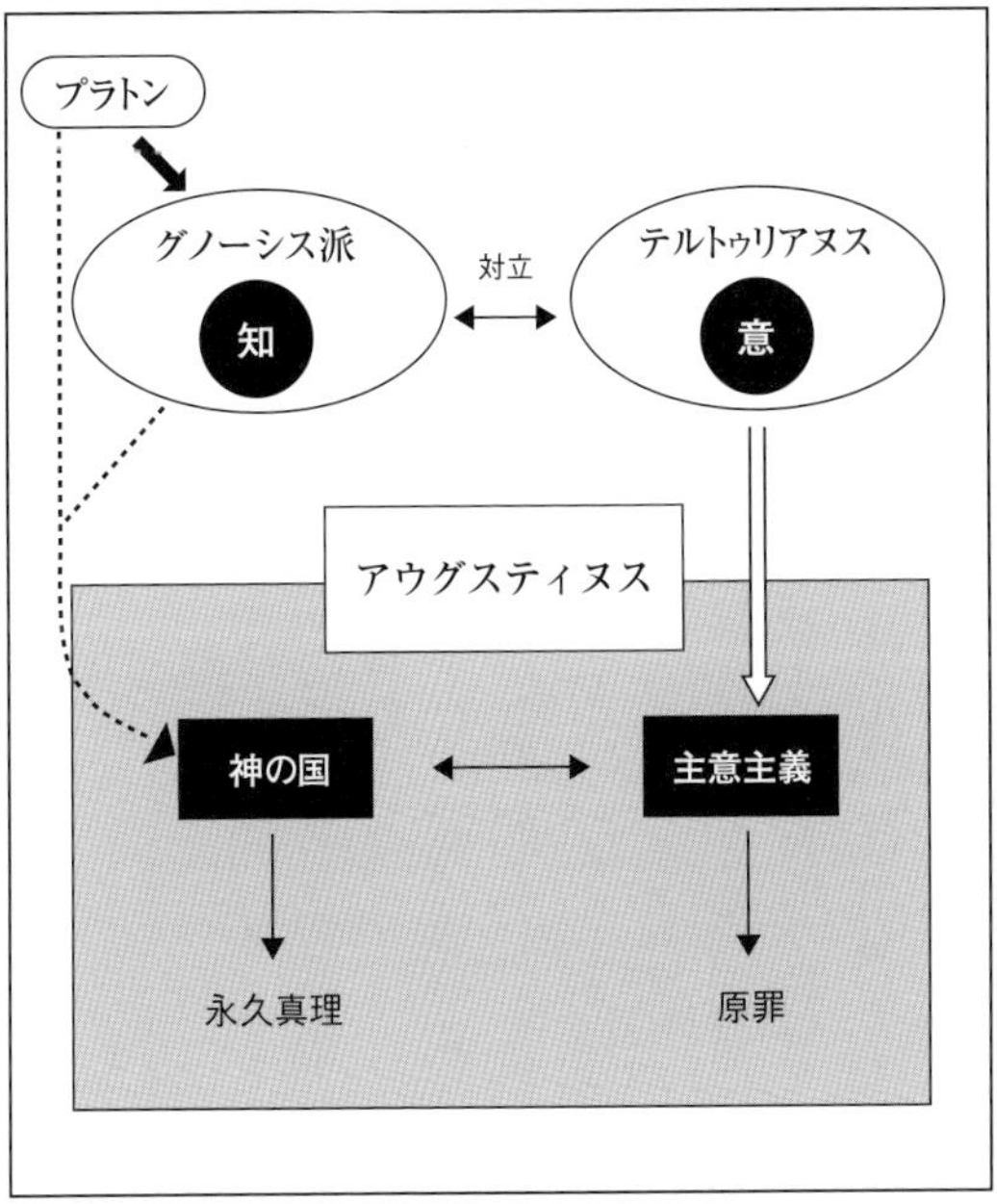

て徹底することによって、魂の奥底にある「神の似姿」が顕現する。「知を求める信」と言うべきこの立場は、**プラトン**的知を重視する**グノーシス派**の**主知主義**と、「**非合理なるがゆえにわれ信ず**」と喝破した**テルトゥリアヌス**（一五五頃～二二〇頃）の**主意主義**との対立を調停するものだ。

　自分自身を掘り下げるときに神との接点が見いだされるという構図は、われわれが時間の中で生きているという点からも浮き彫りになる。昨日、去年、十年前……のことはすでに過ぎ去っており、明日、来年、十年後……のことはまだわたしに訪れていない。けれども、過去や未来について、思いを馳せているのは今、この現在であり、したがって、わたしの中には〝過去についての現在〟〝現在についての現在〟〝未来についての現在〟がある。ただこれでは、それぞれの現在がばらばらにあるというだけであり、過去・現在・未来を一貫しているはずのわたしの生は分散してしまう。アウグスティヌスによれば、過去・現在・未来が統合されるのは、神の永遠においてのことだ。なぜなら、神の永遠においてすべての時点が現在として存するからである。わたしの生の全体は神の永遠においてはじめて現前する。人間は神なくしては、統合された者として存在することさえもできないのである。

　キリスト教においては、人類の歴史が神の天地創造にはじまり、最後の審判に終わるという「終末論」歴史観がとられる。アウグスティヌスは人類史を、罪を犯した人間が、キリストの再臨によって救済される過程とし、キリスト教の終末論的歴史観を、人間の救済という視点からとらえ直した。その影響は、**中世スコラ学**はもとより、近・現代にまでおよぶ。

【参考文献】アウグスティヌス『告白』（中公クラシックス）、『神の国』（中央公論社）、山田晶『アウグスティヌスの根本問題』（創文社）

普遍論争

「**普遍論争**（Universalienstreit）」は中世哲学の代表的局面とされるが、その内容は錯綜を極めている。

アリストテレスは「普遍（universale）」を、「一つより多くのものに述語づけられるもの」（『命題論』第七章）と定義した。すなわち、「『国家』の著者」はプラトン一人にしか述語として当てはまらないが、「人間」ならソクラテスやアリストテレスなど「一つより多くのもの」の述語となる。「人間」「植物」など、複数の個体に当てはまる、一般的な性質を言い表すのが普遍である。アリストテレスによれば、学問に用いられる言語は、性質をあらわす一般的述語、すなわち「普遍」であり、普遍がなければ学問は成立しない（『分析論』）。

アリストテレス論理学を解説した三世紀の新プラトン主義者**ポルピュリオス**（二三四～三〇五以前）は、その『アリストテレスのカテゴリー論への序論』（『エイサゴゲー』）の冒頭で、普遍は実在するのか、単に、人間の思考や理解の内にあるものにすぎないのか、という問題を提起している。この問題が十一世紀に取り上げられて起こったのが、普遍論争だ。

イブン=シーナー

普遍のとらえ方について、通説によれば、実在論、唯名論、概念論の三つがある。**実在論**（realism）とは、プラトンのイデアのように、普遍は「**個物に先だって**（ante rem）」存在するとする立場であり、**スコトゥス・エリウゲナ**（八一〇頃～八七七以降）、**アンセルムス**（一〇三三～一一〇九）などが代表者とされる。**唯名論**（nominalism）とは、複数の個物に当てはまる、同一の名称のみが存在するという立場である。名称とは、煎じ詰めれば声に出した音声であるため、その代表的人物とされる**ロスケリヌス**（一〇五〇頃～一一二五頃）は、普遍は「音声の流れ（flatum vocis）」であるとした。この場合、普遍は「**個物のあと**（post rem）」にあることになる。ほかに、**オッカム**（一二八五頃～一三四七／九）、**ビュリダン**（一二九五頃～一三五八頃）などがその代表的人物とされる。**概念論**（conceptualism）とは、実在論と唯名論の中間に位置するもので、普遍とは個物の内に（in re）存在し、人間が思考することによって心の内に概念として生じるとする立場であり、**アベラール**（一〇七九～一一四二）が主張したと言われる。

こうした理解は、**新カント派**によって広まったが、実態を反映したものとは言えない。たとえば、概念論を主張し

普遍論争

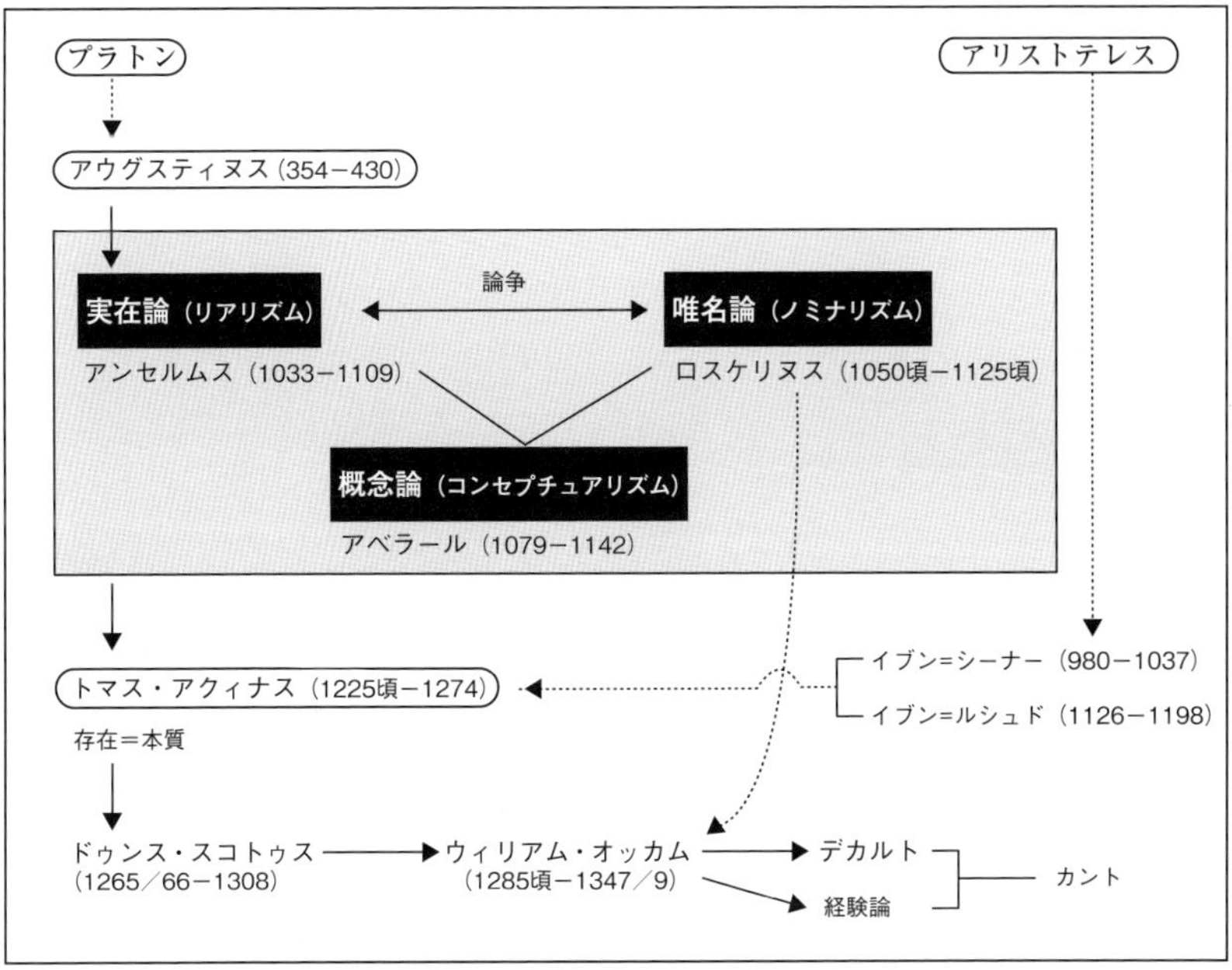

たといわれるアベラールは、普遍を「名辞（semio）」と明言した。しかもたとえば「人間」は、プラトンについても、ソクラテスについても、それぞれが「人間であること」という「事態（status）」に関して一致するがゆえに多くのものについて述語づけられ、したがって普遍なのだという。

さらに十一世紀に、アリストテレスの文献が、**イブン＝シーナー**（九八〇～一〇三七）、**イブン＝ルシュド**（一一二六～一一九八）といったイスラームの哲学者を通じてヨーロッパ世界に流入すると、さまざまなものに共通する表現形式にかかわる論理学的な普遍と、そのような名称に対応する共通の本性の存在に関わる形而上学的問題が峻別され、諸物に共通の名称を形成する「能動知性」の問題、共通本性がどのように存在するかなどの問題をめぐって、さまざまな立場が生まれた。

普遍論争は、言葉や認識のあり方をめぐる些細な議論のように見えるが、じつは、古代末期以来受け継がれてきたプラトン的哲学と、中世になってから徐々に導入されたアリストテレス的哲学との対立交錯の一断面なのである（リベラ『中世哲学史』五三九頁）。

【参考文献】山内志朗『普遍論争』（哲学書房）、アラン・ド・リベラ『中世哲学史』（新評論）、マレンボン『初期中世の哲学』（勁草書房）、上智大学中世思想研究所編訳『中世思想原典集成5～7』（平凡社）、井筒俊彦『イスラーム思想史』（中公文庫）

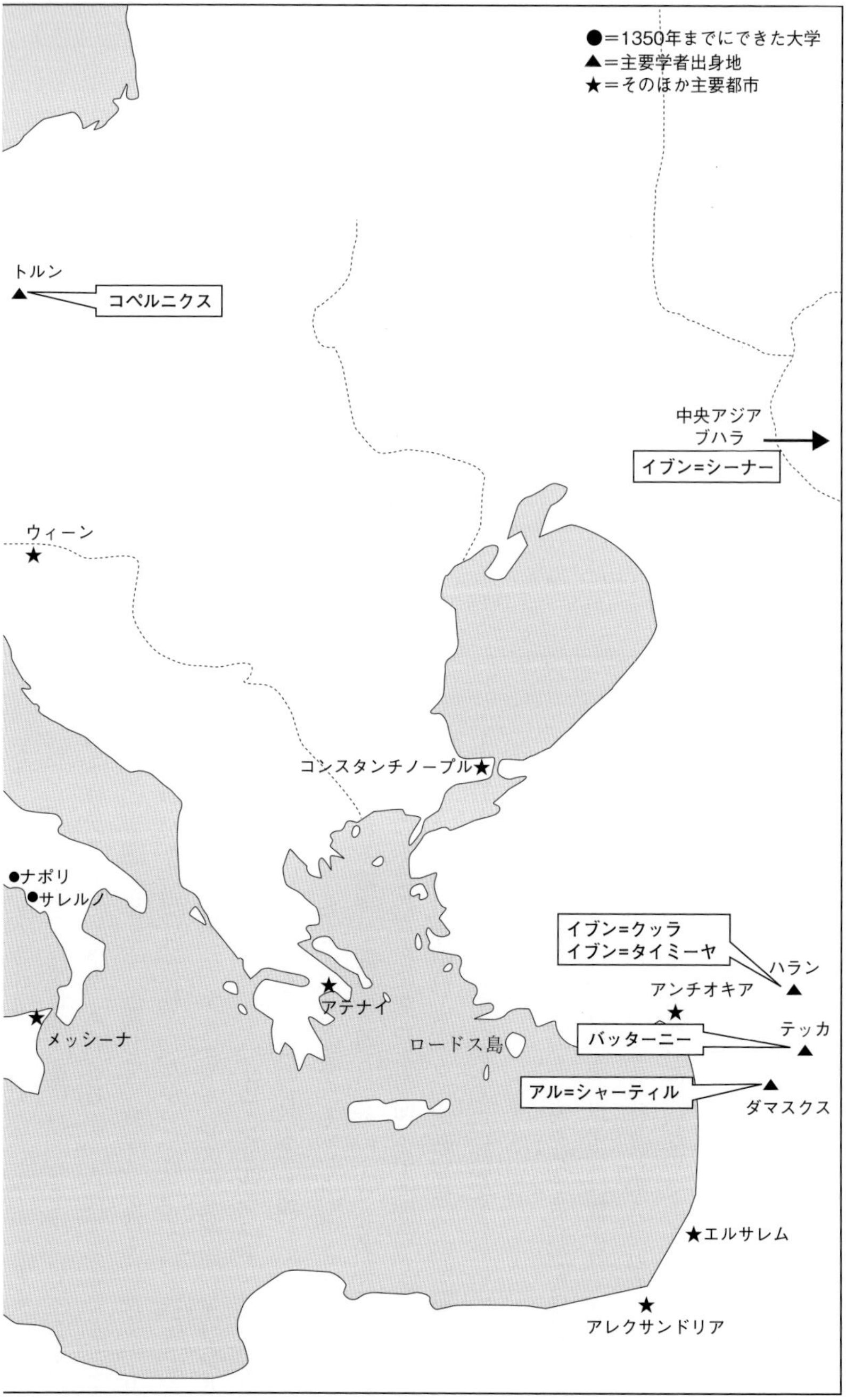
●=1350年までにできた大学
▲=主要学者出身地
★=そのほか主要都市
トルン
コペルニクス
中央アジア
ブハラ
イブン=シーナー
ウィーン
コンスタンチノープル
ナポリ
サレルノ
イブン=クッラ
イブン=タイミーヤ
ハラン
アンチオキア
アテナイ
メッシーナ
ロードス島
バッターニー
テッカ
アル=シャーティル
ダマスクス
エルサレム
アレクサンドリア

中世哲学地図

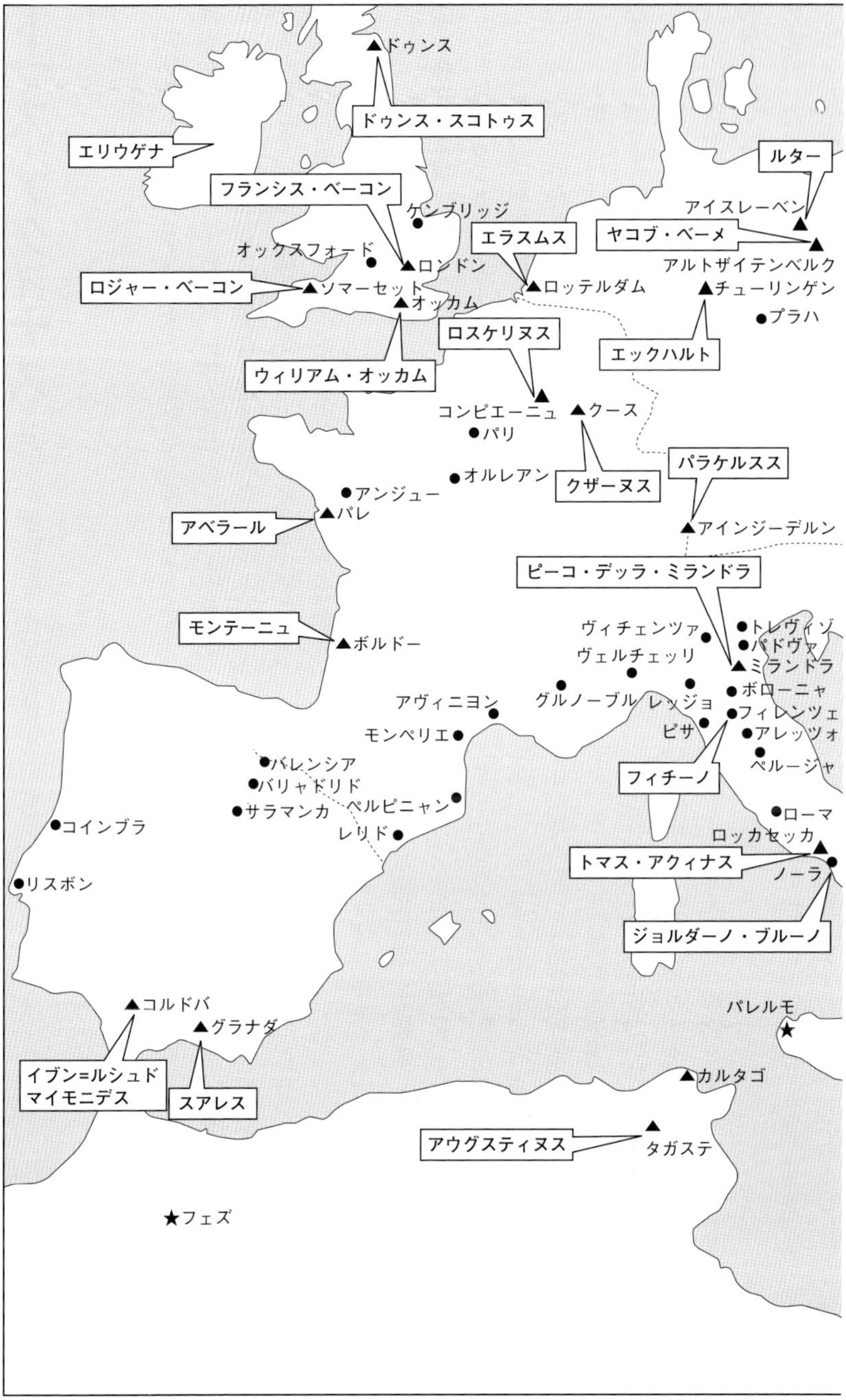
ドゥンス
ドゥンス・スコトゥス
エリウゲナ
フランシス・ベーコン
ケンブリッジ
オックスフォード
ロンドン
ロジャー・ベーコン
ソマーセット
オッカム
ウィリアム・オッカム
エラスムス
ロッテルダム
ロスケリヌス
コンピエーニュ
クース
パリ
クザーヌス
オルレアン
アンジュー
パレ
アベラール
モンテーニュ
ボルドー
ルター
アイスレーベン
ヤコブ・ベーメ
アルトザイテンベルク
チューリンゲン
プラハ
エックハルト
パラケルスス
アインジーデルン
ピーコ・デッラ・ミランドラ
ヴィチェンツァ
トレヴィゾ
パドヴァ
ヴェルチェッリ
ミランドラ
ボローニャ
グルノーブル
レッジョ
フィレンツェ
アヴィニヨン
ピサ
アレッツォ
ペルージャ
モンペリエ
フィチーノ
バレンシア
バリャドリド
サラマンカ
ペルピニャン
コインブラ
レリド
ローマ
ロッカセッカ
トマス・アクィナス
ノーラ
リスボン
ジョルダーノ・ブルーノ
パレルモ
コルドバ
グラナダ
イブン=ルシュド
マイモニデス
スアレス
カルタゴ
アウグスティヌス
タガステ
フェズ

トマス・アクィナス Thomas Aquinas（一二二五頃〜一二七四）

アリストテレス哲学は、十一世紀になってからアラビア世界から本格的にヨーロッパに輸入された。自然主義的傾向を持つアリストテレス哲学と、超自然的な信仰であるキリスト教とをいかに調停するかは中世のひとびとにとっては大きな問題であり、それに正面から取り組んだのがトマス・アクィナスである。

（一）存在と本質

かれは、**イブン＝シーナー**（**アヴィケンナ**）に発する「存在」と「本質」の区別を利用して、キリスト教の「神」である「ヤハウェ神」の存在についての積極的規定を与えた。

ペットボトルは、さまざまな色、形のものがあるが、かならず〝ポリエチレンテレフタラートという化学物質で作られた容器〟でなければならない。すべてのペットボトルはこの性質をもち、逆に、この性質をもたないものはペットボトルではない。また、この性質は、ペットボトル以外のもの、たとえばガラス瓶には当てはまらない。ペットボトルをしてペットボトルたらしめる性質のことを「**本質**(essentia)」とよぶ。一方、色や形など、それぞれのペットボトルが偶然に有する性質が「**偶有性**(accidentia)」である。そして、〝タイムマシン〟など想像上のもの、「最大の素数」のように存在しえないものと異なり、ペットボトルは「**存在**(existentia)」する。

トマスによれば、存在と本質の関係は、存在者(esse)を認識する過程において錯綜し、まして神においてはまったく通常の存在者とは逆転する。

まず、存在者の認識過程は三段階に区分される。

第一に、「ペットボトルがある」というとき、ひとはその個体が持っている感覚的性質に気づいているだけであり、また、その存在は偶然の事実にすぎない。

ところが、第二段階においては、事物の本質、すなわち「ポリエチレンテレフタラート製の容器」という「**形相**(forma 本質)」がとらえられ、事物をその事物たらしめるものが見いだされる。

さらに第三段階においては、形相（本質）も、事物をこの特定の存在者、すなわちペットボトルとして存在させる原理にすぎず、存在の様相ではあっても存在そのものではないことがわかる。すなわち、存在者の真相と思われた本質や形相も、諸事物を特殊化する原理にすぎない。「本質は、それにおいて、またそれによって存在者が存在を所有するもの」（『存在者と本質』）とトマスは言うのである。

ここで言う〝存在そのもの〟とはいかなるものなのだろう。それは、本質によって特殊化される以前の存在である。もしすべての存在が本質と結合しなければならないとすれば、〝存在そのもの〟は存在することをその本質とする。ところで、キリスト教典『出エジプト記』第三章第十四節において、神は自らを「有りて有るもの（エフェエー・アシェル・エフェエー）」、すなわち、「存在することをその本質とするもの」としていた。〝存在そのもの〟とは神に他ならない。そして、〝存在そのもの〟＝神の存在を「**分有**」することによって、諸物は存在するに到る。

ここでトマスが用いる「分有」は**プラトン**の用語だ。だが、プラトンの場合にそれがイデアすなわち形相の分有だったのに対し、トマスの場合は、存在の分有である。

トマスの独自性は、アリストテレス的「形相／質料」図式と対照することによってさらに明らかになる。泥（質料）をこねて壺の形（形相）にする、タンパク質や石灰質（質料）が人間の形（形

本質と存在

例	本質	存在
ペットボトル	○	○
タイムマシン、最大の素数	○	×
神	両者の区別なし	

ペットボトルは、それぞれ本質も存在もある。タイムマシンや最大の素数に本質は確定しえても、存在はしない。神については本質と存在の区別がない。

存在者と存在そのもの

ペットボトル

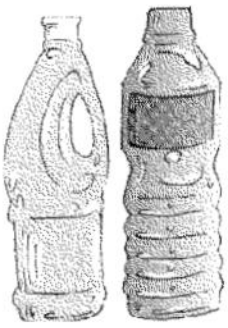

第一段階　感覚的性質
＝偶然の存在
↓
第二段階　形相
＝「ポリエチレンテレフタラート製の容器」
＝ペットボトルをペットボトルたらしめる性質
↓
第三段階
形相＝特殊化の原理＝存在の様相

≠
存在そのもの
＝
存在することをその本質とするもの
すべてのものは神の存在の「分有」である

存在の類比

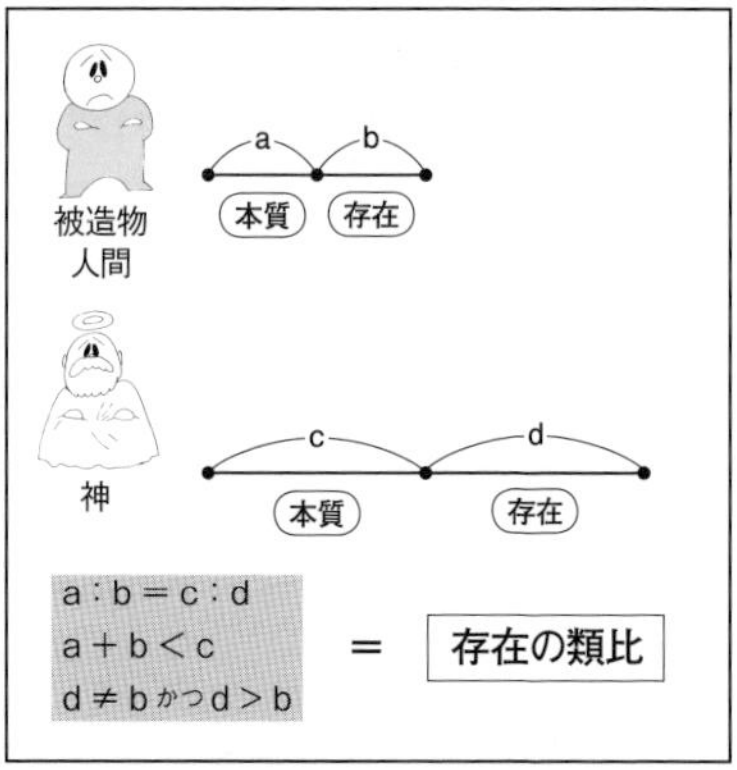

相）になる、など、「形相／質料」図式においては、質料がそれ自体、したがって「神」とは無関係に自立的に存在していることが前提となっていた。それに対して、トマスにおいては、あらゆるものが、存在そのものとしての「神」にかならず依存しなければならない。この点に、自然哲学的なアリストテレスと、キリスト教神学との調停をしたトマスの工夫を見て取ることができる。

（二）存在の類比

ところで、神は「存在することをその本質とするもの」といっても、ここで言う「存在」は通常の存在者のそれと同一には語りえない。通常の存在と、「神」の存在との関係をトマスは「類比」関係によってとらえようとする。

釘の金槌でたたく平たい部分を「釘の頭」とよぶが、問題の部分は、人間や動物におけるような意味で頭であるわけではない。それは、人間における頭（a）と体（b）の関係を、釘の平たい部分（c）と尖った部分（d）との関係に「類比的に」あてはめた表現だ（a：b＝c：d）。

トマスによればそれは「存在」の場合も同様である。人間（a）と人間の存在（b）の関係が、神（c）と神の存在（d）との関係に等しく（a：b＝c：d）、そのために「存在」という語を類比的に神にも当てはめることができる。けれども、「有りて有るもの」という神の本質＝存在を分有することによって人間は存在しうるのだから、神の本質にあたるものは人間の本質と存在をあわせたものよりはるかに大きい（a+b＜c）。したがって、神の「存在」は人間など諸物のそれよりはるかに巨大である（d≠b、かつd＞b）。このような考えを「**存在の類比**（analogia entis）」とよぶ。

ただし、この考えからはいくつかの問題が生じる。

第一に、通常の類比においては、「本来、人間に当てはまる〝頭〟という語を釘に当てはめる」のだから、人間についての用法の方が先である。ところが、われわれにとって先である「人間の存在」を神に「後から」当てはめるのは、存在の順序に背くことになる。

第二に、このように考えると「存在」という語が多義的であることになる（「存在の一義性」の問題）。

第三に、神の存在については、感覚によっても通常の知性によっても近づくことはできない。それについて能動的に思弁する「能動理性」の問題が生じる。

知的思弁によって神について語るトマスの立場は、**アウグスティヌス**とは対照的である。トマスは「哲学は神学の婢」とする立場を貫くことによって、かえって、信仰に対する知や理性の位置を確保し、「**主知主義**」の立場を守るが、その一方、「恩寵は自然を完成する」と主張し、理性を、神の認識の道具とすることによって、信と知の有機的関係を保つ点、後の**ウィリアム・オッカム**などの対極に位置する。

トマスの『神学大全』は、神に関してキリスト教典『聖書』の知識を駆使して解説した、初心者向け神学教科書であり、のちのキリスト教世界に多大な影響を及ぼした。

ところで、神について、「永遠の知性」「全知全能の存在」などといった本質を定めず、「存在、すなわち、本質」としか語れないとするトマスの考えの射程は、彼が思った以上に大きかった。神の本質を存在に限定するなら、神を知性的存在と決めつける必要もない。「神」は、普遍的合理性に拘束されることすらないだろう。神が世界を創造したのも、神がそれを欲したからにすぎず、なんらかの必然性があったわけではない。神の創造に必然性がないのなら、創られた世界や人間にもまた、なんらかの必然的・普遍的秩序は及ばないことになる。こうして、**スコトゥス**やオッカムの登場する余地が生まれた。

【参考文献】 トマス・アクィナス『神学大全』『神秘と学知』（創文社）、稲垣良典『トマス・アクィナス』（勁草書房）、山田晶『トマス・アクィナスのキリスト論』（創文社）

トマス・アクィナスの生涯／著作

1225頃　南イタリアの貴族ランドルフ伯の居城、ナポリ王国のロッカセッカ城に生まれる。母テオドラはホーエンシュタウフェン家の血筋。伯父はモンテ・カッシーノのベネディクト会修道院院長。

1230　5歳でモンテ・カッシーノ修道院へ。

1244　ナポリ大学を卒業し、19歳のとき、家族の期待を裏切って新進の托鉢修道会であるドミニコ会に入会。ドミニコ会は当時、フランチェスコ会と並んで、中世初期の教会制度への挑戦ともいえる新機軸を打ち出した修道会であり、同時に新進気鋭の会として学会をリードする存在であった。そのため、サン・ジョバンニ城で1年以上も軟禁される。

1245　家族も折れてドミニコ会に入会を許されると、パリ大学に赴き、3年同地ですごし、生涯の師とあおいだパリ大学神学部教授のアルベルトゥス・マグヌスに出会う。

1248　ドミニコ会最初の大学を創設するべくドイツのケルンに向かったアルベルトゥスに同行して研究活動を続ける。イブン=ルシュドの注釈書に親炙するアルベルトゥスの思考法に影響され、トマスはアリストテレスの手法を神学に導入する。

1252　パリに赴いて学位を取得しようとしたが、パリ大学教授会が托鉢修道会に対して難癖をつけ、4年後にようやく学位を取得。

1257　教授会に迎え入れられ、パリ大学神学部教授として教鞭をとる。

1259　ヴァレンシエンヌのドミニコ会総会に代表として出席。その後、教皇ウルバヌス4世に懇請されローマで暮らす。

1269　パリ大学神学部教授に復帰。ブラバンのシゲルスと論争。

1272　フィレンツェの教会会議で思想を集大成するよう求められ、ナポリに居を定め著作に従事。

1274　第2回リヨン公会議への道中で健康状態を害し、ローマの南のシトー会修道院で世を去った。

1319　トマスの列聖調査が始められる。

1323　アヴィニヨン教皇ヨハネ22世によって列聖が宣言される。

末期中世哲学

トマス・アクィナスの主知主義から導かれる神についての規定不可能性を逆手にとって、**アウグスティヌス**以来の主意主義をさらに徹底したのが、スコットランド生まれの**ドゥンス・スコトゥス**（一二六五／六六〜一三〇八）だった。さらに、イングランド出身の**ウィリアム・オッカム**（一二八五頃〜一三四七／九）において切り開かれた次元は、トマスらの「旧い道」（via antiqua）に対して、「**新しい道**」（via moderna）とよばれる。

（一）個体の重視

トマスによれば、神は「存在することをその本質とするもの」としか規定されず、したがって、合理性にすらも拘束されない絶対の自由意志をもつ。それゆえ、神が世界を創造したのも、神がそれを欲したからにすぎず、世界の存在に何らかの必然性があるわけではない。

この考えを「神の似姿」と言われる人間に当てはめると、個人の自由の重視へとつながることになる。神が自由であるように、人間においても自由意志が基礎であり、知性は、自由になされた決断をあとから追いかけるものでしかない。合理性という普遍的なものより自由意志という個別的なものが重視されるため、**プラトン**的イデアや**アリストテレス**的形相より各個人がもつ本性が重視される。花子は、アダムや一郎と共通の「人間」という普遍的本質以外に、他のいかなる人物とも異なる花子一人に固有の個体的本質、「**個体性**」（**このもの性**、haecceitas）をもつのである。

スコトゥスの個体重視は、認識論の場面にもあらわれる。アリストテレスの認識論は、知性と感性をきっぱり区別した。感覚が、個物に関する個別的認識であるのに対して、知性は普遍に関する認識である。ところが、知性が個物を認識できないとすると、超感覚的個別者である神の認識が不可能になってしまい、神の認識を求める信仰の立場にとっては問題が生じる。この困難を回避するため、スコトゥスは、知性も個別的認識が可能であるとする。ところがその結果、思わぬ位相転換が起こる。すなわち、逆に、個物は知性によって認識しうるものとなり、単なる感覚的対象の地位から一歩引き上げられるのだ。**ロジャー・ベーコン**（一二一九頃

オッカム

〜一二九二頃）以来、イギリスには**経験論**の伝統があるが、スコトゥスの個体重視は、その流れを引くものである。

（二）唯名論

　オッカムにおいて個体を重視し、一切の普遍者を認めない考えは頂点に達する。アリストテレスは、「個物のみではいかなる学問も成立しない」（『分析論』）と述べ、それは中世の哲学者たちにとって重い軛であった。ところが、オッカムは、かりに形相のような普遍が実体として存在しなくても記号を操作すれば学問を可能であるとして、中世哲学の「新しい道」を開いたのである。オッカムは、記号論、認識論、存在論の三つの回路から、「新しい道」の可能性を切り開く。

シャルトル大聖堂（1220 頃）ゴシック建築の代表とされる

　オッカムによれば、個物は相互に何の共通点ももたず、すべてがユニークである。また、彼はスコトゥスが認めたような「個的形相」（このもの性、haecceitas）も認めない。ところが、認識という名にふさわしいのは、個物についての知覚など、個別的直観認識だけである。

　こうした状況でいかにして普遍的真理を扱う学問が成立するのか。その突破口はまず認識論から与えられる。

　目の前にリンゴを見ると、「ここにリンゴがある」という個別的観念が生じる。リンゴが目の前から消えると、「リンゴ」という観念のみが「習得知」として残る。その後、別のリンゴを見ると、再び新たな個別観念が得られるが、それと習得知となっ

個別観念と普遍概念

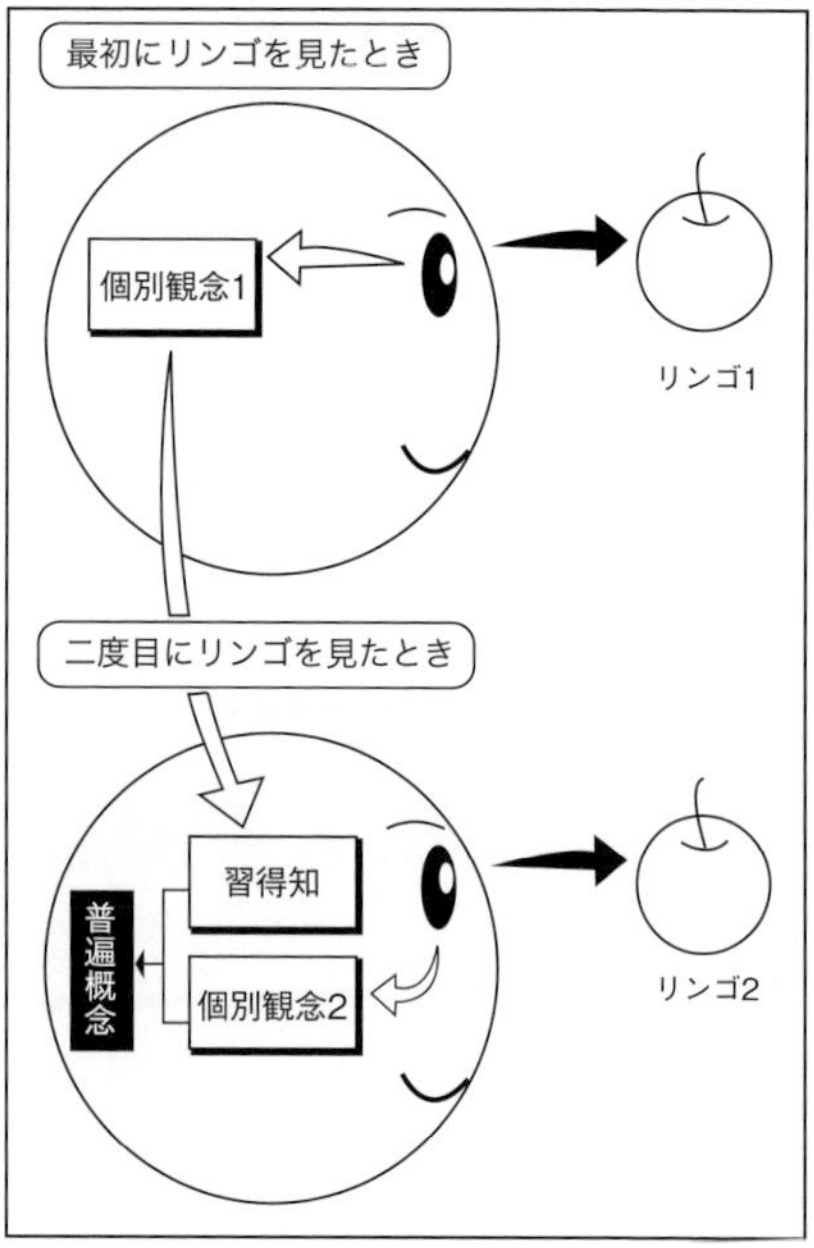

ていた観念が類似しているため、両者に共通した「リンゴ」が共通種として浮上する。それが普遍概念である。

　ここから記号論的には唯名論が帰結する。一郎や花子などを「人間」という同じ名でよぶのは、人間という普遍的な本質や概念があるからではない。さまざまな個物について用いられる「人間」という名称があるにすぎない。何らかの普遍概念が、この名称に対応するわけではない。

　こうして、存在論的には、プラトン的イデアやアリストテレス的形相のような、実体化された普遍は認められないことになる。「存在は必要もなく増やしてはならない」という、オッカムの「節約の原理」は、プラトン的イデアやアリストテレス的形相を存在者の範囲から切り捨てるものであり、それは「プラトンの顎髭」を切り落とす「**オッカムの剃刀**」と言われた。節約の原理そのものはオッカムの独創ではなく、トマスにも見られた。しかし、トマスの場合、何が必要で何が余分かを決定するのは実在の秩序だったのに対して、オッカムが存在の基準として訴えるのは、実在ではなく認識である。

　神が純然たる自由意志の存在であるとすれば、それを知的に分析しようとする神学は矛盾した企てというほかはなく、信仰と学問ははっきり区別しなければならない。学問は、天上の神ではなく、地上の自然現象に関する観察や実験に限定すべきなのである。知と信の分離は、学問の、キリスト教会の制限から自由な発展を可能にするが、こうしてオッカムは知的世界の秩序を根底から転換する。「存在」の意味を経験ないし認識に求めるという、オッカムが切り開いた展望の彼方にあるのは、意識を存在の原理とし、知識の根拠を認識以外には求めない近世哲学である。

【参考文献】清水哲朗『オッカムの言語哲学』（勁草書房）、ヘンリッヒ『神の存在論的証明』（法政大学出版局）、八木雄二『中世哲学への招待』（平凡社新書）、田口啓子『スアレス形而上学の研究』（南窓社）、中野幹隆編『ドゥンス・スコトゥス――魅惑の中世』（哲学書房）

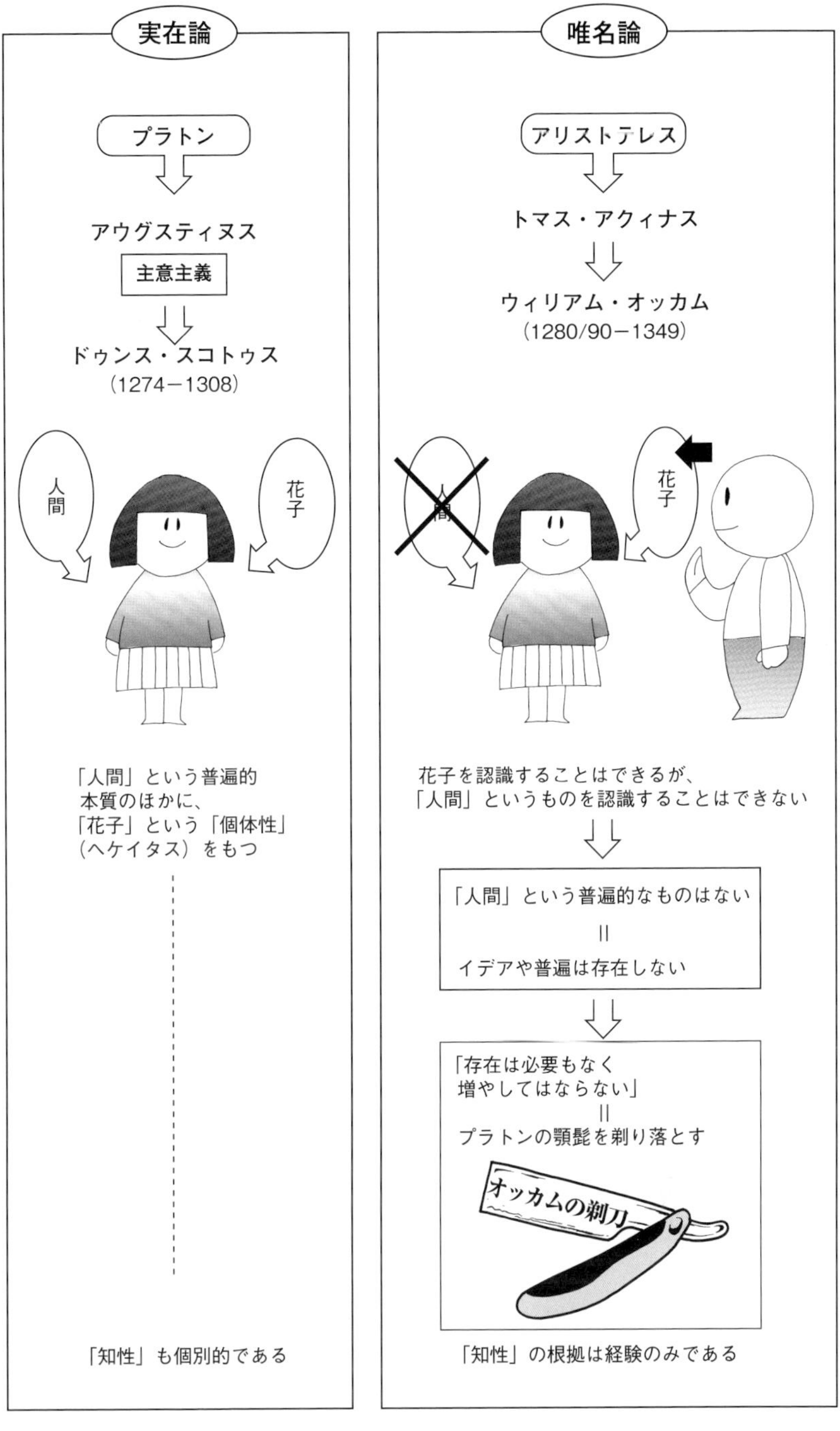
実在論
プラトン
アウグスティヌス
主意主義
ドゥンス・スコトゥス
(1274−1308)
人間
花子
「人間」という普遍的
本質のほかに、
「花子」という「個体性」
(ヘケイタス)をもつ
「知性」も個別的である
唯名論
アリストテレス
トマス・アクィナス
ウィリアム・オッカム
(1280/90−1349)
人間
花子
花子を認識することはできるが、
「人間」というものを認識することはできない
「人間」という普遍的なものはない
||
イデアや普遍は存在しない
「存在は必要もなく
増やしてはならない」
||
プラトンの顎髭を剃り落とす
オッカムの剃刀
「知性」の根拠は経験のみである

神秘思想

神秘思想は、常人にはありえない「神秘体験」を拠り所とする教説とみなされがちだが、その大胆な思索は近世近代哲学にも大きな刺激となった。

ギリシア語のmyein《ムエイン》は「耳や目を塞ぐ」ことを意味する。日常から離れ、修行を積むことによって、絶対者や真の自我など絶対的次元と合一し、その結果、生の新たな意味を見いだすのが神秘思想である。その淵源は、エジプトやメソポタミアなどにあるが、**新プラトン主義**を確立した**プロティノス**（二〇五〜二七〇）はナイル河畔の出身であり、生涯に数回、神との合一を果たしたと言う。

中世、ルネサンスには現在のドイツに、多くの神秘思想家があらわれた。中世以降の神秘思想は、「神」「キリスト」「聖霊」がそれぞれ「ペルソナ」、すなわち個別的機能的役割をもつというキリスト教義ゆえに、古代のように絶対者との全的「合一」は求めず、原則として、「一致」を追求するとされる。

キリスト教ドミニコ派修道士**エックハルト**（一二六〇頃〜一三二八頃）によれば、万物の根源を探っていくと、神のペルソナ性を超えて神性にいたる。そのとき人間の「魂の根源における神の子の誕生」がおこり、キリストとの「合一」がおこるという。かれにとっては、キリストを信仰の対象とするのではなく、キリストのように生きることが求められる。

エックハルト

「キリストにならう」という思想は、ライン下流域ケンペンに生まれた**トマス・ア・ケンピス**（一三七九／八〇〜一四七一）が編纂した『キリストにならいて』によって広く一般に普及した。自己観察と祈り、キリストとの霊的一致をつづった同書は、全世界で読まれた。

ニコラス・クザーヌス（一四〇一〜一四六四）は、「反対の一致」と「知ある無知」の思想で知られる。

クザーヌスによれば、神の無限において、すべての矛盾や反対のものは一致する（**「反対の一致」**）。すなわち、円の中心と円周は対立するが、無限に半径を小さくすれば円周と中心点は一致する。曲線と直線は対立するが、円の半径を無限に大きくすればその円周は直線と一致する。三角形と直線は対立するが、底辺を無限に大きくすれば、三角形は

神秘思想の系譜

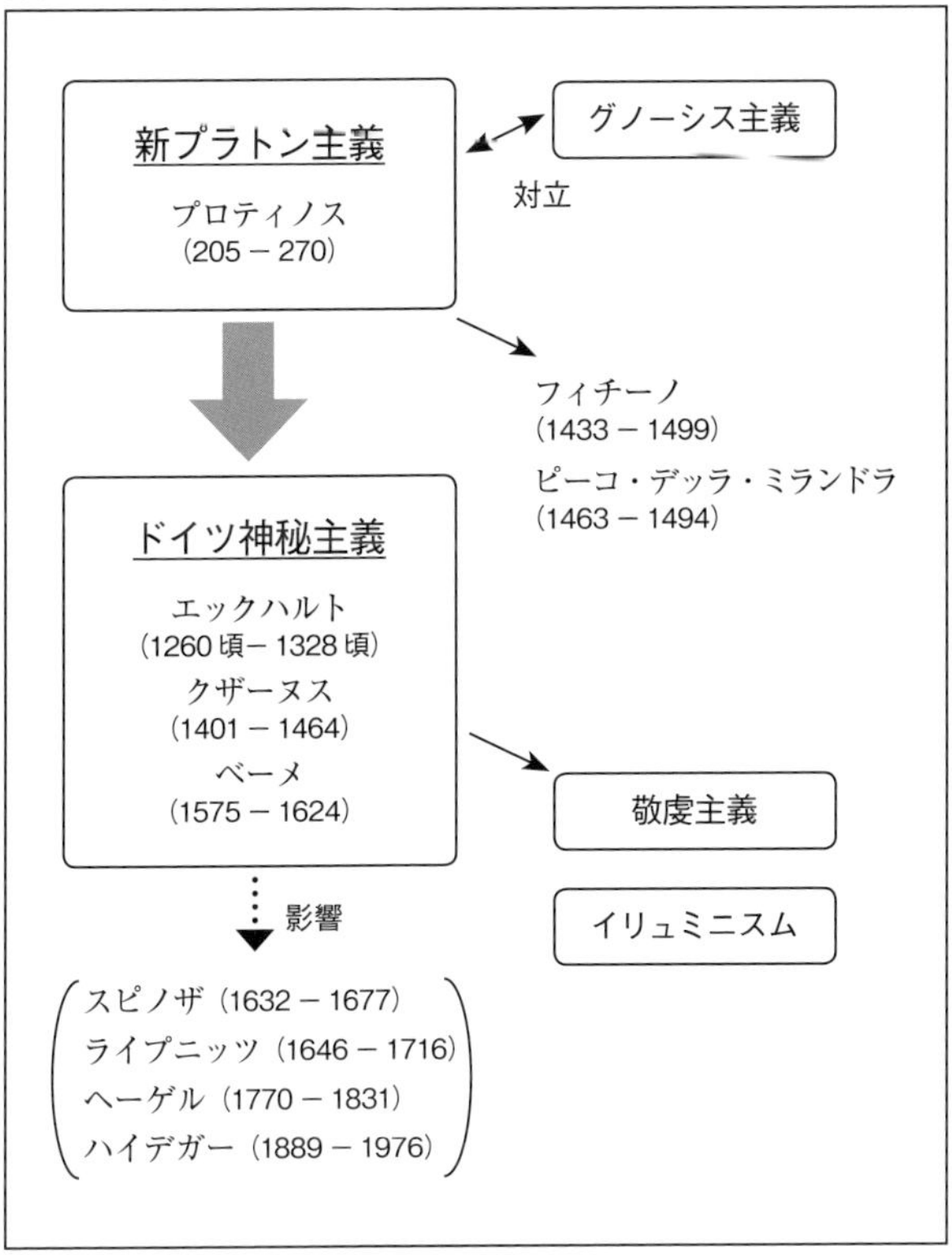

直線と一致する。無限においてはあらゆる対立は一致するが、神は無限であるため、そこではすべての対立が一致し、たとえば全体と部分という対立も解消する。逆に、神とは極大と極小の統一、すべての差別や対立を否定し、超越した「一者」にほかならない。こうして、キリスト教の難問だった「三位一体」の謎も解決される。

一方、神はすべての矛盾対立を包み込む。矛盾対立は「同時には」両立しないが、「順々に」現れることはできる。こうして、すべてを包み込む神の無限の本性が時間的空間的に展開したものが宇宙（世界）である。全体としての世界は神の展開であるために、すべては全体を反映し、宇宙全体（マクロコスモス）を反映する小宇宙（ミクロコスモス）である。そこでは、いたるところが中心となるため、かえって、地球を唯一不動の点とみる**プトレマイオス**の天動説は相対化される。後の**ケプラー**らによる地動説の背景には、このクザーヌスの神秘思想があった。

こうした事態は、矛盾律にしたがって推論をおこなう知性（悟性）には把握できず、ただ直観しうるのみである。自分の悟性が無力であり、無知であることを自覚してこそ、神についての知は可能という「**知ある無知**」の思想がこうして導かれる。クザーヌスの汎神論は**スピノザ**に、マクロコスモス、ミクロコスモスの考えは**ジョルダーノ・ブルーノ**、**ライプニッツ**らの発想源となった。

近世を代表する神秘思想家は**ヤコブ・ベー**

C.D. フリードリヒ《氷の海》（1823-24）ハンブルク美術館

メ（一五七五～一六二四）である。かれにとって問題だったのは、善悪が抗争する場としての世界をどのように理解するかということであった。かれは、錫器に当たる光を見て、神秘体験を経験した。光はそれ自体では見えず、濁った錫に当たって初めて輝くと彼は言う。同じように、神の啓示の光も、反対者である悪を介して初めて実現する、ということだ。ベーメによれば、神は、それ自体に原因を持たない「無底」でありながら、「有への意志」をもち、やがてその意志が外部へと発現して形となる。具体的に、神による世界創造は、七つの段階を経る。すなわち、(1)はじめ欲望であったものが、(2)運動を生じ、(3)外部への不安や対立を克服した結果、(4)火花を生み、(5)愛による統一が、(6)言葉の響きとして遍く広がり、(7)最後に形を結んで原初の自然が生じる。旧約聖書にあるような創造の過程は、このあとに位置する、というわけである。そのなかで人間は自由な存在であるが、そのためかえって傲岸や卑しさを生じ、それが悪の起源となる。むしろ、有限への執着を離れた自由な「放念」（エックハルト）によって神との直接合一を果たさなければならない。宇宙の創造から、人間の歴史、自然、政治まで視野に入れた、ベーメの壮大な「**神智学**」は、のちの文学や哲学だけでなく、自然学、経験主義、革命思想などに大きな影響を与えた。ベーメにおける創造の七段階は中期**ハイデガー**の思想にも通じる。

　神秘思想は特殊な体験の賛美とみなされがちだが、その知的思弁は近世から現代に到る多くの哲学者に洞察を与えた。とくにプロティノスの新プラトン主義の影響は、遠く**ヘーゲル**にまでおよぶ。

【参考文献】クザーヌス『知ある無知』（創文社）、野田又夫『ルネサンスの思想家たち』（岩波新書）、伊藤博明『神々の再生』（東京書籍）、ハイムゼート『近代哲学の精神』（法政大学出版局）、カッシーラー『個と宇宙』（名古屋大学出版会）、上田閑照『エックハルト』（講談社学術文庫）、南原実『ヤコブ・ベーメ』（哲学書房）

近世

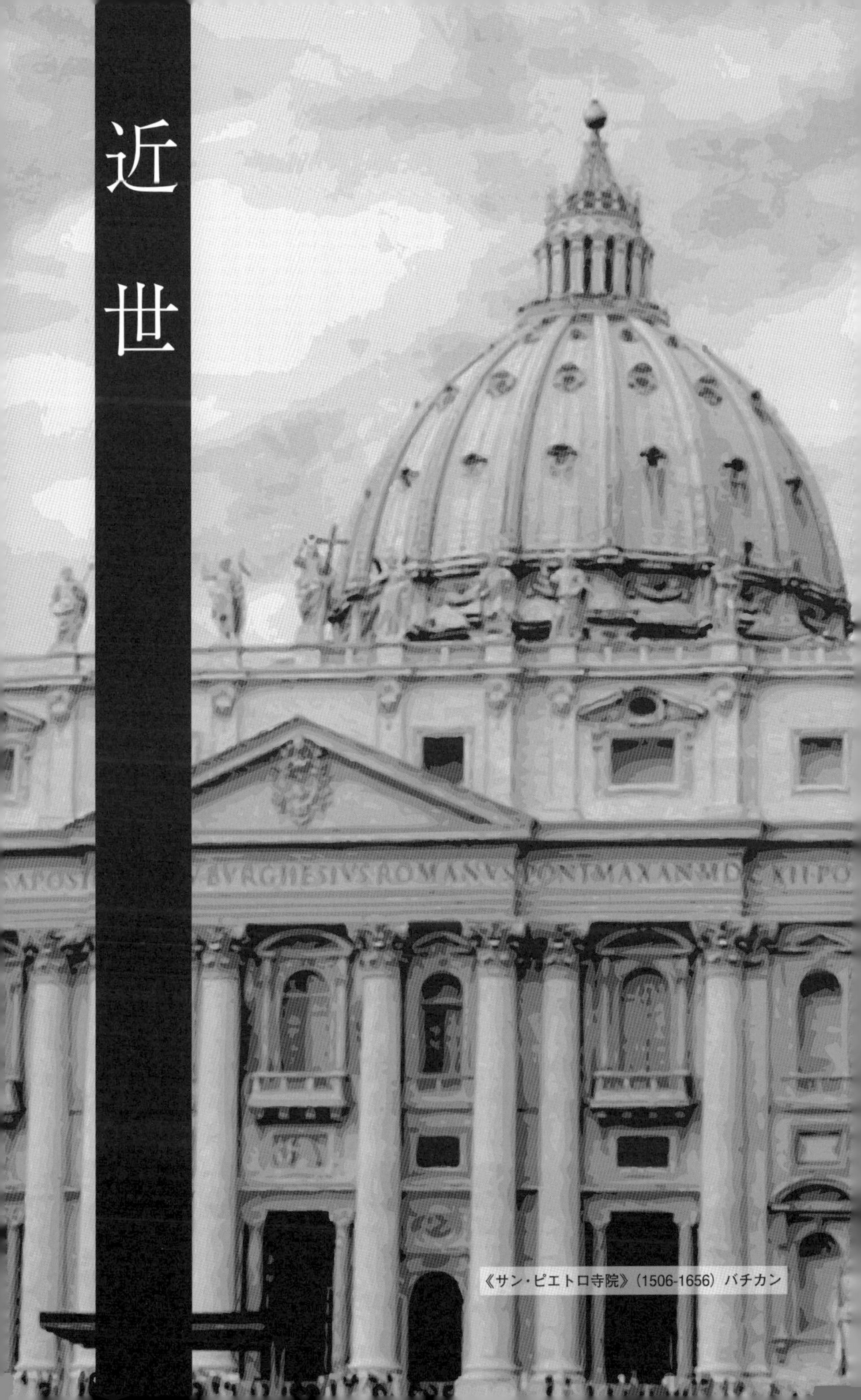

《サン・ピエトロ寺院》(1506-1656) バチカン

哲学の文法

中世末期、十字軍は、当時、遙かに先進的であったイスラーム圏の知識をヨーロッパにもたらし、コンスタンティノープル陥落（一四五三）は、「東方」知識人たちをイタリア半島へと走らせる。南北アメリカ大陸へのヨーロッパ人の到達、喜望峰海路開拓は、ヨーロッパ人の世界を大きく広げた。アフリカの奴隷、アメリカの銀（のちに綿栽培）とヨーロッパを結ぶ三角貿易は、教皇など中世的神権に対して王権や貴族の力を強めてゆく（近世の代表的哲学者はほぼ例外なく法服貴族、貴族、僧侶だ）。アジアに対し、通商その他、圧倒的に劣位におかれていたヨーロッパが、ようやく地位を築きはじめる方向に世界システム（フランク『リオリエント』）の歯車が逆転しはじめたのが近世だった。ヨーロッパ内では、新旧キリスト教の抗争も加わり、三十年戦争など、全土を巻き込む戦乱も相次いだ。

そのなかで、イスラームや「東方」の知識を活用したさまざまな知的活動が生じ、のちに「**ルネサンス**」とよばれる。とはいえ、近世ヨーロッパ哲学の扉を開いたのはなんといってもデカルトだ。すべてを疑い尽くす「誇張された懐疑」は、「**主観／客観図式**」という近代科学の前提となる地平をひらくと同時に、すべての根拠に神をおく、近世、近代哲学の枠組みを作った。

デカルトが切り開いたふたつの地平は、近世哲学の枠内では、ヨーロッパ大陸における「**合理論**」と、ドーヴァー海峡をはさんでそれに対峙する島国イギリスにおける「**経験論**」の対立へと発展する。

すなわち、**パスカル**、**スピノザ**といったひとびとは、もっぱら理詰めの議論、論証によって、神と人間とを包括する理論体系を構築する。推論規則にもとづいて計算をおこなう知性に、その推論規則をあたえる能力を理性というが、その理性の力に絶対の信頼をおいて宇宙の全体像をとらえようとする「合理論」である。

一方、デカルト的「主観／客観図式」をふまえ、主観にとって経験可能なもの、すなわち、観察・観測・実験によって確かめられたものに知識の範囲を限定しようとするのが、**ロック**、**バークリ**、**ヒューム**といった「経験論」だ。

モナドという個体を重視する**ライプニッツ**は両者の狭間に位置するとも言えよう。

近世哲学年表

年代	世界情勢
1338	百年戦争
1353	オスマン・トルコ・ヨーロッパ侵入
1450頃	グーテンベルクの活版印刷術
1453	東ローマ帝国滅亡
	ルネサンス／大航海時代
	宗教改革
1529	オスマン・トルコ、ウィーン包囲
1562	ユグノー戦争
1571	レパントの海戦
1600	イギリス東インド会社設立
1618	三十年戦争
1620	ピルグリム・ファーザーズ移住
1628	権利の請願
1633	ガリレイの宗教裁判
1642	ピューリタン革命
1652	英蘭戦争
1661	ルイ14世の親政
1688	名誉革命
1701	スペイン継承戦争
1720	南海泡沫事件
1733	ポーランド継承戦争
1740	オーストリア継承戦争
1751	百科全書刊行開始
1756	七年戦争（フレンチ・インディアン戦争）
	産業革命
1773	ボストン茶会事件
1776	アメリカ独立宣言
1789	フランス革命
1804	ナポレオンが皇帝に

活躍した哲学者

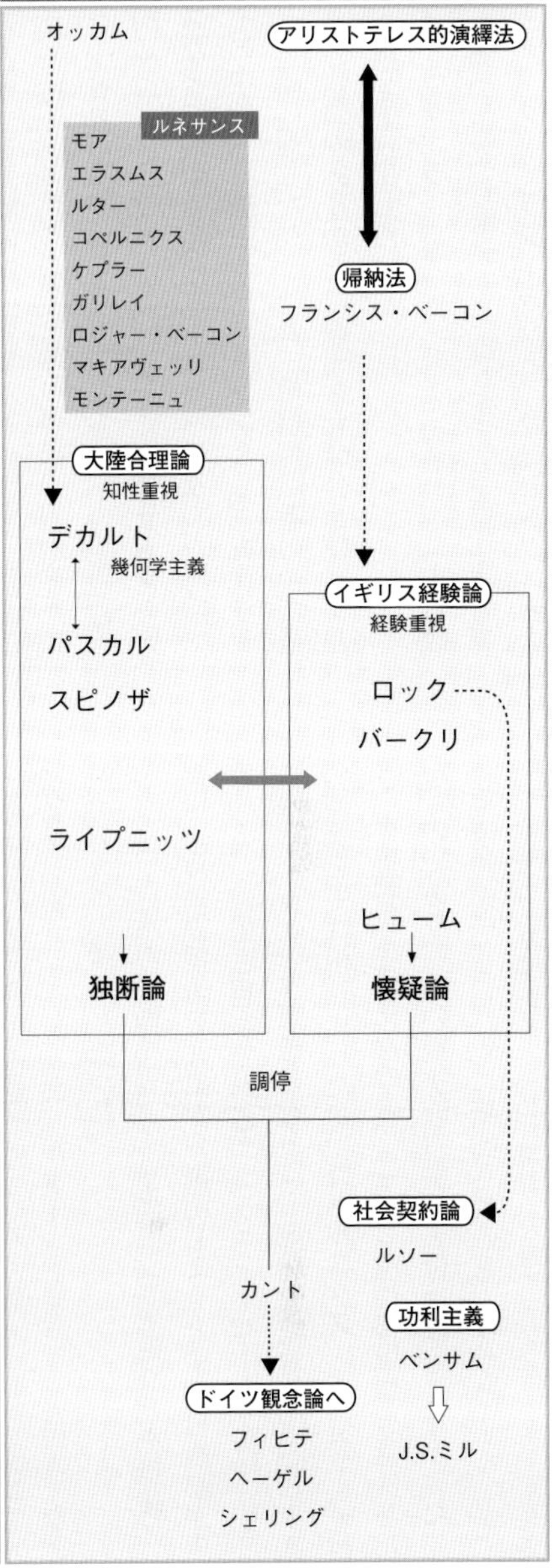

ルネサンスの思想

十字軍に明け暮れた十三世紀が終わり、十四世紀にいたると、ローマ教皇のアヴィニヨン幽囚（一三〇九～一三七七）に象徴される教権と王権の対立、百年戦争（一三三七～一四五三）などの動乱、ペストの流行（一三四八）の一方で、東方貿易を独占したイタリア諸都市、やがて十五世紀に勃興したドイツのフッガー家による北方貿易、十五世紀末以降のアメリカ大陸、喜望峰海路の貿易などにより、従来の宗教的権力に対抗する貴族王家や都市市民の力が徐々に増してゆく。十五世紀は、コンスタンティノープル陥落、東ローマ帝国滅亡（一四五三）にともなって、**プラトン**や**アリストテレス**などに関する知がヨーロッパに及んだ時期でもあった。その中で、貴族王族をパトロンとし、古代ラテン語やギリシア語に通じたひとびとと、僧侶聖職者の中で当時のカトリック教会のありかたに疑問をもつひとびとなどが、新たな主張を生み出した。

　ロレンツォ・ヴァッラ（一四〇五／七～一四五七）による政治的目的のための古文書解読からはじまった古代語研究は、**ピーコ・デッラ・ミランドラ**など、フィレンツェの人文主義者による**新プラトン主義**の復興、諸宗教の混淆主義（シンクレティズム）を生む。その人文主義者による古代キリスト教文書の発掘は、教会の伝統によって堅固な教義を守ろうとするキリスト教会のあり方を批判する、**トマス・モア**（一四七七／八～一五三五）の『ユートピア』や**エラスムス**（一四六六～一五三六）の『痴愚神礼賛』を生み、さらにカトリック教会そのものを否定する、**フス**（一三七一～一四一五）、**ツヴィングリ**（一四八四～一五三一）、**ルター**（一四八三～一五四六）などの宗教改革の誘因となった。

フランシス・ベーコン

　一方、古来の神秘思想、オカルト、錬金術などを母体に、神による世界創造を元素から説明しようとする自然学が生まれる。神秘思想家であるニコラス・クザーヌスは、中心は遍在するという思想をもとに、地球を絶対的中心とする天動説を半ば相対化したが、**コペルニクス**（一四七三～一五四三）が地動説を唱えたのも、こうした神秘思想を背景としたものであり、その数学的力学的裏付けはもたなかった。

　望遠鏡が一六〇八年に発明されると、**ケプラー**（一五七一～一六三〇）、**ガリレイ**（一五六四～一六四二）などによって天文学上の発見が相次ぎ、また、天動説に代わる地動説の数学的説明がなされるようになる。宇宙を数学的に読み取られるべき「書物」にたとえたガリレイは、「実験」によって自由落下の法則などを「発見」する。観察された事実を、数学的に規定可能な要素へと分解する「分析的方法」、要素を再び数学的に結合し、それによって得られた仮説を実験によって確かめる「**綜合的方法**」という二重の手続きが、彼の確立した自然探求の方法論だった。

すでに**ロジャー・ベーコン**（一二一九頃～一二九二頃）は、既存の権威の盲信、習慣による先入見、大衆の意見、自らの無知の隠蔽という、誤謬にいたる原因を指摘し、経験や実験による認識のみを確実とした。自然に関する実験的探求こそが、自然を克服、支配し、人類に福祉をもたらすものであると考え、「知は力なり」と述べたのは**フランシス・ベーコン**（一五六一～一六二六）である。彼は、知に接近することを妨げる先入観を「**イドラ**」（幻像）とよぶ。感覚的錯覚や擬人観など人間にありがちな「種族のイドラ」、個々人の性癖や職業、教育に由来する「洞窟のイドラ」、対話の際の不当な言語使用に由来する「市場のイドラ」、権威や伝統の盲信に由来する「劇場のイドラ」がそれである。そのような誤謬を避けながら、自然を探求する方法として彼が提唱したのが、アリストテレスの「**演繹法**」に対する「**帰納法**」、すなわち実験や観察から法則性を発見するやり方だった。

帰納法と演繹法

こうした十四～十六世紀の現象を「ルネサンス」とよぶ。**ジョルジョ・ヴァザーリ**（一五一一～一五七四）の『美術家列伝』における rinascita《リナシタ》、**ダンテ**（一二六五～一三二一）や**ペトラルカ**（一三〇四～一三七四）における「**再生**」という意識などの先例はあるものの、十四～十六世紀にイタリアに始まり、エラスムスのオランダ、**モンテーニュ**のフランス、ルターらのドイツ、トマス・モアやフランシス・ベーコンなどのイギリスに同時発生した文化現象を総称して「**ルネサンス**」とよんだのは十九世紀フランスの歴史家**ジュール・ミシュレ**（一七九八～一八七四）の『フランス史』第七巻（一八五五）であり、ドイツの歴史家**ヤーコプ・ブルクハルト**（一八一八～一八九七）が『イタリア・ルネサンスの文化』（一八六〇）を著すにいたって決定的に流通するにいたった。

【参考文献】野田又夫『ルネサンスの思想家たち』（岩波新書）、シャステル『ルネサンス精神の深層』（ちくま学芸文庫）、渡辺義雄編訳『ベーコン随想集』（岩波文庫）、エラスムス『痴愚神礼賛』『平和の訴え』（岩波文庫）

マキアヴェッリ Niccolò Machiavelli（一四六九〜一五二七）

「統治のためには虚言も辞さない」「愛される王よりも、怖れられる王を目指すべきである」「君主は気前がいいよりも吝嗇であった方がいい。気前がいいことをありがたいと思うのは、その恩恵に浴する一部だが、吝嗇であれば、だれもがひとしい思いをするから」などといった言葉に表れる、現実主義的な政治観、統治論ゆえに、マキアヴェッリの考え（「**マキアヴェリズム**」）は過酷な冷血主義とみなされることが多い。

マキアヴェッリがうまれたフィレンツェ共和国は、当時、メディチ家が追放され（一四九四）、**サヴォナローラ**の神政とその破綻（一四九八）、フランス王や教皇の軍事力の交錯、メディチ家の復活と再度の追放など、動乱の時代だった。その中でマキアヴェッリは、本来、共和主義者であったにもかかわらず、君主独裁制を唱える。その動機は、どんな政体でもいいから、安定した政治をフィレンツェにもたらしたいという願望だった。実際、かれが使節として派遣されたフランスでは、シャルル八世のような無能な国王を戴いていても、安定した政治が実現していたが、それはひとえに、司法と法令管理の機能を持った高等法院という制度が、国王と人民の仲介役を果たしていたからだ。

マキアヴェッリによれば、物事はすべて運命に従うけれども、人間は基本的に自由であり、したがって、我欲にもとづいてのみ行動する。にもかかわらず政治的安定を確保するには、共和制がもっとも望ましい。**プラトン**（『国家』）や**アリストテレス**（『政治学』）、**ポリュビオス**（『歴史』）など、伝統的な考えによれば、政体は、ひとりが支配する「君主制」、複数で支配する「貴族制」、全員で支配する「民主制」に区別されるが、いずれもやがて「専制政」「寡頭政」「暴政」に堕落する。ギリシアやローマに見られるとおり、その過程を順次経験し、その間に、他国によって滅ぼされるのが通例だ。それを防ぐためには、君主制・貴族制・民主制それぞれの要素をふくむ混合政体が望ましく、それが**共和制**だと言うのである。このようにマキアヴェッリが述べるとき、念頭においていたのは、共和政ローマにおける「統領」「元老院」「護民官」の併存であった。

本来、共和主義者であったにもかかわらずマキアヴェッリが君主制を推奨した背景には、ローマと当時のイタリアとの宗教上の相違があった。ローマにおけるこのような制度が可能であったのは、人民が自由人であり、政治に関心を持って積極的に正義を主張するような土壌があったからである。ローマにそれを可能にしたのは、マキアヴェッリによれば、多くの神を分け隔てなく受け入れるローマ人の現実的宗教であった。ところが、マキアヴェッリの生きるイタリアにおける宗教はキリスト教であり、これは、現世を卑しみ、神の国を尊ぶ。これでは、国家のことを真剣に考える国民は生まれず、キリスト教下のイタリアでは、もはや自由人はありえない。そこで、現下のイタリアでは、全権を一人が持って全体を統御する「**君主制**」しかない、とかれは考えたのであった。

マキアヴェッリは、人間は信頼に値するものではないと考え、力こそがすべてだとする。それも、金のために戦う傭兵ではなく、自前の軍こそが望ましい。その背景には、全盛期のローマ帝国にみられるような対外拡張型の共和制のみが、利己的な人間を公共性と名誉に目覚めさせることができるとするかれの考えがあった。

晩年、ハプスブルク家がイタリア攻略を企てたとき、マキアヴェッリは実際、自らの主張するように市民兵を組織し、指揮したが、進行してきたスペイン兵の前には無力だった。だが、かれの考えはその後、**スピノザ**、(悪魔たちでも共和制は作れるとした)**カント**、**ヘーゲル**などの発想の源となった。

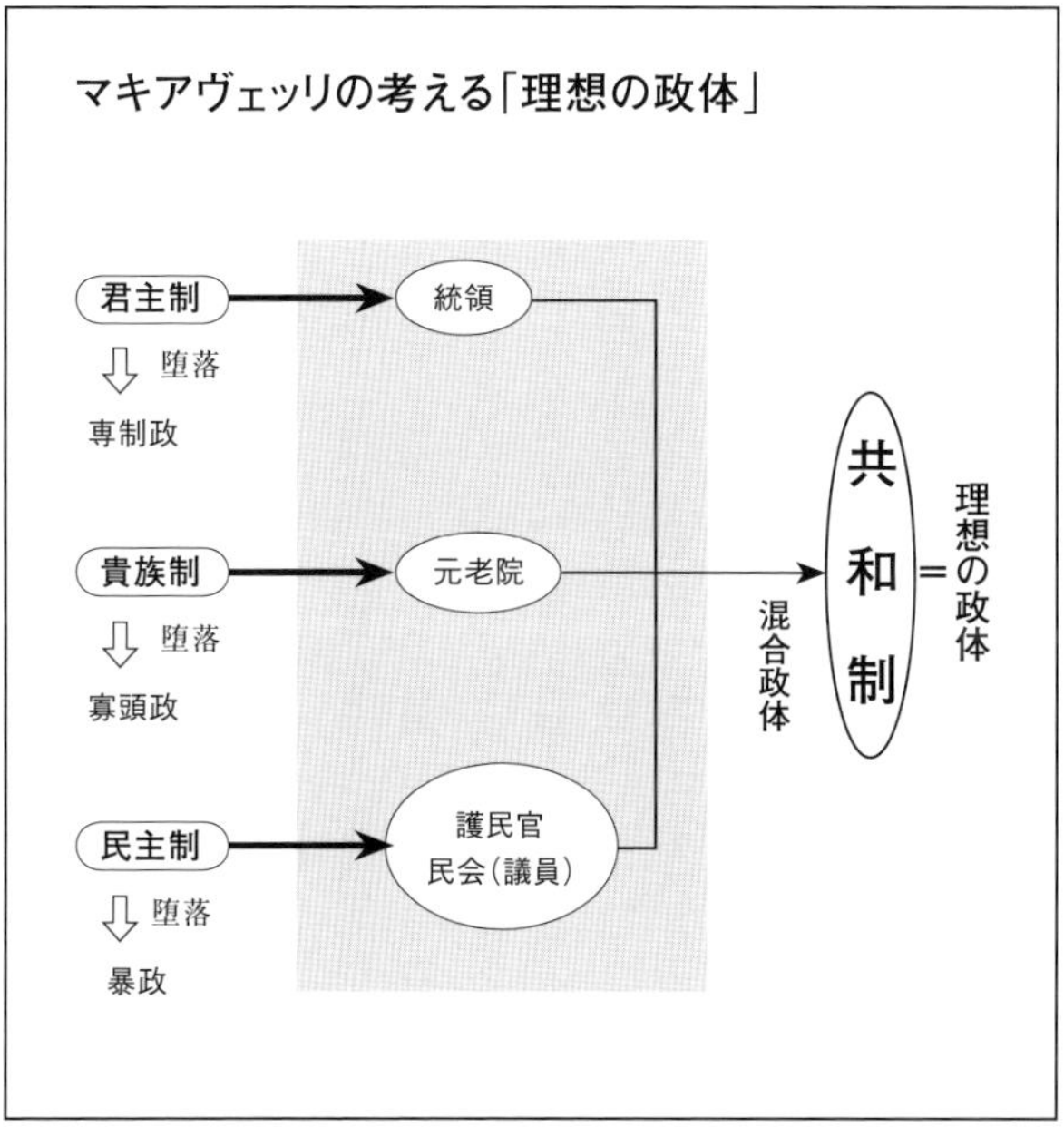

【参考文献】マキアヴェリ『君主論』(岩波文庫、中公クラシックス)、ブリヨン『マキャヴェリ』(みすず書房)、佐々木毅編『マキャヴェリ』(平凡社)、佐々木毅『マキアヴェッリと『君主論』』(講談社学術文庫)

モンテーニュ

Michel Eyquem de Montaigne（一五三三〜一五九二）

モンテーニュは、いわゆる「**モラリスト**」の嚆矢とされる。モラリストということばは、道徳（モラル）を説くひとびとという意味に聞こえるが、フランス語「モラル」のラテン語源 mos に由来する、もうひとつのフランス語 moeurs（品性、習慣）に表われるように、自分自身を含む世間の習慣、風俗、人間性を観察するひとびとを意味する。

モンテーニュをはじめ、**パスカル**、**ラ・ロシュフーコー**、**ラ・ブリュイエール**、さらに、**モリエール**、二十世紀における、**プルースト**、**アラン**、**ジード**など、主にフランスに多くを輩出した。

モンテーニュは、当初、**セネカ**や**大小カトー**などストア派に傾倒したが、やがて、懐疑論に転じ、晩年はむしろ快楽論に近づいた。

神については、理性による信仰の基礎づけも、信仰への帰依をも否定する。理性を旨とする哲学説は諸説にわかれ、また、神とは人間の理想を投影した擬人的比喩にすぎず、その信仰は、魔女狩りや子供の生け贄など「ひどい結果」を生むことの方が多い、というわけである。ここには、のちの**フォイエルバッハ**による、神による人間の疎外という議論の先駆を見て取ることもできよう。

一方、人間についても、動物に対して特権化する考えに異議を唱え、蟻や蜂などの方がよほど秩序ある社会を作っているし、マグロなどの回遊魚は、天文学などを人間より遙かに理解しているとする。科学理論に関しては、**コペルニクス**が地動説を唱えたとしても、しょせんそれは天動説よりましという程度にすぎず、やがて第三の理論が正しいことになるだろう、と言う。幾何学などの論証に関しても、それが成立するのはなんらかの公理ゆえであり、それをはじめに認めなければならないと強制するのは、圧政でしかないとする。また、実践においても、理性的原理による立法などはありえず、すべては習慣にすぎない。

こうした考えは、いかなる真理も体系も認めない懐疑論とみえる。だが、モンテーニュは、哲学を三種類に分け、「真理を知っている」とするひとびと、「真理は知りえない」と断定するひとびとのほかに、「真理を探究中である」とするひとびとを挙げる。第一のひとびとは断定的であり、第二のひとびとも一見、懐疑論にみえながら、じつは「真理は知りえない」とする点で、一つの真理を主張している。こうした撞着に陥らないためには、「わたしは真理を探究中である」と延べ、「**わたし《ク》は何《セ》を知《ジュ》りうるか**（Que sais-je?）」と問うことしかできない。

モラリストたち

ルネサンス期

エラスムス（1466頃-1536）------------『痴愚神礼讃』（1511）
モンテーニュ（1533-1592）-------------『随想録（エセー）』（1572-92）

近世

ラ・ロシュフーコー（1613-1680）---『箴言集』（1664）
モリエール（1622-1673）-----------------『人間ぎらい』（1666）
パスカル（1623-1662）---------------------『パンセ』（1670）
ラ・ブリュイエール（1645-1696）--『人さまざま』（1688）
ボーブナルグ（1715-1747）-------------『省察と箴言』（1746）
シャンフォール（1740-1794）-----------『格言と省察』（1795）

近現代

ジュベール（1754-1824）----------------『ジュベール随想録』（1838）
プルースト（1871-1922）-----------------『愉しみと日々』（1896）
アラン（1868-1951）------------------------『幸福論』（1928）
ジード（1869-1951）------------------------『贋金づくり』（1926）

けれども、モンテーニュをはじめ、モラリストの魅力は、「危険からむやみに逃れようとすることほど、危険を招くものはない」といった、世間や人間観察の鋭さにある。かれらの鋭い人間観察は、各人の中に普遍的な人間性が隠れているという信念のなせる業であったが、しかし観察すればするほど、そこには「驚くほど空虚で、多様、かつとりとめのない」存在しか発見できない。ここに、人間についての理論体系を否定する根拠があった。

　人間社会の事実としての習慣を重視したモンテーニュだが、かれにとって習慣は「第二の自然」であり、第一の自然である生命に従うことこそが、「克己」というストア派以来の徳を実現する道であった。それは「**つねに死を思うこと**《メメントモリ》（memento mori）」という銘に集約されるが、晩年においては、ペストにかかった農民が地べたを這いながら自分のはいる墓穴を掘る姿に重ね合わせて、死とは生の目標や総決算ではなく、単なる「終わり」だという境地に達する。それは、所与の現実を受け入れて自在に生きる達人の境地でもあった。

　ボルドーの高等法院評定官など歴任の後、ボルドー市長として、当時の新旧教対立調停に尽力した。

【参考文献】モンテーニュ『エセー』（岩波文庫）、スタロバンスキー『モンテーニュは動く』（みすず書房）、竹田篤司『フランス的人間』（論創社）

デカルト René Descartes（一五九六〜一六五〇）

近代的な哲学の鼻祖と言われ、その著作は、**パスカル**、**ホッブズ**をはじめとする当時の知識人から大きな反響と批判を生んだだけでなく、**カント**、**ヘーゲル**から二十世紀の**フッサール**にまで及ぶ、西洋哲学の基本的文法を作った。その業績は、解析幾何学や屈折光学、力学における「慣性の法則」の基本的構想などにも及ぶが、哲学においてはとりわけ、「**主観**／**客観**」**図式**が重要である。一方、その結果、人間の心と身体がどのように関係し合うのかという「**心身問題**」など、後世に課題も残した。

(一) 方法的懐疑

デカルトは、早くから、宇宙や人間、道徳などすべてを覆う体系を構築しようとしていたが、その出発点となるのが、あらゆる知識や存在をいったん不確実なものとみなす懐疑という方法であった。すべてを覆う体系は確実な知でなければならないが、その中に不確実なものが混入してはならず、少しでも疑いうるものは、あらかじめ排除されなければならないからである。

まず、クラリネットの音色やミカンの黄色など、(外的)感覚によって知られる事柄、また、ベッドに伏せている、腹痛がするといった(内的感覚によって知られる)事柄(①)は、いずれも不確かとされる。この上なくリアルな感覚があっても現実ではないケース、すなわち、われわれが夢を見ている場合があるからだ。なるほどわれわれは夢と現実とは区別している。けれども、夢を夢と気づくのは、目が覚めてからのことであり、夢を見ているときにその区別はできない。そうとすれば、いま現実と思っている感覚もすべて夢かもしれないのである(②)。

また、感覚によることなく確かなものと信じられている数学的真理も、まったく疑いの余地がないというわけではない。われわれを創造した全能の神は、われわれを欺く能力をもつからである(③)。ここで、デカルトは、数学を「疑わしい」と言っているのではなく、あくまでも「疑う余地があるかどうか」を問題にしていることに注意しなければならない。

こうして、すべては疑いうることになり、確かなものは何もない。デカルトは、「渦巻く深淵に不意に落ち込み、足をそこにつけることも、泳いで水面に脱出することもできないような有様」と、その不安感を表わしている（『省察』）。

方法的懐疑

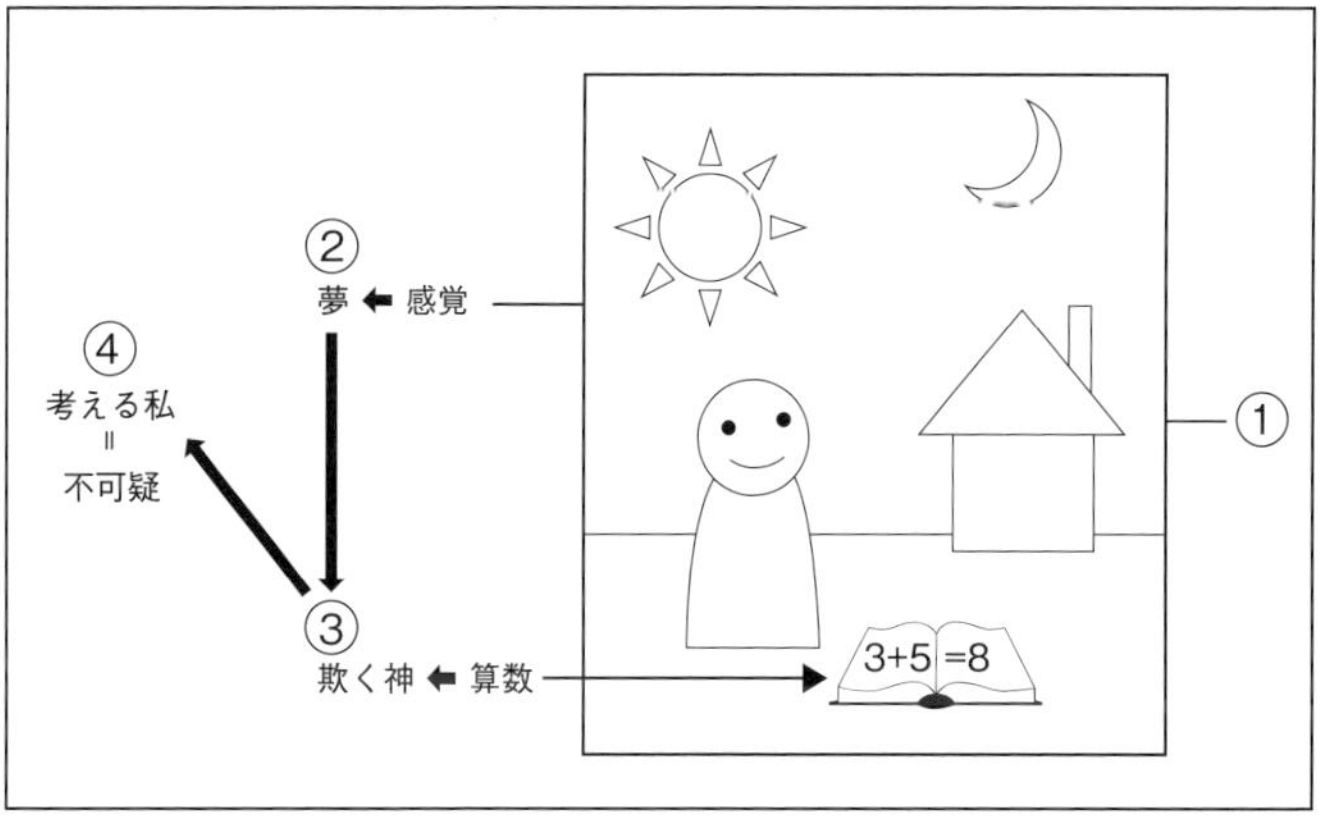

ところが、このように自分ですべては夢であると説得し、欺く神に欺かれているときの自分はどうか。そのように自分が考えている間、その自分は無ではありえない。すべてを疑い、感覚的存在や数学的真理を疑いうるものとして考察の場面から排除することはできる。けれども、自分が疑っていることをいくら疑っても、疑いは反復されるばかりで、それが考察の場面から排除されることはない。

疑うとは、「夢かもしれない」「神に欺かれているのかもしれない」と考えることだ。ゆえに、わたしが考えていることは確かであり、そのように考えているわたしは存在する。「**わたしは考える、ゆえに、わたしは存在する**」（「コギト・エルゴ・スム」）ことは、疑いえず、それゆえ確実である（④）。

デカルトの懐疑にはいくつか重要な特色がある。まず、ここで懐疑は哲学的考察の出発点であり、けっして終着点ではないということだ。古代のピュロン以来の懐疑主義は、いかなる判断も確かではないとし、何ものにもコミットすることのない「判断停止」によって心の平安を得ることを目的とした。それに対してデカルトの懐疑は、あくまでも確実なものを見いだす方法であり、そのため「**方法的懐疑**」とよばれる。また、通常の懐疑が「疑わしい」ものを疑うのに対して、デカルトの懐疑は、疑わしいわけではないが「疑いうる」ものを疑う、「誇張された懐疑」である。

(二) 神の誠実

いくら絶対確実でも、わたしだけでは何もはじめられない。デカルトは、わたし以外の物体などについてもその存在を明らかにしようとするが、その際、神の存在が必要とさ

「主観／客観」図式

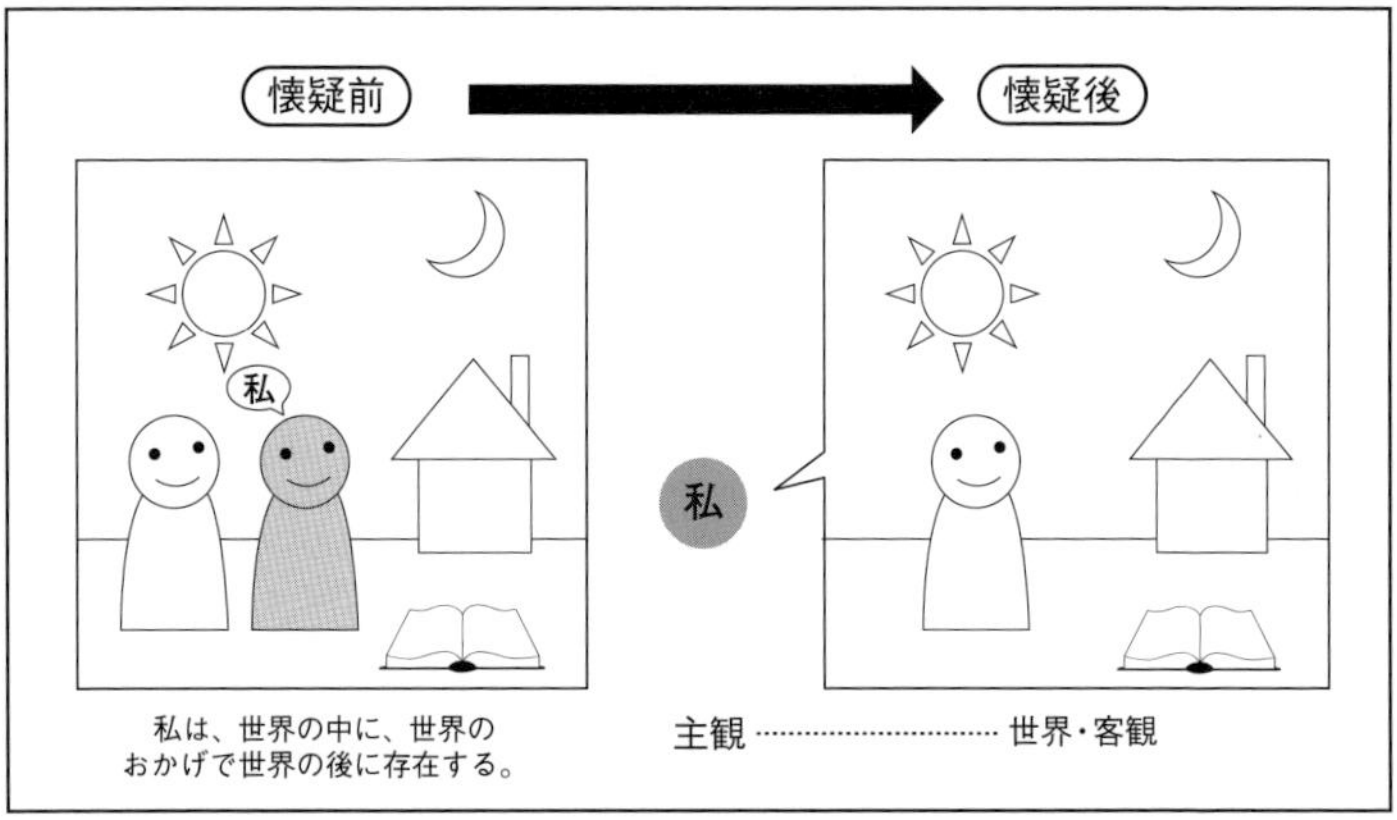

れることになる。
　霧の中に何かがうごめいているだけでは、いかなる物体がそこにあるかはわからないが、霧が晴れて光が当たってはじめて、はっきり、残りくまなく見えたそのものの正体がわかる。何ものかがはっきりと（「明晰に」）、残りくまなく（「判明に」）見えていることをデカルトは「**明証性**」とよぶが、「明証的に与えられたものはすべて真である」とされる（「明証性の規則」）。けれども、懐疑の途中に登場した「欺く神」のことを考えれば、いかにはっきり見えているものもにわかには信じられない。この困難を解決するために導入されるのが、「神の誠実」だ。
　彼はまず「神の存在証明」を行う。「神」はとりあえずわれわれの「観念」にすぎない。けれども、「神」の可能的事象内容（realitas objectiva）には、「無限な実体」というものが含まれている。「無限」（何かを際限なく繰り返すことによって得られる継起的存在としての無限ではなく、すべてが同時に存在する「現実的無限」）は、有限の存在であるわれわれからはけっして出てこない。それは、われわれとは別の、実際に無限の存在、すなわち神に由来するものでしかありえない、とデカルトは考える。それゆえ、無限の実体としての神は存在する。そもそも神は「**完全な存在**」だが、完全な存在は、やはり現実に存在するしかない。なぜなら、非存在や可能存在に比べ、現実存在は、存在概念として、より完全だからだ。ところで、神は完全な善である以上、わたしを欺くはずはない。こうして「**神の誠実**」が帰結し、その結果、明証的に知りうるもの、すなわち、感覚的存在や数学など、先に一度否定されたものの存在も保証される、というわけである。
「完全な存在」という概念には「現実存在」が含まれており、それゆえ神は存在する、というやり方は「**神の存在論的証明**」

世界把握の転換過程

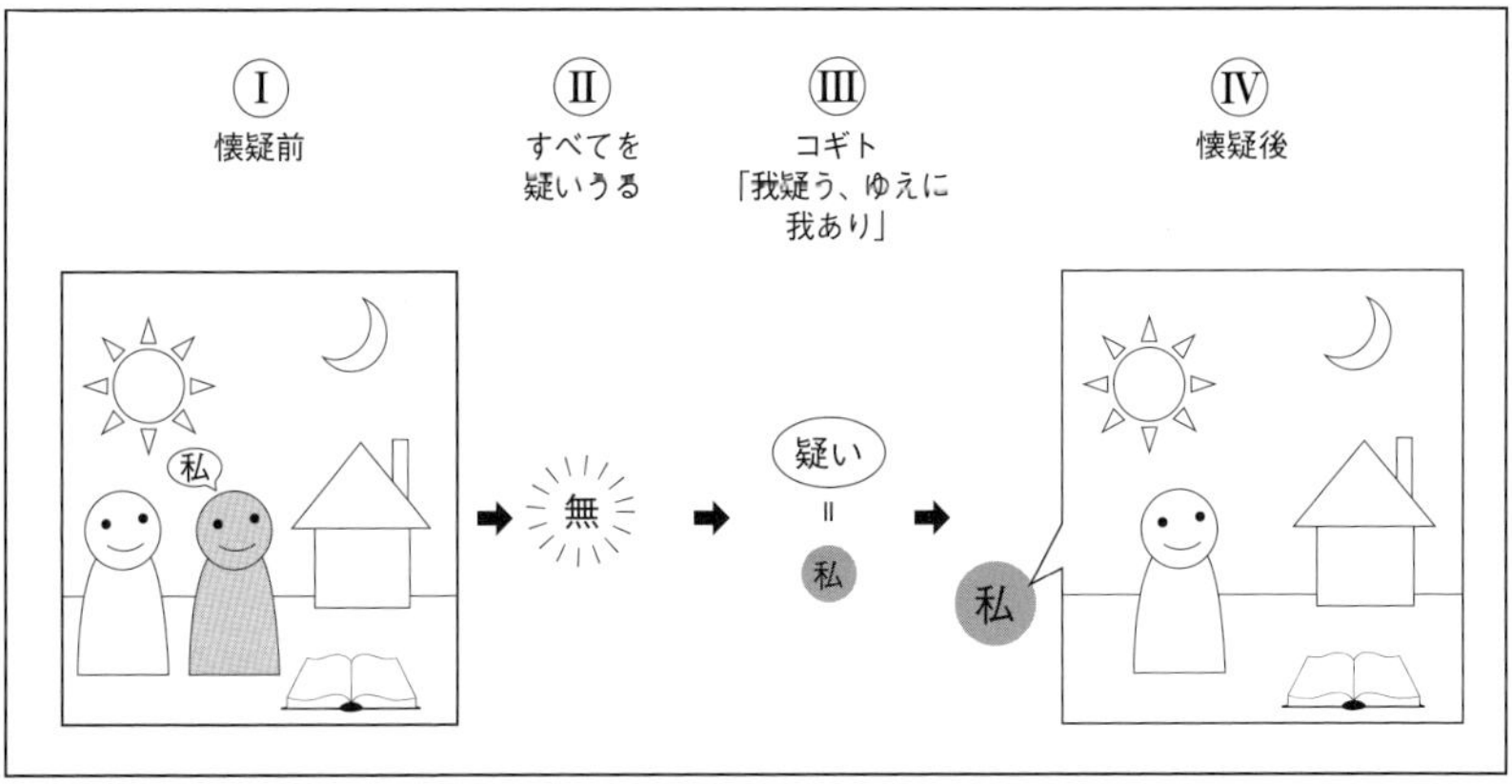

とよばれ、のちにカントなどによって誤りとされる。なぜなら、「三角形」という概念に「三辺をもつ図形」という要素が含まれているように、「存在」という要素が含まれるというわけにはいかず、「存在は、概念に要素として含まれる述語ではない」（存在は「レアルな」述語ではない）からである。けれども、**フーコー**が指摘したように、十八世紀末のカントらが、「組織」や「機能」といった、観念の裏にある仕組みに目を向けたのとは異なり、十七世紀のひとびとにとって、観念という仕方で思い描かれるもの（「表面」）がすべてであった（『言葉と物』）とすれば、デカルトが、観念とその要素以外のものを想定することができなかったのも無理はない。

しかも、懐疑から神の誠実にいたるデカルトの議論は、見かけ以上の影響を後世に与えた。この議論の前と後では世界の捉え方がまるで異なっているのである。

（三）「主観／客観」図式

懐疑前において、わたしは、両親、食料、気候など世界のうちのさまざまなものの「おかげで」存在するものだった。わたしはその世界の「内部」におり、当然、世界が存在してから「のちに」生まれたことになる（Ⅰ）。

懐疑後においてその順序はすべて逆転する。懐疑後に唯一確実と判明したわたしは、物体や数学など一切が不確実として退けられた（Ⅱ）あとも、それ自体だけで、他の何ものにもよらず存在する（Ⅲ）。一方、物体も数学も、わたしにとって明証的である限りにおいてのみ存在、真理として認められる（Ⅳ）。それゆえ、わたしは世界の「外部」に、それに「先だって」存在しているのであり、しかも世界の全体は、わたしがそれを確かめたがゆえに、「わたしのお

ピエール・ルイ・デュメニル《デカルトとクリスティナ女王》ヴェルサイユ宮殿美術館

かげで」存在する。世界はわたしの内部か外部か、世界とわたしのどちらが先か、どちらが根拠、原因となるか、これらの関係が、懐疑の前と後とではまったく逆転しているのである。

懐疑後のわたしは、世界の外に、世界に先立って、存在し、わたしの認識活動が世界の存在根拠となる。こうしたわたしのあり方を、ラテン語でSubiectum、すなわち「根底に」(Sub-)「置かれたもの」(-iectum)とよび、「主観」と和訳する。それに対して、世界はObiectum、すなわち（主観の）「前に」(Ob-)「置かれたもの」(-iectum)とよび、「客観」と訳す。この両者はペアとなっており、あわせて「主観／客観」図式となる。「主観／客観」図式とは、物体や数学的真理などすべては、わたしにとっての認識対象、思考対象であり、主観としてのわたしがすべての存在根拠となる、という思考法だ。

デカルトの懐疑は、必ずしも「わたし」という存在の絶対確実性の証明ではない。わたしの存在が絶対確実なのは、「わたしがそのように考えているときのみ」のことだからだ（『省察』第二省察）。とはいえ、デカルトが行ったような懐疑を実際に行ってみれば、誰でも同じ結果にいたるはずである。その意味で懐疑は、ピアノの演奏法や四則演算法と同じような「方法」である。方法とは、誰にでも習得可能であり、しかも、同じ方法を用いる限り、誰でも同じ結果を得ることができるようなものだ（**ガダマー**『真理と方法』）。そして実際、「主観／客観」図式は、デカルト以降、現代にいたるまで西洋哲学を根底から規定する考え方となる。

万物は認識対象である、という考え方は、観測、観察、実験による実証科学の基礎ともなる。それは、自然認識の深化をもたらし、また、技術による自然の制御を追求した近代社会の基本的発想でもあった。一方、それに対して**ハ**

近世哲学地図

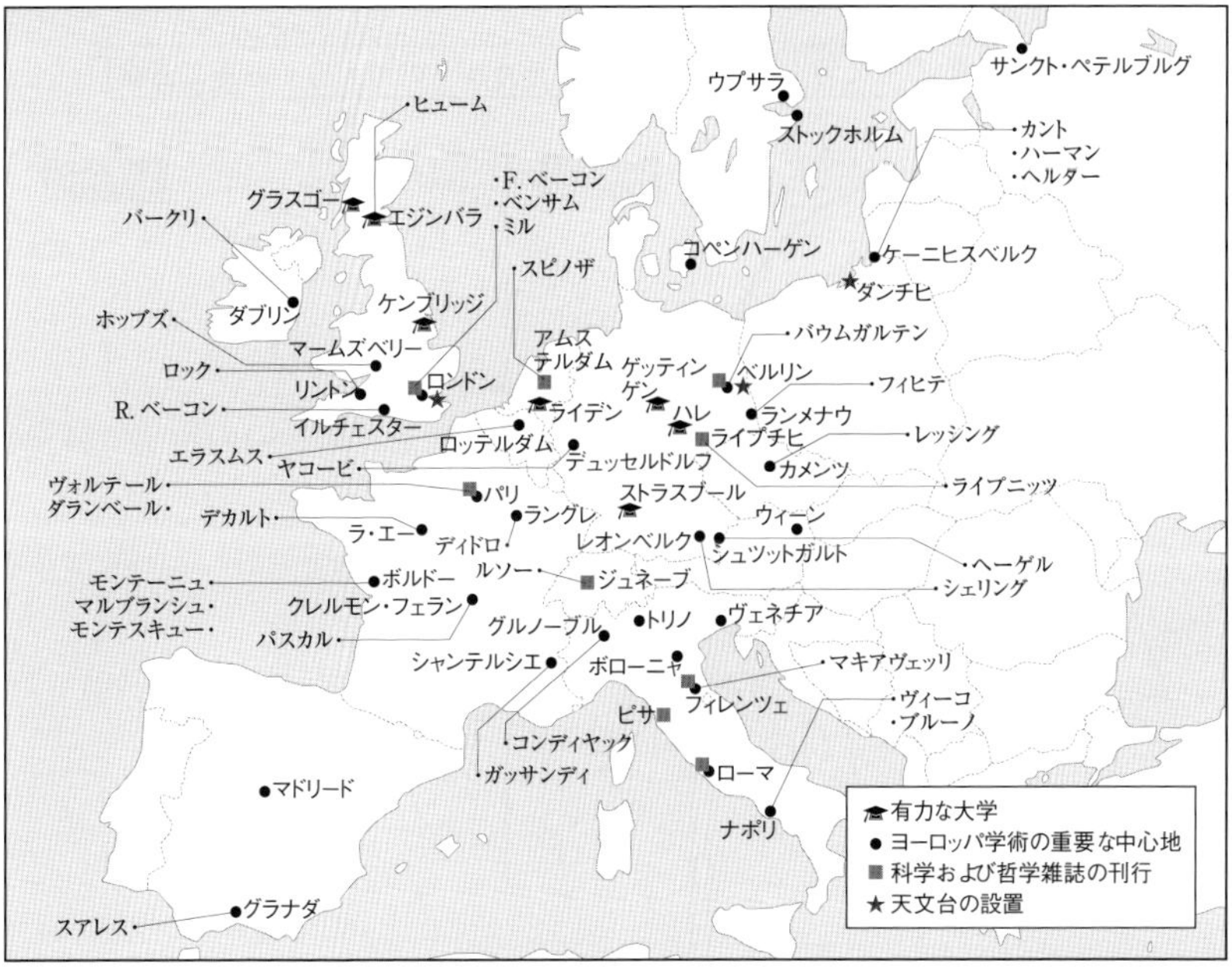

イデガーは、デカルトのようにすべてを認識対象としかみなさないような考え方こそが、やがて自然を支配し、認識の外部に存在を認めない近代的自然観の元凶だと考える(『世界統握の時代』)。

とはいえ、デカルトのシステムは一筋縄でいくものではない。物体の存在を最終的に保証するものは「神の誠実」であった。また、デカルトは、懐疑に着手する以前に、すでに、数学的真理も、自然法則も、すべては神が創造したと考えていた(「永遠真理創造説」)。したがって、物体の存在ばかりか、わたしが認識しうる真理もまた、その最終的な拠り所は(わたしではなく)神ということになる(村上勝三『デカルトの形而上学』)。その体制の中で、主観と客観は心と身体として捉え直され、また、ここに新たな問題が生じることになる。心身二元論だ。

(四) 心身二元論

デカルトは、懐疑によって確実とされたわたしを「**考えるもの**」(res cogitans)と規定する。わたしは、すべてを疑いうるものと考えるとき、そのように考えることにおいて存在するモノであり、その内実には「考える」ということしか含まれない。

一方、物体について、その本質を取り出すためにデカル

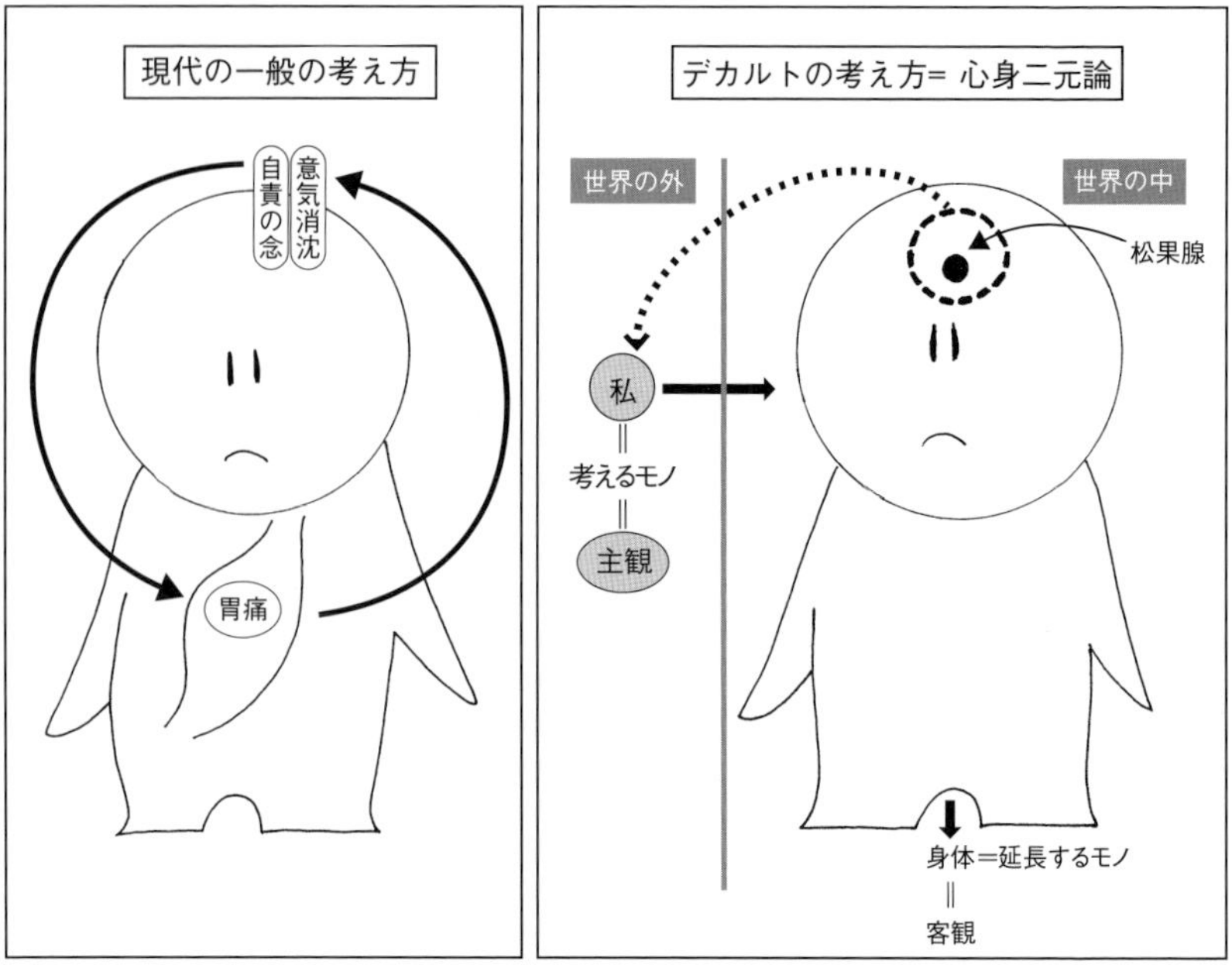

トは「**蜜蝋の比喩**」という思考実験を行う。蜜蝋あるいはロウソクの蝋にとって、その色や形状、臭いなどは本質ではない。温度が変化して、蜜蝋が固体から液体、気体などに変化すれば、こうした性質は変化するからだ。さらにここでは蜜蝋だけでなく、水や大理石など物体すべてに共通の本質が問題である。状況や分子構造がいかに変化しても変わることのない物体の本質は、デカルトによれば「延長」（ひろがり）、すなわち、それが一定の体積をもって空間を占めていることである。蜜蝋は、固体、液体、気体と変化することによって「嵩」を変えるかもしれないが、「嵩があること」自体には変わりない。物体の本質を、物差しで計測可能な「**延長するもの**」（res extensa）とするこの見方を、**幾何学主義**とよぶ。

　同様なことはわたしの身体についても言える。懐疑の途中で、わたしの身体も夢の懐疑によって疑いうるものとされ、主観／客観図式で言えば客観の側に分類されていた。身体も、蜜蝋と同じく延長、すなわち幾何学的特性を本質とする物体にほかならない。こうして、人間の身体を物体、もしくは、時計のように精巧な機械と同一視する「**人間機械論**」が帰結する。

　ここで問題が生じる。考えることを本質とするわたしには延長がない。わたしの考えの体積を問題にしても意味はない。ところが、そうとすると考えるわたしと物体としての身体には何の共通点もないこととなり、どのように関係し合えるのかわからなくなる。一方、歯痛によって意気消沈し、人に責められて胃が痛くなるように、わたしの心と身体は相互に関係し合っている。心もしくは精神と身体との関係をどのように捉えればいいのか、という問題を心身問題とよぶ。**スピノザ**をはじめ、のちの**ベルクソン**、フッサール、**メルロ=ポンティ**、**ライル**などの議論の元になった。デカルトは、「小舟を操る水夫」のように心が身体を制御するわけではないが、両者の相互作用は脳内の「**松果腺**」において生じる、と述べる。ただしこれはあくまでも形而上学的理論の枠内での話である。とりわけ晩年において『情念論』を展開したとき、デカルトは、日常的な行為の場面においては「心身の合一」が、われわれにとってもっとも基本的な「原始的概念」であると述べ、形而上学や科学的探求の成り立つ次元とは別の地平を示した。

　ルネ・デカルトは、フランス、トゥーレーヌ州ラ・エーにブルターニュ高等法院評定官の息子として生まれ、イエズス会ラ・フレーシュ学院で神学を学ぶ。卒業後、「世間という書物」をよむため軍隊に入り、各地を旅行。その後、オランダに隠遁して哲学書を発表する。最晩年はスウェーデンのクリスティナ女王の保護のもとストックホルムに移ったが、数ヵ月後肺炎で死亡。

【参考文献】『デカルト著作集』全四巻（白水社）、デカルト『方法序説』（岩波文庫、中公文庫）、小泉義之『デカルト=哲学のすすめ』（講談社現代新書）、グイエ『人間デカルト』（白水社）、ロディス=ルイス『デカルトと合理主義』（白水社・文庫クセジュ）

デカルトの生涯／著作

1596　中部フランスのアンドル=エ=ロワール県のラ・エーに生まれる。父はブルターニュの高等法院評定官。なお、ラテン語名はレナトゥス・カルテシウス（Renatus Cartesius）という。この名から、デカルト主義者はカルテジアンとよばれる。

1606　イエズス会のラ・フレーシュ学院に入学。

1610　イエズス会は信仰と理性の調和を重視、科学の新発見にも寛容だった。ガリレオが望遠鏡を作って木星の衛星を発見したときには、学院で祝祭が催されている。このころ、終生の友人となるメルセンヌにも出会う。

1614　18歳で学院を卒業、ポワティエ大学に進み、法学・医学を修める。

1616　法学士の学位を受け卒業。その後2年ほどパリほかで見聞を広める。

1618　オランダのナッサウ伯マウリッツの軍隊に加わり、要塞都市ブレダで自然学者ベークマンに出会う。

1619　バイエルン公マクシミリアン1世の軍隊に入るが、のちウルム市近郊の村の炉部屋にこもる。

1623～1625　ヴェネツィア、ローマを遍歴し、パリにしばらく住む。メルセンヌ、ホッブズ、ガッサンディと交流。

1628　『精神指導の規則』をラテン語で書く（未完）。その後オランダに移住、『世界論』（『宇宙論』）を書く。

1637　『方法序説』公刊。学術論文はラテン語で書くのが通例であったが、デカルトは母国語のフランス語で書いた。

1641　45歳のとき、パリで『省察』公刊。ユトレヒト大学神学教授ヴォエティウスから「無神論を広める思想家」として非難される。

1643　プファルツ公女エリーザベトと交流、これはデカルトの死まで続く。

1644　『哲学の原理』公刊。

1645　ユトレヒト市はデカルト哲学に関する出版・論議を一切禁じる。

1649　『情念論』公刊。スウェーデン女王クリスティナから招かれ、ストックホルムへ。

1650　風邪をこじらせて肺炎を併発し、死去。

パスカル

Blaise Pascal（一六二三〜一六六二）

積分理論、自動計算機の発明、**真空存在の確認**と大気圧の実証、流体に関する「**パスカルの法則**」（密閉された流体に圧力を加えると、流体のすべての点で同量の圧力が増える）などで知られた数学者自然科学者、キリスト教ジャンセニスム派の支持者。

哲学的には、**デカルト**をもっともよく理解しながら、もっとも徹底的に批判し、その人間観や世界観は、のちの実存哲学の先駆とも言われる。

パスカルによれば、人間は、無限大と無限小のあいだの中間的存在であり、また、まったくの無知ではないが、だからといって確実でもない。「絶対確実な」知を求めるデカルトについて彼は、「無用にして不確実なデカルト」と言う。

パスカルにとっても、人間の品位は思考にある。「**人間は考える葦である**」。けれども、その思考は、デカルトの考えるように要素を分析して積み上げていくような性格のものではない。基礎から順を追って高度な知にいたる手法をパスカルは「**幾何学の精神**」とよぶが、それは「**繊細の精神**」に対立し、しかもこれを前提とする。幾何学的証明の基礎となる「公理」は、「線」「点」「空間」「時間」「数」といった要素を含むが、その内容をこれ以上定義することはできず、「繊細な精神」すなわち、全体を一気に感じ取る直観によって把握するしかない。そのようにして営まれる思考も傷付きやすく、つねに誤謬に脅かされている。そもそも、人間が心と身体をもつ以上、完全な物体の把握も、完全な知の実現も不可能なのである。

こうした人間にとっての生は、じつは「みじめ」で「むなしい」ものにすぎない。人は社交、出世競争、賭博、戦争などに意味を見いだそうとするが、それは、無意味な生の真相への「無知」に由来する「慰め」でしかない。確かな知、確実な根拠はどこにもなく、法や行為の正しさも、それを決めているのは「習慣」にすぎない。すなわち、法がなぜ正しいのか、なぜ従わなければならないかを説明する根拠はなく、法は法であるがゆえに正しく、また、従わなければならないのである。

このような状態において、人間を救うのは、信仰への「賭

ゲーリケ《真空についてのマグデブルグの新実験》(1672)

け」でしかない。人間が逆説に満ちた曖昧な存在であるのは、『聖書』に言う「原罪」、すなわち、万物の中心になろうとした傲慢のゆえだからである。

デカルトにとっての神は、存在を論証され、その「誠実」によって、真理や物体の存在を保証する「哲学者の神」でしかなかったが、それは、パスカルにとっての信仰の神、すなわち「ヤコブ、イサク、アブラハムの神」の対極に位置する。

パスカルは、理知よりも直観、知性よりも愛の秩序を上位におく「反合理主義」とされがちである。だが、彼の思考にはより現代的なものを見て取ることもできる。パスカルによれば、法や正義などの規範に根拠はなく、事実としての習慣であるがゆえに正しく、しかも、習慣に先行する絶対的始原としての自然は存在しない（「人は、習慣を第二の自然だという。ならばなぜ、自然を第一の習慣とよんではいけないのか」）。

ここに、「ルールに従うこと」の根拠を否定した後期**ウィトゲンシュタイン**、「自然／人工」といった「二項対立」を骨抜きにする**デリダ**との反響が見られるのである。

【参考文献】『パスカル全集』全六巻（白水社）、パスカル『パンセ』（中公文庫）、メナール『パスカル』（みすず書房）、ブラン『パスカルの哲学』（白水社・文庫クセジュ）

スピノザ Baruch de Spinoza（一六三二～一六七七）

大陸合理主義者として片付けられがちなスピノザは、古代以来の神秘思想を研ぎ澄まし、のちの**ヘーゲル**を驚嘆させ、やがて**ニーチェ**にまで通じる体系を構築した。

スピノザによれば、物でも人間でもすべての存在は、自己を保存し、その存在に固執する自己存続の努力、欲望としての**コナトゥス**（欲動）をもつ。物体でも人間でも、すべての運動の根底には、この欲動があり、それに従うことが各存在にとっての自由にほかならない。ところが、こうしたすべての欲動にはさらに原因があり、それが「神」である、とスピノザは言う。それはどういうことなのか。

スピノザによれば、われわれには「真なる観念」が与えられており、その観念の真理の規範は、当の観念についての観念にほかならない。三角形があれば、その内角の和が二直角であることは必然的に帰結する。このとき「三角形の内角の和は二直角である」という観念については、必然性という観念によって保証されている。このことは正確な三角形がこの世に存在するか否かと無関係に成立する。ある観念が真であるのは実在物との対応関係が成り立つときであるとする対応説的考え方をスピノザは「外的指標」とよぶ。彼にとっては必然性という「内的指標」が観念の真理の規範である。

スピノザがとりあげるのは「**実体**」「**属性**」「**様態**」といった観念である。一般に、水は広い意味では実体であり、「無色透明」「無臭」「塩は溶かすが、金は溶かさない」といった属性をもち、固体、液体、気体という様態を経る。属性や様態があくまで水という実体に帰属し、実体なしには存しえないのに対して、実体は「他に依存することなく、それ自身だけで存在する」。**アリストテレス**などによる実体、属性、様態の規定は以上のようなものであり、また、**デカルト**はこの実体概念を「考えるわたし」にあてはめて、それを「思考するもの」（res cogitans）としたのであった。

ところが、「他に依存することなく、それ自身だけで存在する」という規定をきわめて厳密にとった場合、水や人間には当てはまらない（すべてはそれ自身とは別な原因によって存在する）し、デカルト的な「わたし」も密かに神を前提していた。もし、きわめて厳密な意味での実体だけを認め

スピノザの汎神論

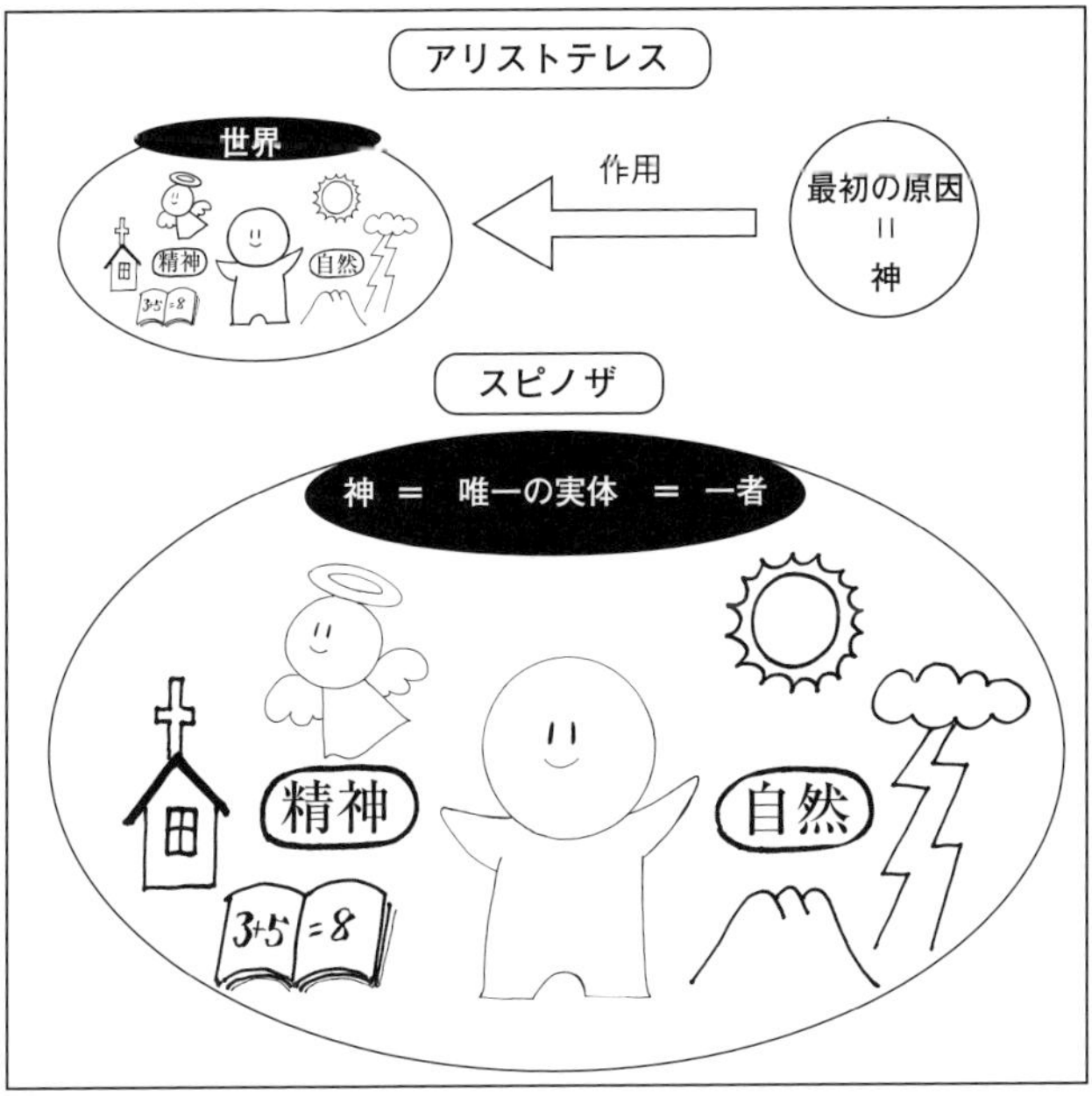

た場合、それはどのようなものなのだろう。スピノザによれば、第一に、複数の実体があったとき、それぞれの区別は属性の相違によるしかない。そこで、属性Aをもつ実体と属性Bをもつ実体があったとき、両者は区別しうるが、同じく属性Aをもつ実体が複数あっても相互に区別はできないため、宇宙に実体Aは一つしか存在しない、唯一の存在である。第二に、Aという属性をもつ実体を、A以外のB、C…といった属性をもつ実体が生み出すことはできない（異質なものは生まない）ため、各実体は他から生まれたわけではなく、「**自己原因**」（causa sui）である。それゆえ、それが存在し始める以前は想定しえず（存在しなかった状態から存在が生まれるためには何らかの原因が必要だが、それは実体A自体でしかありえないのだから）、実体Aは永遠かつ無限である。第三に、永遠で無限、かつ唯一の存在であるような実体であれば、いかなる属性をももつことができる。それは、考えられるすべての属性A、B、C……をもつ完全な実体Xということになる。永遠かつ無限かつ完全で唯一の存在をスピノザは「**最高完全者**」とよぶが、これこそ通常、「神」という名で考えられているものに他ならない。

　スピノザによれば、最高完全者としての神は、各観念の必然性に由来するものであり、また、人間や物体などすべて他のものは、厳密な意味での実体ではない。真の実体、すなわち存在者と言えるのは最高完全者のみなのだから、他はそれに依存することになる。とはいえ、人間や物体は最高完全者の属性とも様態とも言えない。そこで、こうしたすべての存在者は最高完全者の「部分」でしかない。すべては最高完全者である神の部分なのであるから、逆に、世界（宇宙）のいたるところに最高完全者（神）は遍在する。このような考えのことを、のちのひとびとはスピノザの「**汎神論**」とよんだ。

スピノザの描く世界とは、唯一完全な存在である最高完全者が過去、現在、未来のすべてを通じて宇宙の全体を覆い、その中で、そのつど、さまざまな物体や人間が、いたるところに生まれては消え、その欲動や考え、知覚などが、広大な配電盤のような空間に明滅しているような世界だ。

その結果、第一に、デカルトにおいては相互の関係が解明されなかった心（思惟、精神）と身体（延長）は、最高完全者の二つの「様態」とされる。水が液体から気体に、その様態を変えたとき、各分子の運動のあり方は変化しても、要素同士は対応しているように、心と身体は、そのあり方に違いはあっても、相互に対応している。これをスピノザの「**心身平行論**」とよぶ。

第二に、通常の意味における自由は否定される。各自の欲動や考えは、すべて最高完全者に真の原因をもつからだ。各自は、自分では自由に行為していると思っているが、じつは最高完全者によって決定されており、人間は「投げられた小石」のようなものだ、とスピノザは言う。人間が自由だと思いこんでいるのは、投げられた小石が、ほんとうは誰かに投げられて空を飛んでいるのに、自力で飛んでいると思いこむようなものだ、というわけである。

この状態は、通常の考えからすれば不自由であり、腹立たしいと思うかもしれない。けれども、最高完全者の視点から見た場合、すなわち「**永遠の相のもとに**」見た場合にはまったく事情が異なるとスピノザは言う。不自由を腹立たしいと思う感情も、永遠の相のもとに見れば、一個の自然現象と変わらない。それは確かに生じたことだが、それ以上の何か意味があるわけではなく、自然に生じるのが当然なものとして受け入れるしかない。それは他人についても同様であり、他人の愛憎や悪意なども自然現象として赦すことしかできない。一方、そのように妬み、憎みあうひとびとを、いつの間にか互いに協力させ、群れを崩壊させないための術策が「国家」だ、というわけである。

すべてを「永遠の相のもとに」見たとき、わたしは感情に振り回されることをやめ、すべてが永遠の必然性の一部として生じたものとして、すべてを肯定することができる。そのとき、人は最高完全者である神を愛することになるが、同時に、わたしは神に愛されることになる。なぜならわたしは神の一部であり、神はすべてであるからだ。

ユダヤ人であるスピノザは、不敬虔を理由にユダヤ教団から破門される（一六五六）。また、人格神を信仰の対象とするキリスト教からもその思想は「無神論」「汎神論」として非難された。スピノザにとっての神は「一にして全」である以上、精神や自然そのものでもあり、しかも『**エチカ**』においては、神もまた知性によって理解可能な存在とされていたからである。スピノザが脚光を浴びたのは十八世紀後半のドイツにおいてのことだった。「スピノザは近代哲学の要点である。スピノザ主義か、いかなる哲学でもないかのどちらかである」というヘーゲルの言葉に表れるように、**レッシング**や**ヤコービ**、**ゲーテ**、**ヘルダーリン**、**シェリング**、ヘーゲルなど、ドイツ・ロマン主義においては「**スピノザ主義**」が一つの流行となる。神という「無限の存在」（「最高完全者」）と、精神ならびに自然という「有限の存在」とを関係づけるスピノザのやり方は、両者を総合し、和解せしめることによって、とりわけ**カント**に代表されるような精神と自然その他の近代的二元論を克服し、絶対者を捉えて、全体的かつ統一的な思想を構築しようとしたドイツ観念論にとっての重要な足がかりとなった。とりわけ、シェリングとヘーゲルにとって、スピノザはカントの批判哲学とならぶ、哲学の「最高の帰結」だった。また、「永遠の相のもとに」すべてを肯定し、いかなる後悔とも贖罪とも無縁なあり方は、**ニーチェ**にとって、自分の超人思想を遙かに先取りするものと見えたのである。

【参考文献】スピノザ『エチカ』『知性改善論』『国家論』（岩波文庫）、ドゥルーズ『スピノザ』（平凡社ライブラリー）、ドゥルーズ『スピノザと表現の問題』（法政大学出版局）、マシュレ『スピノザかヘーゲルか』（新評論）、上野修『スピノザの世界』（講談社現代新書）、『スピノザ』（NHK出版）

スピノザの生涯／著作

1632　ポルトガルから移住したユダヤ人商人の子としてアムステルダムに生まれる。なお、スピノザは日常会話にポルトガル語を使った。
1647頃　ユダヤ人学校でラビとなるためのユダヤ教とヘブライ語の教育を受ける。家業を手伝うために、高等教育は受けなかった。
1656　当時のユダヤ教信仰に対して批判的な態度をとり、ユダヤ教団から破門・追放され、ハーグに移住し、転居を繰り返しながら執筆生活を行う。移住後の生計は伝説となった「レンズ磨き」によるものでなく（スピノザがレンズ磨きの技術を身に付けていたこと自体は事実で、それは生計のためではなく学術的な探求心によるもの）、貴族の友人らから提供された年金による。
1662　ボイルと硝石再生実験に関して論争。
1663　『デカルトの哲学原理』とその付録の『形而上学的思想』公刊。
1664　オランダ共和派のヤン・デ・ウィットと親交。この前後から代表作『エチカ』の執筆は進められていたが、オランダの政治情勢の変化などに対応して『神学・政治論』の執筆を優先させる。
1670　匿名で『神学・政治論』公刊。
1672　ヤン・デ・ウィットが殺害される。
1673　プファルツ選帝侯からハイデルベルク大学教授に招聘されるが辞退。
1674　『神学・政治論』が禁書となる。
1675　『エチカ』を完成させたが、自身で出版を断念。
1676　ライプニッツの訪問を受ける。
1677　肺の病を患い、ハーグ近くのスヘーフェニンへで死去。遺稿集として『人間知性改善論』『国家論』『エチカ』『ヘブライ語文法綱要』刊行。
1783　汎神論論争（スピノザ論争とも）おこる。哲学者ヤコービと、劇作家レッシングの親友の哲学者のメンデルスゾーンとのあいだで激しく往復書簡が交わされる。
1785　ヤコービが「スピノザの教説について」と題し往復書簡を公開、カントやハーマン、ヘルダーやゲーテを巻き込む一大論争に発展するが、翌年メンデルスゾーンが急死して終結する。

ロック John Locke（一六三二〜一七〇四）

インググランドやスコットランドには中世以来、**ウィリアム・オッカム**や**ロジャー・ベーコン**など、知識の源として観察や観測、実験を重視する「経験論」的傾向が根強くあったが、近世的形態における経験論を確立したのがロックである。また、彼は「社会契約説」の論者でもあった。

（一）認識論的問題設定

自然や道徳に関するわれわれの知の起源とは何であり、また、どのようなものであれば知と認めうるか、というのがロックの最初の問題設定であった。

これを論じるために、ロックはまず「生得観念」説を否定する。生得観念説とは、「神の存在」や「殺人の禁止」など、いちいち論証するまでもなく真理とされ、誰もがわきまえている知識があり、それは人が生まれながらにして（生得的に）刻印されている知識であるとする考えだ。ところが、このように考えると、そのような観念をもたないひとびとが現に存在するという事実を説明できない。ロックによれば、生得観念のようなものは存在せず、人はもともと何も知をもたない「**白紙**《タブラ・ラサ》」（tabula rasa）状態で生まれてくる。知識は、知覚に代表される経験によって形成される、というのである。

経験とは、ロックによれば次のようなものである。目に映る「白」、手に取ったときの「ざらざら」した手触り、味わったときの「甘さ」が組み合わされれば「砂糖」がどういうものかわかったことになる。また、目に見える「白」「赤」「黄」などに共通するものを取り出せば「色」についての知識が得られる。視覚、聴覚、嗅覚、触覚、味覚などを通じて得られるものをロックは「**印象**」とよび、その場限りの印象が定着したものを「**観念**」（idea）とよぶ。観念とは、たとえば「富士山は日本一高い山である」と考えたときなどに、富士山について心に浮かぶものであり、それはイメージのようなものかもしれないし、あるいは記号やことばのようなものかもしれない。

「白」「ざらざら」「甘さ」のようなものを**単純観念**、砂糖のように、複数の単純観念から合成されるものを**複合観念**、色のように複数の単純観念に共通の性質を取り出して得

単純観念・複合観念・抽象観念

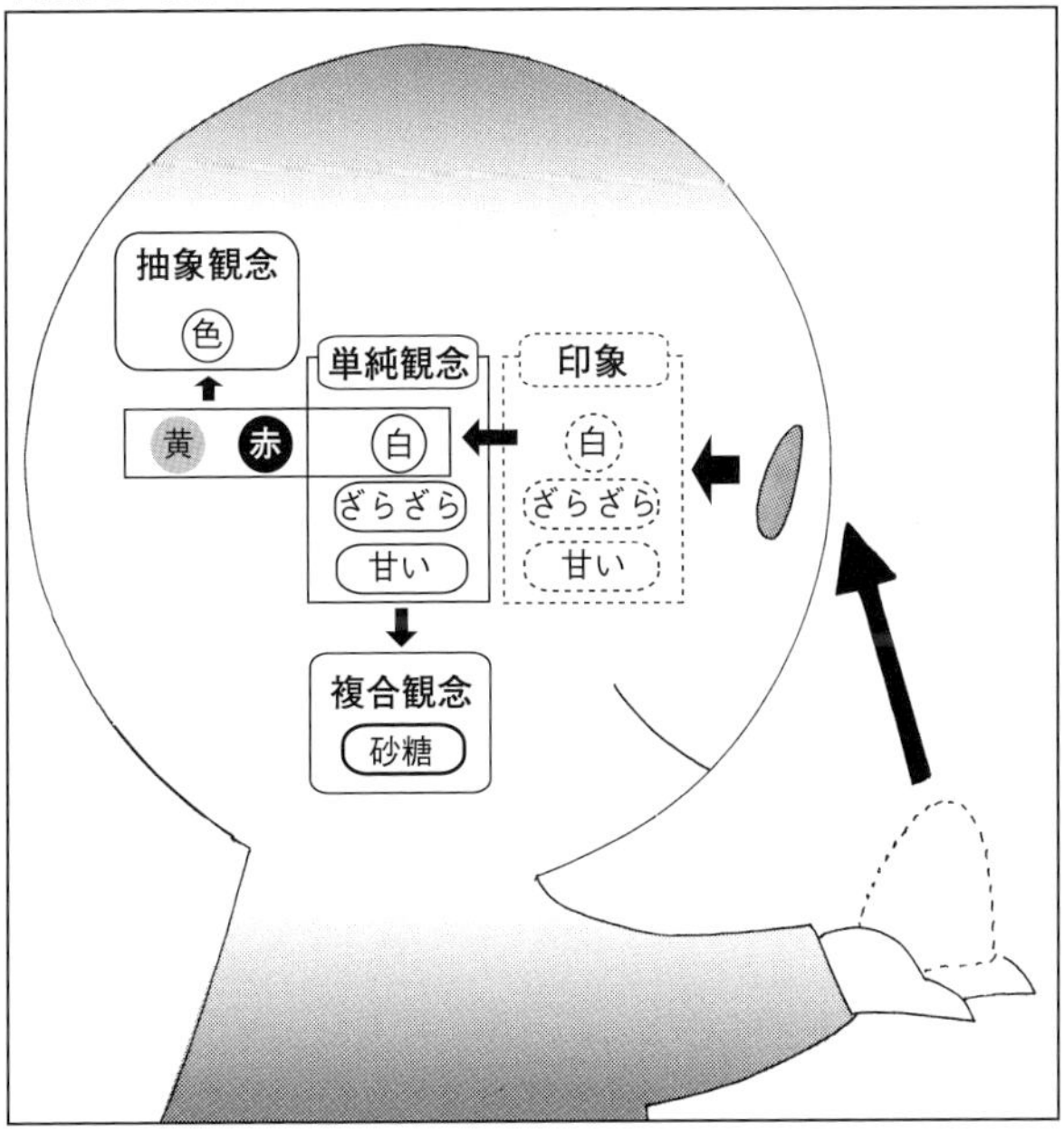

られるものを**抽象観念**とよぶ。ちなみに、抽象とは、「白」「赤」「黄」などの差異（種差）を捨て去り（捨象）、共通項を抽出することである。ロックの『人間知性論』で行われているのは、数学のような知的活動、あるいは言語活動などが、単純観念からの複合と抽象という基本的道具だけを用いていかにして成立するかをパズルのように解いてゆく作業だ。観念相互の比較にもとづく「直覚的知識」や論証的知識は確実であり、感覚的知識も十分確実とされる。こうした経験論によって、ロックは、経験的学問の基礎を確保した。すべては経験にもとづき、また、経験にもとづかない主張は知識とは言えない。ロックはこうして、知と非知を区別し、知の範囲を確定しようとする。これを**認識論的問題設定**という。

ロックの考えは、それ以前のスコラ学や大陸合理論に対しては衝撃であった。第一に、人がもともと白紙状態で生まれるとした点で、たとえば、「人は誰でも良識をもつ」と述べた**デカルト**の考えは否定されることとなる。第二に、スコラ的な実体概念は成立しなくなる。色やにおいなどの性質（属性）はそれだけで宙にただよっているわけではなく「何か」の性質であるという考えから生まれたのが実体概念だった。「これは甘い、これは白い、これはざらざらしている、これは砂糖だ」というときの「これ」が指すものが実体であり、それが性質の担い手となる。ところが、われわれが感覚によって経験しうるのは、「白い」「つぶつぶ」「甘い」といった諸性質だけであり、「これ」という実体そのものを経験することはできない。その結果、ロックは、実体とは「何だかわからないもの」(we-know-not-what) とみ

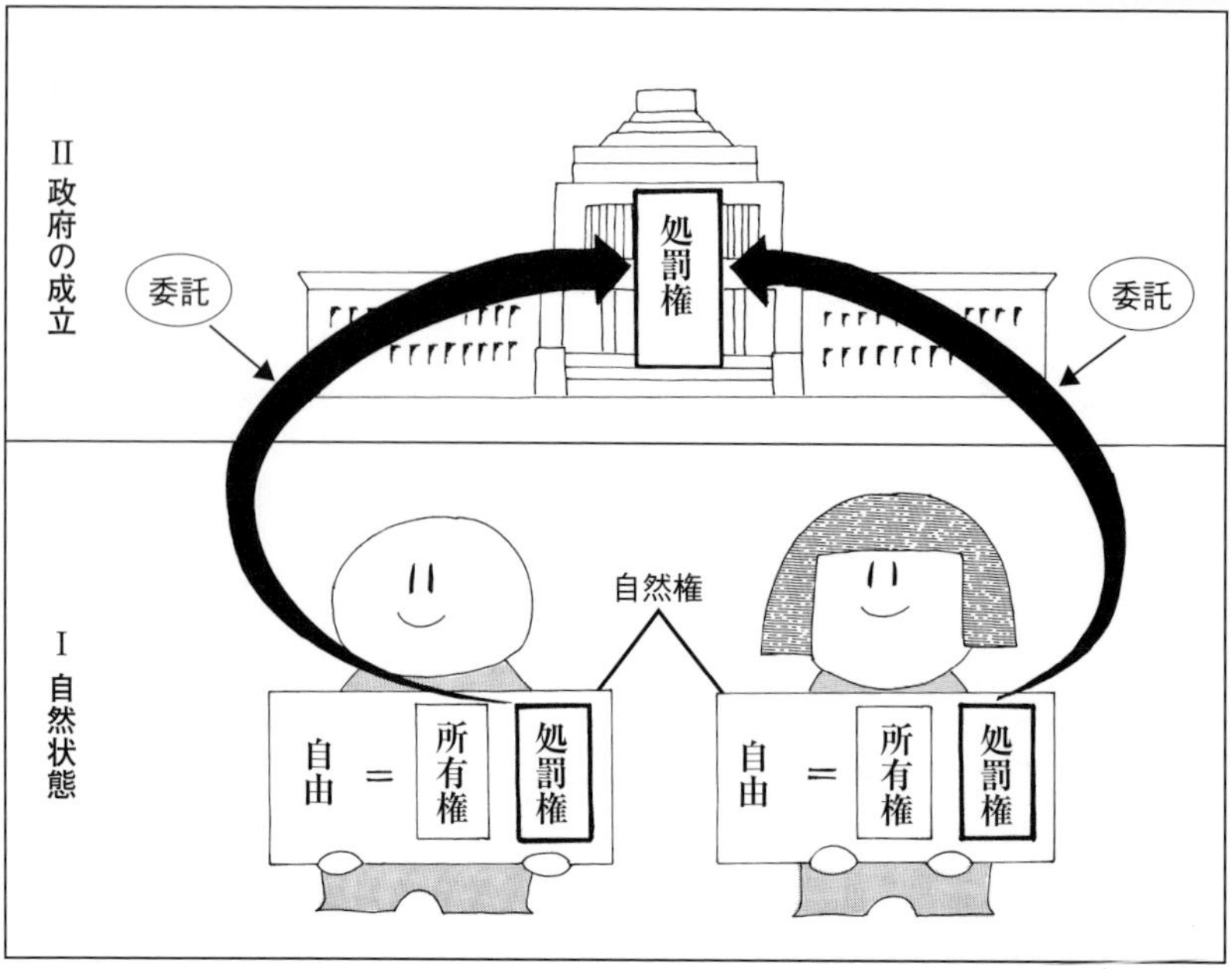

なすことになった。

ロックは、固体性や延長、運動など、物の「客観的性質」である「**第一性質**」と、第一性質が心に及ぼす結果として生じる、色や味、手触り、においなどの「**第二性質**」とを区別する。これは、物体を延長とみなしたデカルトの見解の残滓ともいえ、のちにバークリから批判されることになる。

(二) 社会契約説

強力な王権や教権に対して、地方貴族が政治的権力を主張するための社会思想として「社会契約説」が生まれる。

ロックによれば、各自はもともと身体を所有し、したがって、生命、自由、さらに、生産手段、また、その行使の結果である生産物などについても「所有権」をもっている。何ものかを「所有する」とは、そのものを排他的に使用し(使用権)、占有し(占有権)、自由に処分しうる(可処分権)ことを意味し、それをロックは「**自然権**」とよぶ。また、他人の生命、自由、財産に関する所有権を侵害すべきでないことは、理性の法である「**自然法**」によって各自がわきまえている。すなわち、そこでは、自分の考えで行動し、財産と身柄を自由に処理し、それを侵害する相手に抵抗し、処罰する権利が存する。また、自分の財産と身柄を保存する以上に尊い目的に捧げられる場合を除いては、他人の生命、健康、自由、財産に損傷を加えてはならないということも自然法には含まれる。ところで、自然権と自然法は、「**自然状態**」においても存するが、その状態において、財産の享受や所有権は不安定であり、絶えずその侵犯の危険にさらされている。そこで、ひとびとは合意によって自分の自然権の一部、すなわち処罰権を公的機関に託し、法によって所有権が確保されるよう、契約を結ぶ。立法権、執行権（行政）、司法権の三権は、人民からの委託、信託によって成立し、しかも、もともと各人がもっていた所有権が法の下に保護されることを目的として成立したのだから、政治権力がその目的に反するようなことを行った場合、服従を拒む「抵抗権」、場合によっては「革命権」が、人民にはある。

各自がそれぞれの財産を守ろう、奪おうとして争っている状態から、安全が確保された状態へと移行するためには、相互の不可侵を約束する契約が必要であるという社会契約説は、啓蒙思想としてフランスやドイツなどにも広まり、また、地方貴族による議会勢力が国王を圧倒した、いわゆる名誉革命（一六八八）の理論的支柱となった。とはいえ、知識の成立に関する理論において「白紙」とされた個人（「人格」）と、契約説において自然権を所有し、自然法を知っているとされた人格との関係は、解釈上の大きな問題となる。

【参考文献】ロック『市民政府論』『人間知性論』（岩波文庫）、『統治論』（中央公論社「世界の名著」）、カッシーラー『認識問題　2-1』（みすず書房）、一ノ瀬正樹『人格知識論の生成』（東京大学出版会）

ロックの生涯／著作

1632　イングランド南西部サマセット中部のリントンに、弁護士資格をとり治安判事の書記を務めていたジョン・ロックの長男として生まれる。宗教は長老派のピューリタン。ブリストルに近いペンスフォードで育つ。
1647　ウエストミンスター・スクールに入学、王室給費生となり、さらに国王奨学生となる。
1652　オックスフォード大学クライストチャーチ学寮に入学するが、大学のスコラ学に絶望し、学外で医学・デカルト哲学を学ぶ。
1656　学士号取得。
1658　修士号を取得し、クライストチャーチ特別研究員に選ばれる。
1660　２編の「政治権力論」を執筆するが、その直後にオックスフォード大学のギリシア語講師に就任する。『自然法論』の執筆を開始。
1663　オックスフォード大学の修辞学の講師となる。
1664　オックスフォード大学の道徳哲学講師となる。『自然法論』８編を書き上げる。
1665　オックスフォードを離れ、ブランデンブルク選帝侯への外交使節となる。
1666　アシュリー卿（後の初代シャフツベリー伯）の知遇を得る。
1667　アシュリー卿邸宅に居住。
1671　『人間知性論』の構想を得、執筆を開始。
1675　クライストチャーチ医学特別研究員となり、医者として公認された。
1683　アシュリー卿の反王暴動に連座してオランダに亡命。
1687　『人間知性論』の最終原稿を書き上げる。
1688　名誉革命で新女王に選ばれたメアリとともに帰国。
1689　『人間知性論』『統治二論』刊行。『寛容についての書簡』（～1692）。
1692　『金利を上げてお金の価値をあげることの帰結』刊行。
1693　『教育論』刊行。
1695　『キリスト教の合理性』刊行。
1696　『貨幣、利子論集』刊行。
1704　死去。

バークリ George Berkeley（一六八五～一七五三）

「存在するとは知覚されることである」（esse is percipi）という言い方から、観念論者とされるバークリだが、この定式は「知覚の一元論」とも言え、その知覚論は、身体運動感覚の役割に関する萌芽的探求とも言える。

視覚において、あるものが何かの手前にあるか、その遠くにあるかという「奥行き」は基本的な仕組みである。遠くにいる人間は、手前の人よりも小さく見えるけれど、別に「こびと」であるわけではない。

知覚における奥行きは、一見、視覚上の問題にみえるけれども、じつは触覚によって知られることだとバークリは言う。奥行きは、問題の対象とわたしに対する「遠近」の問題ではあるが、わたしとその対象との距離を捉えるためには、両者を等分に比較する第三の、横から見た視点からするしかなく、それは、実際に知覚しているわたしにはとりえない視点だからだ。物体との距離は、どれだけ歩けばその物体に触れることができるか、その物体に触れればどのような感触が得られるかを想像し、または実行することによる身体運動感覚、筋肉感覚、触覚から計られるしかない。

視覚と触覚との関係については、当時**「モリヌークス問題」**とよばれる難問があった。**ジョン・ロック**の『人間知性論』を読んだ法学者、哲学者の**ウィリアム・モリヌークス**（一六五六～一六九八）が提起した問題で、生来、視覚に障害のあった者が、晴眼手術を受けたときに、それまでは触覚によって知覚していた物体の形を、視覚によって認識しうるかどうかという問題である。実際、形状の把握は、視覚だけでは困難であり、同時に、手で触るなどといった触覚的な所与も必要であった。

バークリの視点からすれば、ロックによる第一性質と第二性質の区別、すなわち、形や長さ、重さなど（第一性質）と、においや色、味など（第二性質）の区別は無効となる。ロックのこうした区別の背景には、知覚の本性よりも思考を優先した**デカルト**的な幾何学主義があった。それを否定した結果が「存在するとは知覚されることである」という定式だ。あたかも、暗室に光が投入されてはじめて色が見えるように、自我の知覚の働きが投入されてはじめて、観念としての物体は存在するにいたる、というわけである。

バークリの知覚観

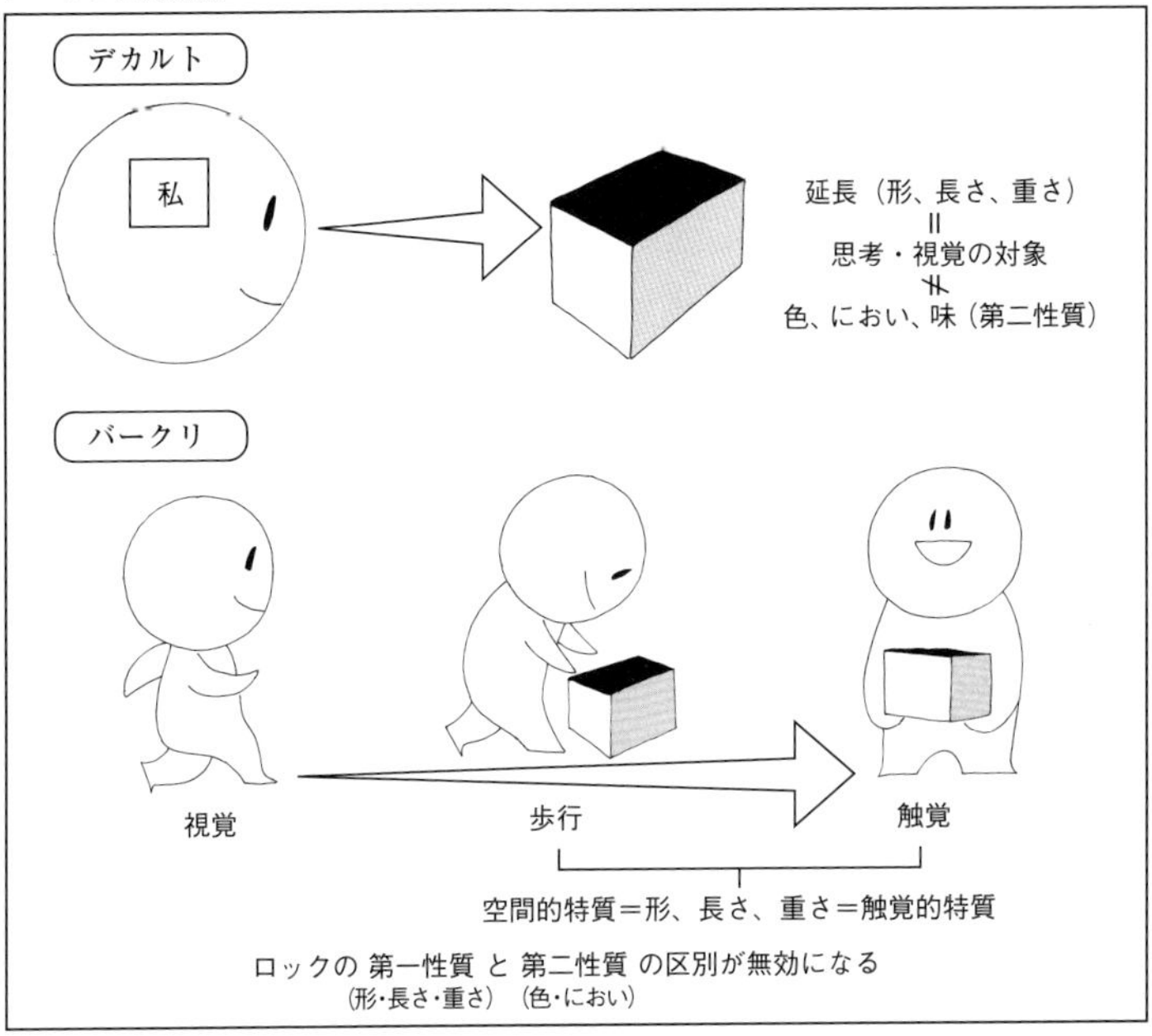

これは、知覚を超えたものの存在を否定する「素朴観念論」の主張ともされるが、逆に、知覚されたものをすなわち実在とする「素朴実在論」の立場とも言える。この考えは、**プラトン**やキリスト教のように、経験を超えたイデアや神こそが究極の実在、実体であるとする考え（「超越論的実在論」）とは対極に位置する。

けれども、想像が精神の恣意的な作り事にすぎないのに対して、月や山の印象は、精神が勝手に作り出せるものではない。それゆえ、あらゆる印象は、精神以外のもの、すなわち神に原因をもつ受動的観念であるとバークリは考える。こうして彼は、ロック的認識論を逆手にとって、有神論的唯心論の立場を打ち立てるのである。

【参考文献】バークリ『人知原理論』（岩波文庫）、『新視覚新論』（勁草書房）

バークリの生涯／著作

1685　アイルランドのキルクレーンの裕福な家に生まれる。父ウィリアムは軍人。
1707　ダブリンのトリニティ・カレッジで修士号取得。フェローとして大学に残る。
1709　『視覚新論』刊行。
1710　『人知原理論』刊行。
1713　『ハイラスとフィロナスの対話』刊行。
1714～1720　ヨーロッパ各地を旅行。
1721　トリニティ・カレッジで神学博士号を取得。
1725　大学創設および宣教師養成プロジェクトのためバミューダ島に渡る。
1728　アイルランドの裁判長の娘と結婚、アメリカに大学創設のため渡る。
1732　資金不足のためアメリカからロンドンに戻る。護教論の大著『アルシフロン』刊行。
1734　『解析学者』刊行。クロインの司教に任命。以後18年間教会活動に従事。
1753　死去、クライストチャーチ大聖堂に埋葬される。

ライプニッツ Gottfried Wilhelm Leibniz（一六四六～一七一六）

ライプニッツは、**ニュートン**とほとんど同時に微積分を発見したが、**力学主義**といわれるかれの哲学的立場は、ニュートンや**デカルト**の幾何学主義とは対極の、ダイナミックな世界観であった。

（一）モナド論

ライプニッツによれば、物体でも人間でも、すべての存在は、性質や形状によってではなく、内在する力、能動的衝動によって、一つの存在としての統一をえている。

たとえば噴水の形は、水の推力によって、二次曲線の形状を保っており、それを構成する水分子は絶えず入れ替わっている。その各点に、どれだけの力がかかっているかを示すのが微分だ。一方、噴水は、噴出口や上水道、下水道など人工的水循環システム、蒸発、降雨など地球上の水循環システム、太陽からの光と熱など、宇宙全体のシステムのなかではじめて成立する。おなじことはいかなる存在や出来事についてもいえる。すべては、突き詰めていけば宇宙全体に及ぶ、無限の条件が整って初めて存在する。

無限の関係を内蔵し、力によって統一される個体のことを、ライプニッツは「**単子**（**モナド、monade**）」とよぶ。この語は、「単位、一なるもの」をあらわすギリシア語monasに由来し、**プラトン**（『ピレボス』『パイドン』）、**ニコラス・クザーヌス、ジョルダーノ・ブルーノ**などによっても用いられた。「それ以上分割できないもの」を意味する「原子（atom）」が、相互に力学的関係しか持たないのに対して、モナドは、モナド相互の無限の関係、さらに宇宙の全体を反映することによって存在する「宇宙の生きた鏡」であり、単なる空間内の点とは異なる「形而上学的点」である。

モナド同士は、相互に識別可能でない限り、区別はできない（「不可識別者同一の原理」）。各モナドは、かならずしも自分でそれと知ることはなくても、「微少表象」によって宇宙全体を反映し、「表出」するため、内容に関する区別はないが、全体を反映する視点（パースペクティブ）の相違、覚醒の度合いの相違によって個体として区別される。

モナド同士は互いに実在的交渉をもたない（「**モナドは窓をもたない**」）。しかし、モナド全体がどう動くかは、最初、宇宙全体にいかなる力が加えられたかによって決まるため、モナド全体は、予め相互に調和しながら動くよう定められた「**予定調和**」の関係にあり、その最初の力は、もっとも覚醒度の高いモナドとしての神に由来する。

　モナドは全宇宙を表出し、反映するが、こうしたモナド相互の無限の関係こそは、逆に宇宙（世界）そのものであり、時間や空間も、モナド相互の関係がもたらす秩序にほかならない。モナド間の関係を離れて、それとは独立に存在する「絶対空間」「絶対時間」を想定するニュートンは、ライプニッツによれば誤っている（『クラークへの手紙』）。一方、単一の絶対空間、絶対時間は存在しないため、逆に、モナドネットワークのあり方に応じて、いくらでも複数の世界（宇宙）が存在可能である。現実のこの世界（宇宙）は、複数の「可能世界」のうちの一つにすぎない。だが、現実世界は神に根拠を持つ予定調和によって生まれたのだから、この状態は、可能なあらゆる状態の内で最善な状態である（「最善観」）。ちなみに、このライプニッツの考えは、発表当時、イベリア半島の大規模火山噴火という大災害があったこともあり、ヴォルテールから痛烈な批判を浴びた。とはいえ、最善観は、おめでたい楽天主義の産物ではない。その背後には、「**矛盾律**」とならんでライプニッツの体系の原理となる「**充足理由律**」があった。この充足理由律こそが、存在論や真理論、さらに「**普遍記号法**」といったライプニッツのシステムの根幹だったのである。

相互に表象しあうモナドの表象関係

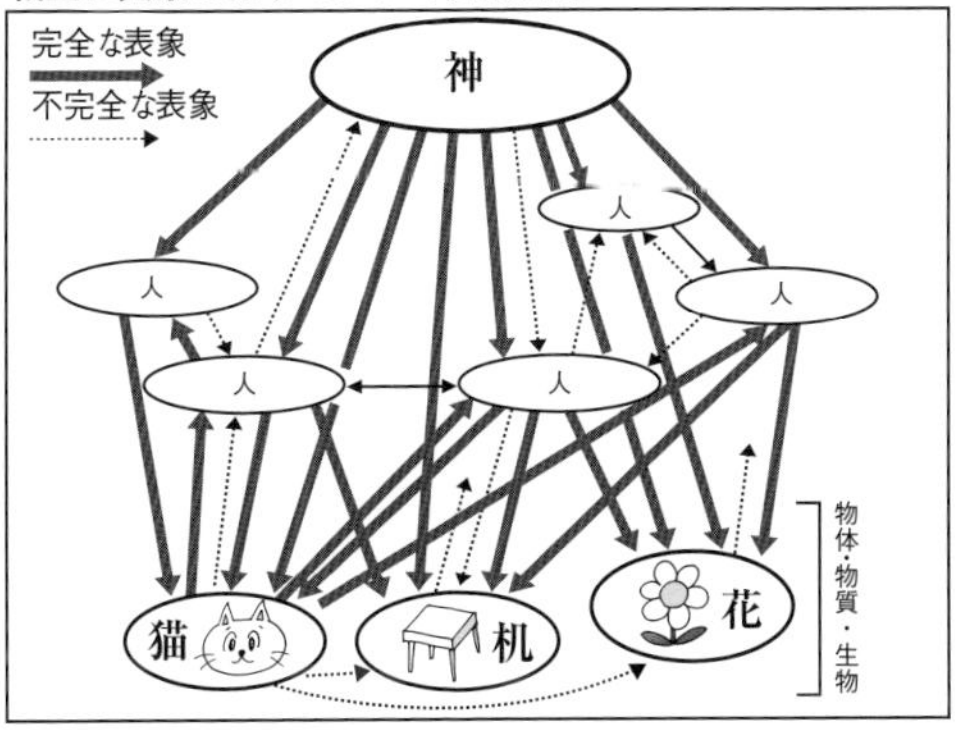

（二）充足理由律

　充足理由律とは、自然や人間による「事実がなぜこうであって、それ以外ではないことの十分な理由がなければ、いかなる事実も存在することもできず、またいかなる命題も真であることができない。ただし、その理由はほとんどの場合、われわれには知りえない」（『モナドロジー』）というものである。

　この充足理由律から、まず、「不可識別者同一の原理」が導かれる。不可識別者同一の原理とは、二人の人、ふたつの物について、それぞれに属する述語が互いにまったく等しく、区別できなかった場合、それは「同一の事物にふたつの名前をあてている」（『クラーク宛第四書簡』）だけで、ふたつは同一である、とするものだ。この原理は充足理由律から帰結する。なぜなら、もし区別のつかない複数の個体が存在するとすれば、それぞれが別個に存在するための十分な理由を見いだすことができなくなり、その結果、充足理由律が満たされないからだ。こうして、充足理由律は、個体としてのモナドのあり方にかかわることになる。

さらに、神もまた充足理由律の例外ではない。そのため、神は、無限の可能性の中から「十分な理由」があるものしか選択できない。ところで、因果は価値と無関係だが、理由には価値が含まれる（「Aをやる理由がある」とは、「Aがよい結果をもたらす」ということだ）。それゆえ、存在する十分な理由があるものだけが存在したとき、その結果は、可能な世界のうち最善の世界であることになる（最善観）。

充足理由律からは、さらに真理に関する区別、ならびに神と人間との断絶が導かれる。

先に、すべての事実には十分な理由があると述べたすぐあとでライプニッツは、「ただし、その理由はほとんどの場合、われわれには知りえない」と述べていた。なぜなら、あらゆる存在、出来事は、その背後に無限の関係をもっており、それは宇宙全体におよび、その結果、あらゆる個体は、それ自身の内に無限の述語をふくむことになるが、それを有限の人間には把握しきれないからだ。

一方、神は宇宙全体を直観的に知ることができ、したがって、各実体（モナド）が含む、宇宙全体に及ぶ無限の関係をも瞬時に直観することができる。そのため、「シーザー」の個人的概念になにが含まれているかも、この概念のみから知ることができる。ところが、人間は、「シーザー」の個人概念に何が含まれているかを概念のみから知ることはできず、「シーザーがルビコン川を渡った」ことを知るには歴史的事実を調査しなければならない。一方、「三角形は三本の辺を持つ」「球は中心からの距離が等しい面で囲まれた立体である」などは、それぞれ「三角形」「球」の概念のみから、人間でも知ることができる。こうして人間にとっては、三角形や球について見られるような「永遠の真理」「理性の真理（vérité de raisonnement）」と、シーザーに関して見られるような「偶然の真理」「事実の真理（vérité de la fait）」という、神にとっては存在しない区別が生まれる。

とはいえ、ある概念についての無限の述語も、無限の概念分析をおこなえばことごとく露呈できる。このライプニッツの信念を反映するのが、かれの「普遍記号法」の構想だ。普遍記号法とは、「赤」や「甘い」など単純な概念にそれぞれ記号を割り振り、加減乗除に似た操作を加えることによってすべての概念を導出し、思惟の秩序を表現する形式的計算であった。

合理性に世界の存在基盤をもとめるデカルトなどに比べて、事実の真理や各モナドの個体性、独自性を認めるライプニッツには経験論的傾向を見て取ることができる。だが、一方、無限の概念分析によりすべてが証明可能であるとする、充足理由律から導かれる普遍記号法の構想は、観念の一覧表にすべてを回収可能とする合理論を反映する。相反するふたつの傾向を、無限という、神にのみ可能な業によって、結合しつつ切断する。その点で、ライプニッツは、**カント**による経験論と合理論の調停の先駆的存在であった。

ライプニッツは、ハノーバー公の宮廷に仕えるなど、終生、現実とかかわった。一七〇〇年にベルリンアカデミーを創設し、そのほか鉱山開発、図書館運営、計算機の開発などにも従事する。また、清帝国をはじめアジアに布教しようとしたキリスト教宣教師からの情報をもとに、ライプニッツは、中国周代の易学に「二進法」の先駆を見てとり、「気」などの中国思想に哲学的意義を見いだした（『中国学』）。

ライプニッツの哲学を通俗化した**クリスチャン・ヴォルフ**のおかげでライプニッツはながく戯画化されていたが、二十世紀に再発見され、モナドの概念が**エドムント・フッサール**や**ストローソン**に取り入れられた。とりわけ論理学に関する業績は、**フレーゲ**や**ラッセル、ホワイトヘッド**らによる記号論理学に大きな影響を与えた。

【参考文献】山本信『ライプニッツ哲学研究』（東京大学出版会）、石黒ひで『ライプニッツの哲学』（岩波書店）、松田毅『ライプニッツの認識論』（創文社）

ライプニッツの生涯／著作

1646　ライプツィヒに生まれる。父フリードリヒはライプツィヒ大学倫理学教授。
1661　ライプツィヒ大学に入り、哲学と数学を研究。
1663　最初の論文「個体の原理についての形而上学的討論」を書き、学位を取得。
1664　修士論文「法律から集められた哲学問題の試論」で法学修士号取得。
1665　教授資格取得論文「結合に関する算術的論議」を書くが取得に失敗。
1666　小論文「結合法論」で推論計算機を提唱、現在の記号論理学の先鞭をつけた。しかし法学博士号授与を拒否される。
1666　アルトドルト大学法学部に博士論文「法律における紛糾せる事例」を提出、翌年法学博士号を取得。
1667　活動の拠点を宮廷に求め、マインツ選帝侯に献じる「法律の学習と教授の新方法」を書く。
1670　マインツ選帝侯所領の高等控訴院の顧問官に任命される。
1671　「具体的運動論」「抽象運動論」をロンドン王立協会とパリ王立科学アカデミーに送付。
1672　数学者カルカヴィと出会い、科学者ホイヘンスを訪問。
1673　木製の四則演算計算機を公開、王立協会の会員に選出される。
1674　「変換定理」発見。
1676　スピノザを訪問
1677　ハノーバー選帝公に仕える。
1678　『普遍言語』刊行。
1695　『実体の本性と実体相互の交渉ならびに心身の結合についての新説』刊行。
1696　ハノーバー選帝公の枢密法務顧問官に任命される。
1697　『事物の根本的起源について』執筆。
1700　パリ王立科学アカデミーの会員に選出。ベルリン科学協会会長に就任。
1710　『弁神論』刊行。
1703　「0と1だけの記号を使う２進法算法の説明」を学士院紀要に発表。
1713　ニュートンらが微積分発見の先取権をめぐり、ライプニッツを露骨に批判。
1714　『モナドロジー』執筆。
1716　痛風を悪化させ死去。
1889　「ライプニッツ書簡集」刊行。
1895　「ライプニッツ手稿集」刊行。

ヒューム David Hume（一七一一〜一七七六）

ヒュームが追求したのは「人間の本性」についての学であり、その内容は、いわゆる認識理論、道徳論など多岐にわたる。哲学史においては、**ロック**以来のイギリスの近世的経験論を極限まで推し進め、その「**懐疑論**」はのちのカントの「独断のまどろみ」を破ったことで知られている。

ロックなどと同様、ヒュームにおいても人間の知にとっての基本は「**知覚**」である。知覚は、そのつど、感覚に与えられる「**印象**」（「このリンゴは赤い」）と、記憶や想像などにおいて反復される「**観念**」（「あのリンゴは赤かった」）からなるが、これを素材としてさまざまに加工、結合することによって人間の知は形成される、というわけである。

観念を組み立てる回路には「自然的関係」と「哲学的関係」とがある。

「自然的関係」とは、「リンゴ」と聞いて「サクランボ」を連想したり、リンゴジュースを思いついたりなど、ある観念が、それと「類似」「隣接」し、あるいは「因果」的に関係のある別な観念を思い浮かばせるようなケースであり、これを「**観念連合**」とよぶ。梅干しを思うと唾液が自然に出てくるように、観念連合はわれわれが能動的に引き起こすことではなく（受動的）、抗うこともできない出来事である。ヒュームはこれを、誰も逃れることができず従うしかない、万有引力にたとえている。

一方、「哲学的関係」は、自然的関係に比べるとよりわれわれの恣意の働く余地のある関係である。その中でも必然性のある結合としての「類似」「反対」「質の程度」「量」（数の割合）と、蓋然的なものとしての「同一性」「時空間」「因果」とが区別される。前者のうち、たとえば「量」とは、「三角形の内角の和」と「二直角」との量的な等しさのように、三角形などの観念の比較（「反省」）のみによって発見され、現実がどうなろうと変わらず必然的である。一方、蓋然的な関係、たとえば「時空間」は、二点間の距離のように、実際の場所の変化に依存する。こうしてヒュームは、「事実」（matters of fact）と区別された「観念間の関係」（relations of ideas）を認め、それは、三角形の例が示すように、数学的論理的必然性の根拠となるものだった。

とはいえ、蓋然的な関係、とりわけ「因果」「同一性」

に関するヒュームの議論は、ある意味で破壊的な結果をまねくものであった。すなわち、自然界に実在するような意味での因果や、スコラ哲学的な意味における実体などの「同一性」の存在を、ヒュームは否定するのである。

たとえば、「火に近づくと熱い」と言うとき、われわれは、火の温度が原因となり、その結果として熱いという感覚が生じると考え、ここに因果関係を想定する。けれども、ヒュームの考えによれば、われわれは火の温度を計測することはでき、それに近づいた直後に自分に生じる熱さを感じることはできるけれども、「火に近づいた。だから、熱を感じた」というときの「だから」を知覚することはできない。にもかかわらず、われわれはそこに因果関係があるかのように思っているが、それはヒュームによれば、われわれの心理的メカニズムにもとづいている。すなわち、「火に近づく」という出来事Aと「熱の感覚」という出来事Bは、たびたび相次いで生じ、それが度重なると、われわれは火を見ただけで熱さを期待する。ある出来事Aと別な出来事Bとのあいだに「継起」「接近」という関係があるとき、出来事Aを見ただけで出来事Bを期待する想像力の習慣が生じる、というわけである（「恒常的連結」）。ベルの音と餌の間に因果関係はないのに、ベルの音を聞いただけで餌を期待して唾液を流す「パブロフの犬」と同じことが起こっていることになる。すなわち、因果性は自然のうちに実在するものではなく、われわれの主観的必然性（「心の決定」）でしかない。

物体や事物、自我の「同一性」も、ヒュームによれば、

ヒュームの生涯／著作

1711　ジェントリーの弁護士の次男としてスコットランドのエディンバラに出生。
1723　11歳でエディンバラ大学に入学。
1725　学位を取ることなく大学を去り、哲学の研究に没頭。鬱病に悩む。
1734　『医師への書簡』執筆。商業を志しイングランドのブリストルに行くが、数ヵ月で挫折。
1735　24歳の頃、フランスのラ・フレーシュで『人性論（人間本性論）』の執筆を開始。
1739　ロンドンで『人性論』第1篇「知性について」、第2篇「情緒について」を匿名で刊行。
1740　『人性論摘要』と『人性論』第3篇「道徳について」を刊行。
1741　『道徳・政治論集』刊行（～1742）、評判をよぶ。
1746　セント＝クレア中将の法務官としてブルターニュ遠征へ。
1747　セント＝クレア中将の副官として、ウィーン・トリノへの軍事使節団に。『人性論』を書き直した『人間知性に関する哲学論集』（1758年に『人間知性の研究』に改題）刊行。
1750　『政治論集』刊行。このころ、アダム・スミスに会う。
1751　『道徳原理の探求』刊行。
1752　エディンバラ法曹会図書館長に就任（～57年まで）。『政治経済論集』を刊行。
1754～62　全6巻の『イングランド史』を刊行し、名声が確立する。
1755　『宗教の自然史』刊行。
1763　駐仏大使ハートフォード卿の秘書官としてパリへ向かい、ディドロ、ダランベールと知り合う。
1766　迫害を受けていたルソーを庇護しようと彼を伴ってイギリスに帰国するが、半年後に絶交。
1767　ロンドンで国務次官に就任。
1769　政界を引退し、エディンバラに戻って隠棲。
1776　『私の生涯』を書く。エディンバラで死去。カールトンヒル墓地に埋葬。
1777　遺稿『自伝』刊行。
1779　遺稿『自然宗教についての対話』刊行。

因果関係の否定

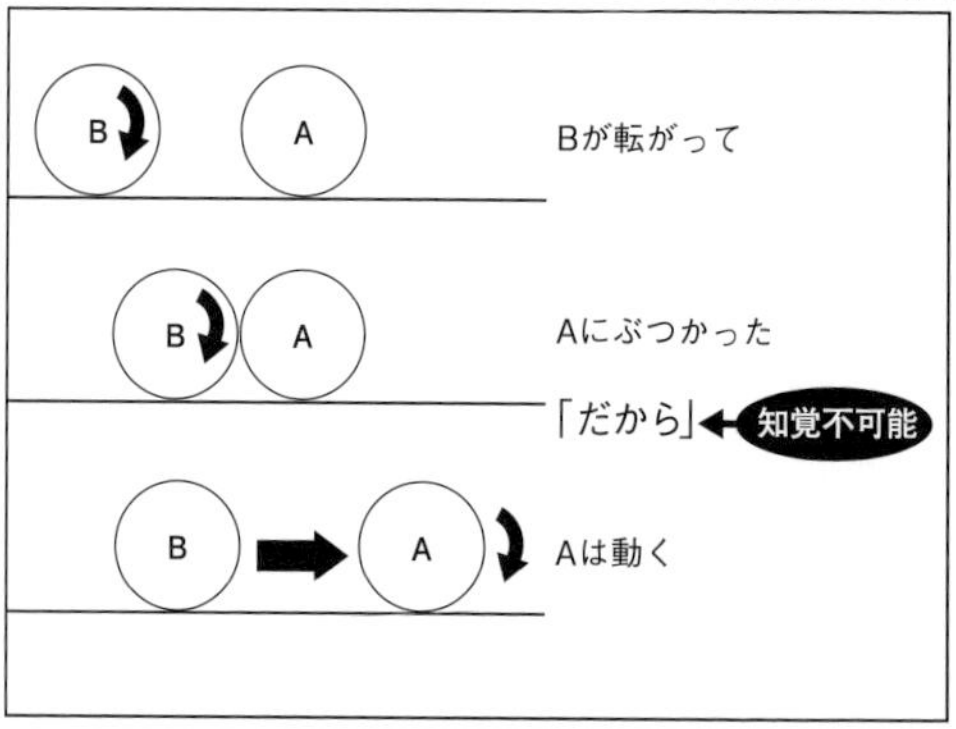

われわれの想像の産物にすぎない。食堂のテーブルは、備え付けたときからずっとそこにあり、昨日も今日も、そして捨ててしまわない限りは明日以降も、いつまでもそこにあると、人は思っている。けれども、寝室に行ったり、外出したりしているとき、わたしはそのテーブルを見ていないのだから、テーブルの知覚には断絶がある。その断絶を超えた通時的同一性を、そのテーブルがもつというのは、知覚を超えた想像の産物である。また、われわれは「これは堅い、これは焦げ茶色だ、これはテーブルだ」と言われる同一の対象を想定し、それはテーブルがいくら変化しても同一と考えているが、それも虚構である。さらにまた、わたし自身も、そのつど、さまざまなことを見たり、聞いたり、感じたりなどしているが、生まれてから死ぬまで同一の「わたし」という実体があるわけではなく、すべては現れては消える知覚や感情にすぎない。「わたし」は、さまざまな知覚が現れては消える「**劇場**」であり、「**知覚の束**」にすぎない、というわけである。

物体や自我の同一性などについて、ロックはまだ「何だかわからないもの」と言いつつも容認していたが、ヒュームは、経験論を極限にまで推し進めた結果、「因果」「同一性」「自我」など、経験において経験を超えたものの一切を否定することになる。

一方、道徳に関してヒュームは、伝統などの事実的慣習でも、理性によって把握される正義などの規範でもなく、道徳感情に基本をおいた倫理的反理性主義を主張する。すなわち、「自負」「自卑」「愛」「憎」という四つの「間接感情」が道徳的判断のもとにあり、「**理性は情念の奴隷である**」とする。ただし、ヒュームはそれとは別に、「有用性」「共感」などの「一般的観点」をも認め、のちの**ベンサム**や**アダム・スミス**に影響を与えた。また、「事実から価値を導くことはできない」とする、いわゆる「**ヒュームの法則**」（「事実と価値の二元論」）は、二十世紀英米分析倫理学の公準となった。

【参考文献】ヒューム『人性論』（岩波文庫）、『人間本性論（第一篇のみ）』『自然宗教に関する対話』（法政大学出版局）、杖下隆英『ヒューム』（勁草書房）

近代

《ウェストミンスター宮殿》（1840-60）ロンドン

哲学の確立

ヨーロッパ近代は、アメリカ独立宣言（一七七六）、フランス革命（一七八九）など「**市民革命**」によってはじまるとされる。それは、アフリカ大陸、南北アメリカ大陸とヨーロッパを結ぶ三角貿易、**ジェームズ・ワット**に象徴される**産業革命**により、ながく続いた対アジア貿易赤字が解消し、世界システムが均衡にいたろうとする時期だった（フランク）。ヨーロッパでは、産業革命、国民国家建設の波が、フランス、やがて、現在のドイツにまで波及する。これが近代だ。

社会システム転換期には、それを唱導し、あるいは強化する哲学が生まれる。**ルソー**に象徴される社会契約論がそれだ。そのルソーと**ヒューム**によって「独断の微睡」をやぶられた**カント**は、十八世紀における、合理論的独断論と経験論的懐疑論の両極端を調停し、哲学、倫理学、美学に関する体系的哲学を構築した。近代哲学のはじまりである。

近代前期は、ヨーロッパ的近代の骨格となるべき哲学が形成される。カントを批判的に継承した「**ドイツ観念論**」、とくに**ヘーゲル**の理性主義は熱狂と反発とを生んだ。フランスやイギリスにまで多大な影響を及ぼした一方、**ショーペンハウアー**や**キルケゴール**などのヘーゲル批判者が現れたのである。また、イギリスでは、大陸の動きとは距離をおいた「**功利主義**」も胎動していた。

近代後期、ブルジョワ中産階級中心の国民国家が各地で整備された十九世紀半ば過ぎは、近代哲学において見落とされているものに注目し、あるいは近代そのもの、哲学そのものを根底から覆すひとびとが現れる。一九六〇年代フランスで「思想の三統領」とよばれる**マルクス**、**フロイト**、**ニーチェ**だ。一方、アカデミズムにおいても、ヘーゲル的思弁性に走ることなく、事柄を丹念に分析していこうとするひとびとがいた。中欧で活動した**ブレンターノ**やその周辺の論理学者たちである。やはりヘーゲルへの反感から、カントへの回帰を企てた**新カント派**とともに、かれらはのちの現象学や分析哲学の母胎となる。

一方、新興国アメリカ合州国にも独自の哲学が登場する。**プラグマティズム**だ。これものちの分析哲学の強力なバックグラウンドとなった。この時期は、また、フランスで**ベルクソン**が独自の哲学を展開し、のちのドゥルーズらの活動を準備した時期でもあった。

近代哲学年表

年代	世界情勢	活躍した哲学者
1701	プロイセン王国成立	
1721	イギリス責任内閣制	
1756	七年戦争	
	産業革命	
1776	アメリカ独立宣言	
1781	カント『純粋理性批判』	
1789	フランス革命	
	ナポレオン欧州支配	
1807	ヘーゲル『精神現象学』	
1815	ワーテルローの戦い	
1830	七月革命（仏）	
1839	チャーティスト運動	
1840	アヘン戦争	
1848	二月革命（仏）	
	マルクス、エンゲルス「共産党宣言」	
	資本主義の発達	
1853	ペリー、浦賀来航	
1859	ダーウィン『種の起源』	
1861	南北戦争	
1863	アメリカ、奴隷解放宣言	
1868	明治維新	
1870	普仏戦争	
1871	ドイツ帝国成立 パリ・コミューン	
	帝国主義の発達 **労働運動・社会主義運動の激化**	
1883	ニーチェ『ツァラトゥストラ』	
1889	第4回パリ万国博覧会開催（エッフェル塔建設）	
1894	日清戦争	
1898	米西戦争	
1900	第５回パリ万国博覧会開催	

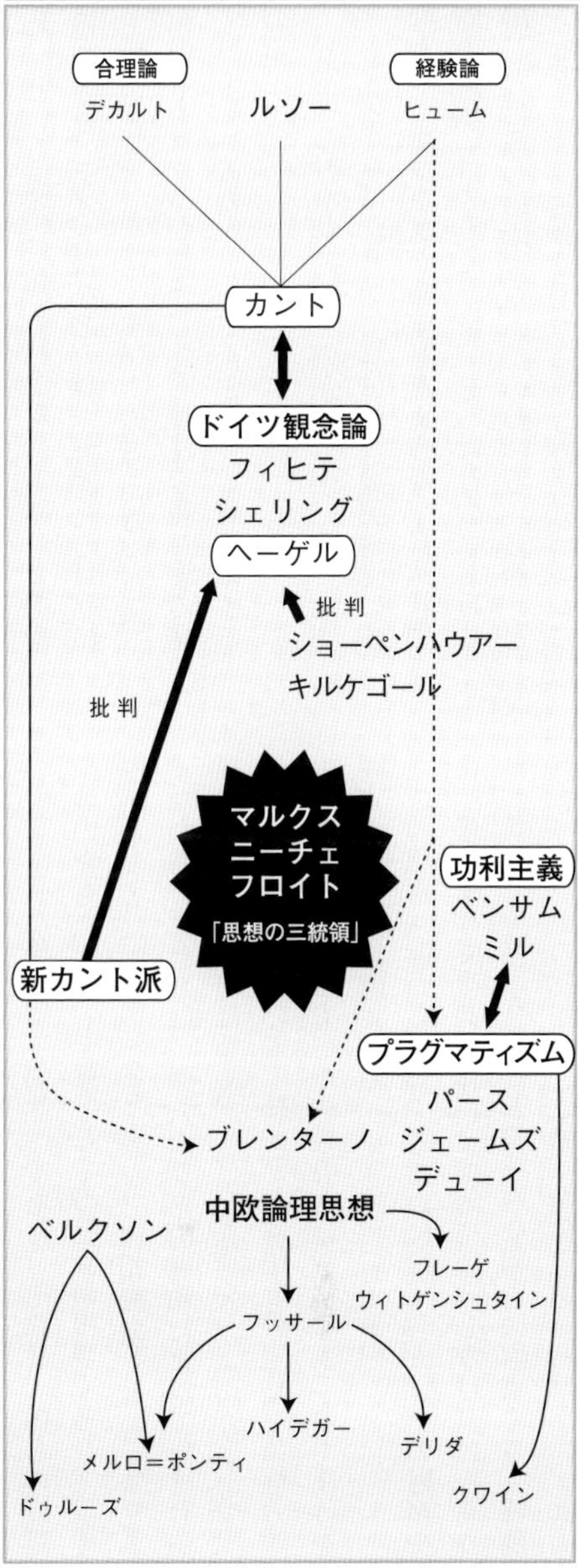

ルソー Jean-Jacques Rousseau（一七一二〜一七七八）

独自の社会理論は、フランス革命におけるジャコバン派に影響を与え、その教育論は現在でも影響力をもつ。著作である『エミール』に読みふけった**カント**が日課の散歩を忘れたというエピソードは有名である。それによってカントは、「人間への尊敬の念」をもつにいたり、ルソーを「道徳界のニュートン」とまでよんだのだった。

「**自然に帰れ**」という標語で知られるルソーは、文明やその進歩を信奉する、**ディドロ**など百科全書派との対立に陥ったことで知られる。だが、ルソーの考える「自然」は、十八世紀のヨーロッパが到達した、理性を範とする文明や社会のすべてを「人為」として否定し、ご破算にする破壊力を秘める。

ルソーは、いわゆる社会契約説を継承するが、その批判はアンシャン・レジームばかりか、近世的社会契約説にまで及ぶ。すなわち、**ホッブズ**が想定したような、自然状態における人間の欲望（コナトゥス）は、じつは社会における虚栄が生み出した自尊心にすぎない。いわゆる「自然」と考えられているものは、じつはすでに社会のメカニズムに刻印されているのである。

ルソーによれば、自然状態における人間は、「自己愛」（自己保存の配慮）とともに、「憐れみの情」（他人と自分を同一視する能力）をもつ。このような自然状態から社会状態への移行によって、他人の労働や土地の私有が生じ、「不平等」「隷属」「戦争状態」がもたらされる。自然状態から社会状態へのこうした移行は「偶然」である。それは、何らの経緯や理由をもたない、全体としての社会の出現であり、（温度の変化とともに氷が水になるような）位相転換とも言えよう。すなわち、社会とは、個人の算術的総和によって生まれる原子論的な存在ではなく、一つの全体としての実体である。こうした社会において、ひとびとは法を設定し、公権力が生まれる。けれども、その社会とは、従来あった不平等を固定する堕落状態である（「できあがった人為」）。

この堕落状態から脱却するためには、各人はその財産や自然権のすべてを共同体に全面的に譲渡しなければならない、とルソーは言う。各人の特殊な利害に由来する「特殊意志」や、その総和としての「全体意志」とは別に、共同体全体の共通利益だけを考慮する「**一般意志**」(volonté générale)が存在するし、各人も共同体の成員としては一般意志をもっている。一般意志に従い、共同体と一体化することによってはじめて、ひとびとの真の結合と、特殊な利害に束縛されることのない真の自由、自律的主体は実現しうる、というわけである。そして、一般意志は代議士によって代表されることはありえないとし、直接民主制が唱えられた。

一般意志とは理解しにくい概念だが、ルソーは、古代ギリシアのある都市国家における母親の例をあげている。他国と戦争となったその都市で、息子が兵士として従軍した母親は、戦況の報告を待っていたが、そこに報告が入った。息子が戦死した、というのである。それを聞いた母親は使いの者を叱りとばして言う。「そんなことより先に教えてくれ、合戦には勝ったのか」と。合戦には勝利した、という知らせを聞いた母親は、そのまま神殿に走って、勝利を喜ぶ祈りを捧げた、という(『人間不平等起源論』)。

ルソーの社会理論は、個人の尊厳を実現し、カント的な理性の自律の先駆けとなったとされる一方で、国家社会主義など全体主義の教説として批判される。矛盾に満ちたルソーの思想は、その教育論にも現れており、『エミール』においては、子どもの自然な知的身体的発育を引き出し、育てることこそが教育の目的とされながら、社会から隔離された人為的環境での育児が描かれるのである。

【参考文献】ルソー『社会契約論/人間不平等起源論』(白水社)、カッシーラー『ジャン・ジャック・ルソー問題』(みすず書房)、桑原武夫『ルソー』(岩波新書)、川合清隆『ルソーの啓蒙哲学』(名古屋大学出版会)、細川亮一『純化の思想家ルソー』(九州大学出版会)

ルソーの生涯/著作

1712 スイスのジュネーブに生まれる。牧師の娘であった母は誕生時に死亡。父はダンス教師、時計職人。

1722 10歳の時に父がフランス軍人と争い出奔、母方の叔父や牧師に育てられたのち、時計職人の徒弟となる。この少年期にマゾヒズムに目覚める。

1728 16歳でジュネーブを離れ、放浪生活に入る。強姦未遂で逮捕されたこともある。

1731 ヴァランス男爵夫人の愛人となり、貪欲に知識を吸収する。

1740 リヨンのマブリ家(コンディヤックの実兄)の家庭教師を務める。

1742 パリに出て、カフェでディドロらと知り合う。音楽の新しい記譜法『音符の新しい記号に関する提案』を発表。その後作曲家・音楽理論家として『近代音楽論』(1743)『恋する詩神』(1745)を世に出す。

1745 下宿の女中テレーズを愛人とし(1768年正式に結婚)、以後10年間で5人の子供を産ませ、5人とも孤児院に捨てる。

1750 ディジョン・アカデミーへの懸賞論文『学問芸術論』が当選、一躍パリの寵児となる。

1752 ルソー作の歌劇『村の占者』がオペラ座で上演、大ヒット。童謡「むすんでひらいて」はこの作品の一節。

1754 ディジョン・アカデミーの落選論文『人間不平等起源論』刊行。

1761 書簡体の恋愛小説『新エロイーズ』がベストセラーとなる。

1762 『社会契約論』刊行。教育論『エミール』がパリ大学神学部から断罪され禁書になり、スイスへ亡命、その後各地を転々。

1766 ヒュームに庇護されてイギリスに渡るが、被害妄想から半年後に絶交。

1770 偽名でパリに戻り、亡命中から執筆していた『告白』を脱稿。

1778 『孤独な散歩者の夢想』が未完のまま、パリ郊外で死去。

1781 『言語起源論』刊行。

1782 『孤独な散歩者の夢想』、『告白』第1部刊行。

1789 『告白』第2部刊行。

カント Immanuel Kant（一七二四～一八〇四）

カントは、認識や存在にかかわる狭義の「哲学」（『純粋理性批判』）、「倫理学」（『人倫の形而上学』『実践理性批判』）、「美学」（『判断力批判』）に関して体系的思索を残し、近代哲学の基礎をすえた。

カント哲学は、人間のさまざまな意味における「理性」の権限をはっきりさせた「**批判哲学**」とされる。その内容は、人間の諸能力や経験の全体、存在者の全体（宇宙、世界）のあり方を明らかにするものであり、個別の経験をはるかに超越した構造を扱い、論ずる哲学という意味で、「**超越論的哲学**」とよばれる。

当初、いわゆる「**ライプニッツ・ヴォルフ**学派」の徒であったカントだが、その「独断のまどろみ」を打ち破ったのは、同時代の**ヒューム**ならびに**ルソー**である。ヒュームもルソーも、十八世紀的な理性信奉に揺さぶりをかける破壊力をもっていた。それに触れたカントは、理性の限界を自覚しながら、なお、その自律を確保するための隘路をたどらなければならなくなる。

（一）理性の限界（『純粋理性批判』「弁証論」）

十八世紀的な理性信奉が端的にあらわれるのは、いわゆる「形而上学的問い」においてのことである。この場合、「形而上学」（Metaphysik）とは、自然に関する探求（Physik）を超えた（Meta-）事柄に、理性の力だけで決着をつけようとする試みだ。それはたとえば、「宇宙の始まり」「宇宙の最終的構成要素」「人間の自由」「神の存在」といった問題である。カントは、こうしたことを問題にしたくなるのは、人間として当然の傾向だと言う。だが、人間理性によってこの問題に有意味な答えを与えることはできず、形而上学は、人間に不可避な病だと言うのである。

形而上学的問いが理性によっては決着不可能であるのは、問題になっている主張について、それを肯定する主張と、否定する主張とが相反しないことが論証できるからである。通常、ある主張（「金は王水に溶ける」）が肯定されれば、それを否定する主張（「金は王水に溶けない」）は誤り（偽）として斥けられ、したがって二つの主張は両立しえない。ところが、「宇宙の始まり」に関しては、それを肯定する主

理性の限界

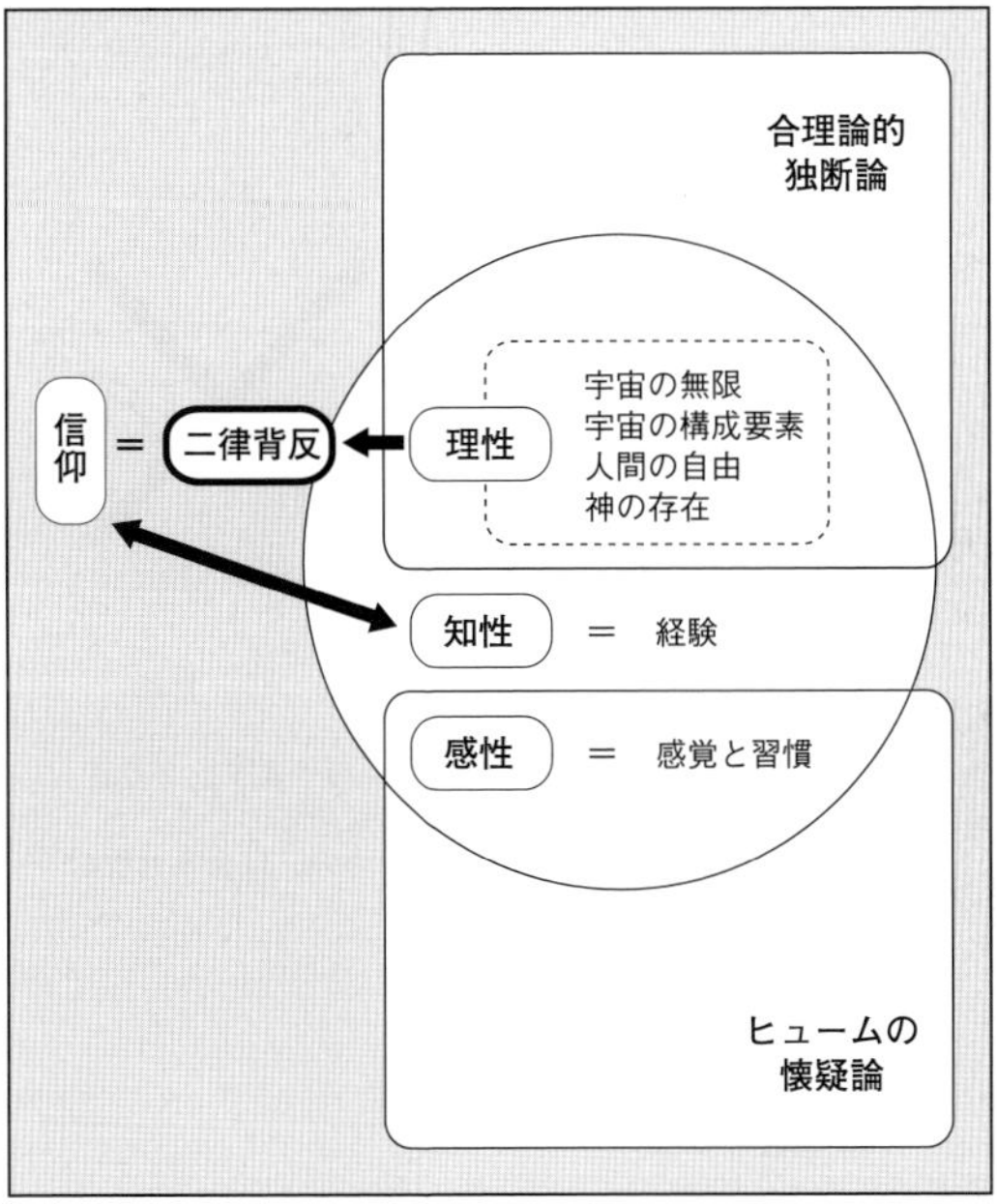

張（「宇宙には始まりがあり、したがって有限である」）も、それを否定する主張（「宇宙には始まりがなく、したがって無限である」）も、両方とも成り立たない。また、「自由」に関しては、それを肯定する主張（「自由は存在する」）も、それを否定する主張（「自由は存在しない」）も両方とも成立してしまう。

「宇宙の始まり」についてのみ見てみよう。まず、「宇宙には始まりがない」とすると、時間軸のどの時点をとっても、それまでに無限の時間が流れたことになる。ところで、無限とは完結しないということだが、われわれは現在におり、そこで時間は完結している。ゆえに、「宇宙は無限である」とは言えず、世界は有限である。こうして、宇宙の始まりを否定する主張は自己矛盾に陥る。一方、宇宙の始まりを肯定する主張も同じく自己矛盾に陥る。なぜなら、「宇宙には始まりがある」とすると、それ以前の時点には空虚しかないはずだが、空虚からは何も生まれない。したがって、想定された宇宙の始まり以前にも何か、すなわち宇宙がなければならず、したがって、宇宙は無限である。これは前提に反し、自己矛盾である。こうして、宇宙の始まりを否定する議論も、肯定する議論も、それぞれ自己矛盾に陥り、成立しない。

　同じことは、右にあげた形而上学的問題のすべてに当てはまる。相反した二つの主張が、同時に成り立つか、あるいはどちらも成立せず、決着をつけることができない状態を「**二律背反**」（Antinomie）とよぶ。形而上学的問題に関して理性で決着をつけようとすれば必ず二律背反になる。これは理性の越権行為であり、神の存在その他に関することは知の問題ではなく、信仰の事柄だ。「わたしは信仰の場所を作るために知を制限しなければならなかった」とカントは言うのである。

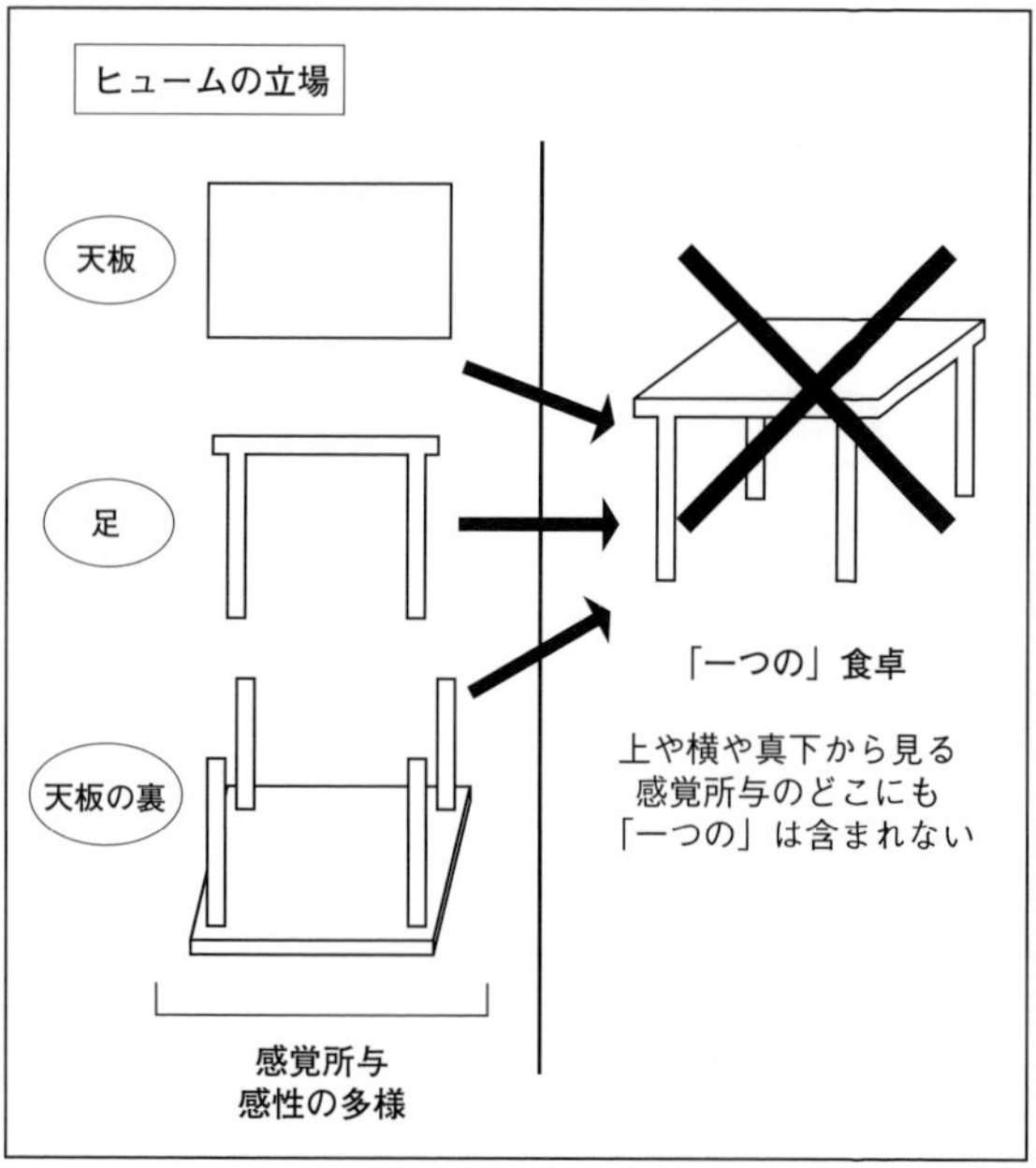

だが、なぜこうした事態が生じるのだろう。相反する主張が同時に成立し、あるいは不成立となることは、じつはもっと単純な場面でも成立しうる。たとえば、「浦島太郎の体重は六〇キロである」と言っても、「浦島太郎の体重は六〇キロではない」と言っても、どちらも正しい主張とは決することができない。なぜなら、そもそも「浦島太郎」なる人物が実在せず、したがって、その体重に関しては、いくら考えても決定的なことは言えないからだ。

宇宙（世界）に関しても、同じことが言える。すなわち、猫や台風や戦争などの物体や現象は、一定の大きさをもち、場所をしめている。また、それが位置する、我が家の縁側や、太平洋上、どこかの紛争地域などの場所について、その位置（経度緯度など）、面積などを特定することはできるだろう。けれども、宇宙は、こうしたすべての物体、現象、場所が位置を占める、いわば母体であり、その場所や大きさを問題にすることはできない。「宇宙は有限か無限か」という問いは、宇宙が場所や大きさをもつことを前提とした問いである。それは、浦島太郎についての問いと同じく、存在せず存在しえない事柄についての問いだったのであり、だから否定も肯定もできない。だが、そうとすると宇宙の内部における場所や大きさといった空間的規定は何に由来するのだろう。それは主観の経験構造だ、というのがカントの答えだった。

(二) コペルニクス的転回（『純粋理性批判』「分析論」「原則論」）

食卓は、上から見れば長方形の板だし、横から見ると四本の足が見え、真下から見ると、足を天板に取り付けるネジなどが見える。このすべては目に映るもの、すなわち視覚的感覚に与えられるものであり、これを「感覚所与」または「感性の多様」とよぶ。感覚レベルでは絶え間ない変化が生じているが、にもかかわらず、われわれはそこに「一つの」食卓を見る。見え方がいくら変化しても同一の食卓を見る、ということが食卓を経験することに他ならない。ところが、多様な感覚所与をとりまとめる「一つの」は、

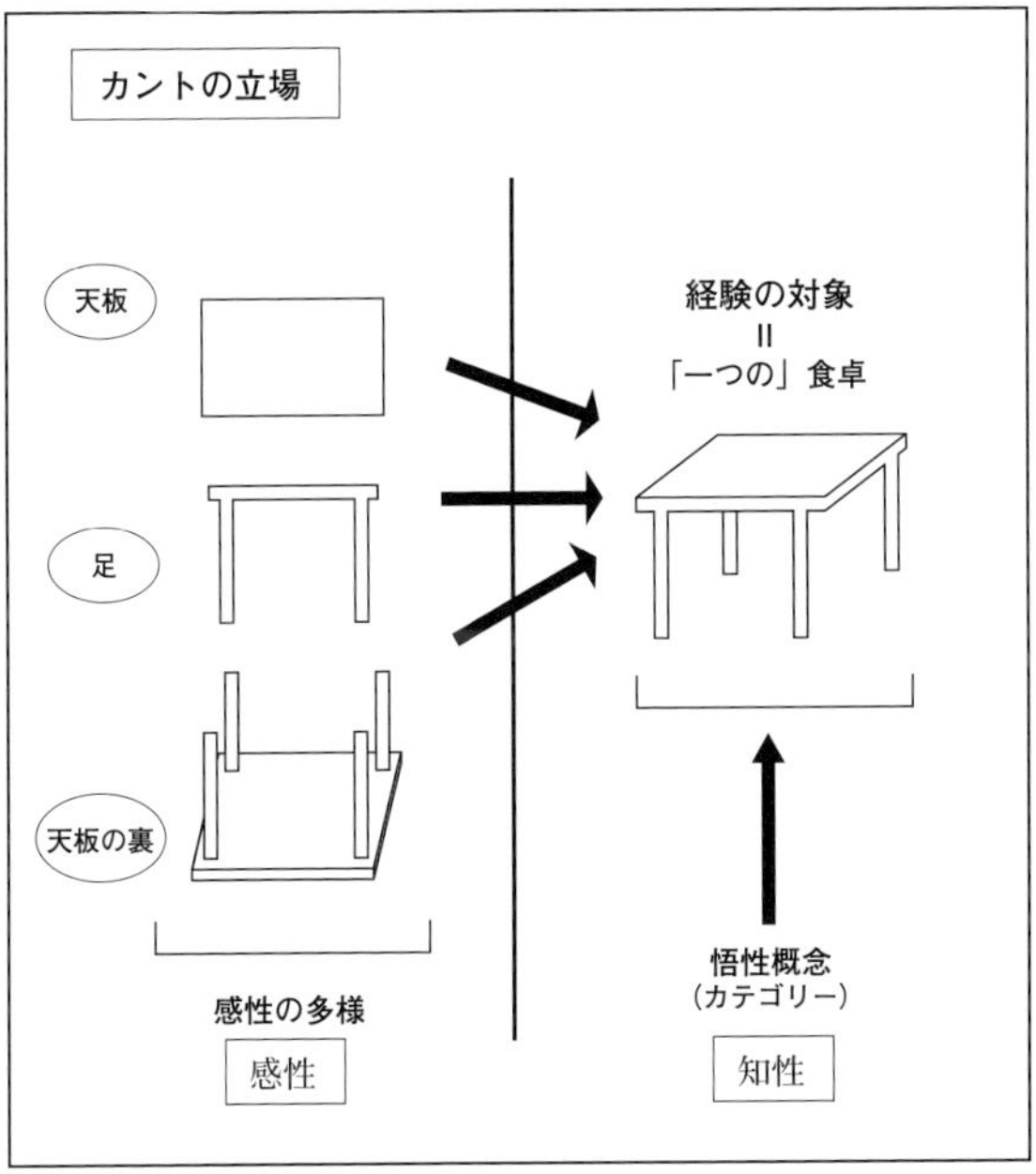

上や横や真下から見る感覚所与のどこにも含まれない。それは感覚とは異なるわれわれの能力、すなわち「知性」（悟性）に由来する、とカントは考える。

　ちなみに、「**知性**」（悟性）は、「理解する」（verstehen, understand）という動詞の名詞形（Verstand, understanding）の訳で、物体や環境からの刺激を受容する「感性」と、自己を含む世界（宇宙）全体をカバーする「理性」、存在しないものの像（イメージ）を描く「想像力」（構想力）と区別される能力だ。

　カントは、感性からは得られない「一つの」は知性（悟性）に由来するものだと考え、それを**悟性概念**もしくは**カテゴリー**（範疇）とよぶ。カントは、対象の**量**（単一性、数多性、総体性）、**質**（実在性、否定性、制限性）、**関係**（実体と偶有性、因果性、相互性）、**様相**（可能／不可能、現実／非存在、必然／偶然）の計十二のカテゴリーをあげた。

　カテゴリーがなければ、いかなるものについても経験は成立しない。それゆえ、カテゴリーは経験に先立ち、それを可能にするものであり、これをカントは、ラテン語の「より先なるものから」という意味の語を用いて「**ア・プリオリ**」(a priori) とよぶ。一方、「この食卓は焦げ茶色だ」といった経験によって初めて知りうる知識は、「よりあとなるものから」という意味のラテン語を用いて「**ア・ポステリオリ**」

(a posteriori) とよばれる。

さらにまた、事物は時間と空間の中にあるもの（いつできて、いつ消滅するか、いつ経験されたか、どこにあったか）であるが、時間も空間も、経験を可能にするものであって、経験から学ばれるものではない。また、アンチノミーの議論に見るとおり、時間と空間は宇宙そのものの性質でもない。そこで、それはわれわれの経験にあらかじめ備わった形式であり、しかも「**直観の形式**」である、とカントは言う。一方、昨日見た食卓は、今朝も食堂にあり、明日もあるだろうが、その間ずっとわたしはそれを見ているわけではなく、入浴したり、外出したりで別な物も経験している。にもかかわらず、食卓の同一性は失われないが、それは、多様な経験のすべてをとりまとめる、より高次の原理があるからであり、すなわち、多様な経験のすべてに「わたしは〜と考える」が伴いうるからだとカントは述べ、すべての経験を「わたしの経験」とする形式を「**超越論的統覚**」とよぶ。

以上をまとめると、時間と空間にかかわる「直観の形式」、「一つの」「因果性」などをはじめとする「（純粋）悟性概念」（カテゴリー）、あらゆる経験に伴う「統覚」といった、経験する主体の側の諸形式があってはじめて、諸物や世界（宇宙、自然）に関する経験は可能になり、また、こうした諸経験があってはじめて世界や宇宙、自然のあり方がはっきりすることになる。「認識が対象にしたがうのではなく、対象の方がわれわれの認識にしたがわなければならない」（『純粋理性批判』第二版序論）。あらかじめ存在する自然を、われわれは経験する、という通常の、カント以前の考え方を根底から転倒させるこの考え方を、カントは、天動説に地動説を突きつけた天文学者になぞらえて「**コペルニクス的転回**」とよぶ。

われわれの認識は、「直観形式」「カテゴリー」「統覚」のほか、カテゴリーを実際の経験にあてはめるための諸形式（カントの言う「原則」）、すなわち、「すべての直観には、大きさや幅などの拡がり（延長、外延量）が伴う」（「直観の公理」）、「すべて直観される性質などには濃度、深さなど程度の差（内包量）がある」（「直観の予料」）、「すべての経験において、〝実体は持続する〟〝原因なしに結果はない〟などが成り立つ」（「経験の類推」）ならびに、「存在しうる、存在する、必然的だ」と言われるための諸条件（「経験的思惟の要請」）が必要とされる。こうして、「いつ」「どこにある」ということが特定可能な事物に関する経験の条件が明らかにされた。「経験一般を可能にする条件は、同時に経験の対象を可能にする条件である」（『純粋理性批判』第二版「原則論」）。経験ならびに経験の対象一般の条件を究明するものを「**超越論的哲学**」とよぶ。その結果、アンチノミーにおいて問

経験の超越論的構造

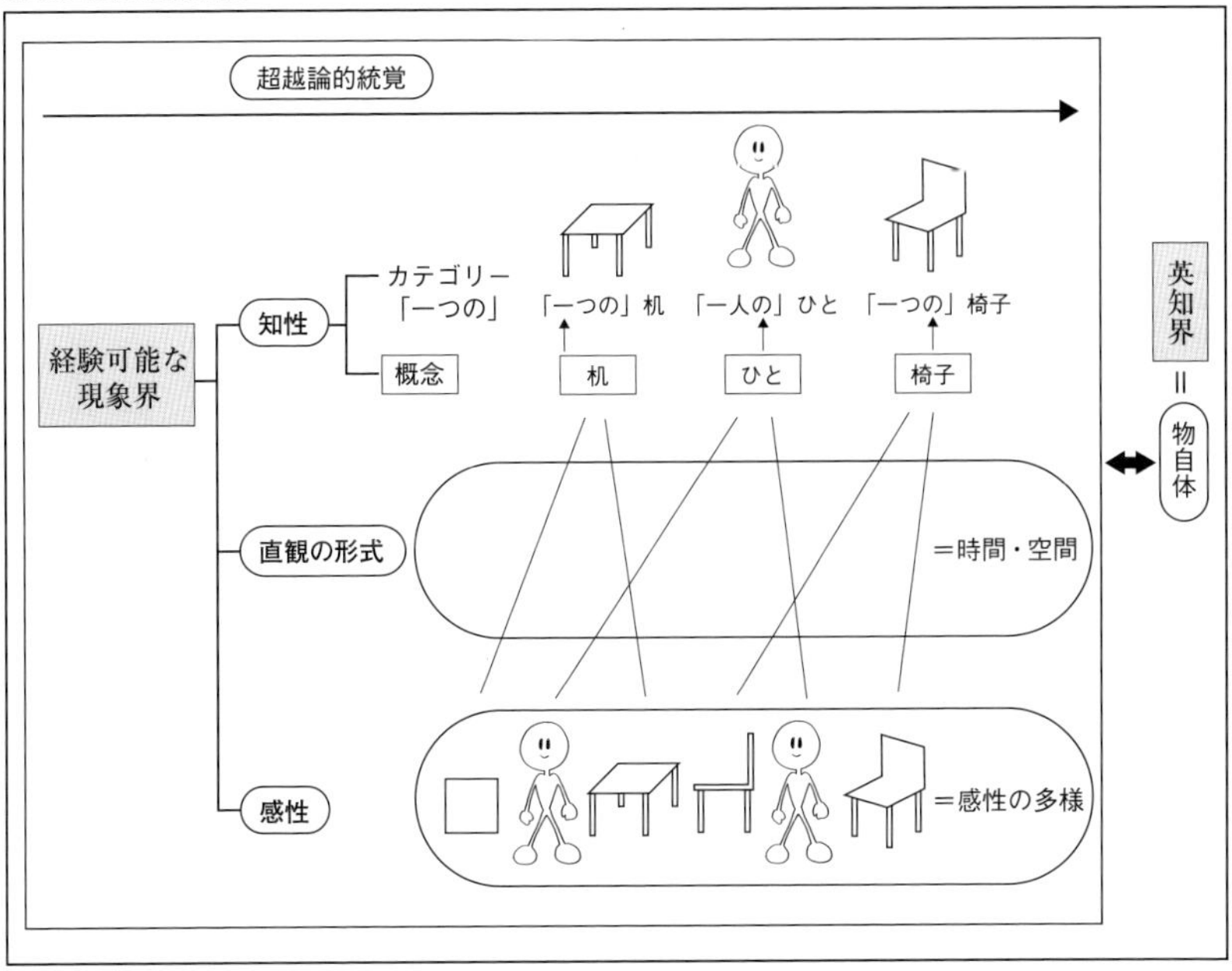

題となった、「神」「霊魂の不死」「自由」「宇宙の無限」などといった形而上学的問題は、はっきり排除されることになる。

一方、経験可能な世界は、時間的空間的に規定される物体、物質、事物の世界だが、宇宙の全体は、右に述べたように時空間的規定をもたない（大きさも場所も、始まりや終わりもないが、かといって無限とも言えない）。このようなものは経験不可能だが、だからといって存在を否定することもできない。これをカントは「**物自体**」(Ding an sich) とよび、それが属する世界を「**英知界**」(叡智界)、われわれの経験可能な世界を「**現象界**」とよぶ。われわれの主観的な経験形式にしたがって認識対象が形成される、とするカントの基本的考えはたしかに「主観主義」的色彩があるため、こうして経験可能な現象界に対して「物自体」を想定することは、ある種の安心感を与える。けれども、それが人間には遠く思考しうるだけで直観も経験もできないという主張は、かえって謎を深めるばかりである。そこで同時代の哲学者**ヤコービ**（一七四三〜一八一九）は、「物自体があるがゆえにわれわれはカントを受け入れられるが、物自体があるがゆえにわれわれはカントから離れなければならない」と述べた。だが、物自体という想定が、より積極的な意味をもつ場面がある。われわれの倫理的実践の場面だ。

(三) 義務倫理学 (『実践理性批判』)

カントの倫理学は、「無制限に善とみなしうる」とされる「善意志」が、自らの行為を律する「自律」によって、「理性的人格」として自己を立ち上げることを基本とする。

われわれが行為を選択するとき、共同体によって規定され、あるいは自分なりに定めた決まりにしたがっている。たとえば「約束を守る」「遅刻はしない」「嘘はつかない」といった、こうした決まりを「**格率**」(Maxime) とよぶ。そのつどの状況において、いかなる格率にしたがうかを選択するのは、行為主体自身であり、その限りで誰もが自由である。

ただし、その際、誰もが必ず守らなければならない最高の行為原則があり、それをカントは「**定言命法**」とよぶ。どのように行為すべきかを勧める原理(「命法」)の多くは、「健康でいたいならタバコは吸うべきでない」「人に嫌なことをされたくなければ、自分も人のいやがることはするべきではない」(「黄金律」)のように、条件付きである。これは、条件もしくは仮定に同意する者にとってのみ拘束力がある命法であり、「**仮言命法**」とよばれる。仮言命法は、一定の条件に同意する者のみを拘束するのだから、普遍性はない。ところが、ここで問題になっている最高の行為原則は「誰もが必ず守らなければならない」のだから、無条件の命法でなければならず、それが定言命法である。

カントの考える定言命法とは、「その行為の原則を、自分だけでなく、他のあらゆる行為主体が選択したとしても構わないかどうかをつねに考えよ」(汝の意志の格率が、つねに同時に普遍的立法の原理なるように行為せよ)というものだ。これは、エゴイズムの否定にほかならない。カントは、道徳が脅かされる唯一の元凶を「根源悪」とよぶが、それは人間が誰でももつ「自分を例外とする」傾向のことである。自分だけ得をするのはよくないし、また、自分だけ損をするのもいけない(自己犠牲の否定)。だが、それはなぜか。

対人関係を考えた場合、この命法は自分の利益ばかり追求して、他人を自分の目的達成の道具、手段としてのみ扱うことの禁止につながる。各人はそれぞれ、希望や生き甲斐、人生の目的をもって暮らしており、それゆえ具体的状況下での行為の選択は多様でありうる。また、各人がそれぞれの目的をもって暮らしていることをお互い認知し、配慮しあうことによって、おのずから共同体の秩序は成立する。ところが、各人が自分の目的を追求するからこそ共同体は成立するというときに、誰かが自分を例外扱いすれば、それがもし自己犠牲であったとしても、各自が自分の目的を追求するという、共同体成立の大前提を破壊することになる。

　こうして、各自は、自分の判断のみにもとづいて行為を選択し、責任ある理性的人格たりうる。カントによれば、この状態を実現することが「**啓蒙**」である。各自は当初、何をするにも他人の意見に頼らざるをえない精神的幼児状態にあるが、こうした精神の歩みを補助する「歩行器」から自由になるとき、人は初めて成熟し、「啓蒙」が達成されるというわけである。

カントの三批判の関係

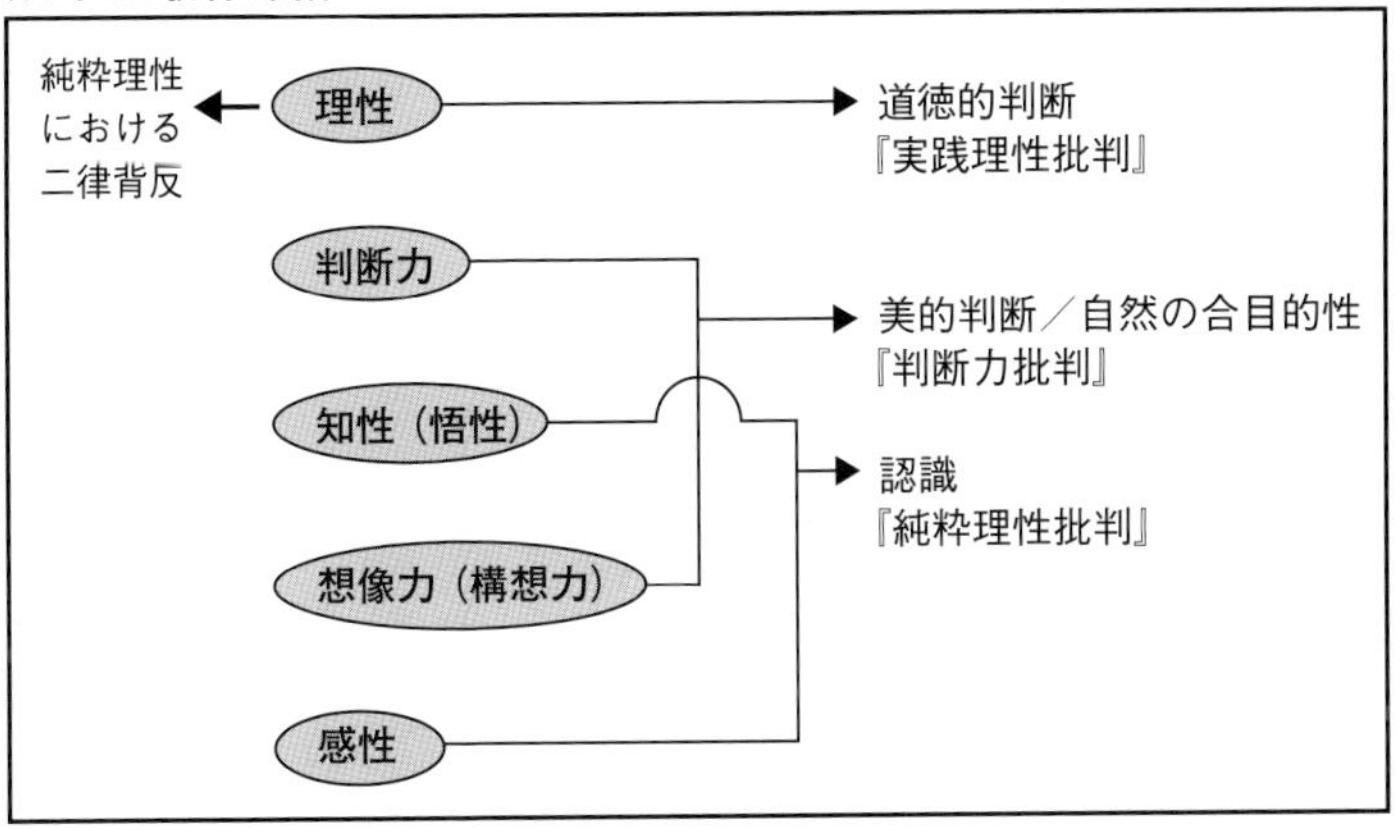

　こうした人格の自律の根底には「**善意志**」がある。『純粋理性批判』「弁証論」の第三アンチノミーにおいては「意志の自由」が問題になっており、その真偽に関しては決済不可能とされていた。その理由は、意志が、因果法則に支配された経験界を超えた叡智界に属する物自体であるからだ。だからこそ、それは自由に行為を意志しうる。物自体に属する自由意志が、自ら行為を望み、自らの理性によって行為を制御することが、カントの考え、人格の自律なのである。

（四）形式主義美学（『判断力批判』）

　いわゆる「美学」に関する事柄が扱われるのが『判断力批判』である。

　音楽や絵画、文学のような芸術作品は、われわれに美の快感をもたらす。カントによれば、それは、芸術作品が何か真実を伝え、何らかの利益をもたらすからというわけではない。もちろん、一枚の絵画が高額で取引され、宗教画などが宗教的「真理」を伝えることもある。だが、絵画は、高額であり、真実を伝えるがゆえに美しいわけではない。それどころか、シェークスピアの『マクベス』や近松門左衛門『女殺油地獄』のように「悪党」が主人公になる作品もある。芸術作品のもたらす美的快感は、認識（『純粋理性批判』）や、実践（『実践理性批判』）とは無関係に成立し、これをカントは美的快感の「無関心性」とよぶ。

芸術作品の美的快感は、通常、それほど自由に働かせうるわけではない、われわれの想像力（「構想力」）が、音楽のメロディーや絵画の構図に応じて自由に働き、しかも、むやみな混乱には陥らないことによって生じる。こうした想像力の働きは、なるほど主観的なメカニズムにすぎないが、しかし万人に共通であるため普遍的である。

同じような快感は、満天の星や雷光、峨々たる山並みなど、いわゆる自然美を前にしたときにも感じるだろう。それをカントは「**崇高**」（神々しさ）とよぶ。こうした巨大なものを前にすると、それが無限であると理性ではわかっていても、その細部を埋めていく想像力（構想力）の働きには限りがない。気持ちは無限に広がりながら、それにいつまでも見入る状態に陥ってしまう。こうした状態が崇高だ。

芸術作品にしても崇高にしても、全体の流れに適したところに適したものが置かれるときに快感が生じる。これをカントは「**合目的性**」とよぶが、それは、たとえば、砂漠に産み落とされるは虫類の卵が堅い殻に覆われ、水中における両生類の卵が柔らかい膜に覆われるように、環境と各組織が「絶妙」に補い合って、たとえば種の保存が可能になるのと同様である。合目的性は、悟性概念による認識や実践理性による行為とは異なって、われわれを含む自然全体に関する「判断力」を可能にする、とカントは考える。

たとえば、『純粋理性批判』において物自体とされた、宇宙（世界、自然）の全体は、自然科学が宇宙や自然についての探求を行い、知識を限りなく拡大するとき、その歩みが進路を過つことなく、体系的に進められるよう、認識を統制する役割を果たす。現実の個々の認識、経験を制御するものを「**統制的理念**」とよぶが、それは、その具体的な内容のすべてが規定しうるわけではないけれども、その要素に含まれないものは排除する尺度となる観念であり、理論的探求を導くものである。こうして、カントは、現象界と叡智界の対立という『純粋理性批判』における断絶を、自由意志に関しては『実践理性批判』において、自然に関しては『判断力批判』において架橋し、一個の体系を作ったことになる。

（五）哲学史的位置

カントは、認識論や存在論に関しては、いわゆる大陸合理論とイギリス経験論の対立を調停した。すなわち、宇宙全体や神に関する合理論の「独断」に関しては、人間理性の越権行為を限界づけることによって、一方、実体や自我、因果性に関する経験論の「懐疑論」については、経験の成立構造を明らかにし、自然科学的判断を基礎づけることによって、それぞれの極論を防いだことになる。ライプニッツとヒュームに見られる論理的概念的知識（「理性の真理」「観念の関係」）と事実的経験的知識（「偶然の真理」「事実」）の対立に対して、そのいずれとも異なる「ア・プリオリな総合判断」を発見したのはその端的な現れである。これは、「三角形は三つの頂点をもつ」のように、三角形の概念を分析すれば得られる「**分析判断**」（「理性の真理」「観念の関係」）とも、「富士山は標高三七七六メートルである」といった観測による事実的知（「偶然の真理」「事実」）とも異なる判断だ。「直線は二点間の最短の距離である」という場合、直線という概念に距離は含まれないために分析判断ではなく、かといって、これは観測や観察によって確かめられるものでもない。これは、概念に含まれないことを示す「**総合判断**」であり、しかも、経験によらない「ア・プリオリ」な判断だ。

カントの体系は、直後に、**フィヒテ**や**シェリング**、**ヘーゲル**といったひとびとに批判され、**ドイツ観念論**を生むきっかけになる。とはいえ、カントの認識論や存在論は、十九世紀末から二十世紀はじめの**新カント派**、**フッサール**などの現象学を生み、また、倫理学は**ハーバーマス**などの「啓蒙」理論、美学は**グリーンバーグ**などの美術論に大きな影響を与えた。

【参考文献】『カント全集』（岩波書店）、カント『純粋理性批判』（講談社学術文庫）、『実践理性批判』『啓蒙とはなにか』（岩波文庫）、カッシーラー『カントの生涯と学説』（みすず書房）、石川文康『カント入門』（ちくま新書）、岩城見一『感性論』（昭和堂）

カントの生涯／著作

1724　東プロイセンの首都ケーニヒスベルク（現ロシア領カリーニングラード）で、皮革工親方の三男として生まれる。
1740　ケーニヒスベルク大学に入学。当初神学を志したが、哲学教授クヌッツェンの影響のもとライプニッツやニュートンを研究。
1746　父の死去に伴い大学を去る。その後約９年間、家庭教師で生計を立てる。
1747　『活力測定考』執筆。
1755　『天体の一般的自然史と理論』で太陽系は星雲から生成されたと論証した。ケーニヒスベルク大学哲学部に学位論文「火に関する若干の考察の略述」を提出し学位を取得。就職資格論文「形而上学的認識の第一原理の新しい解釈」で公開討議を行い、冬学期より同大学の私講師となる。
1756　「地震原因論」「物理的単子論」。
1763　『神の存在証明の唯一の可能な証明根拠』刊行。
1764　ケーニヒスベルク大学詩学教授を打診されたが固辞。『美と崇高の感情に関する観察』『自然神学と道徳の原則の判明性』刊行。
1766　『形而上学の夢によって解明された視霊者の夢』刊行。
1769　エアランゲン、イェーナから教授就任の要請があったが固辞。
1770　ケーニヒスベルク大学哲学教授に就任。就職論文として『可感界と可想界の形式と原理』を著す。
1781　『純粋理性批判』刊行。
1783　小著『プロレゴーメナ』刊行。
1784　『啓蒙とは何か』刊行。
1785　『道徳形而上学の基礎づけ』刊行。
1786　『人類史の憶測的起源』刊行。
1786　ケーニヒスベルク大学総長に就任する（1789年にも二回目の就任）。
1787　『純粋理性批判』第二版刊行。
1788　『実践理性批判』刊行。
1790　『判断力批判』刊行。
1793　既成宗教への哲学的考察をすすめ『単なる理性の限界内における宗教』刊行、発禁本となる。
1795　『永遠平和のために』刊行。
1804　老衰による身体衰弱に加えて老人性痴呆症が進行、息を引き取る。

フィヒテ Johann Gottlieb Fichte（一七六二〜一八一四）

フィヒテは、**カント**の書物によって哲学を志したが、やがて、カントにおける不統一を批判し、新たな体系を模索することになる。

カントにおける不統一とは、現象界しか認識できないという認識における限界と、物自体としての自由意志に発する、実践における自由との齟齬である。フィヒテにとっては、理論的認識も実践の文脈に置かれるべきものであった。

実践とは、自我が何かを行うことに他ならない。ところが、自我が何かを行おうとすれば、どうしても抵抗にあう。逆に、そのような場面においてこそ、それまで意に介してもいなかった事柄が障害として認知され、さらに、なにものかがあらたに障害として認知されるからこそ、それを除去しようとする新たな行為が必要となるだろう。たとえば、職場のセクシャル・ハラスメントに関心のなかった男性も、それをなくすための委員会の委員になったとたん、社内のそうした問題に目が向くようになり、それを除去しようとする行為にでる、といったケースである。

行為と認知とは、じつは、一体となっているのであり、しかもそれは自我に発する。とはいえ、行為や認知の以前に、あらかじめ実体としての自我が存在しているわけではなく、自我の活動において、自我とその客体が同時に出現する。そのような活動のことを、フィヒテは**事行**（Tathandlung）とよぶ。「いかなる客体も前提せず、客体そのものを生み出すような活動、すなわち、行為（Handlung）がそのまま所業（Tat）となるような活動」（『知識学』）が事行である。ここでは、活動が生じたと同時に、自我と、自我についての自己意識が同時に出現し、その結果、自我という主体と、自己意識の客体が同時に出現する。自我は、存在という静的なものではなく、動的活動の結果なのである。こうした自我の行為が対象を生み出すのだから、したがって、自我がすべての根底に存する原理となる。

こうして、フィヒテの第一原則は、自我が自己自身の存在を生み出す（「定立する」）こと、第二原則は、自我の活動において非我が定立されることとなる。そして、このような自我と非我との対立そのものが、もともとの実践的自我の活動において成立していることが第三原則となる。

自我の行為をすべての基本におくフィヒテの体系は倫理的観念論とも主観的観念論とも言われるが、それは、カントの「理性の自律」の立場を徹底的に押し進めたものでもある。自律という以上、自我は、他のなにものによっても制約されてはならない。フィヒテにとって正しい哲学は、自我以外に原理を認めない哲学であり、これを彼は「**観念論**」とよんだ。観念論というと、現実を無視した観念的主張のように思えるが、じつは、自我の自律という理念を追求する哲学であり、フランス革命に代表される啓蒙の理念の哲学的表現でもあった。

とはいえ、すべての基礎たるべき自我は、ふつうの「このわたし」、あるいはカント的「超越論的統覚」なのか、それとも「神」にも比すべき絶対的自我なのかといった疑問が生じ、当時のキリスト教会との関係において、フィヒテ哲学が神を否定するものであるのかどうかをめぐる「**無神論論争**」が生じた。

ナポレオン軍侵攻に危機感を抱いたフィヒテは『**ドイツ国民に告ぐ**』（一八〇八）において、当時、諸公国の分裂状態であったドイツに警鐘を鳴らし、言語文化共同体の普遍的使命を強調する。それは、自国語（ドイツ語）による教育を国民的課題とし、職能団体的社会構成と国家の統制機能を強調する。それは、自我の究極的根拠を絶対者に求める後期フィヒテの哲学的傾向と呼応する主張だった。

【参考文献】『フィヒテ全集』（哲書房）、『フィヒテ、シェリング』（中央公論社「世界の名著」）、ヘーゲル『理性の復権』（批評社）、『フィヒテ－シェリング往復書簡』（法政大学出版局）、ヘンリッヒ『フィヒテの根源的洞察』（法政大学出版局）

フィヒテの生涯／著作

1762　ドイツ、ドレスデン近郊の村ラメナウで貧しい職工の子として生まれる。
1774　貴族ミリティツ侯の援助でプフォルタ学院入学。
1780　イェーナ大学神学部入学。
1781　ライプツィヒ大学に転学。
1784　学資が尽きて学業を中断、ザクセンで家庭教師を務める。
1788　スイス、チューリッヒで家庭教師。
1790　カント哲学に出会う。
1791　カントを訪ねてケーニヒスベルクへ行く。
1792『実践理性批判』を元に宗教概念を論じた処女作『あらゆる啓示批判の試み』をカントの仲介で出版に成功、たちまち評判になる。
1793　『思想の自由の返還要求』『フランス革命論』を刊行。
1794　イェーナ大学に招聘される。『全知識学の基礎』を刊行。
1796　『自然法論』を刊行。
1797　『哲学雑誌』の編集に携わる。
1798　無神論論争おこる。無神論者のレッテルを貼られる。
1799　イェーナを去り、ベルリンへ移住。
1800　『封鎖商業国家論』を刊行。『人間の使命』も著す。
1805　エアランゲン大学教授となる。
1806　『幸いなる生への導き』を刊行。
1807　ケーニヒスベルク大学教授となる。
1808　ナポレオン１世のベルリン占領下で一般大衆向けに行われた14回の講演（1807.8～1808.3）『ドイツ国民に告ぐ』を刊行。
1810　新設されたベルリン大学で教授、哲学部長に就任。
1811　ベルリン大学初代総長に就任（～1812）。
1813　ナポレオンがプロイセンから敗退した後、国内の混乱と救援に夫人がボランティア看護婦として参加。
1814　夫人がチフスに感染し、看護し続けたフィヒテもチフスに感染間もなく急逝。ベルリンのドローデン墓地へ埋葬された。フィヒテの後にはヘーゲルがベルリン大学教授として招聘された。

シェリング Friedrich Wilhelm Joseph Schelling（一七七五～一八五四）

シェリングがその活動をはじめた一八〇〇年前後は、化学や熱力学、磁気、電気、生物の発生などについて、新たな知見が活発に生まれた時期だった。それに親しんでいたシェリングにとって、自我を根底にすえる**フィヒテ**の体系は問題あるものであった。

すなわち、フィヒテの絶対的自我は、すべての実在を自分の内にもつ絶対的同一者であり、非我をもふくむ無限の存在である。とすれば、それを自我とよぶのは不適切であり、むしろ「**自然**」とみなすべきだ、とシェリングは考えるのである。

とはいえ、シェリングにとっての自然は、ニュートン的な力学的自然ではない。古典科学が複雑な自然を単純な法則によって把握しようとしたのに対して、シェリングにとっての自然とは、複雑に階層化された有機的力としての自然であった。「流れは抵抗にあわない限りまっすぐ進み、抵抗にあうと渦になる。このような渦が自然の根源的所産であり、各有機体はその例である」とシェリングは言う。ちょっとした温度や濃度、密度の変化によって、透明だった溶液中に結晶が生まれ、晴れ渡っていた大気中に雲が生まれるようなケースである。

自然全体は前へと進む一つの流れ（Evolution）をなしているが、ちょっとしたはずみで渦を作り、その全体の内部で相互に引き合ったり、斥けあったりする力が働いて、新たな秩序をおのずから形成する。システム全体における引力と斥力などの力の重なり合いが、形をとり、物質となって形成される新たな階層を、シェリングは「**ポテンツ**」（冪、展相、展層、現象、Potenz）とよぶ。こうした「**自己組織化する全体**」がシェリングにとっての自然にほかならない。

ポテンツは、力や活動が一度、物質として形をとることだが、その内には、その形を壊してさらに展開する力が潜在している。そのようにポテンツの階層が上昇するにつれて、物質から電気や化学などの現象、有機体、さらに精神的存在といった、さまざまな存在者が生じる、というわけである。その中で、必然性を扱う理論哲学、自由を実現する実践哲学、さらに「天才」、すなわち、自分の活動の中で自分以上のものを実現する存在を主題とする芸術哲学が区別される。自我と非我、自然と精神といった差異の根底には、すべてを生産する自然という絶対的同一者が置かれることから、これを「**同一哲学**」ともよぶ。

フィヒテが、自我の倫理的行為を強調する主観的観念論であるのに対して、シェリングの哲学は、独特の自然を根底におく「**客観的観念論**」、主観と客観との同一性を作品において創造する天才的芸術を強調する「美的観念論」と言える。とはいえ、絶対的同一者から、個々の存在者が生まれるメカニズムの解明は必ずしも容易ではなく、その点を直ちに批判したのが**ヘーゲル**だった。

とはいえ、生産する自然を根底におくシェリングの哲学は、**クザーヌス**や**スピノザ**の「汎神論」の流れを引き、また、のちの**ニーチェ**の「力への意志」とも通じるものであり、近年は、さらに物理化学者の**イリヤ・プリゴジン**（一九一七～二〇〇三）らによって展開された「複雑系」や「自己組織系」（オートポイエシス）の理論との関連から再評価されている。

なお、晩年のシェリングは、存在の本質や合理的必然性にのみ関わる伝統的哲学、とりわけヘーゲルを「消極哲学」とよんで斥け、現実存在を理解しようとする「**積極哲学**」を唱えた。本質よりも現実存在に注目した点で、シェリングは「**実存哲学**」の先駆とも言われた。

【**参考文献**】シェリング『人間的自由の本質』（岩波文庫）、『フィヒテ、シェリング』（中央公論社「世界の名著」）、高山守ほか編『シェリング読本』（法政大学出版局）、バウムガルトナー『シェリング哲学入門』（早稲田大学出版部）、ハイデガー『シェリング講義』（新書館）

シェリングの生涯／著作

1775　ドイツ、レオンベルクに生まれる。父は神学者・東洋学者・教育者。早熟の天才で、10代前半でギリシア語・ラテン語・ヘブライ語に通じていた。
1790　15歳でテュービンゲン神学校（ルター派の神学校）に入学（規定では20歳から入学）。同神学校には2年前、彼より5歳年上のヘーゲルとヘルダーリンが入学しており、シェリングは寮で二人と同室になり、友情を結んだ。彼らはフランス革命に熱狂し、カントなど新しい時代の哲学に関心を示したのである。この時期のシェリングが傾倒したのはフィヒテとスピノザだった。
1798　『世界霊魂について』を刊行、ゲーテに認められる。イェーナ大学の員外教授になる。
1798　イェーナ大学の哲学准教授になる。
1799　フィヒテがイェーナ大学を去り、シェリングが正教授となる。
1800　『超越論的観念論の体系』を刊行。
1801　『我が哲学体系の叙述』を刊行。
1802　『ブルーノ』を刊行。講義『芸術の哲学』を行う。
1803　シュレーゲル兄の妻カロリーネとの恋愛事件により、イェーナを去る。
1804　ヴュルツブルクでカロリーネと結婚。
1806　ミュンヘンに移住、バイエルン科学アカデミー総裁に就任。フィヒテと決裂。
1807　ヘーゲルが『精神現象学』序論においてシェリングの同一哲学を批判。
1809　妻カロリーネ死去。『人間的自由の本質について』を刊行。
1811　『世界年代』を執筆（未完）。
1813　ゲーテの紹介でパウリーネ・ゴッターと再婚する。
1820-26　エアランゲン大学哲学教授
1827　ミュンヘン大学創立の際、哲学教授として招聘される。『近世哲学史講義』を刊行。
1841　ベルリン大学哲学教授に就任。
1842　講義「神話の哲学」を行う。
1854　講義「啓示の哲学」を行う。療養に出かけたスイスのバート・ラガーツで死去。

ヘーゲル Georg Wilhelm Friedrich Hegel（一七七〇～一八三一）

近代的な哲学を完成したのがヘーゲルだ。**フィヒテ**や**シェリング**とおなじく、**カント**哲学との対決から出発したヘーゲルは、ギリシア哲学や新プラトン主義、**スピノザ**などをも視野におさめながら、「**弁証法**」を武器に巨大な哲学の体系をつくった。ヘーゲルによれば、現実の全体を把握する営みである哲学は「体系としてしかありえない」が、『**精神現象学**』を導入とするその体系には、論理学、自然哲学、精神哲学がふくまれ、歴史哲学、美学、哲学史、法哲学に関する著作や講義と対応する。

　カントの哲学は、主観と客観、理性と感性、存在と当為といった二項対立に満ちており、それに対して、フィヒテやシェリングは、自我もしくは自然という単一の原理からすべてを導出することによって二項対立を解決しようとした。ところがヘーゲルによれば、フィヒテは自我の自由な活動を際限のない努力とみなすことによって「悪無限」に陥り、シェリングは、絶対的同一者という無差別な状態から現実の諸区別が生まれるメカニズムを説明できていない。それに対して、ヘーゲルが武器としたのは、あらゆる二項対立をのみこみ、一見、無関係と思われる多様な原理を相互に関係づけながら、全体としての統一性は失わない生成運動、すなわち弁証法だった。

（一）弁証法

　弁証法（Dialektik）とは、もともと対話や議論の術である。対話、議論においては当事者同士の意見が最終的には一致することが目標となるが、それは、一方の主張（「バナナは青い」）に、相手が反論し（「バナナは黄色だ」）、そして、両者の言い分に配慮しつつも対立を超えた第三の意見に落ち着く（「バナナははじめ青いが、時がたち、熟すと黄色になる」）、といった経過をとる。最初の主張を「**定立**（These）」（「正」）、それに対する反論に当たるものを「**反定立**（Antithese）」（「反」）、両者を尊重しつつ、時間経過という新たな視点を加えて、両者の対立を解消した第三の意見にあたるものを「**綜合定立**（Synthese）」（「合」）とよぶ。定立と反定立の対立関係における肝心な要素は温存しながら、それぞれへの執着は断ち、あらたな次元へと上昇することが「**止揚**（揚棄、Aufheben）」

だ。対立が止揚されて綜合定立にいたるプロセスが弁証法である。

　このようなメカニズムは、ひどく抽象的なものに思えるかもしれない。けれども、ヘーゲルがたとえば『精神現象学』において展開する筋道は、むしろ、きわめて具体的である。「意識の経験の学」といわれる精神現象学は、はじめもっとも確実なものを「いま、ここ」にあるものと信じるところからはじまる（「感性的確信」）。昨日のことはもはや過ぎ去っており、明日のことはわからないからだ。けれども、「いま、ここ」の内容は、時が移り、場所が変わればいくらでも変化する。それはもっとも無内容なのである。そこで、時が経ても変化しない、山や家などといった事物が確かなものと思えてくる（「知覚」）。ところが、事物もまた生成消滅する。そこで、事物がどんなに変化しても変わらない「自然法則」が確かなものとして浮上する（「悟性（知性）」）。ところが、この立場もまた、じつは、悟性（知性）が自分自身との関係を自然界に投影しているものにすぎないことが明らかになり、いまや自分自身こそがもっとも確かなものとなる（「自己意識」）。とはいえ、各自が力を発揮しうるのは、誰かを支配しうるときである。こうして、ひとびとの主人としての自我があるべき目標となる。けれども、主人が主人たりうるのは、じつは、かれを主人として認めるひとびとあってのことである。誰かを支配することによって自分たろうとすること自体が間違っていたのだ（「主人と奴隷の弁証法」）。こうして、自分で自分を完全に律するあり方こそが理想となる（「ストア派」）。けれども、それも他人と関係のもてない貧しいあり方だ……。

　そのつど、確かのもの、理想、として立てられたもの（定立）も、その弱点を指摘する反対物（反定立）がただちにあらわれ、やがて、それぞれの長所を温存しつつ、その対立を解消する（止揚）新たな次元があらわれる（綜合定立）。こ

ヘーゲルの弁証法

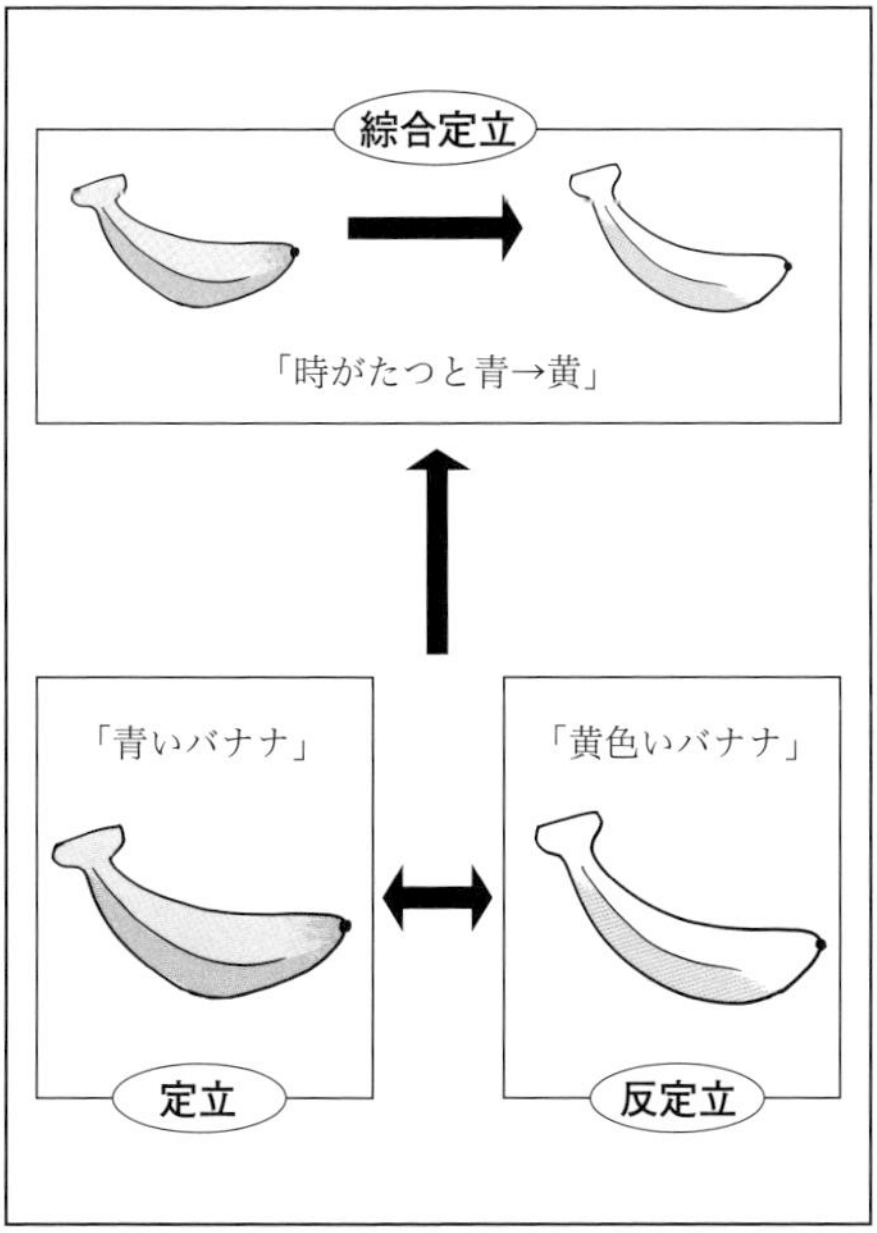

ヘーゲルの「精神現象学」

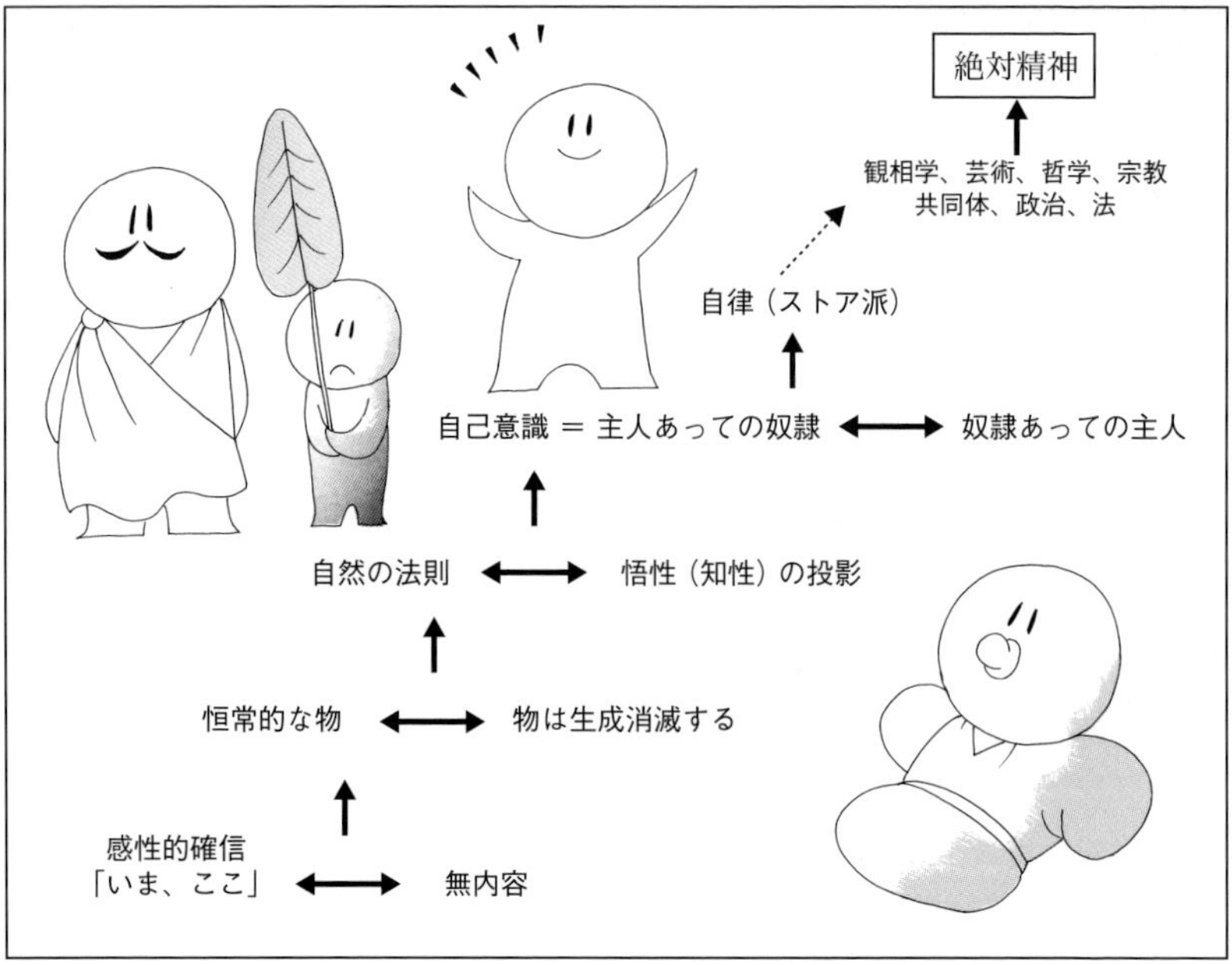

うしたステージを経めぐる「意識」は、やがて、精神的なものが外見に露呈する「観相学」が正しいと信じたり、政治活動や法、芸術や宗教などをつぎつぎに信じ込んだりしては、裏切られるという経験を重ねることになる。それは、一度、真理と信じたものを繰り返し否定される苦行の道にほかならない。けれども、こうしたすべてを経験し尽くすことによって成立するのが「**絶対精神**」だ。

(二) 絶対精神

絶対精神も理解しにくい事柄である。それは、個人の心や精神とはちがうものなのか、あるいは、なにか「民族の精神」や「人類普遍の理性」のようなものなのだろうか。だが、それが成立する過程を見ると、絶対精神のあり方もある程度見て取ることができる。

『精神現象学』に述べられたその過程は、はじめ、無知で無力だった子どもがさまざまな試練を経験することによって、有能な大人として形成され、成熟する過程によく似ている。ヘーゲルの時代、ドイツなどでは、無力な子どもが一人前の青年として成長する過程を描いた小説が大いに流行した。**ゲーテ**の『ヴィルヘルム・マイスターの修業時代』、日本では下村湖人『次郎物語』などがそれにあたる。若者の自己形成（bilden）過程を描いた、こうした小説を「教養小説（Bildungsroman）」とよぶ。近代社会において一人前の大人として生きていくためには、自然現象についての知識、一人の人間として生きていくとはどのようなことなのかという覚悟、芸術や宗教、哲学など、あらゆる事柄について、それなりに理解していなければならない。こうした諸事象について理解していく過程では、ある時期に絶対と思っていたことが否定され、否定されたにもかかわらず後々までその経験が生きるということがあるだろう。こうした過程とメカニズムを集大成したものが精神現象学における過程であり、また、その終局にあらわれる「絶対精神」である。しかも、その過程においては、カント的感性、知性、理性、フィヒテ的自我、シェリング的自然など、哲学史上におけるあらゆる原理が含まれ、それぞれが弁証法的運動に巻き込まれることによって、すべてをカバーする存在としての絶対精神に至るのだ。

（三）ヘーゲルの体系

『精神現象学』によって入口が開かれた体系の中心をなすのが「**論理学**」である。ヘーゲルの言う「論理学」は、通常の「三段論法」のように、ものを考える上での規則としての形式論理学でも、カントにおけるような対象認識が成立するための形式的条件を扱う超越論的論理学でもなく、ものを考える働きが自らに規則を与え、自己形成するメカニズムが示される。存在（バナナは黄色い）と無（バナナは黄色くない）の対立が、生成（バナナは黄色くなる）によって解決するように、存在、本質、質、量といった、カントの言うカテゴリーのひとつひとつが、われわれのものを考える過程においておのずから生じるものととらえられ、その結果、われわれの考える働き（「思惟」）が自分自身の内容を生み、自らを基礎づけるメカニズムが示される。

こうした体系は静的なものとみえるが、しかし、ヘーゲルにおいては、具体的現実的な動きと理性的体系は表裏一体だった。それが端的にあらわれるのが歴史哲学である。ヘーゲルにとって、理性はどこか別世界にあるものでも、神や人間の頭の中にだけあるものでもなく、思考の対象になる以前に、すでに世界の内に存在するものであった。その理性がある目的にむかって（「目的論的」に）発展する過程が、ヘーゲルにとっての歴史にほかならない。歴史の目的とは自由である。「世界史とは意識における自由の進歩である」（『歴史哲学』）とヘーゲルは言う。世界史は、アジアから古代ギリシア、ローマを経て、ゲルマン世界へとその主たる場をうつしたとヘーゲルは考えるが、専制政治におけるアジアでは一人の者が、奴隷制を土台とする古代ギリシアや共和制ローマにおいては少数の者が、そして近代に

ドイツ観念論の系譜

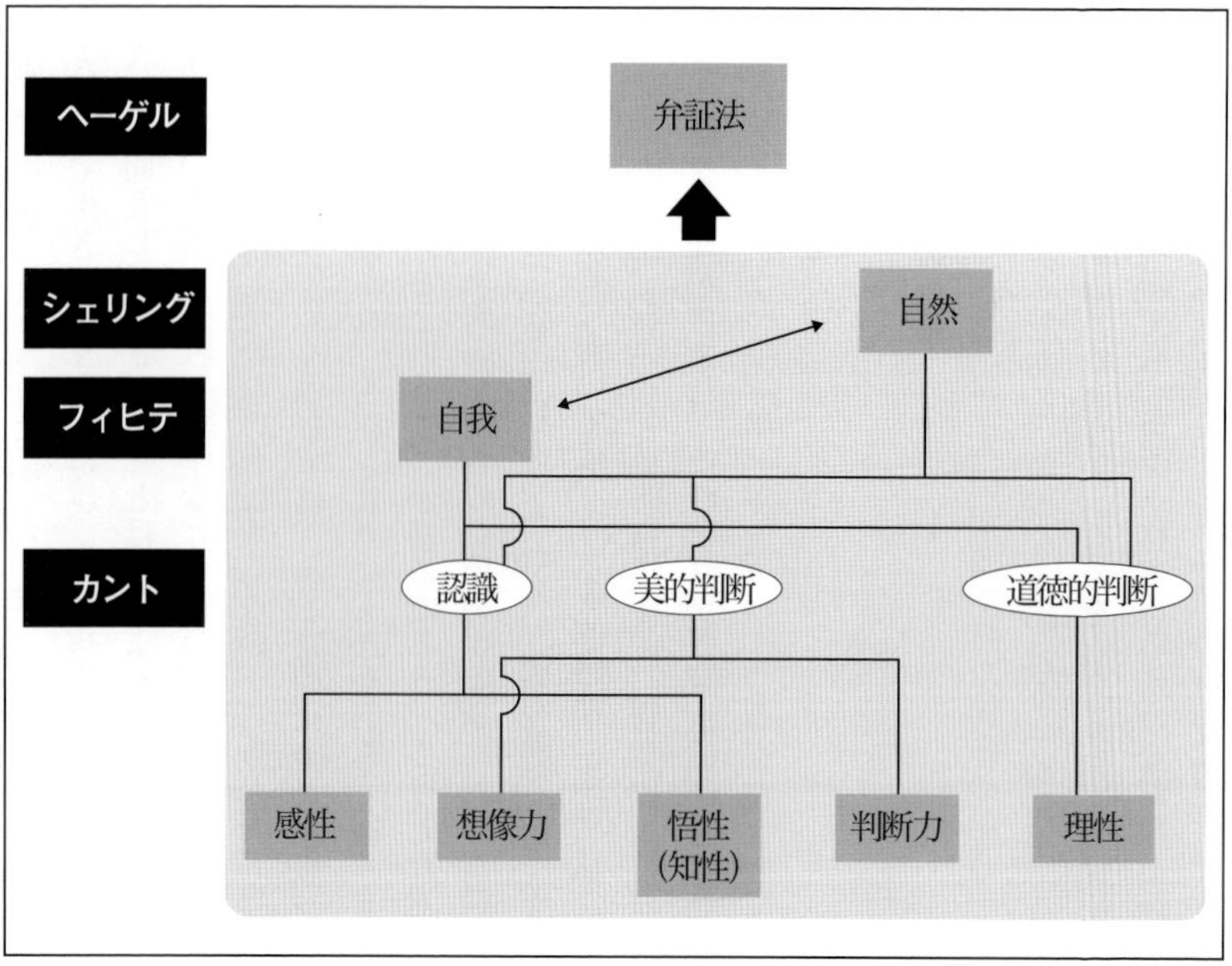

において は万人が自由となった、というわけである。

とはいえ、ヘーゲルの言う自由とは、個人の「自由意志」ではなく、共同体の慣習、法、道徳において客観的に実現されるものである。それが完成されるためには、個人の活動はときとして歴史の目的論実現の道具となり、ここに「理性の狡知（List der Vernunft）」が存する。ヘーゲルは、自由な個人を重視しながらも、他人との共同的生という事実こそが出発点と考えており、そのため、国家が道徳的共同体の最高の実現形態とされる。とはいえ、国家も他の国家との関係で見れば相対的存在であり、理性の目的論の役割を果たす限りでは発展するが、その役を終えれば没落する。「世界歴史は世界法廷である」（『法哲学』）なのだ。ヘーゲルの歴史哲学は、理性、精神が共同体において客観化された結果としての法についての哲学と、絶対精神が自己展開していく過程をあつかう絶対精神の哲学を媒介する位置にある。

絶対精神の理念は、宗教、哲学などの仕方で現実に表現されるが、そのもうひとつの形態が芸術だ。美学は、芸術の形而上学である。カントが自然美に関する崇高を重視したのに対して、ヘーゲルは自然美を美学の範囲から排除する。かれにとって美とは、一切を対自化しようとする人間の「絶対的要求」から生まれる、絶対者そのものの感性的描出である。ヘーゲルによれば、理念（真理、絶対者）と形態とが統一されたものが「理想」であり、それはギリシア彫刻のような古典芸術において達成された。ゲルマン世界におけるロマン的芸術は、芸術の最終段階であり、絵画、音楽、文芸がその固有のジャンルとなる。古典芸術においては精神と一致していた素材など外的実在は、ロマン的芸術ではもはや精神の内面的自由にとっては不適応となり、芸術作品の内実は、用いられた感覚的素材を超え、それを媒介として与えられる精神的現象であることになる。ヘーゲルにとっては、十七世紀オランダ絵画などは芸術の崩壊の端緒であり、自己意識と反省の時代にあるかれの時代において、芸術はもはや過去のものとなったとする「芸術終焉論」が帰結する。

全体を統合する原理を与えないカント哲学の欠陥を、すべてを網羅しつつ全体の統合を形成する弁証法によって乗り越えようとしたヘーゲルの体系は、全体を包括する最高完全者もしくは宇宙的理性から物質にいたるまでのあらゆる存在者の階梯を流出というひとつの原理によって結びつける、**プロティノス**や**クザーヌス**を経て**スピノザ**や**ライプニッツ**にいたる新プラトン主義をより精緻にしたものと言える。また、ヘーゲルの芸術哲学、法哲学などは、ヨーロッパ近代の制度設計の骨組みとなり、現代社会にも深く浸透している。

【主要文献】『ヘーゲル全集』（岩波書店）、熊野純彦『ヘーゲル』（筑摩書房）、ドント『ヘーゲル伝』（未来社）、コジェーヴ『ヘーゲル読解入門』（国文社）、長谷川宏『新しいヘーゲル』（講談社現代新書）、加藤尚武ほか編『ヘーゲル事典』（弘文堂）

ヘーゲルの生涯／著作

1770　ドイツ、シュトゥットガルトに生まれる。父親は公務員。

1788　テュービンゲン進学校に入学。ヘルダーリンとシェリングと同室になる。フランス革命とルソーに熱狂する。

1793　スイス、ベルンで家庭教師として働く。『イエスの生涯』『キリスト教の実定性』を執筆。

1797　フランクフルトで家庭教師。『キリスト教の運命とその精神』を執筆。

1801　イェーナ大学で教授資格を取得、私講師になる。就職論文『惑星の軌道に関する哲学的論考』（惑星軌道論）では、ケプラー（ヘーゲルと同郷人）こそ惑星運動法則の本質の発見者でありニュートンは数学的に発見したのみであるとした（これは後に『自然哲学』で再び論じられる）。『フィヒテとシェリングの哲学体系の差異』を執筆。シェリングとともに『哲学批評雑誌』を刊行。なお、ヘーゲルの講座は絶大な人気を誇った。

1806　ナポレオンにプロイセンは征服され、イェーナ大学が閉鎖される。

1807　「バンベルク新聞」の編集者となる。『精神現象学』刊行。

1808　ニュルンベルクのギムナジウムの校長になる。

1811　マリー・フォン・トゥーハー と結婚。

1812　『論理学』「存在」を刊行。

1813　『論理学』「本質」を刊行。

1816　ハイデルベルク大学正教授となる。『論理学』「概念」を刊行。

1817　講義に出席している生徒のために、自身の哲学を要約した『エンチクロペディ』を刊行。

1818　フィヒテの後任としてベルリン大学哲学教授に就任。

1820　『法の哲学』を刊行。

1827　『エンチクロペディ』二版を刊行。ベルリン科学評論協会が『科学評論雑誌』創刊。

1830　ベルリン大学総長に就任。『エンチクロペディ』三版を刊行。

1831　ベルリンに流行したコレラにより死亡。

1835　シュトラウス『イエスの生涯』刊行、ヘーゲル学派が分裂する。

ショーペンハウアー Arthur Schopenhauer（一七八八〜一八六〇）

世紀末のヨーロッパにおいて、市民社会の個人主義的合理性の陰画像を描いたのがショーペンハウアーであった。かれは、**カント**や**フィヒテ**を出発点としながら、自我への執着を去ることによる救済を予感し、ひろく受け入れられる哲学者となる。

カントにおける**物自体と現象**の区別を、ショーペンハウアーは**意志と表象**とによみかえる（『**意志と表象としての世界**』）。カント的な時間空間、あるいは因果法則によって合理的に認識可能な世界は、たんなる表象としての現象界にすぎず、そのすべての根底には、「生への盲目的意志（blinder Wille zum Leben）」が物自体として存する。意志の活動、あるいは相互の抗争から、表象は生まれ、物質から有機体、動物を経て人間にいたる階梯をなす諸存在もこうして成立する、というわけである。世界は、盲目的意志が自らを実現するための手段にすぎない。

ショーペンハウアーは後期フィヒテに哲学を学び、学位論文『充足理由律の四つの根について』（一八一三）では**ライプニッツ**をあつかった。意志という、自我の原則となるものを根底におく点、フィヒテに通じるが、ショーペンハウアーにとっての意志は、個人や自我の意志ではなく、また、神のようなものでもない。それは、無記名の主体なき意志であり、その点で、のちの**ニーチェ**における「力への意志」の先駆と言える。一方、無機物から生物、人間にまでいたる「存在の階梯」が、盲目的意志を根底とする諸力の抗争のなかで生まれるのは、それが生まれるための十分な理由が整うことによってのこととされる（「充足理由律」）。

各人は、そのため、つねに挫折と苦悩と死へと運命づけられ、目的も意味もない世界は矛盾に満ちた「苦」の世界である。各人の欲望の充足はけっして完成することはなく、かりにある程度成功したとしても、今度は逆に退屈に悩まされる、というわけだ。苦悩に満ちた生は、芸術、とくに音楽と悲劇によって慰められるとショーペンハウアーは言うが、それも所詮は一時的なものにすぎない。

苦悩からの決定的解放は、意志の禁欲的否定によってのみ可能である。すなわち、こうした意志の盲目性と、その作用を、哲学的に認知することによって、意志とその表象としての世界は消滅し、個別的存在への固執も消えることになる。

ショーペンハウアーは、古代インド思想への造詣もふかかったが、なかでも「梵我一如」、すなわち「わたし」は「あなた」で、「あなた」は「わたし」であるという洞察をたかく評価した。

またかれは、他人への同情（共苦）を重視する。「共に苦しむ、共に感じる」ことを意味する同情（共感）は、すでに、**ヒューム**や**アダム・スミス**（一七二三〜一七九〇）においても道徳の基礎とされた。かれらにとっての同情が、「自分とは立場を異にする他人の感情を自らも想像、感知する」能力として、バランスの取れた判断を下す条件であったのに対して、ショーペンハウアーにとっての同情とは、他者の苦を自ら共にする点で、一切が同一の意志に帰属することを示すものであり、それを実践することは、意志の否定への一段階にほかならない。

ショーペンハウアーは、ほぼ一世代上の**ヘーゲル**と同じ頃、同じベルリン大学で教鞭をとり、ヘーゲルを批判したことで知られる。世紀末のヨーロッパにおいて、「**ペシミズム**（**厭世主義**）」の哲学者、「**自殺擁護者**」としてひろく読まれ、先にあげたニーチェのほか、**フロイト**や**ウィトゲンシュタイン**、**リヒャルト・ヴァーグナー**、**トマス・マン**などへの影響も指摘されている。また、同情など、個人を相対化するかれの主張は、ポストモダンの文脈において、個人主義的人間中心主義を乗り越えるものとしてあらためて注目されている。

【参考文献】『ショーペンハウアー全集』（白水社）、ショーペンハウアー『幸福について』（新潮文庫）、マギー『哲学人』（NHK出版）

ショーペンハウアーの生涯／著作

1788　ダンツィヒに生まれる。父は富裕な商人、母は女流作家。父に伴われて幼少時から各国を旅行する。
1793　プロイセンの支配を嫌った父について、自由ハンザ都市ハンブルクへ移住。言語習得のため、フランスやイギリスにも長期滞在したという。
1805　17歳のとき、父が死亡。父の遺志に従って商人の見習いを始める。
1809　学問への情熱を捨てきれず、ゲッティンゲン大学入学、カントとプラトンの研究に没頭する。
1811　ベルリン大学入学。フィヒテとシュライエルマッハーの講義を受ける。
1813　論文『充足理由律の四つの根について』により、イェーナ大学の博士号を取得。ワイマールに住む母親を通じて、ゲーテら文人の知己を得る。
1816　ゲーテの影響のもとに『視覚と色彩について』を刊行。
1819　世界は自己の表象であり、いかなる客観も主観による制約を受け、世界の本質は生きんとする盲目的意志であるとした『意志と表象としての世界』を刊行。
1820　ベルリン大学私講師になったが、同大学正教授であったヘーゲルの人気に抗することができず、半年で辞職。
1822　イタリア旅行。
1823　ミュンヘンに滞在。
1825　ベルリンに滞在。
1831　フランクフルト・アム・マインに隠棲。同地で余生を過ごす。
1844　『意志と表象としての世界』に大部の続篇を加筆し刊行するも、学会からさほど注目されず。
1851　主著を敷衍した論文集『余録と補遺』を刊行するや、。「非合理的主意主義」「ペシミズム」「自殺擁護者」として人気をよぶ。
1860　死去。
1865　ニーチェがライプツィヒの古書店で『意志と表象としての世界』を購入、2週間読みふけった。のちに、ショーペンハウアーの意志と表象との区別に対応するものとして、「ディオニュソス的なもの」と「アポロン的なもの」を提唱した『悲劇の誕生』（1872）に結実した。

功利主義

古典的倫理学において、**アリストテレス**などの徳論や**カント**の規範主義とならぶ代表的な立場とされる功利主義は、十九世紀のイギリスの思想家**ジェレミー・ベンサム**（一七四八〜一八三二）、**ジョン・スチュアート・ミル**（一八〇六〜一八七三）、**ヘンリー・シジウィック**（一八三八〜一九〇〇）を嚆矢とする。

ベンサムは、伝統的な自然法、あるいはそれを基本とする社会契約説を批判し、「**功利の原則**」にもとづく**最大幸福主義**を主張する。自然法や社会契約説が、社会や共同体のメンバー各自にもともと備わるとされる所有権、生存権を尊重するのに対して、功利の原則においては、まずもって、メンバー一人一人の快が苦より大きくなり、さらに、社会全体における快が苦を上回ることが目標となる。

このようなベンサムの主張に対しては、「満足した豚よりも不満足な人間であれ」といったジョン・スチュアート・ミルや**トーマス・カーライル**（一七九五〜一八八一）の批判などがあった。

また、ベンサムが考案した「**一望監視施設**」（**パノプティコン**）、すなわち、監獄建築において、独房を円環状に配置した中心部分に監視塔をおき、一目で三六〇度の独房を監視しうるシステムは、のちにフーコーが取り上げて注目を浴びる。

「**最大多数の最大幸福**」という言い方がベンサムのものとされているが、それは誤解であり、この言い方は、ベンサム以前に定式された言い方であった。

このように言った場合、社会の幸福の量が最大化され、かつそれを最大限多数のメンバーが享受しうることが理想となる。それは、各人の幸福の「量」とそれを享受する人数のかけ算であらわされることになるだろう。

だが、これでは、十名中十人の一の幸福よりも十名中二名の六の幸福の方が大きくなり、それでも構わないことになる。たとえば、治安が不安定なまま全員が生きるか、一人を「見せしめ」にして、治安を安定することによって残りの者が「安心」という、より大きな幸福の内に生きるかをくらべると後者の方が社会全体の幸福量は大きいことになるといったケースだ。それは、誰かを見せしめにしてか

ベンサム

ミル

シジウィック

最大多数の最大幸福

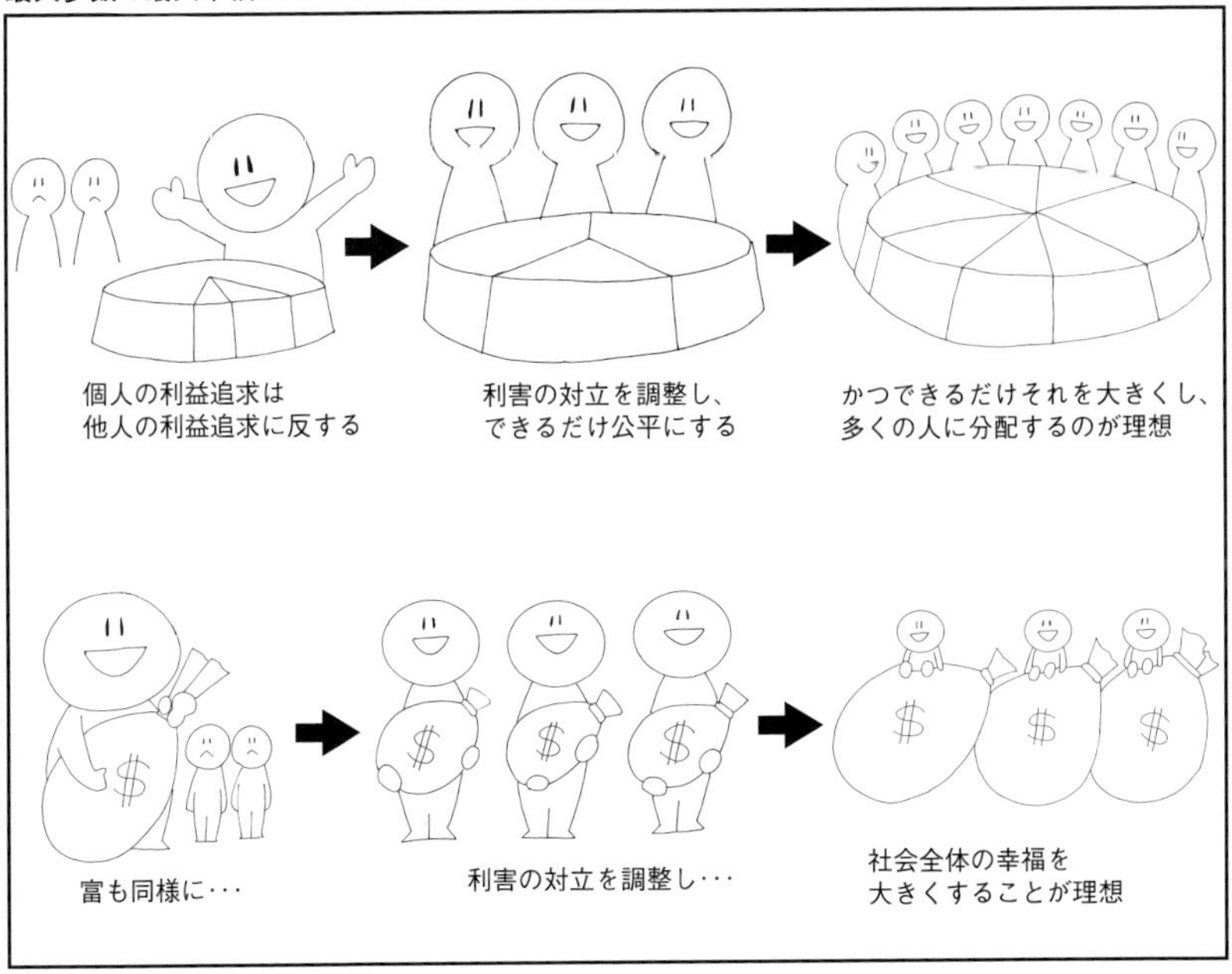

まわない、という論理である。

そのような事態に陥ることを避けるため、ベンサムは「最大多数の」という原則を削除し、「**最大幸福の原理**」を追求する功利原則を残した。

とはいえ、ベンサムにおいては、「快」と「苦」との内容（質）ならびにその量の大小を客観的に判定しうるのかどうか、という疑義が生じる。

それに対して、ミルは、各個人の「選好」（preference）を基本におく。選好は、Aという行為とBという行為のいずれをも体験したことのある個人が、そのどちらかを選ばなければならないときにどちらを選ぶかで決まる。ミルによれば、社会を構成するすべてのひとびとにとって、幸福、すなわち選好が最大限になるような状態を実現するのが「いい行為」であることになる。

ミルはまた、「他人に危害を加えない限り、誰もが自分の行為を自分で決定しうる」という「危害原則（「愚行権」）」を定式化した（『自由論』）。

功利主義は、二十世紀において、**リチャード・マーヴィン・ヘア**（一九一九〜二〇〇二）や**ピーター・シンガー**（一九四六〜）などといった英米分析倫理学において継承される。

【参考文献】ベンサム『道徳および立法の諸原理序説』（中央公論社）、『ベンサム／J・S・ミル』（中央公論社「世界の名著」）、黒田亘『行為と規範』（勁草書房）

キルケゴール

Søren Aabye Kierkegaard（一八一三〜一八五五）

キルケゴールは、デンマークの思想家。**ヘーゲル**に代表される、近代の**理性中心主義を批判**し、自己の主体的なあり方を追求した。二十世紀の「**実存主義**」の先駆とされ、**ハイデガー**にも多大な影響を与えた。

キルケゴールは、まず、われわれの現実生活におけるあり方を、美的なもの、倫理的なもの、宗教的なものの三段階に区別する。

美的なあり方とは、「あれもこれも」と楽しいもの、新奇なものをつねに追い求め、快楽を追求し、現実から自由な例外者として生きるあり方だ。だがやがて、可能性の中で自分を失い、何が自分かわからなくなってしまい、虚無感におちいる。

倫理的なあり方とは、「**あれかこれか**」を選択し、倫理によって正義を追い、不正を指弾して自己実現してゆく中に自由を見いだすあり方だ。だが、そのあまりの過酷さと自分の正義を追求する自己中心性、理想と現実の断絶のため、最後には絶望に陥る。

そのあとに位置するのが宗教的なあり方だ。これは、人間の存在根拠である神に、おのれの全存在を賭けて関わろうとするものである。先に触れた、人間の倫理的あり方とは、ヘーゲルの考える人倫、すなわち、宗教の如何に関わらずそのつどの社会や共同体に実現されている法や習俗、道徳のあり方である。ところが、旧約聖書におけるアブラハムは、愛するわが子を神の言いつけにしたがって生け贄にしようとした。そこでは、明らかに人倫は蹂躙されている。ここに、人倫を超えた宗教的あり方が示唆されているというわけである。

言い換えると、キルケゴールは倫理に関して、第一倫理、すなわち、ヘーゲル的な人倫と、第二倫理、すなわち、〈自分のあり方を選択することによって、その時点で可能であった自分の他のあり方を断念し、それによって、自分の真のあり方を見いだし、自己忘却を免れること〉とを区別したことになる。それと呼応するように、宗教性にも二種類が区別される。宗教性Aは、「真理は、自己の内にある」とする宗教一般の立場である。宗教性Bは、「主体性や自己は、虚偽である」とし、神の恩恵によってのみ自分は救済されるとする立場である。神と直接対面する「**宗教的実**

存」においてはじめて、人は「ひとり」であるものとしての自分を確立し、自分本来のあり方は達成される。

第二倫理にしても、宗教性Bにしても、他人との関係は一切断絶した上での自分自身との関係が問題となる。キルケゴールによれば、人間精神とは「自分に関係する関係」にほかならない。「あれもこれも」「あれかこれか」といった美的、倫理的あり方においては、時間軸上に分散する関係は、神と直面する自己の関係においては時間軸に垂直な関係（「これ」）となる。それは他者と切断された孤独にほかならないが、それを肯定的関係に転換するものこそが神であり、このような関係と直面することにおいてはじめて人は「**単独者**」となる。それは、絶対精神の普遍性客観性に真理を見いだしたヘーゲルに対抗する、「主体性こそ真理である」とする「主体的真理」の立場であった。

キルケゴールによれば、現代とは、何についても無感動で、妬みによって連帯し、大衆の〝客観性〟に判断をゆだねるあまり、自分を見失ってゆく時代であり、このような大衆のあり方をかれは「水平化」とよんだ。このようなあり方を超えるのが単独者だ、というわけである。

こうしたキルケゴールの考えの背後には、内的苦悩ゆえに、**レギーネ・オルセン**との婚約を破棄した「**レギーネ体験**」（一八四〇）、風刺雑誌『コルサール（海賊）』から九ヵ月におよぶ人身攻撃をうけるという「**コルサール事件**」（一八四六）などの影響も指摘される。

【参考文献】『キルケゴール著作集』（白水社）、大屋憲一、細谷昌志編『キェルケゴールを学ぶ人のために』（世界思想社）、桝形公也編『キエルケゴール　新しい解釈の試み』（昭和堂）

キルケゴールの生涯／著作

1813　デンマーク、コペンハーゲンの富裕な中産階級の家庭に生まれる。父ミカエルは熱心なクリスチャンであったが、神の怒りを買ったと思い込んでおり、自分の子はキリストが磔刑された年齢の34歳までしか生きられないと信じていた。実際に七人の子供のうち、末っ子のセーレンと長男を除いた五人までが34歳までに亡くなっている。

1830　コペンハーゲン大学神学部に入学。

1840　レギーネ・オルセン（1823－1904）に求婚、彼女はそれを受諾する。

1841　一方的にレギーネとの婚約を破棄。レギーネはキルケゴールに婚約破棄の撤回を求める覚え書きをしたためる。論文『アイロニーの概念』を大学に提出し、ベルリンに旅立ちシェリングの講義を聞く。

1843『あれかこれか』（『誘惑者の日記』［は『あれか、これか』の第一部に収録）、『おそれとおののき』『反復』（『受け取り直し』とも）を刊行。

1844　『哲学的断片』『不安の概念』を刊行。

1845　『哲学的断片への完結的、非学問的な後書き、演技的、情熱的、弁証法的雑集、実存的陳述』『人生における諸段階』（『人生行路の諸段階』とも）』刊行。

1846　風刺誌「コルサール（海賊）」で人身攻撃を受ける（コルサール事件）。『哲学的断片への後書』を刊行。

1847　レギーネがフレデリック・シュレーゲル（1817－96）と結婚。『愛の業（わざ）』刊行。

1849　『死に至る病』『野の百合、空の鳥』刊行。キルケゴールはレギーネとの和解を求めた手紙を夫のフレデリック宛てに投函するが、その手紙は封をしたまま送り返されている。その後すぐにシュレーゲル夫婦はフレデリックがデンマーク領西インド諸島の総督に選任されたため、デンマークを旅立つ。

1850　『キリスト教における修練』を刊行。**1855**　デンマーク教会の改革を求めた教会闘争最中に道ばたで倒れ、その後病院で亡くなった。

マルクス Karl Marx（一八一八〜一八八三）

ドイツにおける十九世紀前半は、イギリスやフランスにくらべて遅れながら、産業資本主義が移植された時期であった。マルクスは、**ヘーゲル**に代表されるドイツ観念論を継承する。けれども、彼がおこなったのは、**アダム・スミス**（一七二三〜一七九〇）や、**トーマス・ロバート・マルサス**（一七六六〜一八三四）、**デヴィッド・リカード**（一七七二〜一八二三）など、マルクスの言う「古典経済学」の成果を批判する一方で、絶対精神などといった言い方に典型的に見られるようなドイツ観念論の頭でっかちなあり方を、地に足をつけるように是正することであった。人間は、観念に生きることはできず、基本的には、手足を使って何かを生産し、それを売り、その対価で食料を得るなどして生活する。マルクスが目指したのは、具体的な身体をもった人間を尺度とした世界像を作り上げることである。それは、ヘーゲル、もしくはそれ以降まで連綿と続く、人間を精神的、理性的存在とみなす捉え方を徹底的に批判し、かつ資本主義経済の構造を分析することであった。

マルクスにおいては、まず、人間の思想や言論、法や政治、道徳や宗教などの「**上部構造**」と、農業生産や手工業制、大規模な工場生産などによって変化する生産手段、生産活動などの「**下部構造**」が区別される。**ロック**や**カント**といった啓蒙思想家たちは、各人の行動や考えは理性にもとづいて主体的に選択されると信じた。ところが、マルクスによれば、「人間の意識が人間の存在を規定するのではなく、逆に、人間の社会的存在が人間の意識を規定する」（『経済学批判』）。村落内での共同作業が必須の農業従事者は共同体の絆を重視するが、サービスを金で購う都市生活者は個人主義的傾向を強めるようなものである。このように、その人の社会的存在、すなわち下部構造の如何が、その考えや世界観、すなわち上部構造を規定するというメカニズムは、人間に普遍的な事柄である。ところが、この事実から目をそらし、自分たちの考え方こそが普遍的であると考えたとたん、その人たちは「**イデオロギー**」（虚偽意識）に捉えられたことになる。

一方、人間の歴史において、下部構造に属する生産手段は、技術改良などによって変化する。その諸類型として、

上部構造と下部構造

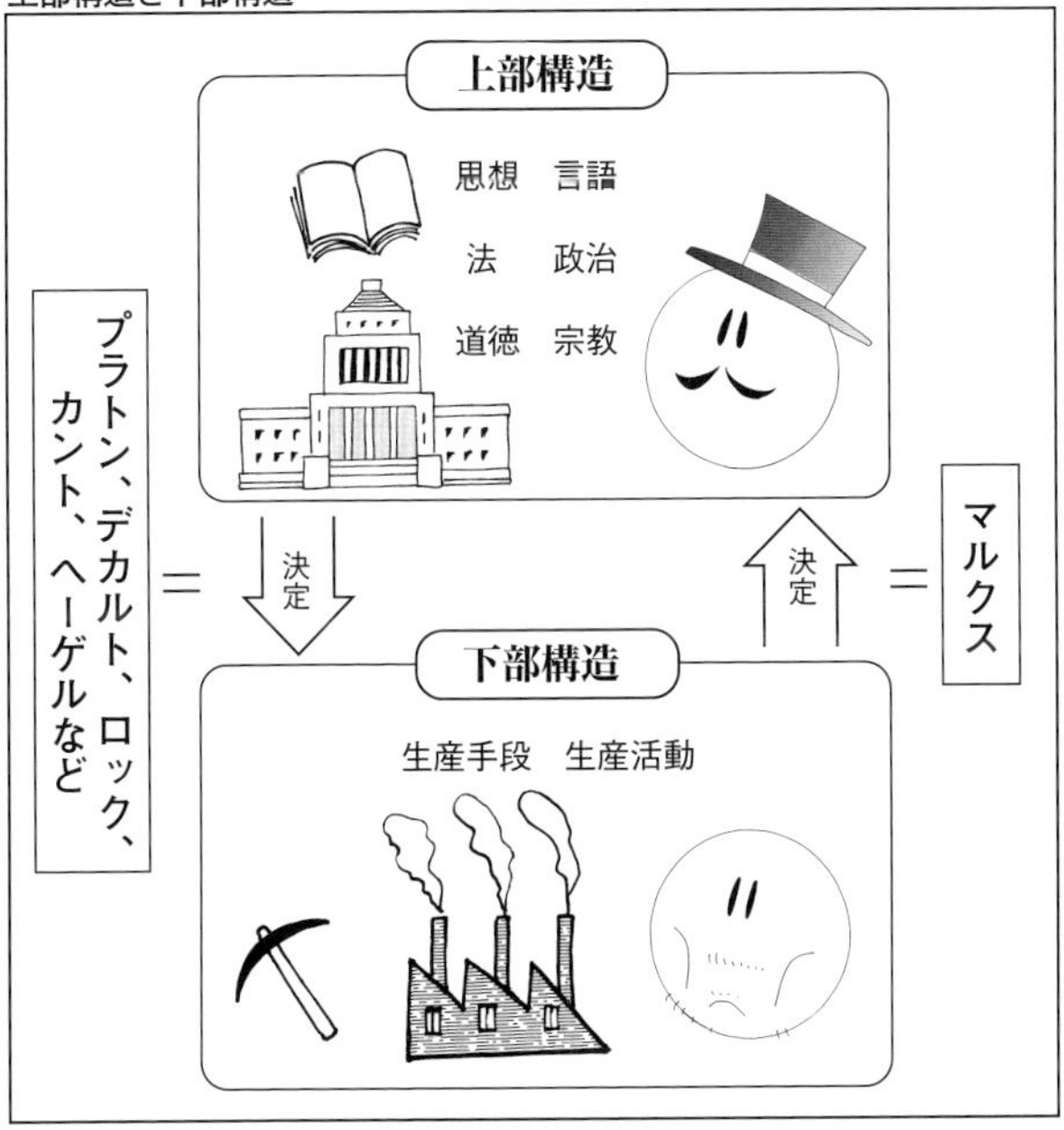

マルクスは、メソポタミアやエジプト、中国などの帝国に見られる「オリエント＝アジア的」共同体、古代ギリシアやローマにおける「古典古代的」共同体、ヨーロッパ中世における「ゲルマン的」封建制という「古典的形態」と、近代ヨーロッパに発生した「近代的資本制社会」をあげる。

天地創造にはじまり最後の審判で終わるキリスト教的歴史観とも、絶対精神の自己実現過程としてのヘーゲル的世界史観とも異なり、生産手段という下部構造とそれにもとづく共同体のあり方、政治体制の変化として歴史を捉えるこのやり方を「**唯物史観**」とよぶ。

この中で、とりわけ重要なのは、近代的資本制社会と古典的形態の社会との断絶である。資本主義そのものは、十六世紀における、いわゆる「囲い込み」（羊毛需要の高まりの結果、土地から農民を追放して牧地とする運動）による農民の浮浪化、絶対主義国家における重商主義政策、そして産業革命など、多層的要因によって発生したとされる（ただし、囲い込みはそれほど大きな人口の流動化を生まず、産業革命などとは無関係と、近年のヨーロッパ史では言われる）。

それぞれの土地に生まれる農業生産物を中心とする封建制社会とは異なり、商品経済を基本とするのが資本制社会の特色とされる。だが、商品経済そのものは、（十二世紀の南宋など）アジア的社会、古典古代の時代にもあった。資本制社会の特徴は、貨幣ならびに商品の「**フェティシズム**」（物神崇拝）がそれ以前の共同体の原理を凌駕する点にある。フェティシズムとは、肌着や靴など、本来対象ではないものに性的魅力を感じることについても言われるが、マルクスは、もともと交換の便のために生まれた貨幣が、

キリスト教とヘーゲルとマルクスにおける疎外

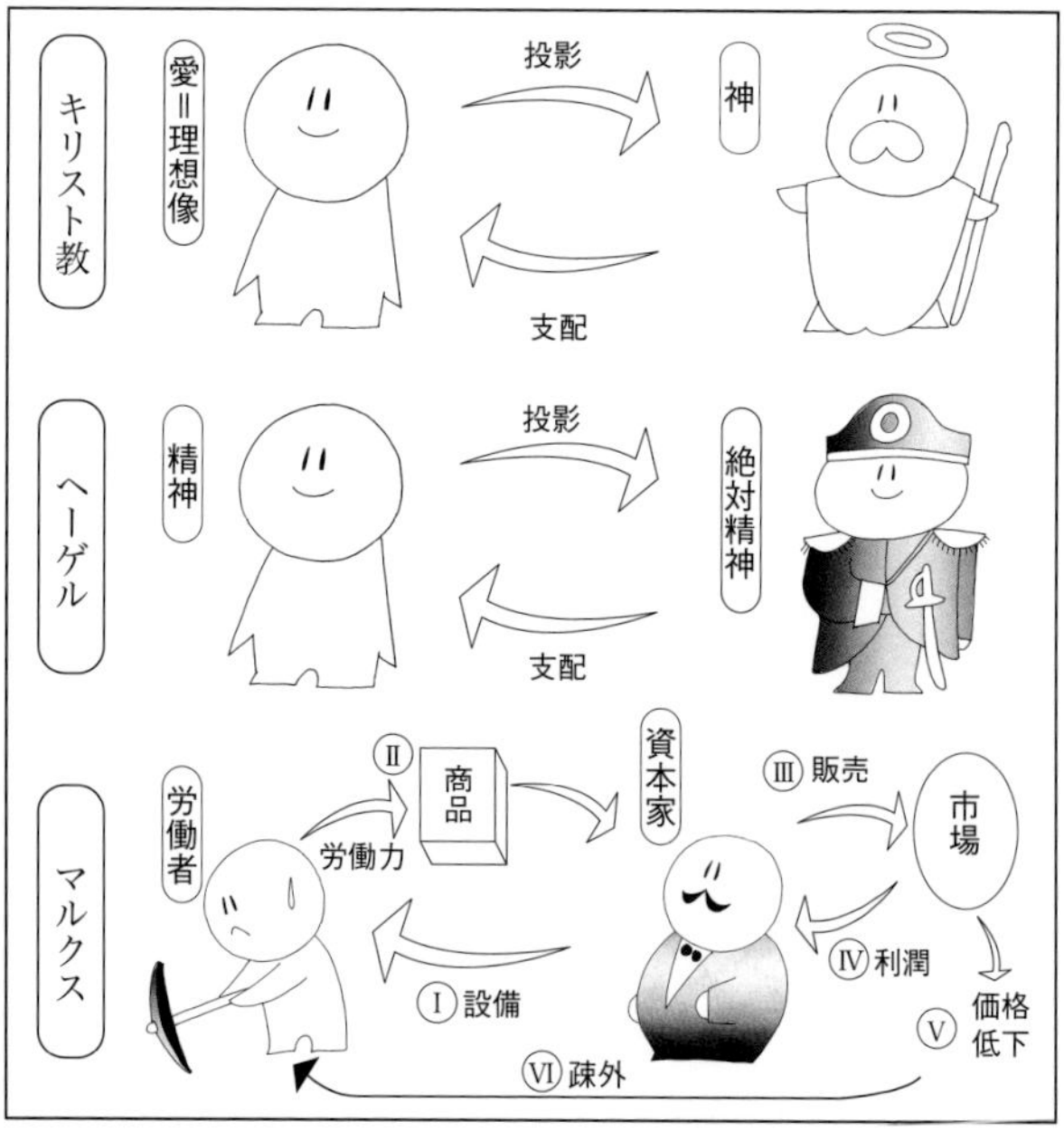

あたかも神のように、それ自体の獲得を追求される対象＝「神」となり、人間関係を倒錯させていると考える。「札束で頬を張る」ようにして異性の好意を獲得することすら可能になる、といった次第である。

貨幣へのフェティシズムは、資本制社会においては、「資本」の誕生にあらわれる。通常、貨幣とは、自分が生活などのために必要な品物を手に入れるための対価だ。ところが、現在で言えば、株式のように「金が金を生む」システムが存在する。それが「**資本主義**」にほかならない。すなわち、資本家が投資した資金は、設備投資や技術開発による大量生産や品質向上を可能にし、価格が下がり、もしくは品質が上がった商品はそれだけ大量に売れることになる。ところが、こうした状況は、工場労働者などの疎外をもたらす、とマルクスは言う。

そもそも、貨幣を媒介した商品の交換は、たとえば小麦一キロと麻布一メートルといったように（一方は食用のため、他方は防寒やおしゃれのため）、それぞれの「使用価値」が異なるもの同士について行われる。この二つが交換されるのは、双方が等価とみなされるからだが、このように、使用価値の異なるもの同士が等しい「交換価値」をもつとされるのは、それぞれを生産するのに必要な労働力、すなわち、一キロの小麦を生産するのに必要な労働時間と、一メートルの麻布を生産するのに必要な労働時間とが等しいことに根拠がある、とマルクスは考える。ここでマルクスは、スミス以来の「**労働価値説**」、すなわち人間の労働が商品の価値を決定するという考えをもとにしている。

ところで、工場生産を行う産業資本主義においては、先行投資によって建設される工場などの生産手段（Ⅰ）なしに商品生産はできない。労働者は、自分の労働力を、生産手段をもつ存在である資本家に売り（Ⅱ）、その対価として賃金を得る。ところが、設備投資などによる大量生産という資本主義のメカニズムにおいては、同一商品を生産するのに必要な労働時間は減少の一途をたどる。その結果、資本家は、同じ量の商品を生産するのに必要な労働者の数を減らすなどして、雇用に要する費用を減らしながら、同じ商品を大量に売ることにより（Ⅲ）、当初より大きな利益をあげ（Ⅳ）、これが「**剰余価値**」となる。

一方、生産手段をもたない労働者は、生産した商品が安く売られることによって（Ⅴ）、あるいは生産手段の向上のため同じ量の製品を生産するのに必要な時間が減少することによって、賃金が低下することになる。こうして、労働者は、資本家にその労働力を「搾取」され、また労働者はこうした生産システムによって「**疎外**」される（Ⅵ）。資本主義の矛盾としては、ほかにも恐慌の発生などがあり、やがてそれは革命を生む、というわけである。

マルクスの考えは、ソヴィエト連邦などの誕生とその挫折を生む。その一方、下部構造や資本主義に関する彼の哲学的分析は、**フーコー**や**ドゥルーズ**、**アルチュセール**など現代の思想家に大きな影響を与えた。

【参考文献】マルクス『資本論』『ルイ・ボナパルトのブリュメール一八日』（筑摩書房）、マルクス／エンゲルス『新編輯版　ドイツ・イデオロギー』（岩波文庫）、アルチュセールほか『「資本論」を読む』（ちくま学芸文庫）、E・H・カー『新版　カール・マルクス』（未来社）、アルチュセール『マルクスのために』（平凡社）、今村仁司編『マルクス』（作品社）

マルクスの生涯／著作

1818　プロイセン王国治下のモーゼル河畔トリーアに生まれる。父はラビの家系に生まれたもののユダヤ教からプロテスタントに改宗した上告裁判所付弁護士。
1824　プロテスタントとして受洗。
1835　ボン大学に入学。
1836　ベルリン大学に転学。姉の友人で検事総長の娘イエニー・フォン・ヴェストファーレンと婚約。バウアーなどヘーゲル左派と交流。
1841　イェーナ大学に論文「デモクリトスとエピクロスの自然哲学の差異」を提出、哲学博士号を得るが、教師の道は断念。生涯ジャーナリストとして生活した。
1842　「ライン新聞」主筆となる。エンゲルスと出会う。
1843　政府を批判し失職。イエニーと結婚、パリへ行き、ルーゲと「独仏年誌」刊行。
1844　『経済学・哲学草稿』を刊行。ハイネと交際。
1845　アレキサンダー・フンボルトの画策によりフランス政府に国外退去を命じられ、ブリュッセルへ。
1845-46　エンゲルスと共著で『ドイツ・イデオロギー』刊行。
1846　エンゲルスと『聖家族』を刊行。
1847　『哲学の貧困』を刊行。
1848　『共産党宣言』を起草。
1848　ドイツ三月革命が起こるやケルンに赴き「新ライン新聞」発刊。
1849　革命は挫折しドイツ追放、亡命先のロンドンへ。
1850　『フランスにおける階級闘争』刊行。
1852　『ブリュメールの18日』を刊行。
1859　『経済学批判』を刊行。
1864　第一インターナショナル創立に参加、バクーニンと主導権を争う。
1871　パリ・コミューンの知らせを受け、ただちに『フランスの内乱』を執筆。
1881　『資本論』第一巻刊行。妻イエニー死去。
1883　自宅の肘掛け椅子に座ったまま死去。膨大な草稿を残していた。
1889　『資本論』第二巻刊行（エンゲルスが草稿から編集）。
1894　『資本論』第三巻刊行（エンゲルス編）。

ニーチェ Friedrich Wilhelm Nietzsche（一八四四〜一九〇〇）

ニーチェは、ギリシア以来の哲学、いまなおヨーロッパで力を持つキリスト教を根底から否定する「**反哲学**」を打ち出すとともに、二十世紀以降の哲学的思索の成立する地平を切り開いた。

(一) ニヒリズム

善や正義、真理、美などは、追求し、実現すべきもの（価値）とされ、その根拠として、たとえばキリスト教では「神」、プラトンであれば「善のイデア」といったものがあげられる。神やイデアは、われわれの生きる現実世界とは別次元にあるとされるのだから、だれかのおこなったある行為が善である根拠は「この世」の外から与えられることになる。この世の背後にある別次元（「背後世界」）から、現実の価値が根拠づけられるという考えをニーチェは「二世界説」とよび、徹底的に批判する。

ニーチェによれば、二世界説は誤りである以前に不必要だ。なぜなら、価値は、背後世界によってではなく、現実世界内部の心理・社会的メカニズムから生まれるからである。たとえば、平和に暮らしていたひとびとに、とつぜん好戦的な集団が襲いかかり、ひとびとを殺戮し、金品を奪っていったとき、強奪されたひとびとは、好戦的な集団を「悪いやつら」とよぶ。それに対して、何も落ち度のない自分たちは「善い」。こうして、武力や知力で勝負にならない場合に、「道徳的」尺度をもちこみ、相手に対して心理的優位にたって、溜飲を下げようとする態度から生まれたのが「善悪」だ、とニーチェは言う。その根底にあるのは〝強者・勝者〟に対する〝弱者・敗者〟の「妬み」「怨念」（**ルサンチマン**）にほかならない。あたかも草食動物の家畜が肉食獣の襲撃から身を守るために密集群を作るように、自分たちだけで流通する尺度を作って自分のみを守ろうとする「畜群本能」から生まれた「奴隷道徳」が、善悪をはじめとする価値だ、というわけである。こうして発生した価値にもっともらしい体裁を与えるために「神」が捏造された。すべての価値は、ひとびとの心の中にあり、あるいは社会心理として存在するルサンチマンによって生み出された。いかなる価値にも、じつは価値はない。また、善悪の根拠として想定された神やイデアももはや無用である（「神は死んだ」）。こうした〝価値の脱価値化〟が「**ニヒリズム**（Nihilismus、虚無主義）」である。

「神は死んだ」

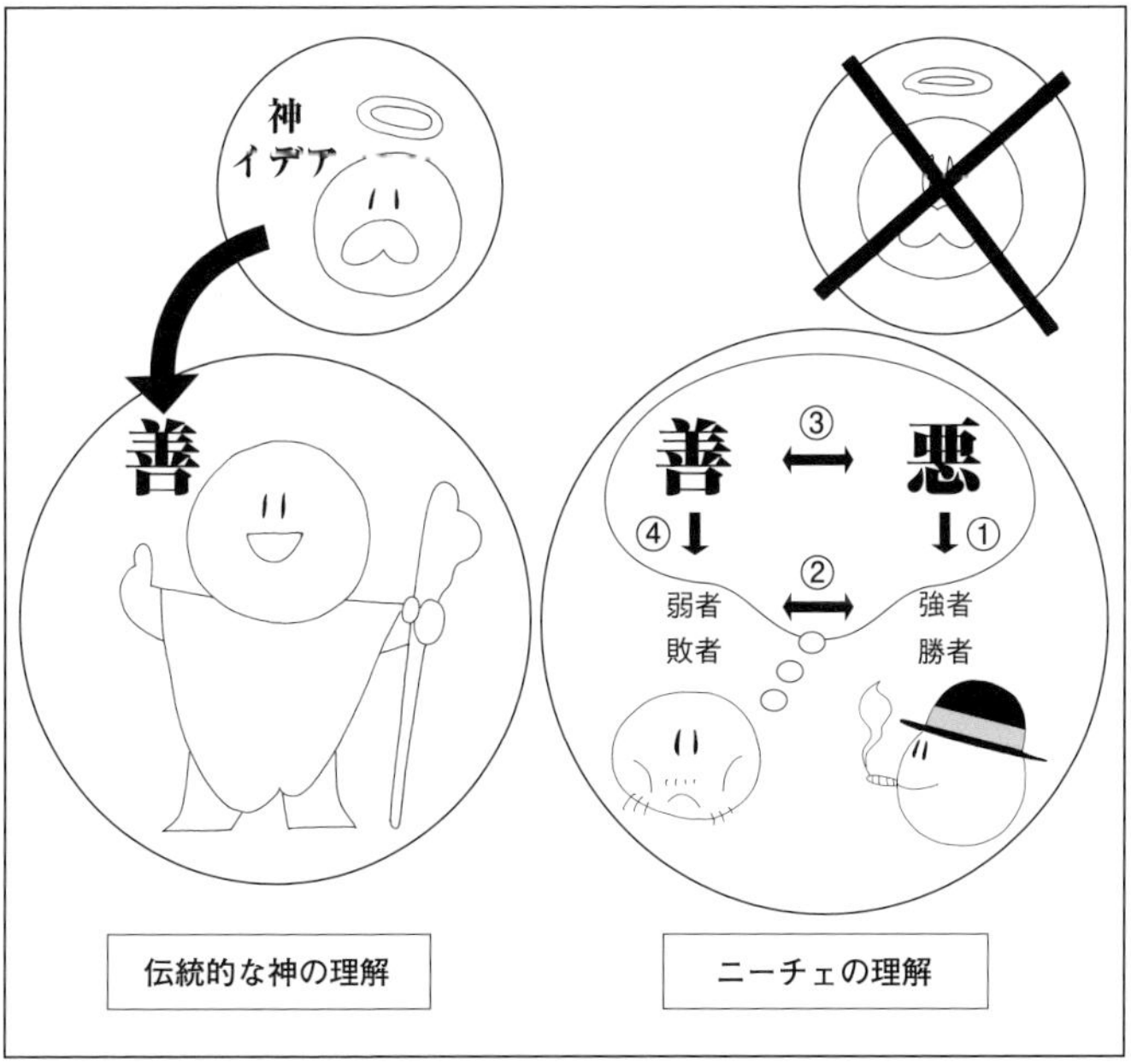

（二）永遠回帰

ニヒリズムを別の角度から見ると、「**永遠回帰**（**永劫回帰**、die ewige Wiederkehre der Gleichen）」思想が帰結する。

現実社会においてはすべてが絶え間なく変化するようにみえるが、すべては同じことの繰り返しで、しかもそれが永遠に続く、というのである。変化は、「よりよい」方、あるいは「より悪い」方への変化だが、そもそも「よりよい」「より悪い」と言えるのは善悪の尺度が存するときに限られる。すでにニヒリズムによって善悪という価値が欺瞞であることが判明した以上、もはや「よりよい」「より悪い」とは言えない。内容がいくら入れ替わっても、つまりは同じことの繰り返し、永遠回帰なのである。

すべてが永遠に回帰するという状況を描く比喩が「大いなる正午」だ。朝日は、すべてに長い影をつくるが、太陽がのぼるにしたがって影は短くなり、真上にいたったとき影はすべて消える。影と光のコントラストが消え、すべてが光になったとき、フラッシュの閃光をあびて目が眩むように、何もみえなくなる。ニヒリズム思想が示したのは、善が悪とのコントラスト、差異によってのみ成立するということであった。大いなる正午とは、すべてが光＝善となった瞬間ではなく、およそ善を可能にする悪との差異、あるいはそもそも差異というものが消滅した状態だ。それを目の当たりにしたとき、永遠回帰という事態を怖れ、目を背けるのではなく、その事実を頭から呑み込むことができる。なにをやっても結局、同じことだという事実は、すべてをむなしくするものである。だが、それでも、「わかった、よしもう一度」と心から言ったとき、すべてを受け入れることができる。それができるのが「**超人**（Übermensch）」だ。「人間は希望を持つ存在である。なにも望むものがないとき、人は無を望む」とニーチェは言う。なにかを「望む」とは、現状にくらべ「よりよい」ものを手に入れることだが、ニヒリズム思想からすれば「よりよい」ということは言えない。それを悟れば、もはやなにも望むことはない。何かを望むのが人間とすれば、なにも望まない存在はもはや人間ではない。それは〝人類〟という範疇を超えた存在、すなわち超人である。

(三) 力への意志

大いなる正午を目の当たりにし、永遠回帰という事実を受け入れたときにあらわれるのが「**力への意志**（Wille zur Macht）」だ。

たとえば、地球というシステムにおいて、海洋プレートと大陸プレートがぶつかりあって造山活動がうまれる。複数の力が、自分の勢力範囲を拡大しようとして、相互に拮抗している状態において、そこに参加している個々のプレーヤーが力への意志である。それは、低気圧と高気圧、生態系における在来種と外来種、国境線を接した国家同士など、あらゆる次元で生じうる。

ニーチェの「力への意志」は、ときとして、〝人間誰でも、結局は力をもちたいと願っており、それが政治や経済などすべての根源である〟という思想と解釈され、その際に力への意志は「権力意志」などと訳される。だが、この理解では、そもそも、権力を希求する人間があらかじめ存在し、その本性が、理性や人類愛ではなく、各自の権力欲であるといったことをニーチェが考えていたことになる。ニーチェは、人間、あるいは自我をあらかじめ前提し、権力意志は、この人間の意志であることになる。ところが、「力への意志」において、それをもつ主体は存在しないし、それどころか、自我や主体、「わたし」すらも、力への意志の所産なのである。何らかの選択において、ひとは当然、〝悩む〟。けれども、悩むとは、すなわち、一方へむかおうとする力への意志と、他方へ向かおうとする力への意志が拮抗している状態にほかならず、選択とは、力への意志同士の抗争の結果にすぎない。われわれは、なにかをしようと意志することはできるが、意志を意志することはできない。

選択の結果を、ひとは「わたし」の選択と思う。こうして一瞬生まれた「自分」が固定化され、実体化されたとき「自我」という虚構が生まれる。一瞬の現れを固定し、そこに見えるものを実体化する傾向を、ニーチェは「**眺望固定病**（Perspektivismus、**パースペクティヴィズム**）」とよぶ。それは、絶えず変転する、力への意志を固定し、抑圧するメカニズムだ。パースペクティヴィズムの産物である価値や諸実体を、それが案出された条件や事情にまでさかのぼる「**系譜学**（Genealogie）」によって、それぞれを解体するのがニヒリズムにほかならない。

ニーチェは、ライプツィヒ近郊に牧師の子として生まれ、二十五歳という異例の若さでバーゼル大学西洋古典学教授となる（一八六九）。処女作『**悲劇の誕生**』（一八七二）は、陶酔的激情的な「ディオニュソス的」なものと、明るく澄明な「アポロン的」なものとの相克という視点からギリシア悲劇を現代芸術（とりわけ**ヴァーグナー**）に復興しようとするものであったが、学会からは黙殺される。七九年大学職を辞し、執筆に励むが、八九年トリノ路上で発狂、晩年は母親の元で過ごした。

ニーチェは、世紀末から二十世紀中葉にいたるまで多くの思想家などに影響を与え、おびただしい誤解にさらされた。一九六〇年代以降は、**マルクス**や**フロイト**とともに、「思想の三統領」とよばれ、**フーコー**や**ドゥルーズ**に大きな影響を与える。

【参考文献】『ニーチェ全集』（白水社）、ニーチェ『悲劇の誕生』『ツァラトゥストラはこう言った』（岩波文庫）、ハイデッガー『ニーチェ』（平凡社ライブラリー）、三島憲一『ニーチェ』（岩波新書）

ニーチェの生涯／著作

1844　ライプツィヒ近郊の小村レッケンに生まれる。ルター派の裕福な牧師の子。
1849　父親が死去。
1851　ナウムブルクへ転居する。
1858　名門プフォルタ学院に特待生として入学。
1864　ボン大学に入学し、古典文献学と神学を専攻する。シュトラウス『イエスの生涯』を読み、信仰を放棄。
1865　古典文献学の恩師リッチュルを追い、ライプツィヒ大学に転学。ショーペンハウアー『意志と表象としての世界』に衝撃を受ける。
1866　普墺戦争勃発。
1867　鉄砲師団に志願入隊する。
1868　落馬事故により除隊し復学。リッチュルの紹介でライプツィヒ滞在中の音楽家ヴァーグナーと出会う。
1869　リッチュルの推薦でバーゼル大学古典文献学教授に招聘される。
1870-71　普仏戦争で従軍。
1872　処女作『音楽の精神からのギリシア悲劇の誕生』（再版以降『悲劇の誕生』と改題）刊行。学会から酷評を受ける。
1874　『生に対する歴史の利害』を刊行。
1876　『反時代的考察』を刊行。ヴァーグナー「ニーベルングの指環」初演に失望。
1878　ヴァーグナーおよびショーペンハウアーからの離反の意を明らかにした『人間的な、あまりに人間的な』を刊行。
1879　バーゼル大学を辞職。「さまざまな意見と箴言』刊行。
1880　『漂泊者とその影』刊行。
1881　『曙光』を刊行。
1882　『悦ばしき知識』を刊行。ルー・ザロメと知り合い、求婚するが拒絶される。
1883-85　『ツァラトゥストラはこう言った』を刊行。
1886　『善悪の彼岸』を刊行。
1887　『道徳の系譜』を刊行。
1888　『偶然の黄昏』『ヴァーグナーの場合』『アンチクリスト』『この人を見よ』『ニーチェ対ヴァーグナー』を刊行。
1889　発狂。
1900　肺炎により死去。
1901　『権力への意志』（遺稿。妹エリーザベトが編纂）刊行。

フロイト Sigmund Freud（一八五六〜一九三九）

フロイトは「**精神分析**」の創始者とされる。われわれが自分で意識している事柄の根底には、意識されざるメカニズム（「無意識」）が働いているという考え方は、**デカルト**以来の自我の形而上学を根底から否定する。

心の病や失敗、夢などといった場面で「**無意識**」を見て取れる。たとえば、ウィーンのある市長は、大きな大会の開会式の式辞を述べなければならなかったとき「この大会の〝閉会〟を宣言します」と言ってしまった。彼は、この大会の開催に気が進まなかったのだが、それを押し殺して開会挨拶をしたら、思わず「口が滑った」のである。こうした「錯誤行為」においては、自分で認めてはいない無意識の本音が思わずあらわれて、失敗を犯してしまう。

また、睡眠中にみる夢は、密かな願望を充足するものと考えられる。ある女性は、謹厳なユダヤ教徒である伯父が教義で禁じられているタバコを吸っている夢を見たが、その夢には年老いた女性もあらわれ、彼女を愛撫するのであった。フロイトによれば、老女は彼女の母親であり、彼女は母親が自分に冷たいのに悩んでいた。この夢は、「もし謹厳な伯父が禁じられたタバコを吸うようなありえないことが起こるなら、母が自分に優しくするというようなことも起こるだろう」という彼女の願望の表れなのである。夢は、あえて願望を隠す「検閲」、複雑な事態を一人の人物にまとめる「凝縮」、別な人物に問題を移す「移動」といった「夢の仕事」を経て、無意識の願望を表出する。

身体的障害があるわけではないのに、咳き込んだり、腕が痛んだりする、いわゆる「ヒステリー」（てんかん性障害）も同様だ。アンナ・Oという患者は、コップの水を飲むことができなかったが、あるとき、幼時の記憶を思い出した。彼女は、自分の家庭教師の女性を嫌っていたが、その家庭教師がこっそりと、彼女の使っているコップで、飼っていた犬に水を飲ませるところを目撃した。それ以来、コップから水を飲むことができなくなっていたのだ。アンナは、このことをすっかり忘れていたのだが、それを思い出し、医師に話したあと、コップの水を平気で飲めるようになった。アンナの場合には、家庭教師に関する幼時の嫌な記憶が「抑圧」されたため、コップの水を飲めないという別な形へ転換され、症状を生んだのであった。それは、抑圧されていた内容に目をそらさずに直視することによって解消する。抑圧されたものに目を向ける手助けとなるのが、精神医による「**自由連想法**」などといった手法である。

ヒステリー患者の多くが、幼児期の性的体験の記憶をもっていることに着目したフロイトは、やがて「**幼児性欲論**」を唱える。子どものおしゃぶりに見られるように、乳児にとって口は、単に、母乳など栄養を摂取する器官ではなく、快楽の場所でもある。自分の身体における快楽の場所は、子どもの成長に応じて、はじめは口（「口唇期」、〇～一歳半）、やがて肛門（「肛門期」、二～四歳）、男根（「男根期」、三～六歳）と移動し、六歳～十二、三歳の「潜伏期」を経て、思春期に、男女それぞれの「性器期」にいたる。とはいえ、誰もがこのような段階を経るわけでもない。たとえば口唇期に心的外傷（トラウマ）を経験したり、あるいは十分な満足の得られないまま成長してしまうと、口唇への欲求不満が嵩じて、口唇へのこだわりが消えなくなってしまったり（「固着」）、その結果、すでに成長しているのに、性器ではなく口唇にばかり性欲が向かったり（「退行」）、あるいは、物や身体のごく一部にばかり性欲が向かう「逸脱」が生じうる。

幼児性欲は、自我の形成にも決定的な役割を果たす。それが「**オイディプス**（エディプス）**・コンプレックス**」だ。フロイトによれば、乳児には自我というものがなく、あるのは「リビドー」（欲動）だけである。それは、食欲や排泄欲をはじめ、母親を自分のものにしたいなどの欲望だ。ところが母親と同一化したいという欲望は、その母親がつねに気にかけている「自分以外の存在」、すなわち父親がいることによって実現しえない。父親と母親の前で、子どもは「いい子」でありつづけるしかない。なぜなら子どもは、父親の言いつけに背いて母親を自分のものにしようとすれば、自分の男根を切り落とされるかもしれないという恐怖（「去勢恐怖」）をもつからだ、というわけである。こうして、「いい子」としての子どもの自我が成立する。これを、父親を殺して母親を妻としたギリシア神話の人物の名にちなんで、オイディプス・コンプレックスとよぶ。

フロイトは、当初、欲動を「**快感原則**」と「**現実原則**」の二つに分けていた（「欲動二元論」）。快感原則とは、食欲や性欲などの欲望を満たすことであり、現実原則とは、社会の現実に応じて自分の欲望を制御し、それによって自分の身を守ることである。快感原則のリビドーが他人に向けば通常の恋愛となり、それが自分に向かえば「ナルシズム」（自己愛）が帰結する。ところが、やがてフロイトは、それに代わって、生きようとする欲動「**エロス**」と、自分の身を滅ぼそうとする欲動「**タナトス**」の二元論こそが根底にあ

フロイトの局在論

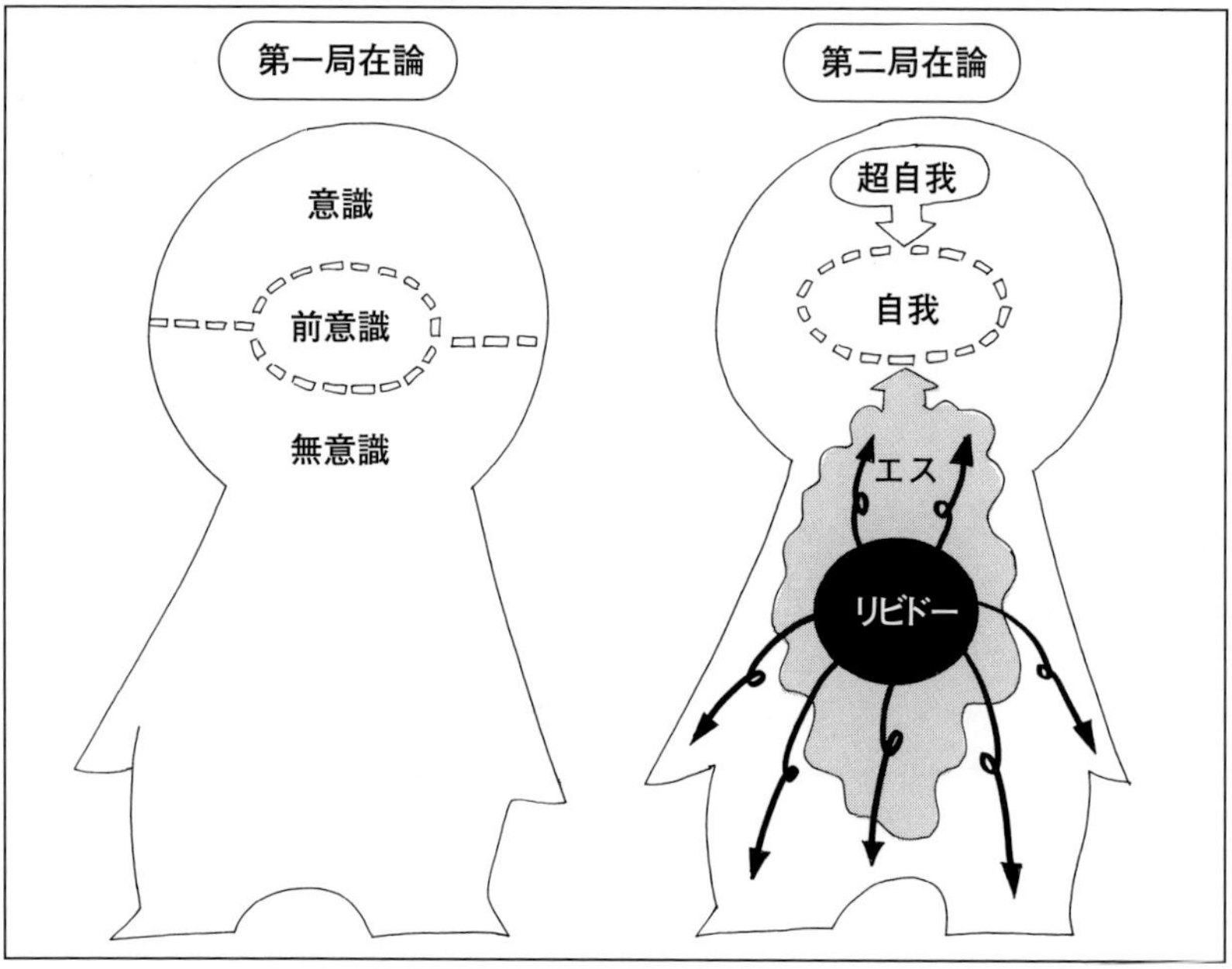

ると考えるようになった。第一次世界大戦を経験した元兵士などが、戦場での記憶をいつまでも反復（反復強迫）する「トラウマ」（心的外傷）の事例を多く観察した結果である。

一方、オイディプス・コンプレックスによって形成される自我は、一定の仕方で構造化されている。

当初フロイトは、人間の心が「**意識**」と「**無意識**」、ならびに、両者の境界ゾーンとしての「**前意識**」という三つの階層からなると考えていた（「**第一局在論**」）。

ところが、オイディプス・コンプレックスから見て取れるのは、より複雑な構造だ。まず、一連の過程の根底には**欲動**がある。欲動の内容は把握しえないため、フロイトはこれを「**エス**」（それ）とよぶ。一方、「いい子」としての子どもの自我が成立するためには、父親の存在が不可欠である。それは、夫婦とその子どもといった家族観の象徴であり、子どもはそれを受け入れ、その規範によって自分を律するにいたる。こうして、子どもに内在化されたものが「**超自我**」（**スーパーエゴ**）だ。それは、やがて社会的規範や法、言語規則などにも及ぶだろう。超自我は、各自の行動全体を監視し、規範に反する行為を禁じ、社会的行為を奨励する。ところが欲動（エス）が各人から去ったわけではない。エスという「暴れ馬」とお目付役である超自我の、相反する要求を調停するものとして成立するのが各自の

「**自我**」である。自我は、暴れ馬に乗る騎手のように、エスの欲動に振り回され、あたかも自分から希望したかのように装いつつ、欲動に従ってしまう。こうして「欲動」（エス）「自我」（エゴ）「超自我」（スーパーエゴ）として各自は構造化されることになる（「**第二局在論**」）。

こうして、自我は、デカルトなどが考えるように強固な実体として存在するものではなく、さまざまな要因からなる不安定な構造であることがわかる。それは傷つきやすいために、さまざまな自己防衛機制によって守られなければならない。過去の嫌な記憶や外傷の「抑圧」は、その代表的なものであり、それ以外にも、嫌なものの存在を認めようとしない「否認」、過去の不快な体験への感情的コミットメントを遮断する「分離」、憎いものにかえって優しくするといった「反動形成」、自己の感情を相手がもっていると思いこむ（嫌いな相手こそが自分を嫌っている）「投影」、憧れている相手の真似をする「同一化」、〝取れないブドウは酸っぱい〟といった「合理化」、さらに外傷などをバネに芸術活動に専念するといった「昇華」などが、自己防衛機制の例である。

フロイトの理論は、道徳や宗教の発生や意味、国家の行動分析、芸術作品の解釈などにも応用可能である。それは、**カルナップ**などから「疑似科学」として批判されたが、二十世紀の**ラカン**をはじめ、多くのひとびとの思想の土台となった。

【参考文献】『フロイト著作集』（人文書院）、フロイト『モーセと一神教』（ちくま学芸文庫）

フロイトの生涯／著作

1856　オーストリア帝国モラヴィアのフライベルクに生まれる。父ヤーコプはユダヤ人の毛織物商人。
1859　ウィーンへ引っ越す。
1873　ウィーン大学に入学。物理学から生理学に転じ、ザリガニやウナギの研究に没頭する。
1881　ウィーン大学卒業。
1882　マルタ・ベルナイスと婚約し、彼女との結婚のため臨床医になることを決意、ウィーン総合病院に勤務。
1884　皮膚科から神経科に移る。
1885-86　５ヵ月間パリのシャルコーのもとで学び、帰国後に神経科医としてウィーンで開業、マルタと結婚。公立小児病研究所神経科科長兼任。
1887　催眠療法を用いて、ヒステリー治療を行う。
1892　自由連想法を用いた治療を開始。
1895　『ヒステリー研究』（ブロイアーとの共著）を刊行。
1896　父ヤーコプが死去。エディプス・コンプレックスと幼児性欲の発見。「精神分析」という語を初めて用いる。
1900　『夢判断』を刊行。
1901　『日常生活の精神病理学』を刊行。
1906-10　ユングを介してブロイラー、ビンスワンガーらチューリヒ学派と協力関係を結び、「精神病理・精神分析学報」を共同で刊行。
1908　国際精神分析学会を開催。
1909　ユング、フェレンツィと渡米、ウィリアム・ジェームズに会う。
1910　国際精神分析学協会創立、初代会長はユング。
1913　『トーテムとタブー』を刊行。
1915　『欲動とその運命』『無意識』。
1916　『精神分析入門』を刊行。
1920　論文「快感原則の彼岸」を発表。
1922　上顎癌を手術（以後33回も手術）。
1923　ロマン・ロランと文通。『自我とエス』。
1927　『幻想の未来』刊行。
1938　ロンドンに亡命。
1939　『モーセと一神教』を刊行。末期ガンに冒され、モルヒネによる安楽死を選択。

ブレンターノ Franz Brentano （一八三八〜一九一七）

カントから**フィヒテ**、**シェリング**、**ヘーゲル**へいたる時代は、哲学史のうえでは近代哲学の精華とされるが、ブレンターノによれば、学問的な哲学が衰微した時代であった。ブレンターノは、**アリストテレス**ならびに**コント**の実証主義に足場をすえながら、学問的に厳密な哲学を追究したが、それは、必ずしも実験その他の自然科学的方法を用いるものではなく、「世界観の哲学」に陥ることを避けながら、あくまで「経験」にもとづく「記述」をおこなうものであった。

かれの主張として、とりわけ影響力があったのは、あらゆる「心的現象」の特徴を、それが「**志向的**（intentional）」であるとした点である。「心的現象」とは、表象、判断、喜怒哀楽、欲求、拒否、希望、意志などといった、われわれの内部にあるものだが、それについてブレンターノは次のように述べる。「あらゆる心的現象は、中世のスコラ哲学者たちが、対象の志向的（あるいは心的）内在と名付けたものによって……特徴づけられている。……表象においてはなにかが表象され、判断においてはなにかが肯定もしくは否定され、愛においては愛され、願望においては望まれている」（『経験的立場からの心理学』一八七四）。とはいえ、「なにか」を愛したり、憎んだり、表象などした場合、その対象はかならずしも実在するとは限らず（「〝理想の恋人〟を求める」）、また、どれかひとつの対象として特定されないこともある（「〝この美術館の一万人目の客〟に賞品を用意する」）。そのため、心的現象とその対象との関係（「志向的関係」）は、だれかになにかが衝突するなどの〝実在的関係〟とは区別され、やがて、「志向性（Intentionalität, intentionality）」とよばれることになる。ただし、ブレンターノ自身はこれを、対象の「志向的内在」、対象への「方向」とよび、その対象も、実在の物ではなく「内在的対象性」とよんだ。この考えの萌芽はアリストテレスにおける関係の分類（『形而上学』第五巻第十五章）にあるとされ、中世において**イブン＝シーナー**（**アヴィケンナ**）の「心の中の自然記号」という術語が「志向（intentio）」とラテン訳されたことに由来する。

ブレンターノが心的現象を問題にしたのは、かれの言う「経験的立場からの心理学」の対象と方法を限定するためであった。かれの言う「経験的」心理学とは、実験などによるものではなく、「内的経験の反省にもとづく」心理学という意味であり、生理学などを用いた「発生的心理学」とも区別される。それは、自分自身の知覚や感情、意志などのあり方をみずから観察、記述することによって、われわれの心的現象の普遍的構造をさぐる「記述心理学」であった。記述心理学が対象とするものが「心的現象」だ。われわれの外部にあって「外部知覚」の対象となる物的現象は、場所とひろがりをもつのに対して、心的現象はそれをもたない。また、外部知覚が誤りうるのに対して、内部知覚は絶対に誤ることのない「明証性（Evidenz）」をもつ。ブレンターノは、心的現象を三つに区別し、なにかを思い浮かべるような「表象」、それを真として承認し、もしくは偽として否認する「判断」、さらに喜怒哀楽や意志といった「情動」に区別する。こうした心理学にもとづいて、愛や憎しみといった感情、さらに善悪などの価値について明らかにし、道徳哲学、さらには霊魂の不死や神といった形而上学を構築することがブレンターノの目的であった（『道徳的認識の源泉について』一八八九）。

かれの周囲には、**トワルドウスキ**はじめ、**マルティ**、**シュトゥンプ**、**マイノング**などが集まって「独墺学派」をつくる。とりわけ志向的関係に関しては、その対象が実在しなかった場合（「丸い四角」「金の山」）などをめぐって議論が生じ、のちのトワルドウスキの対象論などがうまれた。また、「志向的対象」「記述心理学」などの考えは、**フッサール**の現象学に決定的影響を与えた。

【参考文献】『世界の名著五一――ブレンターノ、フッサール』（中央公論社）

ブレンターノの生涯／著作

1838　ライン河畔のマリエンブルクに生まれ、カトリックの影響のもとに育つ。ブレンターノ家はイタリアの名門一家で、伯父にドイツ・ロマン派の詩人クレメンス、弟ルヨは経済学者、父クリスティアンは著述家。

1862　トレンデレンブルクのもとで、アリストテレス研究から出発。論文「アリストテレスによる存在者のさまざまな意味について」を提出し、チュービンゲン大学で博士号を取得。

1864　カトリックの司祭になる。

1866　ヴュルツブルク大学で教授資格を取得。最初の聴講生はのちに機能心理学を提唱するシュトゥンプである。

1868　ヴュルツブルク大学でマルティを教え、以後生涯を通じて親交を持つ。マルティはのちにプラハで正統派ブレンターノ主義を称した。

1869　次第にカトリックから距離をとり、法皇の不可謬性についての教義に対し、その独断性を批判する書を起草。

1873　司祭の職を辞任し、ヴュルツブルク大学を去る。

1874　『経験的立場からの心理学』を刊行。ウィーン大学教授に就任。

1875　マイノングが弟子となる。

1879　婚約を機に、聖職から離れる。

1880　この年以降、教授としてではなく、私講師としてウィーン大学に勤務。

1884　数学者だったフッサールに２年間哲学を教える。以後フッサールは専門を哲学に変え、ブレンターノの高弟シュトゥンプの下につく。

1889　『道徳的認識の源泉について』刊行。

1890　マイノングがブレンターノと対立し、グラーツ学派を興す。

1895　ウィーン大学での教職を辞し、フィレンツェに移住。

1911　『経験的立場からの心理学』の第２部第５−９章を改訂増補し『心的現象の分類について』と題して独立に刊行。

1914　第一次世界大戦を避け、チューリッヒへ移住。

1917　死去。

1924-28　クラウスが『経験的立場からの心理学』を三巻本に再編集して刊行。

中欧論理思想

十九世紀から二十世紀はじめにかけて、中央ヨーロッパにあらわれたひとびとは、ポーランド学派やグラーツ学派などを形成し、現象学や論理学など、二十世紀のいくつかの哲学にとっての母胎となった。

ドイツ観念論が全盛だった十九世紀前半、すでに**ベルナルト・ボルツァーノ**（プラハ生まれ、一七八一〜一八四八）は、カントなどの主観主義に対して、客観主義を標榜した。すなわち、われわれの認識は、認識や思考、検証作業を超越した「**真理自体**」あってのことである。対象について何かを述べる「**命題自体**」は、とりあえず真偽未定だが、その述語が対象に適合しておれば、それは真理自体となる。また、「**表象自体**」は対象に関する人間の認識とは無関係に成立する。たとえば、ある場所でこの春に咲いた花の数は、それについて誰も知らなくても、一定であり、この数を示す命題は客観的真理だというわけである。

カシミール・トワルドウスキ（ウィーン生まれ、一八六六〜一九三八）は、ボルツァーノを高く評価し、その考えをもとに、ブレンターノの「志向性」概念を「**作用－内容－対象**」という三項関係として解釈した。ただしボルツァーノの「**無対象的表象**」、すなわち「丸い四角」のように、そもそも矛盾をはらんでいたり（「虚表象」）、「黄金の山」のように現実に単に存在しなかったりするため、対応する対象がなくても成立する表象、という考えには批判的であった。

トワルドウスキはまた「**ポーランド学派**」の形成にも貢献した。ポーランド学派とは、当時のポーランドのナショナリズム運動の一環としての文化運動であり、思想等の統一性はない。この中からは、アリストテレスの命題論をもとに様相論理や多値論理を構築した**ヤン・ウカシェヴィチ**（レンベルク生まれ。一八七八〜一九五六）、アリストテレスとフレーゲの論理学を融合し、また、嘘つきのパラドクスの問題から、現代の対象言語とメタ言語の区別を導いた**スタニスワフ・レシニェフスキ**（モスクワ近郊生まれ。一八八六〜一九三九）、さらに、「真理」の定義（「〝雪が白い〞は、雪が白いとき、またそのときにかぎり、真である」）によって知られる**アルフレト・タルスキ**（ワルシャワ生まれ。一九〇二〜一九八三）などがでた。

ボルツァーノ

トワルドウスキ

マイノング

中欧論理学地図

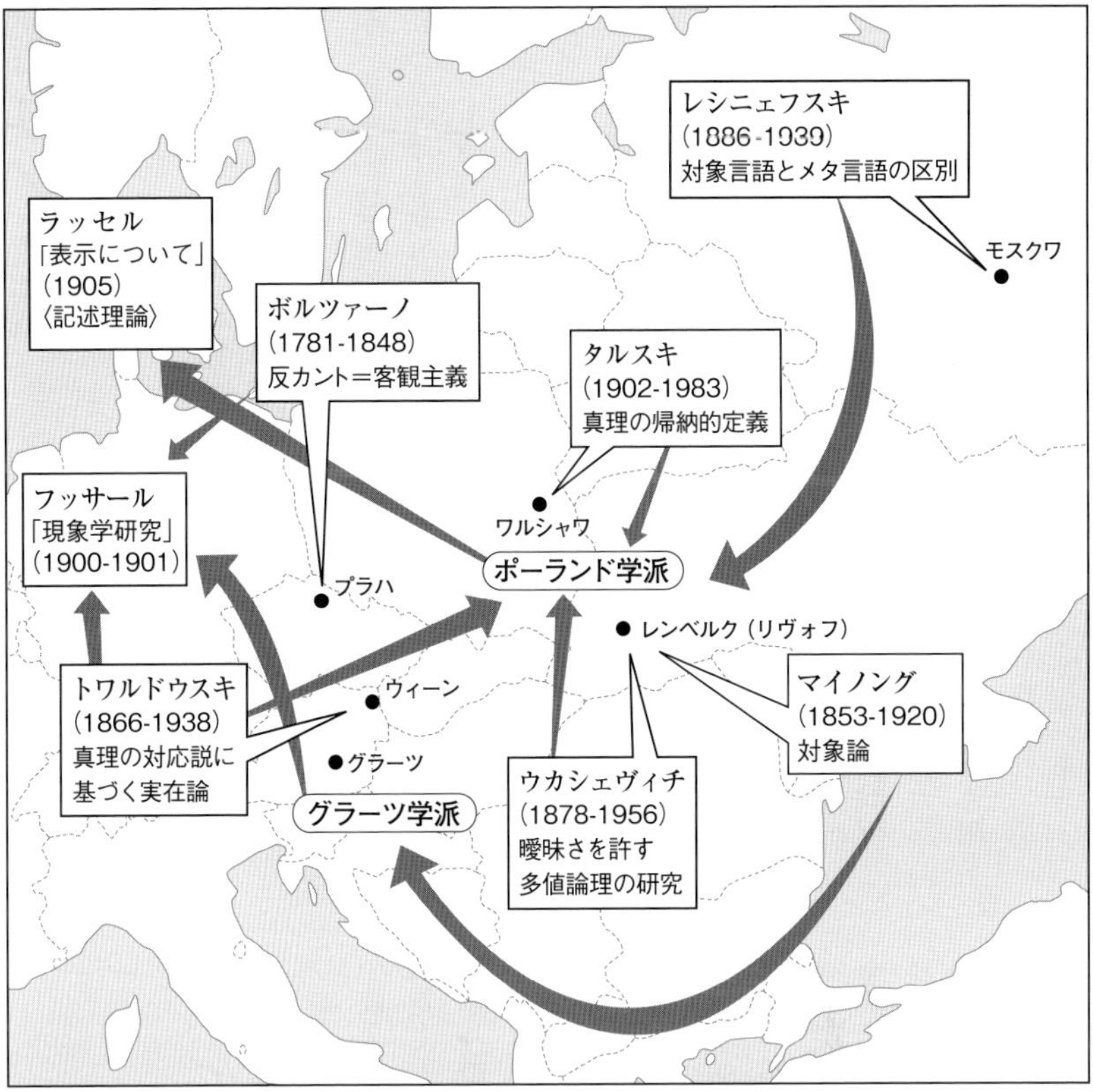

一方、**アレクシウス・マイノング**（レンベルク生まれ。一八五三〜一九二〇）は、トワルドウスキの三項図式を引き継いだが、無対象的表象に関しては、その存在非存在にかかわらず成立する対象の「**超存在**」（Außersein）という考えをもとに、「**対象論**」の可能性を主張した。彼のもとに集まったひとびとが「**グラーツ学派**」である。

ボルツァーノの考えは長く忘れられていたが、**フッサール**が『論理学研究』において「古今未曾有の論理学者」として取り上げたこともあって二十世紀に再び脚光を浴びる。当初、心理主義をとっていたフッサールが、客観主義へと抜け出そうとしたときにボルツァーノは大いに支えになり、また、その後、トワルドウスキ、マイノングらに継承された無対象的表象の問題は、一方ではフッサール現象学、他方では**ラッセル**の「記述理論」誕生のきっかけとなった。

【参考文献】ボルツァーノ『無限の逆説』（みすず書房）、マイノング『対象論に就いて』（岩波書店）、トワルドウスキー『表象の内容と対象』（岩波書店）

新カント派

世紀末のペシミズムやニヒリズムに抗して、また、当時顕著になった個別科学の展開、それにもとづく、心理主義や歴史主義といった相対主義的傾向に対してあらわれたのが、カントに還ることによって認識や価値の基礎づけをはかろうとする新カント派だ。

カント研究は、ドイツ観念論全盛期の十九世紀はじめから見られたが、はっきり、**カントへの回帰**を主張したのは**ランゲ**（一八二八～一八七五）、**リープマン**（一八四〇～一九一二）といったひとびとだった。その後、新カント派はふたつにわかれる。

ひとつは、**ヘルマン・コーエン**（一八四二～一九一八）にはじまる「**マールブルク学派**」だ。コーエンは、カントを論理主義的に解釈した。自然認識において決定的なのは、カテゴリーによる悟性の自発性であり、感性も悟性形式に回収される。根源における存在の根拠は思惟が置いたものであり、ここでコーエンは、無限小の中に無限大を包含する微分の役割を重視する。**パウル・ナトルプ**（一八五四～一九二四）は、思惟の対象構成機能を強調し、諸科学の理論を構想した。**エルンスト・カッシーラー**（一八七四～一九四五）は、相対性理論の哲学的解明を試みる一方、ウィーンのヴァールブルク研究所において神話や芸術などの知見を深める。その成果は、言語を感覚、直観、概念的思考の三段階に区別した上で、それが世界形成にどうかかわるかを論じる、「**シンボル形式」をもとにする文化哲学**に結晶した。

カッシーラー

一方、**ヴィルヘルム・ヴィンデルバント**（一八四八～一九一五）は、論理学的な考察とロッツェの「妥当」という概念をもとに**価値哲学**を構想した。**ヘルマン・ロッツェ**（一八一七～一八八一）は、もともと、自然における因果論的機械論と形而上学的目的論を調和させることを目指していたが、「現実性」について、事物の「存立」、出来事の「生起」、関係の「存立」といった時間的な事柄と、命題の「**妥当**（Geltung）」を区別し、後者は、主観と独立に成立する超時間的な真理価値と考えた。ヴィンデルバントによれば、判断は、判断内容（主語と述語）と、それへの同意不同意からなり、この同意不同意がロッツェの言う妥当にほかならない。ヴィンデルバントはこうして、物理学など自然科学が「**法則定**

新カント派系譜図

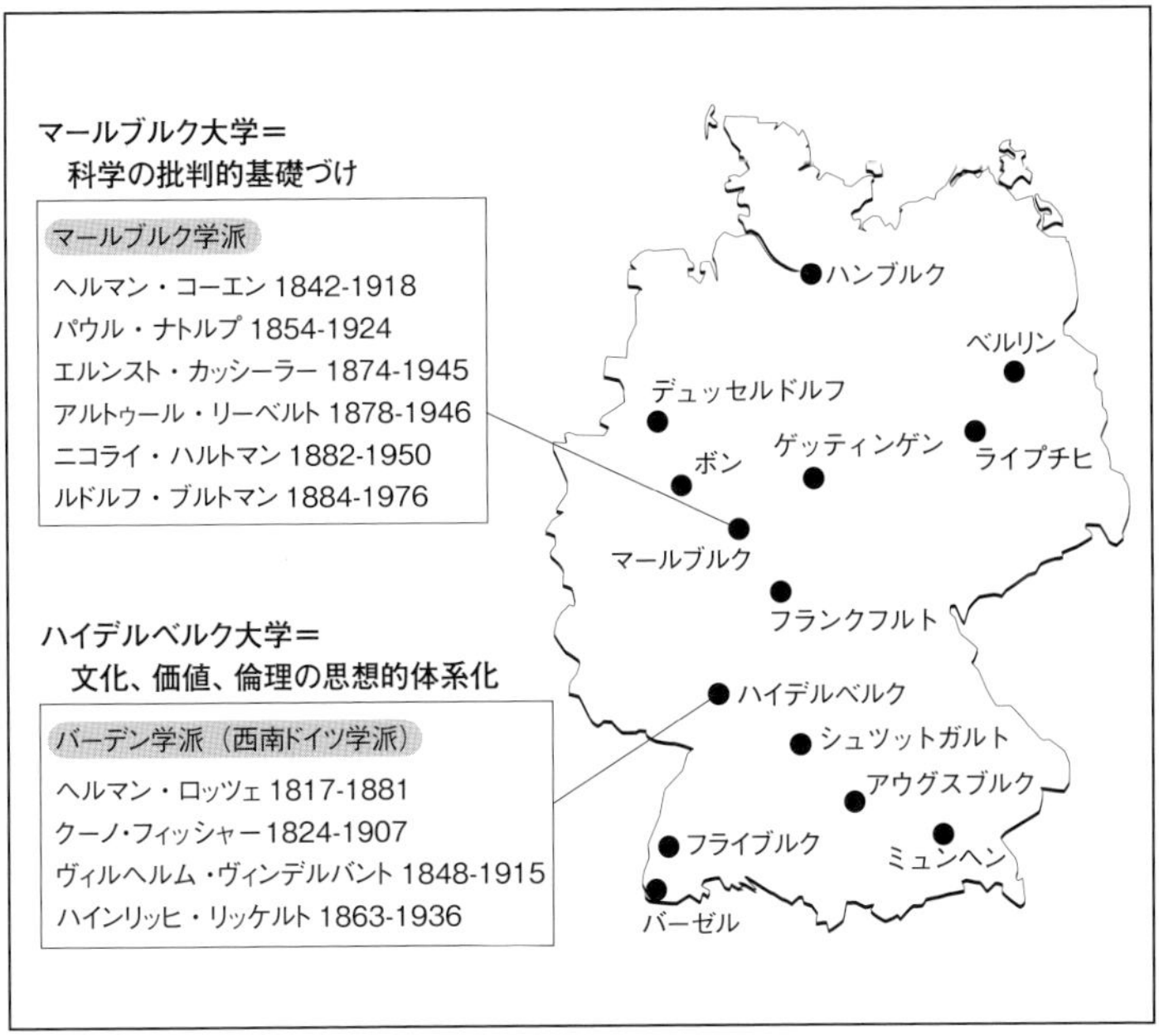

立学」であるのに対して、歴史科学など人文諸科学を、「**個性記述学**」と位置づけた。**ハインリッヒ・リッケルト**（一八六三〜一九三六）は、やはり判断を、主語と述語の結合に対する是認・拒否としてとらえ、是認や拒否をおこなうのは意識であるがゆえに、意識において存在は構成されるとした。リッケルトによれば、文化科学は、価値を帯びた個体を記述する点に存し、しかも、その文化価値は普遍的である。バーデン州ハイデルベルクを中心とした彼らを「**バーデン学派（西南ドイツ学派）**」とよぶ。

リッケルトの、価値を帯びた個体記述という考えは、**マックス・ウェーバー**に、「個性記述的」「法則定立的」学の区別はひろく歴史理論に、また、ヘルマン・コーエン、ナトルプ、ロッツェらは、初期の**フッサール**に大きな影響を与えた。カッシーラーの幅広い活動、とりわけ「シンボル形式」の概念は、初期**メルロ＝ポンティ**、ならびに**E・パノフスキー**や**S・ランガー**など美学美術史に貢献した。リッケルトの高弟**エミール・ラスク**（一八七五〜一九一五）の汎論理主義は、**ハイデガー**の初期の思索の出発点となる。また、理念主義的な文化哲学は、たとえば明治後期、大正期の日本にひろく刻印された。

【参考文献】ヴィンデルバント『永遠相の下に』『ソクラテスに就て』『哲学概論』（岩波文庫）、リッケルト『認識の対象』（岩波文庫）、リッカート『歴史哲学序説』（ミネルヴァ書房）、コーヘン『プラトンのイデア論と数学』（岩波書店）、『ヘルマン・コーヘン哲学の体系・全三巻』（第一書房）、ナトルプ『社会的教育学』（玉川大学出版部）、カッシーラー『アインシュタインの相対性理論』（河出書房新社）

プラグマティズム

南北戦争（一八六一～一八六五）を経た後のアメリカ合州国にも、独自の哲学がうまれた。**チャールズ・サンダーズ・パース**（一八三九～一九一四）は、**フレーゲ**（一八四八～一九二五）とほぼ同時の一八八〇年、「関係の論理学」とよばれるシステムを考案し、現代の記号論理の祖のひとりとされる。

カントの『純粋理性批判』を暗記するほど読み込んでいたパースは、認識を記号過程としてとらえる。それは、**カント**における「表象」を、自然における表示機能一般に読み替えることにほかならない。すなわち、リンゴは、その名を聞いたときに浮かんでくる赤い球体の表象（心象）ではなく、「記号」「対象」「解釈項」という三項関係において把握される。

パースは記号（作用）を「**イコン**（類像）」「**インデックス**（指標）」「**シンボル**（象徴）」に区別するが、この区別の眼目は、低次の記号関係である前二者から、高次の意味作用であるシンボルへの生成発展として記号作用をとらえることにあった。すなわち、イコンは、諸物の外形的特徴に類似した図像的記号によって、対象を指示し（絵、表意文字、地図など）、インデックスは、矢印がその先にあるものを、風向計が風の方向を、人名がその人物を、それぞれ示すように、対象と記号の物理的、因果的近接性によって成立する。この二種類の記号作用が総合される結果、成立するのがシンボル作用だ。すなわち、当初、相互に関係を持たなかった記号同士のあいだに関係のネットワークが生まれ、ある記号（「武士道」）が、その解釈項として別の記号（「死ぬこと」）を喚起することによって意味をもつとき、シンボルは成立し、通常の言語記号はこれに相当する。シンボルにおいては、各記号の指示対象や諸物の秩序とは無関係に、記号同士の秩序が生まれ、前者は後者に従属する。これは、カント的認識論を記号論（semiotics、semeiotic）的に解釈したものである。

パース

また、パースは、推論に関して、演繹（普遍的原則や仮説から、その帰結としての事実や予測を導く）、帰納（有限の経験から普遍的規則を導く）とは別に、「**アブダクション**」（「仮説形成」「仮説的推論」「当て推量」）を重視する。だれかが大金を入手したことが判明したとき、「宝くじ」「遺産」「犯罪」など多くの仮説形成（アブダクション）が可能である。「宝くじ」という仮説を採用し、イその仮説から演繹される「当たりくじ」が発見されれば、仮説が帰納的に支持されたことになる。こうした、「驚くべき事実Cがある。もしAが真ならCは当然である。ゆえにAを真とみなすことができる」という推論形式がアブダクションだ。アブダクションの真理性に論理的保証はないが、しかし、説明のついていない複雑かつ不規則な現象に仮説的秩序を見いだし、合理的全体へと接近するために不可欠の推論形式であり、それを疑うことは自然科学全体を疑うに等しい。

記号形成や秩序の発見が時間的過程であることを重視するパースは、宇宙全体を進化論的宇宙論的形而上学によって統一的に把握しようとする。それは、無から閃きによってあらわれた偶然の戯れ、カオスという「第一のもの」、因果関係にもとづく秩序という「第二のもの」、両者を媒介する習慣傾向という「第三のもの」という三項関係に分節されるものであった。

ウィリアム・ジェームズ（一八四二～一九一〇）は、ドイツで実験心理学を学び、「ジェームズ＝ランゲ説」（ひとは悲しいから泣くのではなく、泣くから悲しくなる）で知られる。「意識の流れ」を唱え、その延長上にジェームズが想定した、主観と客観との区別に先立つ「純粋経験」は、**ベルクソン**や**フッサール**、**西田幾多郎**などの考えと共鳴関係にある。一方、観念の真理を、事実との一致や対応に見るのではなく、〝われわれを導く上でもっともよく働くこと〟とみるプラグマティズム的真理観を唱えたが、ジェームズの考えは、「より善い」生き方を目指す倫理的傾向をもっていた。

ジョン・デューイ（一八五九～一九五二）は、当初ヘーゲルに傾倒したが、やがてジェームズに接近し、観念の意味を「行為の結果（pragma）」との関連でとらえるにいたる。デューイによれば、通常、われわれは習慣によって環境に対応するが、困難や障害、あるいは環境の変化が生じたとき、状況を改善し、問題を解決する際に「道具（instrument）」となるのが観念（知識）である。真理とは、探求によって到達された「保証された言明可能性（warranted assertibility）」にほかならない。

パース、ジェームズ、デューイは、プラグマティズムの三羽烏のように言われているが、その所説の重点は、それぞれ異なっている。「プラグマティズム」の語を最初に用いたパースは、ジェームズなどとの差別化をはかるため、やがて自分の立場を「**プラグマティシズム**」とよんだほどだった。プラグマティズムは、その後、**クワイン**などによってさらに洗練された。

【参考文献】『パース著作集』（勁草書房）、『ウィリアム・ジェイムズ著作集』（日本教文社）、『デューイ＝ミード著作集』（人間の科学社）、ブレント『パースの生涯』（新書館）、伊藤邦武『パースの記号論』（勁草書房）、同『パースの宇宙論』（岩波書店）

ベルクソン Henri Bergson（一八五九〜一九四一）

ベルクソンは、近代自然科学的な外的量的時間観をもとにする**カント**的観念論を批判し、内的質的な時間観にもとづく〝**生命の哲学**〟を展開する。

(一) 純粋持続

時間というとき、ひとは直線や円を思い描き、あるいは、その長さを問題にする。ところが、こうした把握は時間を空間に置き換えて理解する「空間化」だとベルクソンは言う。なるほど、空間に関しては、同じ大きさの単位を設定し、それを反復することにより直線や平面を描くことができる。けれども、時間に関してそれをおこなっても、結局、時間を外側から理解することしかできない。なぜなら、ベルクソンによれば、内側から生きられ、直観された時間とは、その各瞬間が相互に質的に異なりながら、絶えざる転変の中で相互に融合、浸透しあい、部分が総体を映し出す、ひとつの全体であり、量には還元できない質だからである。メロディーにおいて、聞こえる音は絶えず移り変わるものの、たとえば「ド」の音は、全体が短調か長調かに応じて、あるいは、その前後の音との関係で、まったく異なる響きや意味（旋律のアインザッツか終結音か）をもち、ある曲の特徴的旋律（ベートーヴェン五番交響曲冒頭）が曲全体を反映する。こうした特質は、メトロノームのように機械的に分節してメロディーをとらえる外的理解においては、たちまち失われてしまう。こうした、転変と保存の両義性をもつ内的時間のあり方をベルクソンは「**純粋持続** (durée pure)」とよぶ。

ベルクソンは、自我を「表層自我 (moi superficial)」と「内奥自我 (moi profound)」に区別する（『意識に直接あたえられたものに関する試論』一八八九）。前者が、（「わたし」など）言語的、社会的に構築された、一般的で外的、他律的なものであるのに対して、その「内側」にある後者は、内面的躍動によって自発的に行為を生み出すものであり、そのような行為において真の自由は達成される。それは自己の内なる「純粋持続の相のもとに (sub specie duraionis)」直観される事柄だ。一方、自由とは各自の内奥につねに存在する事実であり、あらためて求めなければならないものではない。事実としての自由というこの考えは、のちの**サルトル**をある意味で先取りする。

記憶の円錐（『物質と記憶』より）

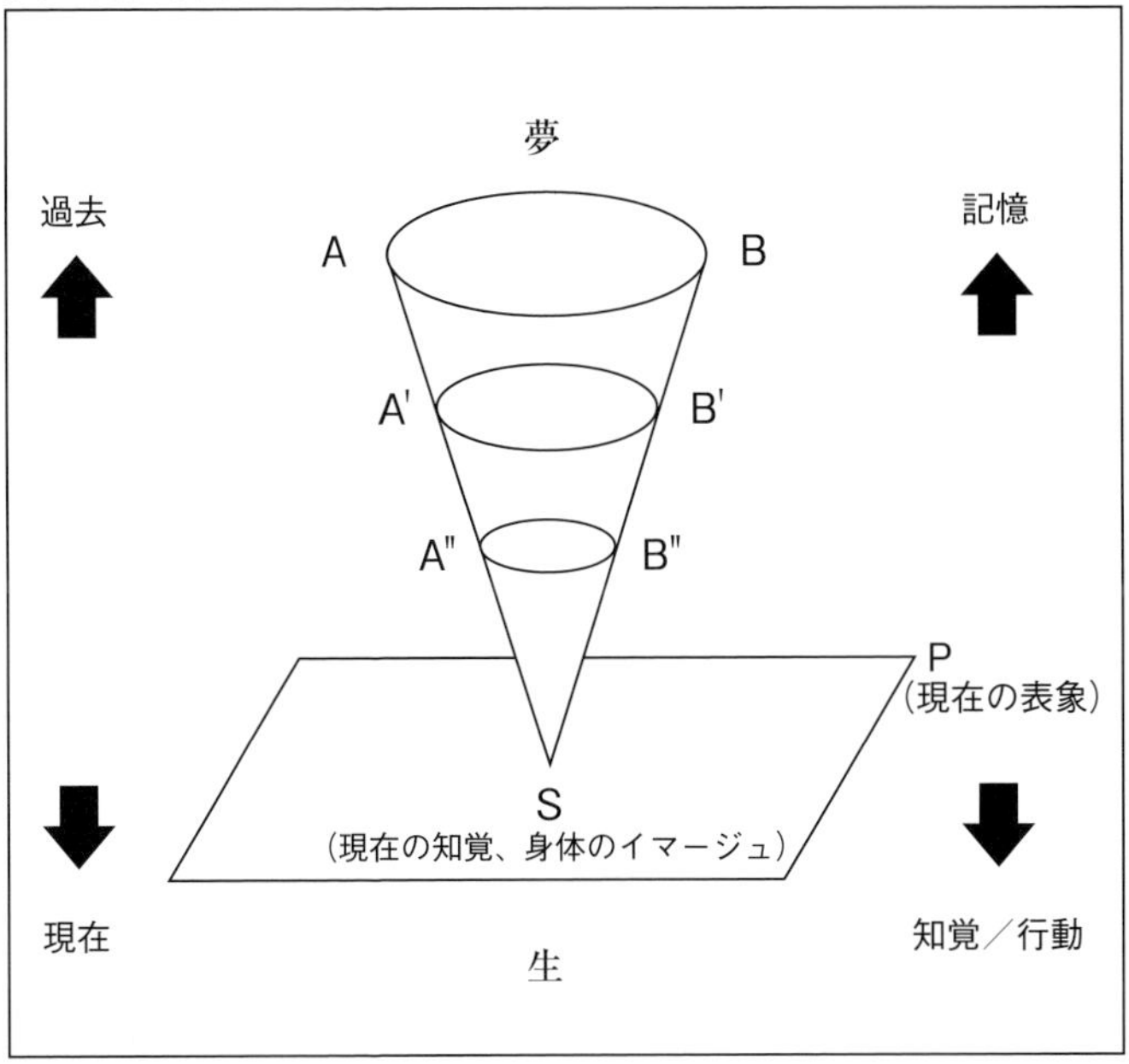

一方、純粋持続においては、過去も過ぎ去って無くなったものと考える必要はない。「いったん知覚された過去が消失すると考える理由はない」（『物質と記憶』）。ベルクソンは記憶を、詩を朗読する場合のような習慣化された行為としての記憶と、はじめてその詩を読んだ過去の出来事を思い出す記憶（「純粋記憶」）との二種類にわける。前者は、朗読する身振りのような「身体運動感覚」と結合し、現在わたしが身につけている習慣だが、後者においては、過去の出来事が、その過去までもどって生き直されている。こうした過去は、現在のわたしの脳などに貯蔵されているのではなく、それを生きた過去にそのまま位置している。

ベルクソンによれば、物質も、**デカルト**的「延長」や**ライプニッツ**的力ではなく、「イマージュ」の総体である。イマージュは、自律的に展開するがゆえに観念論的「表象」ではなく、動きつつある連続であるがゆえに実在論的「物」ではない。脳もふくめて身体は知覚対象であり物質だが、同一瞬間が無限に反復している状態である以上、時間の弛緩態である。純粋持続としての心と身体とは、時間性という場において交錯する。こうしてベルクソンは、伝統的に哲学上の難問であった心身問題を解決する。

㈡ エラン・ヴィタール

ベルクソンは、宇宙全体を「新しいものの絶え間ない流出」とする。この流れの中で生じる収縮の動きによって、生命が生まれ、それは分岐して、多様な種へと進化する。

進化は、突然変異や自然淘汰によるのではない。同じく、〝見よう〟とすることにおいて、ホタテ貝の視覚受容器とヒトの眼球は生まれ、両者は角膜その他、ほぼ同じ要素からなる。だが、これは、**ダーウィン**流自然淘汰でも、偶然の一致でもなく、有機体の組織が、解決すべき問題との関わりにおいて臨界点に達したときに生じる、予測不可能な「**エラン・ヴィタール**（élan vital **生命の跳躍**）」のゆえだ。こうして新たな形質が発生するとき、新種は誕生する。

道徳や宗教も、それと同様に理解しうる（『道徳と宗教の二源泉』一九三二）。ここで言うふたつの源泉とは、人間集団としての生命が自己保存のために必要とする規律という「社会的要請」と、個々の社会を超えた「超越的原理」である。後者は、社会や生命を生み出す創造的エネルギーが自己刷新・自己形成の結果、生み出すものであり、特権的個人をつうじてひとびとにもたらされる。**プラトン**的イデアやカント的理念を否定するベルクソンにとっては、現代文明にとっての価値もまた、生命的実在の直観によっておのずから成立するものであった。

ベルクソンは、二十世紀中葉には忘れられていたが、**メルロ＝ポンティ**においてふたたび注目され、とりわけ八〇年代以降、**ドゥルーズ**によって復権された。また、生物の形態から価値にいたる諸次元における「自己形成性」「自己刷新性」という発想は、複雑系理論に通じる。

【参考文献】 ベルクソン『時間と自由』（白水社）『物質と記憶』（ちくま学芸文庫）『ベルクソン講義録』（法政大学出版局）、金森修『ベルクソン』（NHK出版）、篠原資明『ベルクソン』（岩波新書）、檜垣立哉『ベルクソンの哲学』（勁草書房）

ベルクソンの生涯／著作

1859　パリ、オペラ座近くのラマルチーヌ通りで、ポーランド系ユダヤ人を父、イギリス人を母として生まれる。数年は家族とロンドンで生活を送り、とくに母と親密な関係を築く。９歳になる前にフランスのノルマンディー地方マンシュ県に移る。

1878　エコール・ノルマル・シュペリュールに入学。

1881　卒業。哲学教授資格を取得。

1889　前年ソルボンヌに提出した論文『時間と自由』（原題『意識の直接与件に関する試論』）で文学博士号を取得。時間は本来分割できないはずなのに空間によって分節化して生じたとし、分割できない意識の流れを「持続」とよび、この考えにもとづいて人間の自由意志を論じた。

1896　失語症についての研究を手がかりに、物質と表象の中間的存在として「イマージュ」という仮説を用いつつ、心身関係という哲学上の大問題を扱う『物質と記憶』を刊行。

1900　コレージュ・ド・フランス教授に就任。『笑い』を刊行。

1907　生命の進化の根源的な力として「生の飛躍（élan vital）」を想定する『創造的進化』を刊行。

1914　道徳・政治アカデミー議長に就任。

1918　アカデミー・フランセーズ会員になる。

1919　霊やテレパシーなどを論じた論文を含んだ論文集『精神のエネルギー』刊行。

1922　相対性理論に反対する意図で『持続と同時性』刊行。国際連盟の諮問機関として設立された国際知的協力委員会議長に就任。

1928　ノーベル文学賞を受賞。

1930　レジオン・ドヌール最高勲章を受賞。

1932　『道徳と宗教の二源泉』を刊行。

1934　論文集『思想と動くもの』刊行。

1939　ドイツ軍の進撃を避け田舎へと疎開するが、しばらくしてパリの自宅へ戻っている。反ユダヤ主義の猛威が吹き荒れる中、同胞を見棄てることができなかったからだといわれている。

1941　ドイツ軍占領下のパリの自宅にて風邪をこじらせ死去。

現代

上海の高層ビル群（2007）

哲学の多様化

　近代化が各地におよんだ二十世紀は戦争の世紀だった。ヨーロッパ全土を巻き込んだ第一次大戦、その直後に誕生したナチス政権は、ヨーロッパからアメリカ合州国への知識人の移動を促す。第二次大戦における大量殺戮は、**アドルノ**をして「アウシュヴィッツのあとで詩を書くのは野蛮だ」と言わしめた。

　二十世紀哲学は、英米、ドイツ、フランスでそれぞれ独自の展開を見せる。近代の価値を徹底的に追求したのが「**言語分析哲学**」だ。数学などの「**基礎づけ**」のために、論理学（**人工言語**）の精緻な分析がなされ（**フレーゲ、ラッセル、前期ウィトゲンシュタイン**など）、その一方、日常言語の分析によってあらたな言語観がうまれる（**後期ウィトゲンシュタイン、ライル、オースティン**など）。だがやがて、**クワイン**によって、自然科学の客観性を脅かす**全体論的プラグマティズム**が提唱され、さらに哲学自体を言語学など経験諸科学へ還元する「自然化」が唱えられる。

　ドイツ語圏では、新カント派や中欧論理学派の土壌から**フッサール現象学**、**ハイデガー**の**存在論的思索**がうまれた。その影響はフランスにも及んだ（**サルトル、メルロ＝ポンティ**）。現象学とおなじくカント的伝統をふまえながら、マルクス主義との連携において多彩な社会哲学をうんだ**フランクフルト学派**と、言語的存在としての人間に定位した**ガダマー**の**解釈学**との間には多くの論争が交わされる。ハイデガーを背景にしながら、絶滅収容所での経験を反映する哲学を展開したのが**レヴィナス**である。

　一九六〇年代、フランスに**構造主義**がうまれる。言語学（**ソシュール**）や文化人類学（**レヴィ＝ストロース**）などの成果を取り入れて成立した構造主義は、マルクス読解（**アルチュセール**）や精神分析（**ラカン**）にも波及する。一方、フランス流科学哲学**エピステモロジー**を継承した**フーコー**、**ベルクソン**の伝統をふまえた**ドゥルーズ**、ヨーロッパ哲学史全体を視野に入れた**デリダ**らは、構造の生成に足を踏み入れる「**ポスト構造主義**」を切り開いた。

　一九八〇年代以降は、冷戦やその終結、旧植民地独立などと連動し、ポスト構造主義をふまえながら、**応用倫理学**や**フェミニズム**、**ヨーロッパ中心主義批判**などがうまれ、認知科学や熱力学などの成果を取り入れたあらたな思考法も胎動しつつある（**アフォーダンス、複雑系**）。

現代哲学年表

年代	世界情勢
1900	ニーチェ死去
1901	ノーベル賞制定
1904	**日露戦争**
1905	アインシュタイン、特殊相対性理論
1914	**第一次世界大戦**（～18）
1917	**ロシア革命**
1920	国際連盟成立
1923	関東大震災
1929	世界恐慌
1931	ゲーデル、不完全性定理
1933	ナチス政権掌握
1939	**第二次世界大戦**（～45）
1945	広島、長崎に原爆投下
1950	朝鮮戦争（～53）
1952	アメリカの水爆実験
1954	アルジェリア独立戦争（～62）
1957	ソ連・人工衛星打ち上げ
1959	キューバ危機
1962	ヴェトナム戦争（～73）
1966	中国・文化大革命
1967	EC発足
1968	五月革命 ド＝ゴール退陣
1974	ウォーターゲート事件
1990	ベルリンの壁崩壊
1991	**ソ連解体、冷戦終結**
1993	EU発足

活躍した哲学者

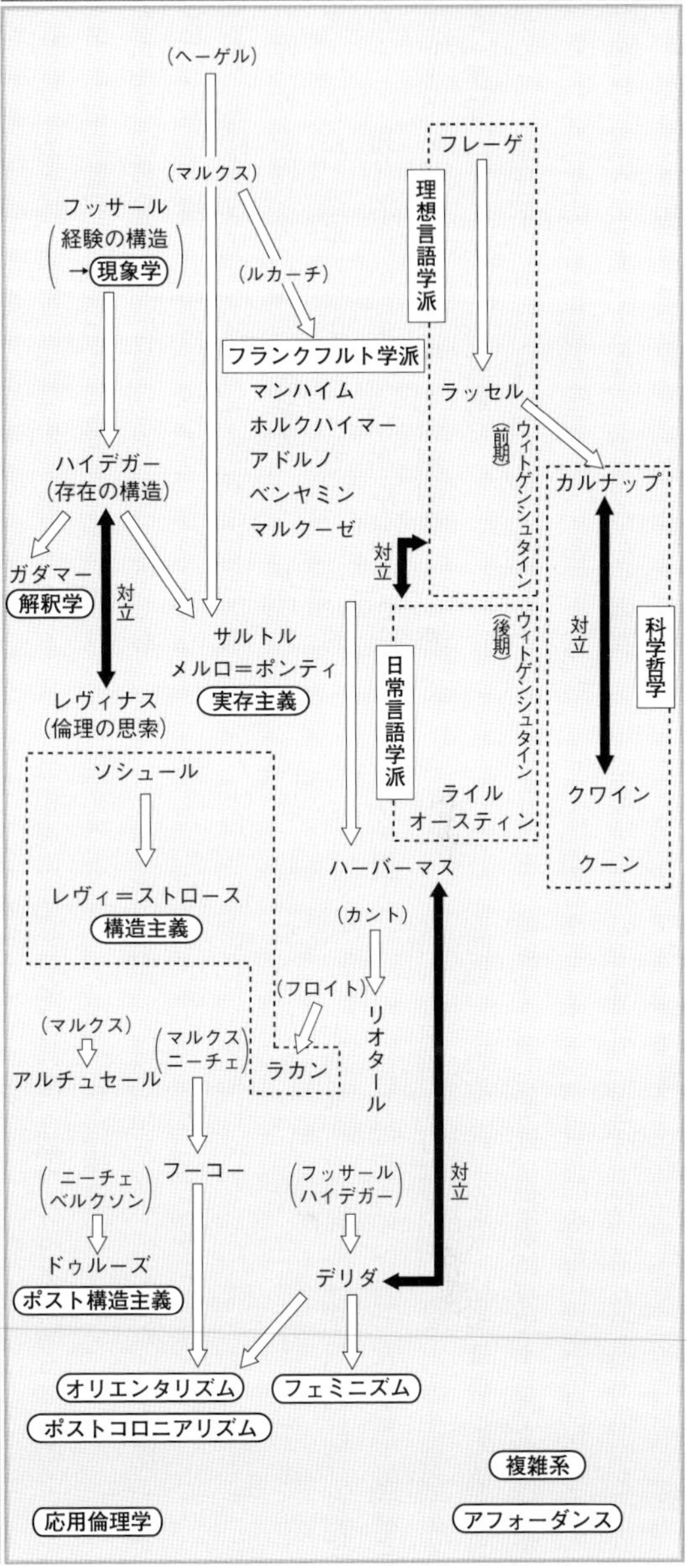

フレーゲ

Friedrich Ludwig Gottlob Frege（一八四八〜一九二五）

　十九世紀末には、数学の基礎をめぐるさまざまな立場が登場した。非ユークリッド幾何学などによって、それまで確固とした学問とされていた算術や数学の基礎に動揺が走ったからだ。そのなかで、フレーゲは算術の「論理主義」を提唱した。論理主義とは、算術を論理学の一部とみなし、「0」「1」などの数を論理的概念のみによって定義し、さらに算術のあらゆる定理を論理的に導こうとする立場である。とはいえ、フレーゲは、この企図よりも、その目的のためにおこなった論理学的分析において、哲学史上重要である。かれの作った論理システム（「**概念記法**」）は、〝**アリストテレス**以来、ほとんど進歩のなかった〟論理学に革命的な洞察をもたらし、現代的標準論理の呼び水となったからだ。なかでも重要なのは、⑴**量化理論**、⑵**命題関数**、⑶「**意義**（Sinn）」**と**「**意味**（Bedeutung）」**の区別**だ。

　アリストテレスの論理学においては、「花子はだれかを愛している」と、「すべてのひとは誰かを愛している」という文の論理的差異を扱うことができない。ところが、前者を書き換えて「だれかは花子に愛されている」としても問題は生じないが、後者を書き換えて「だれかはすべてのひとに愛されている（万人の愛する存在がいる）」とすると、事態はまったく別になってしまう。「ひと」と言っても、それが「すべての」ひとなのか、「ひとりの」花子なのかなど、「量」の相違に注意しなければ、誤った結果に陥る。このことを扱えるようにしたのが「量化理論」だ。

　ところで、論理学は、「ひとはすべて死ぬ」（大前提）、「太郎はひとだ」（小前提）、「ゆえに太郎は死ぬ」（結論）といった仕方で推論をする規則を扱う。この例では、大前提、小前提、結論すべてが正しいため、三段論法として成立する。ところが、同じ大前提から出発しながら、「神はひとだ」を小前提とし、「ゆえに神は死ぬ」と言った場合、推論として成立しない。推論の仕方は正しくても、大小前提が正しい（真）か間違っている（偽）かで、結論は真とも偽ともなりうる。論理学においては、推論に登場する文の真偽がまず問題となる。そこで、日常的な言語理解には反するが、論理学において各文の「意味」は、それが真か偽かということ、すなわち「**真理値**」である（意味の「真理条件」説）。

また、フレーゲは「文に登場する語の意味は、それが登場する文の意味を決定する上で、その語が果たす寄与によってのみ決定される」とする「文脈原則」をたてる。推論で小前提とした「太郎はひとだ」の真偽は、太郎という個人（個体）が「ひと」の集合に属するかどうかによって決まるため、主語にあたる「太郎」の「意味」は当の個人であり、述語にあたる「ひと」の意味はこの集合である。述語と主語の関係を $f(x)$ととらえ、コプラ（主語と述語を結ぶ動詞）を除いたのが命題関数だ。ちなみに、文脈原則は心理主義を斥けるためにある。心理主義とは、「月」という語の意味は、ひとが月についてもつ表象であるとする考え方だ。心理主義は、論理法則と、心に関する経験的法則を区別しないが、それでは論理法則がもつ規範性が説明できない。経験的法則は、事実と食い違っていた場合、法則の方を訂正しなければならない。だが、論理法則が現実の推論と食い違った場合、間違っているのは現実の推論の方なのである。

一方、「宵の明星は明けの明星である」と言う場合、「宵の明星」と「明けの明星」の意味するのは同じ金星なので、意味だけ考えたのではこの文が同語反復になってしまう。だが、この文は、たんなる同語反復以上の情報量をもつ。これを説明するために導入されたのが「意義」である。

とはいえ、数学の論理的基礎づけというフレーゲの試みは結局挫折する。論理主義とは、数「0」や「1」などを論理的に定義しようとする企図だった。フレーゲは「0」を、空集合の外延によって定義しようとした。「空飛ぶ馬」「金星の衛星」のように、概念としては成立しても、該当する対象が存在しない集合が空集合だ。ところで、数学にかかわることを論理的に定義する際、馬や金星に関わる偶然的事実に頼るわけにはいかない。そのためフレーゲは、そのような空集合として「自分自身を含まない集合の集合」を挙げた。ところがこれは**ラッセルのパラドクス**を導く。ラッセルによれば「自分自身を含まない集合の集合S」は（Sは自分自身を含まないのだから）「自分自身を含まず」、同時に（「Sは自分自身を含まない集合」のひとつなのだから）「自分自身を含む」のである。

フレーゲの生涯／著作

1848　ドイツの港町ヴィスマールに生まれる。
1869　ヴィスマールのギムナジウムを卒業し、イェーナ大学に入学。
1871　ゲッティンゲン大学へ移る。
1873　数学博士号を取得。
1874　イェーナ大学私講師に就任。
1879　『概念記法』を刊行。イェーナ大学員外教授に就任。
1884　『算術の基礎』を刊行。
1893　『算術の基本法則』第一巻を刊行。
1896　イェーナ大学名誉正教授に就任。
1902　ラッセルから「ラッセルのパラドクス」を知らせる手紙が届く。
1903　『算術の基本法則』第二巻を刊行。
1911　ウィトゲンシュタインがフレーゲを訪ねる。
1917　ウィトゲンシュタインからウィーンに招待されるが断る。
1918　大学を退職。
1925　バート・クライネンで死去。

【参考文献】飯田隆『言語哲学大全Ⅰ』、岡本他編『フレーゲ哲学の最新像』（ともに勁草書房）

ラッセル

Bertrand Arthur William Russell（一八七二〜一九七〇）

ラッセルは、**集合論に関するパラドクス**を解決するための「タイプ理論」、無対象的表象をめぐる「記述理論」、さらに「論理的原子論」によって知られる。ラッセルは、数学に関する論理主義ゆえに、論理学の精緻化をはかり、その成果が、**ホワイトヘッド**との共著『**プリンキピア・マテマティカ**』（一九一〇〜一三）であった。ラッセルは、その過程で、こうした論理学上の難問の解決を迫られた。

論理学において重要な役割を果たす集合論にはパラドクスがあった。「犬の集合」は、「動物の集合」に含まれ、「ハチ公」という犬の個体を含み、さらにそれ自身は「自分自身を含まない集合r」である（「犬の集合」は犬ではない）。ところが、「自分自身を含まない集合rの集合S」を考えると奇妙なことが起こる。Sはおよそ集合一般がそうであるように自分自身は含まない。ところが、そのためSはrでもあるので、S自分自身に含まれる。こうしてSは同時に、自分自身を含み、かつ、含まないという矛盾が生じる。この困難を解決するため、ラッセルは、集合のタイプを階層化し、個体（ハチ公など）、個体の属性の集合（「犬」）、個体の属性の属性の集合（「自分自身を含む集合」）に区別した。こうして「**タイプ理論**」によって、パラドクスは回避される。

一方、中欧の**マイノング**などによって提起された「無対象的表象」の問題、すなわち「木でできた鉄は辛い」のように、そもそも対象の表象が不可能である場合について、ラッセルは、問題の文を「Xは、木でできた鉄である」「Xは辛い」かつ「Xは存在する」と書き換える。すると最後の「Xは存在する」が偽であるということになって、上の困難は生じない。このように、一見対象を名指しているかにみえる記述を主語として含む文を、その記述を主語として含まない複数の文に分解することによって、先に述べた論理上の問題を解消するやり方を「**記述理論**」とよぶ。

記述理論は、事柄（「木製の鉄は辛い」）を対象の直接的結合に還元しようとする試みであり、ここにラッセルの「論理的原子論」が生まれる。「鳥は卵生である」といった文が真であるのは、「鳥」に属する個体のすべてについて、それが「卵生である」かどうかを検証できたときである。言い換えれば、問題の文は、「Xが鳥であるとき、Xに属する

マルクスとラッセルのパラドクス

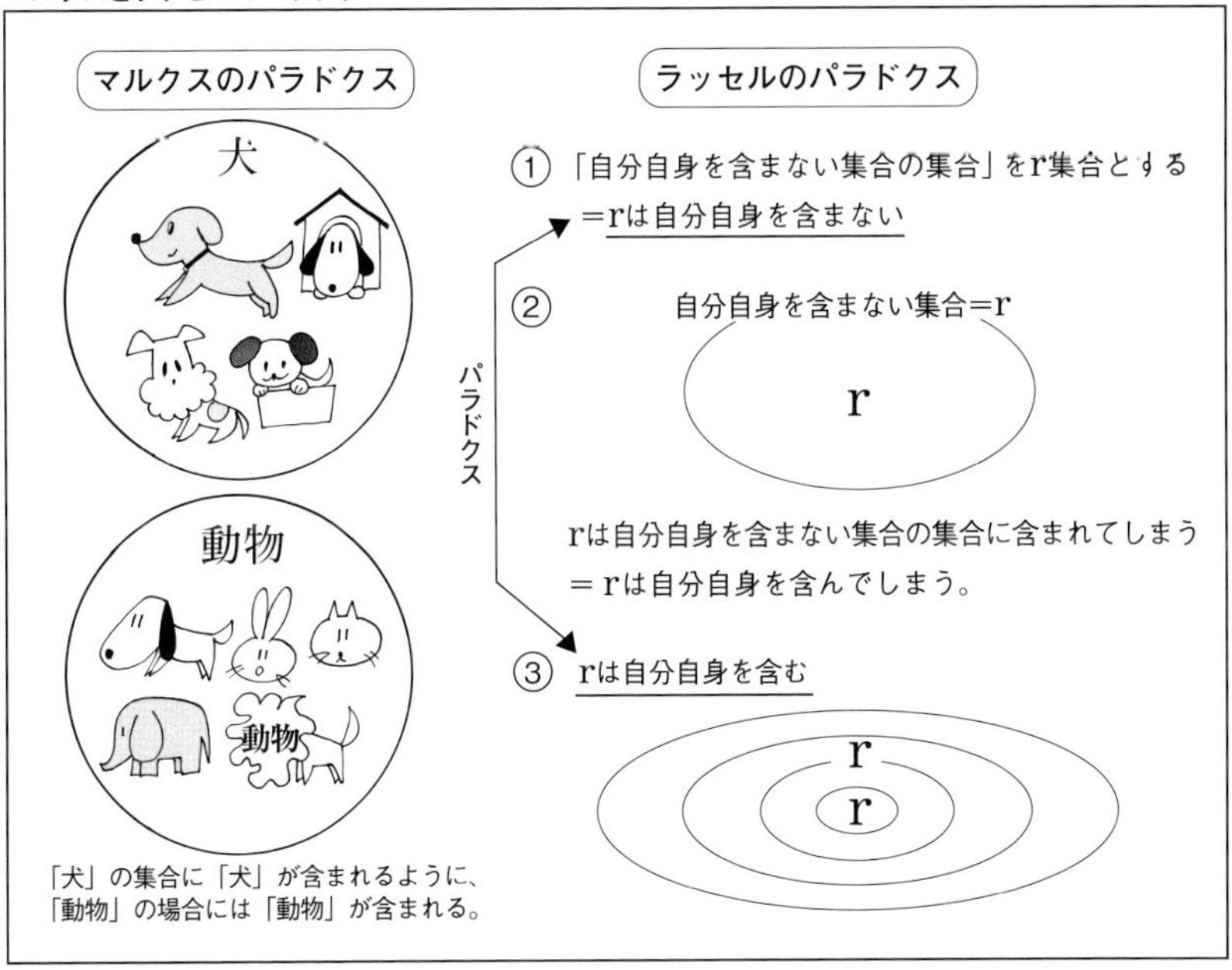
マルクスのパラドクス
犬
動物
動物
「犬」の集合に「犬」が含まれるように、
「動物」の場合には「動物」が含まれる。
ラッセルのパラドクス
① 「自分自身を含まない集合の集合」をr集合とする
＝rは自分自身を含まない
② 自分自身を含まない集合＝r
r
パラドクス
rは自分自身を含まない集合の集合に含まれてしまう
＝rは自分自身を含んでしまう。
③ rは自分自身を含む
r
r

X1、X2……は卵生である」と分解され、それぞれ（X1、X2……）について、その真が判明したときに真である。こうして、あらゆる理論的な文の根底には、個別的な文の真偽が横たわり、また、それは真の固有名による文である。これを原子命題とよぶが、それは、ラッセルによれば、固有名にも記述にもよらない、直接的「**見知り**」(acknowledgement) による。このようにして、隠れた論理的構造を明らかにしうるというのが**論理的原子論**であった。

これは、前期の**ウィトゲンシュタイン**の影響によるものだが、やがて、ラッセルもウィトゲンシュタインもこうした楽観主義からは離れることになる。

【参考文献】ラッセル、ホワイトヘッド『プリンキピア・マテマティカ序論』（哲学書房）、ラッセル『西洋哲学史』（みすず書房）

ラッセルの生涯／著作

1872 ウェールズの貴族の家に生まれる。
1890 ケンブリッジ大学トリニティ・カレッジに入学。哲学と数学を専攻。
1894 ケンブリッジ大学卒業。
1897 『幾何学基礎論』を刊行。
1901 「ラッセルのパラドクス」の発見。
1905 『表示について』刊行。
1908 英国学士院会員に選ばれる。
1910-13 『プリンキピア・マテマティカ』（ホワイトヘッドとの共著）を刊行。
1912 『哲学の諸問題』を刊行。
1914 『外界に関するわれわれの知識』。
1918-19 講義録『論理的原子論の哲学』。
1921 『心の分析』を刊行。
1928 『物質の分析』を刊行。
1945 『西洋哲学史』刊行。
1948 『人間の知識』を刊行。
1950 ノーベル文学賞を受賞。
1955 ラッセル＝アインシュタイン宣言。
1967 国際戦争犯罪法廷を開廷。
1970 97歳で死去。

ホワイトヘッド Alfred North Whitehead（一八六一～一九四七）

ホワイトヘッドは、数学に関する論理主義にもとづいて、**バートランド・ラッセル**とともに『**プリンキピア・マテマティカ**』を著したが、後年は、近代的、機械論的自然観を批判し、現代科学の成果を用いた近世的形而上学の復興を目指して「有機体の哲学」を展開した。その所説は、自然と人間とを神において調停するものであり、アメリカ合州国の**プロセス神学**に大きな影響を与えた。

ホワイトヘッドが宇宙の最終的構成要素としてあげるのは、「現実的実体」(actual entity) とよばれるものである。だが、この現実的実体は、**デカルト**や**スピノザ**の「実体」のように、それ自体として存在しうるものではない。それは、取り巻かれた環境によって規定されるとともに、環境を規定していく「**過程**《プロセス》」である。それはやがて消滅するが、そのときこれは、次の現実的実体にとっての「客体」となり、実体化される。こうした内なる規定の働き（過程）と、その終息（実体化）のリズムとして、無機物から心を経て、神にいたる宇宙の全体を把握しようとするのが、ホワイトヘッドの「**過程の哲学**」にほかならない。

世界との関係に着目すれば、現実的実体は、それが環境ないし自己を限定していく過程においては世界を含み、運動を終息して客体となったときには、（次の現実的実体にとって）世界の中にあるものとなる。

こうして、ホワイトヘッドによれば、デカルト的な主観／客観図式は受け入れがたいことになる。それは、自他の規定の運動とその終息というリズムの一断面を永遠に固定したものにすぎないのである。こうして、ホワイトヘッドは、主体を実体としてではなく、運動＝過程の中にある「**自己超越体**」と捉えることになる。

時間との関連で考えると、過去（原因、記憶）と未来（予想）は、現在に内在しており、その結果、現在は「幅のある現在」となる。そのとき、すでに客体となって連続しているところが物であり、時間的連続性を生む。一方、そのつど新しいものを生み、それまでの全体への追加分となって、不連続性を生むのが心である。こうした、時間的な連続性と不連続性は、たとえば光に関する波動説と粒子説とも対応するだろう。

こうした、生成過程における恒常的なものが、ホワイトヘッドによれば「神」であり、その神に抱かれた上での自然と人間との対立によって宇宙は生成する。

ホワイトヘッドの形而上学は、古くは**プラトン**（「古今の哲学はすべてプラトン哲学の注釈であり、もしプラトンが現在におれば、彼は**プロセス哲学**を唱えただろう」というのはホワイトヘッドの有名なことばだ）、**新プラトン主義**、**神秘主義**、**シェリング**、**ヘーゲル**、あるいは**パース**などの宇宙論、形而上学とのひびきあいによって成立しており、こうした形而上学相互の比較は、今後の哲学史研究の課題である。

【参考文献】『ホワイトヘッド著作集』（松籟社）、中村昇『ホワイトヘッドの哲学』（講談社選書メチエ）、クンツ『ホワイトヘッド』（紀伊国屋書店）

プロセス哲学（過程の哲学）

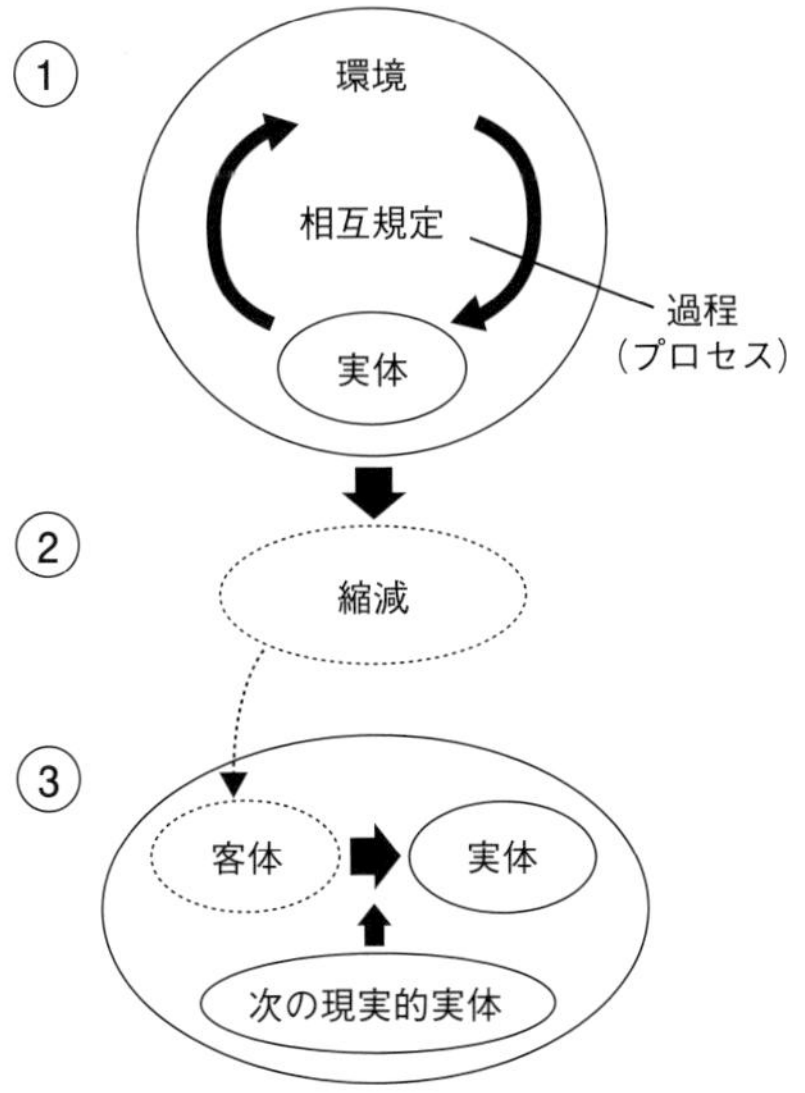

過程としての実体は縮減し、
次の実体の客体として実体化される

ホワイトヘッドの生涯／著作

1861　イギリスのケント州ラムスゲイトに生まれる。父アルフレッドは英国国教会の牧師で、地方監督、カンタベリ大聖堂名誉参事、監督区主教会議代表などの公職を歴任した。
1875　名門シャーボーン校に入学。
1880　ケンブリッジ大学トリニティ・カレッジに特待生として入学。
1884　トリニティ・カレッジのフェローに選ばれる。
1888　トリニティ・カレッジ講師に就任。
1890　ラッセルがトリニティ・カレッジに入学。ホワイトヘッドの推薦で特待生となる。
1898　処女作『普遍代数学』を刊行。
1905　博士号取得。
1906　『射影幾何学の公理』刊行。
1907　論文「物質世界の数学的概念」発表。『画法幾何学の公理』刊行。
1910　トリニティ・カレッジでの講師の職を辞め、家族とロンドンへ移住。
1910-13　『プリンキピア・マテマティカ』（ラッセルとの共著）を刊行。
1911　『数学入門』刊行。ロンドン大学の講師に就任。
1914　ロンドン大学理工学部教授（応用数学）に就任。
1915　論文「空間、時間、相対性」発表。
1917　『思考の有機化』刊行。
1919　『自然哲学の認識論的諸原理』刊行。
1920　『自然の概念』を刊行。
1921　理工学部学部長に就任。
1922　『相対性の原理』を刊行。
1924　ロンドン大学を定年退官し、ハーバード大学に哲学教授として招聘される。
1925　『科学と近代世界』を刊行。
1926　『宗教とその形成』を刊行。
1927　『象徴作用』刊行。
1929　『過程と実在』『理性の機能』『教育の目的』を刊行。
1933　『観念の冒険』を刊行。
1934　『自然と生命』刊行。
1937　ハーバード大学を退官。
1938　『思考の諸様態』刊行。
1947　『科学・哲学論集』刊行。マサチューセッツ州ケンブリッジで死去。

ウィトゲンシュタイン

Ludwig Josef Johann Wittgenstein（一八八九〜一九五一）

ウィトゲンシュタインは、**『論理哲学論考』**（一九二二）によって、**ウィーン学団**ならびに**ラッセル**などの注目を浴び、**『哲学探究』**など後期哲学により、ポストモダンの哲学にまで波及する衝撃を与えた。

（一）写像理論（『論理哲学論考』）

『論考』におけるウィトゲンシュタインは、言語と世界との間の対応関係、構造上の同一性（**「写像理論」**）をもとに、言語の可能性から世界のあり方を明らかにする「超越論的哲学」を構想した。

言語は、基本的に「要素命題」（「名」の連鎖）とその「真理関数」からなる。「名」（「ハチ公」）は、ある「対象」をもつとき「意味」をもつ。要素命題（「ハチ公は渋谷にいた」）における名同士の関わり合いが、名のあらわす対象同士の関わり合いと対応しているとき、要素命題は真である。一方、要素命題に、（「否定」「連言」など）「真理操作」（論理操作）をほどこすことによって、当該言語に可能なすべての命題を導出しうる。このことは逆に、当該言語の全体が、論理的関係のネットワークによって限界づけられることを意味する。このネットワークは、対象をもつ有意味な名からなり、対象同士の関係と対応する真な命題からなるのだから、それは世界のあり方と同型である。こうして、言語の限界によって、世界の限界が画定される。世界とは、言語によって「語りうる」ものだ。ところで、この言語に含まれるのは対象をもちうる名のみなのだから、それは結局、自然科学の命題だけとなる。ウィトゲンシュタインによれば、数学や論理学は「**トートロジー**」にすぎず、善や意志、わたしについては「**語りえず示されるだけ**」である。カントにとって、悟性の限界が世界の限界だったが、ウィトゲンシュタインにおいては言語の限界が世界の限界だ。また、世界全体を命題のネットワークに対応づけるための特権的な視点をとるのがわたしであり、他人はわたしにとっての対象でしかないことから「**独我論**」が帰結する。

『論考』は、自然科学において観察された事実を記述する命題（「観察命題」「プロトコル命題」）の存在を確保したものとして、**論理実証主義**（「ウィーン学派」）の形成に寄与し、

「論理哲学論考」の“写像理論”

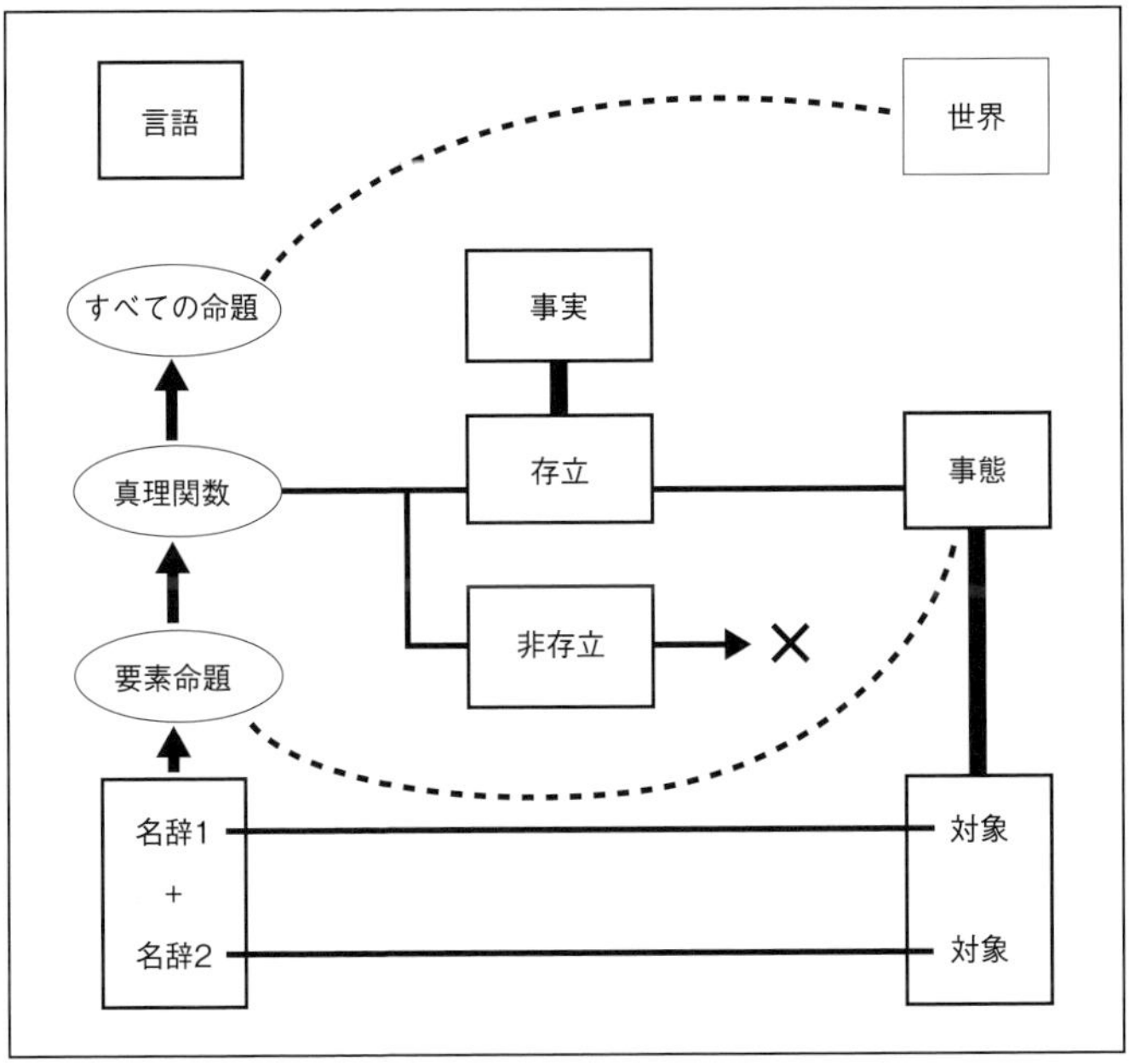

また、ラッセルなどからも着目された。一方、ウィトゲンシュタイン本人は、『論理哲学論考』によってすべての哲学的問題が解決したと考え、哲学から身を引いていたが、やがて、イタリア出身の経済学者**スラッファ**との対話などをつうじて、その不備に気づき、哲学的思索を再開する。その内容は、『論考』の写像理論の対極に位置するものだった。

(二) 言語ゲーム（後期ウィトゲンシュタイン）

後期の代表作『**哲学探究**』においては、日常的な「**生活形式**（Lebensform）」における「**言語ゲーム**（Sprachspiel）」が扱われる。「リンゴ五つ」という紙片をもって八百屋に行く、大工の親方が「石板」「台石」と言うと、助手がそれを運んでくる、などのケースでは、言われた者がそのようにふるまえばいいのであり、「五つ」「リンゴ」「台石」などの語の意味を理解しているかは問われない。

将棋やサッカーといったゲームが一定のルールによって可能となるように、われわれのふるまいや言語活動に関しても大工仕事や買い物、育児、謝罪、取り調べ、学問研究といった場面ごとに、また、地域や時代ごとにさまざまなルールがあり、それぞれの言語活動は、生活の各場面に対応している。言語活動は生活に根を下ろし、生活は言語活動によって分節化・組織化されている。言語活動と表裏一体となった生活のあり方をウィトゲンシュタインは「生活形式」とよび、生活形式ごとに異なったルールにしたがって営まれる言語活動を「言語ゲーム」とよぶ。野球で、一

家族的類似

家族の集合写真のように、どことなく似ているという緩いネットワークは、語の定義を必要十分条件で規定しようとする古典的カテゴリー論へのアンチテーゼである

塁ベースが打者から見て右側にあることに必然性がないように、言語ゲームのルールにも必然性はない。「われわれは根拠もなく、ただ、そのように行為する」とウィトゲンシュタインは言う。

こうした考えが受け入れがたく見えるのは、「五つ」「赤い」などについての「意味」を理解していなければ言語は使えないという考えが根強いからだ。「いつつ」と聞いて、「それは四の次、六の前だ」と心の中で納得できなければならない、というわけである。こうした考えを斥けるためにウィトゲンシュタインが試みるのが「**私的言語**(private language)」の思考実験だ。ある人が自分にしかわからない感覚について日記をつけていたとき(「感覚日記」)、その感覚を示す記号が正しく用いられていると言えるか、というのである。ウィトゲンシュタインによれば、その感覚を当人しか確かめられず、当人のみがその記号を使うかぎり、かれは「自分は正しくこの記号を使っていると思う」とは言えても、「この使い方は正しい」とは言えない。客観的な手がかりがないからだ。私的言語はしたがって不可能であり、その結果、言語の意味一般についても、本人の心の中にあって、本人にしかわからない意味を想定することは無意味である。語の意味は、生活形式に裏打ちされた言語ゲームにおける、その語の使われ方なのである。

実際、会話において、相手のこころの中にどのような「意味」が浮かんでいるか、だれも直接確かめることはできない。できるのはせいぜい、相手の言葉と振る舞い、表情の整合性を観察することだけだ。自分の子どもが歯痛を訴えているとき、自分が歯痛として感じるのと同じ感覚を相手も持っているのかどうか確かめなければ、相手の言うことは理解できず、また、信用もできない、などと言い出す親は〝親失格〟である。そのようなことを確かめるまでもなく、人は子どもをあやし、医者に連れて行く。それこそが、自動機械ならざる「**魂への態度**」であり、それはわれわれの基本的な生活形式、自然史に属するとウィトゲンシュタインは言う。

それどころか、さまざまな言語ゲームに共有された本質や概念も存在しない。たとえば「ゲーム」という概念の本質を規定しようとしても、対戦相手がいる場合（テニスや将棋）とない場合（トランプの一人遊びやブランコ）、道具を用いる場合（テニスやトランプ）と用いない場合（かけっこ）があり、すべてにあてはまる共通の性質というものは見いだせない。それはあたかも大家族の集合写真のようなものだ、とウィトゲンシュタインは言う。父親と息子は目と口が似ている。息子と叔母は額が似ている。叔母と父親は耳の形が似ている。お互いどこか似通っているけれども、全員に共通の特徴があるわけではない。共通の特徴はなくても、お互いに何かしら似ていることによって全体のまとまりがあるような関係、全体に当てはまる特徴はなくても、相互にどこか似通い合いながら形成されるゆるいネットワークのことをウィトゲンシュタインは「**家族的類似**（family resemblance）」とよぶ。

後期のウィトゲンシュタインは、無根拠な事実としての言語ゲームを認めることによって、西欧哲学に根深く残る主知主義に揺さぶりをかけ、また、家族的類似の考えによって、**プラトン**以来の本質主義が否定され、反-本質主義への道が開かれる。こうした考えは、社会学や美学など、近接分野にも取り入れられた。

【参考文献】『ウィトゲンシュタイン全集』（大修館書店）、ウィトゲンシュタイン『論理哲学論考』（法政大学出版局）『色彩について』（新書館）、野矢茂樹『ウィトゲンシュタイン『論理哲学論考』を読む』（ちくま学芸文庫）、野家啓一編『ウィトゲンシュタインの知88』（新書館）

ウィトゲンシュタインの生涯／著作

1889　ウィーンの富豪の家に生まれる。
1906　ベルリンのシャルロッテン工科大学に入学、機械工学を学ぶ。
1908　マンチェスター大学で航空工学を研究。
1912　ケンブリッジ大学トリニティ・カレッジのラッセルのもとで数学的論理学を学ぶ。
1913　父の最期を看取るためウィーンに戻り、その後ノルウェーの山小屋に隠棲。
1914　オーストリア・ハンガリー軍に志願兵として入隊。のち『草稿 1914～1916』となる思索をノートを書く。
1918　休暇中に『論理哲学論考』完成。
1919　除隊しウィーンの教員養成所へ。
1920　教養成所卒業、小学校の教師に。
1922　『論理哲学論考』刊行。
1926　『小学生の単語帳』刊行。体罰事件を起こし、教師を依願退職。ウィーン郊外の修道院の庭師になる。姉マルガレーテのために邸宅を設計。
1929　ケンブリッジ大学トリニティ・カレッジに再入学し、『論理哲学論考』で博士号を取得。
1930　ケンブリッジ大学で講義を開始。
1933　『哲学的文法』のもとになる「ビッグ・タイプスクリプト」完成。『青色本』口述開始。
1934　『茶色本』口述開始。
1937　『数学の基礎』執筆開始。
1939　ケインズの推薦によりケンブリッジ大学教授に就任。イギリス国籍を取得。
1946　『哲学探究』第一部を完成。
1947　教授職を辞める。『心理学の哲学』草稿作成。
1949　『哲学探究』第二部完成。
1951　『確実性の問題』『色彩について』を執筆。前立腺癌で死去。
1953　『哲学探究』刊行。
1956　『数学の基礎』刊行。
1958　『青色本・茶色本』刊行。
1964　『哲学的考察』刊行。
1967　『断片』刊行。
1969　『哲学的文法』『確実性の問題』刊行。
1977　『反哲学的断章』『色彩について』刊行。
1980　『心理学の哲学』刊行。

ライル Gilbert Ryle（一九〇〇～一九七六）

オックスフォード大学でも、論理学のような人工言語ではなく、日常的に使用される自然言語を分析することによって、伝統的な哲学的問題を解消、解決しようとする「**日常言語学派**」があらわれた。ライルは、この手法によって**デカルト**以来の心身問題を解消しようとした。

ライルによれば、心身問題は、哲学者が犯してきた「**カテゴリー錯誤**」(category-mistake) ゆえに生じた疑似問題である。カテゴリー錯誤とは、話題になっているもののカテゴリーがそれぞれ異なるのに、それを混同してしまう誤りだ。

たとえば、大学を訪れた人が、図書館や体育館、講義棟や研究室棟、事務棟や本部棟などを見て回って、「それで大学はどこにあるのですか」と尋ねた場合、この人はカテゴリー錯誤を犯している。すなわち、この人は、さまざまな建物を含んだ総体が大学であることを理解しておらず、名詞で表現されたものを建物というカテゴリーに属するものと捉え、したがって大学も建物の一つだと思っているのである。

あるいは、サッカーのゴールキーパーや審判、ディフェンスやフォワードなどの役割分担、チームスピリッツの重要性などを説明されたあと、サッカー会場を訪れ、審判やそれぞれの選手がどれにあたるかを教えてもらったあとで、「それでチームスピリットはどれですか」と聞く人も同様だ。

心身問題に苦しんだデカルト以来の哲学者たちもカテゴリー錯誤を犯している、とライルは考える。誰かの怜悧な発言や賢明な行いを見て、「知的である」「誠実である」などの性質を考えるとき、デカルトは、そのような性質の帰属先を想定し、それを「心」と名付け、あたかもそれが心臓や肝臓と同じように、皮膚の内側にある実体であるかのように考えた。ここでデカルトは、名詞で表されるものはすべて実体であると考えていたことになる。

ところが、心は、内臓器官とならびうるような実体ではない。知的であるということは、さまざまな状況に応じて然るべき行為や発言をなしうるということである。これをライルは「**技能知**」(knowing how) とよんで、事柄につい

カテゴリー錯誤

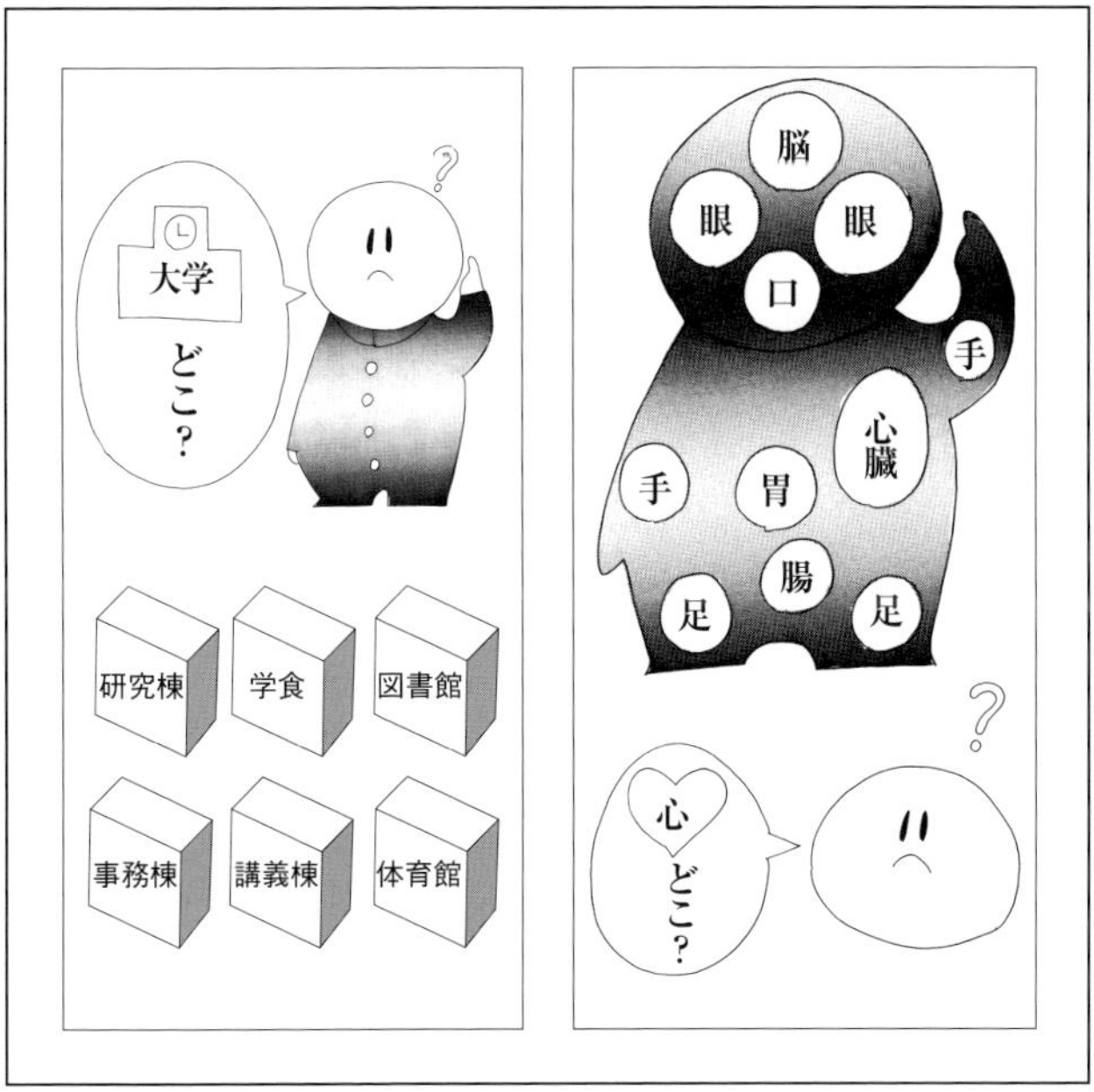

ての情報としての知である「**事実知**」（knowing that）と区別した。また、「おとなしい」「正直な」といった情緒的な性質は、ライルによれば、その人物のもつ「傾向性」（disposition）にほかならない。マラソンを完走できるとか、ウイスキーをボトル一本飲んでも二日酔いにならないといった特徴なら、その原因を心臓や肝臓の強さに求めることはできる。だが、暗算ができないとか、老人にいつも席を譲るといったことの原因をどこか人間の中に求めることはできない。両者を混同するのは、カテゴリー錯誤なのである。

ライルは、デカルト以来の心身問題の構図を「**機械の中の幽霊**」とよぶ。幾何学的延長として捉えられた身体の内に想定されながらも、発見することはできず、まるで見えない幽霊のように、その中に位置するものと捉えられていた、というわけである。

【参考文献】ライル『心の概念』『心の構造』『思考について』（みすず書房）、『ジレンマ——日常言語の哲学』（勁草書房）

ライルの生涯／著作

1900　イングランドのブライトンに生まれる。
1919　オックスフォード大学に入学。哲学、倫理学を学ぶ。
1924　オックスフォード大学クライスト・チャーチカレッジの講師に就任。
1945　オックスフォード大学モードリアン・カレッジの哲学教授に就任（1968年まで）。アリストテレス学会会長（1946年まで）。
1932　論文「系統的に誤解を招く諸表現」を発表。
1947　雑誌「マインド」（哲学誌）の編集を行う（-1971年まで）。
1949　西洋哲学の主調をなしてきた心身二元論を誤りであると断じた、主著にして処女作『心の概念』を刊行。心身二元論批判のさいに用いた「機械の中の幽霊」「デカルト神話」という表現でも知られる。
1954　『ジレンマ』を刊行。
1976　死去。
1979　『思考について』を刊行。

オースティン John Langshaw Austin （一九一一〜一九六〇）

日常言語学派のもう一人の代表的人物がJ・L・オースティンである。欧米の伝統において、言語は、事実を記述し、他人に伝達する道具と考えられ、身体による行為とは峻別されていた。ところが、オースティンは、日常の言語活動そのものを行為の遂行として捉える「**言語行為論**」をつくった。

言語活動が行為の遂行だ、というのはたとえば次のようなケースである。誰かに向かって「この時計を遺産として君にあげる」と述べた人は、そう発言することによって約束という行為を遂行している。窓を閉め切った部屋で、「この部屋は暑いね」と言えば、窓近くにいる人に窓を開けるよう促し、場合によっては指図、命令することになる。しかるべき儀式の席上で、「わたしはこの船を氷川丸と命名する」と述べれば、それによって命名という行為がなされたことになる。いずれの場合にしても、人は言葉を発することによって、約束、命令、命名という行為を行っており、こうして、言語活動は、つねに同時に言語による行為、言語行為である。

オースティンは、発言を「**事実確定的発言**《コンスタティヴ》」（constative）と「**行為遂行的発言**《パフォーマティヴ》」（performative）に区別する。言語行為にあたるのは行為遂行的発言だ。行為遂行的発言には、約束の例のように、発言することにおいて何かを行う「発話内行為」（illocutionary act）と、窓の例のように、「窓を開けてくれ」と命令するのではなく、「この部屋は暑い」という事実確定的発言を行いながら、その発話を介して行為を引き起こす「発話媒介行為」（perlocutionary act）がある。

事実確定的発言の判定基準は真偽だが、行為遂行的発言は、しかるべき条件が揃って、行為が成功するかどうかによって判定される。時計の持ち主でない人物や進水式に招かれていない人物が、同じ発話を行っても、約束や命名という行為は成立しない。

このように発言が多重的構造をもつため「遂行論的矛盾」、すなわち、「言っていることと、（そのように発話することにおいて）行っていることが矛盾する」ケースが発生しうる。かくれんぼをしていて、近づいてくる鬼を怖れるあまり、「ここには誰もいないよ」と叫んでしまう子どもは遂行論的矛盾を犯している。

　また、オースティンの分析のうち、とりわけ重要なのは**「否定主導語」**の概念である。たとえば東京国立博物館の収蔵品について「これは〝本物の〟雪舟だ」という言い方がなされることは（あまり）ありえないが、視聴者が持参した骨董品の真贋を鑑定するテレビ番組で同じフレーズが述べられるのはむしろ当たり前である。何ものかについて「本物の」と言われるのは、それが「ニセ物」でもありうるときだけなのであり、「本物」という言い方は「ニセ物」という否定的言い方の可能性があるときに、ニセ物であるという可能的事態を否定するためにのみ使われる。このように、否定的言い方の可能性によって有用となる言葉をオースティンは「否定主導語」とよぶ。「本物の」のほか、「健康だ」なども否定主導語である。この事情をわきまえずに、「本物とは何か」を追求しても何も得られないが、その過ちを犯したのが本質主義だ。

　言語行為の理論は、その後、**ジョン・サール**（一九三二〜）によってさらに展開された。

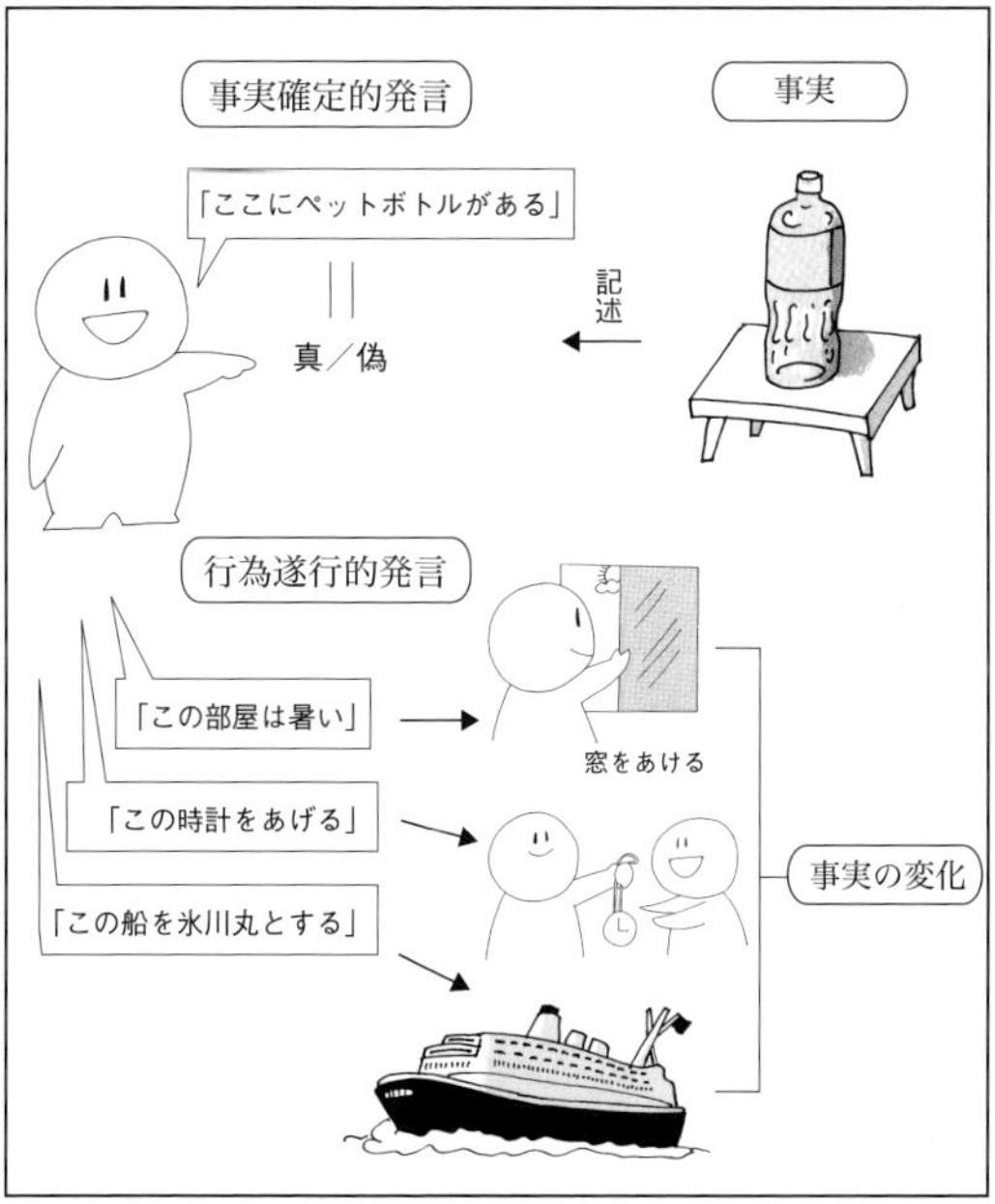

【参考文献】オースティン『言語と行為』（大修館書店）、『知覚の言語』『オースティン哲学論文集』（勁草書房）

オースティンの生涯／著作

1911　建築家の子としてランカスターに生まれる。
1929　オックスフォード大学ベイリアル・カレッジに入学。ギリシア古典を学び、アリストテレス哲学から影響を受けた。
1933　オール・ソールズ・カレッジのフェローに選出される。
1935　モードリアン・カレッジのフェローに選出される。
1952　ホワイト記念道徳哲学教授に就任。
1955　講演「いかに言葉を用いてことをなすか」（没後刊行＝『言語と行為』）
1956　アリストテレス協会の理事に就任。
1960　オックスフォードで死去。
1961　『哲学論文集』を刊行。
1962　記述的とされる言葉の多くが行為の遂行であるとする『言語と行為』、さらに『知覚の言語』を刊行。

カルナップ Rudolf Carnap（一八九一〜一九七〇）

ラッセルと**ホワイトヘッド**による『プリンキピア・マテマティカ』、**ウィトゲンシュタイン**の『論理哲学論考』などの影響下、第一次世界大戦後の中欧に「**論理実証主義**」(logical positivism）とよばれる科学哲学者集団の運動が生まれた。ラッセルらが、数学を少数の定義された概念と論理的公理から導いたように、知覚的対象に関する命題とその論理的構成によって世界に関する知識を導くことが、論理実証主義の目標だった。

このプログラムを具体的に実行したのが、カルナップだった（『世界の論理的構築』一九二八）。彼は、自然科学から社会科学までの諸科学において用いられる、すべての科学的概念を、少数の基本的概念から定義しようとする。

このような手続きをカルナップは「**構成**」(Konstitution）とよぶ。知覚される三次元的対象に関する構成は次のように進む。①単一の主体にとっての「基礎経験」（感覚的な形態の知覚）と、こうした経験同士の「類似性の記憶」がすべての基礎となる。②基礎経験と類似性の記憶をもとにして「感覚的質」「感覚様相」（視覚、聴覚など）が定義される。③感覚様相の中から視覚が取り出される。④視覚の中で、「色」と「視野内位置」とが区別される。⑤色をもとに「色感覚」が定義される。⑥色感覚が三次元空間内対象に投影され、それによって物理的対象との接続が果たされる。

ここで、カルナップは、他人や「われわれ」を排除した、単一主体の視点からすべてを導出しようとする「方法論的独我論」の手法をとり、また、この主体の知覚と無関係にあらかじめ存在する三次元的事物や、あるいはその概念ではなく、基礎経験や類似性記憶といった、その主体にとって何が現れるかを基本とする「現象主義」の立場をとっている。こうしたカルナップの著作は、論理実証主義の聖典として扱われたが、独我論的現象主義の手法では、当初の目的は達成しえないことが明らかとなっている。

カルナップは、ウィトゲンシュタインにならって、語や文の意味は、その語を含む文の真偽を検証する方法であるとする「**意味の検証理論**」を唱え、それによって、その真偽を検証する仕方のわからないような語や概念を科学から追放しようとした。その中には、たとえば「神」「無意識」

カルナップの意味の検証理論

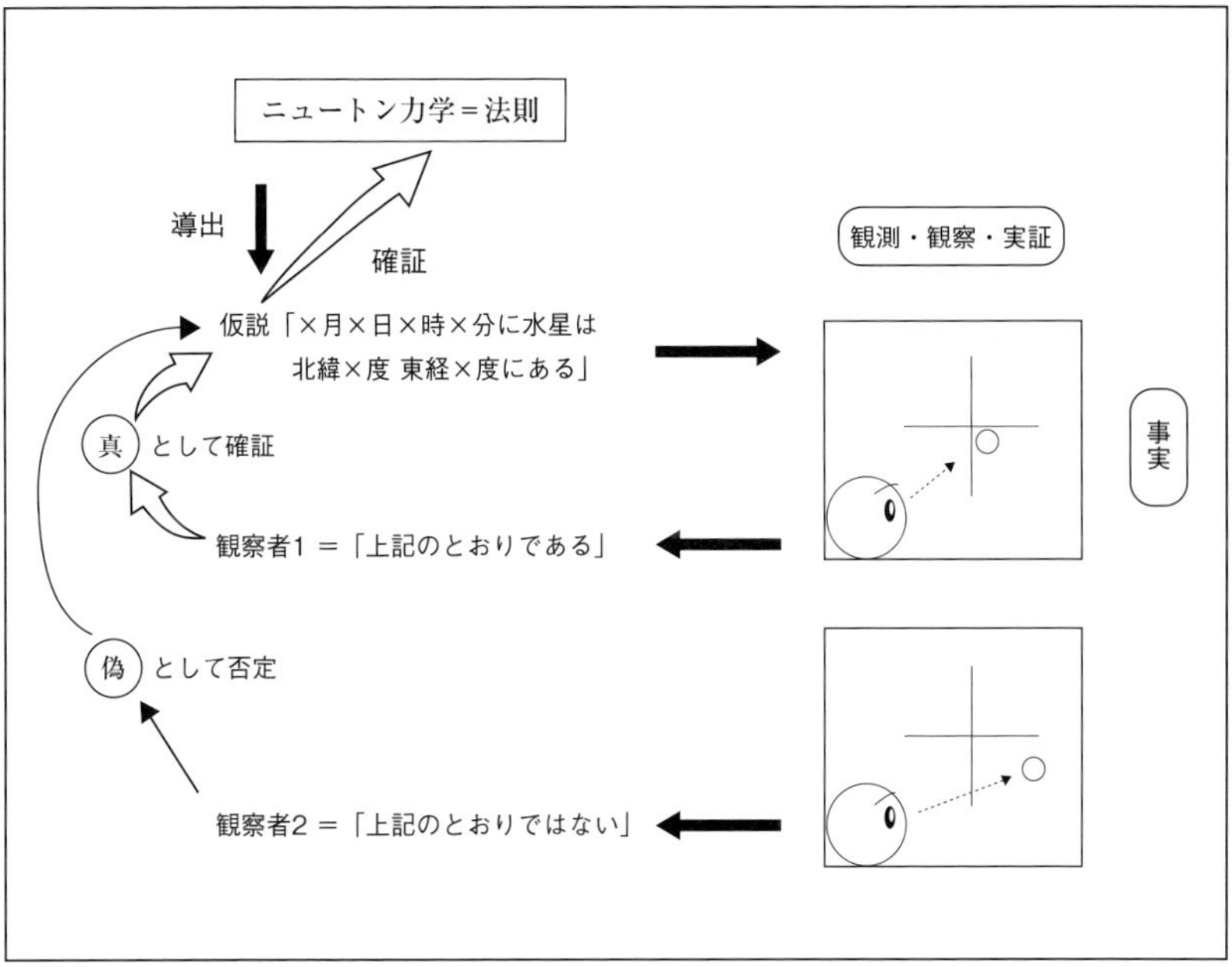

「階級闘争」といった概念が含まれよう。こうして、彼は、「科学」の名に値する「真の科学」と、一見科学のように見えながら、じつは「疑似科学」でしかないもの（「形而上学」）との線引きをはっきりさせようとした。

その際、彼は基礎経験（ラッセルの「見知り」に相当する）という、個別的対象の知覚要素をベースとし、そこからの構成、さらには論理的帰結によって、科学の体系を理解しようとしている。こうした、要素的知覚もしくは対象と理論との対応関係に関しては、のちに**クワイン**から批判されることになる。

【参考文献】 カルナップ『物理学の哲学的基礎』（岩波書店）、『論理学の形式化』『意味と必然性』『意味論序説』（紀伊國屋書店）

カルナップの生涯／著作

1891　ドイツのロンスドルフに生まれる。
1910-14　イェーナ大学とフライブルク大学で、数学、物理学、哲学を学ぶ。
1921　イェーナ大学に博士論文「空間」を提出し、学位を得る。
1924　フッサールの講義に出席。
1926　ウィーン大学私講師に就任。
1928　『世界の論理的構築』刊行。
1931　プラハのドイツ大学の自然哲学教授に就任。
1934　『言語の論理的構文論』刊行。
1936　アメリカに亡命。シカゴ大学教授に就任。
1941　アメリカに帰化。
1952　プリンストン高等研究所へ。
1954　カリフォルニア大学ロサンゼルス校の教授に就任。
1956　『理論概念の方法論的性格』を刊行。
1961　カリフォルニア大学を退官。
1970　サンタモニカで死去。

クワイン Willard Van Orman Quine（一九〇八〜二〇〇〇）

クワインは生粋のアメリカ人哲学者だが、かれの考えは、伝統的な経験主義、さらに哲学そのものの根底を揺るがすものであった。

カルナップなど論理実証主義にとって、個別的知覚についての言明は単独で検証可能であり、しかもそれが理論全体の真偽の最終的決着をあたえるものだった。ところがクワインによれば、個別的知覚言明は、単独では検証しえない。

たとえば、水星の軌道に関する言明A（「二〇〇×年×月×日×時×分に水星は東経×度北緯×度にある」）は、主要仮説（ニュートンの法則）、補助仮説（太陽と水星の距離、他の惑星もふくめた質量など）、背景知識（望遠鏡や計器、本人の視力、論理法則、算術や数学、など）といった、巨大なネットワークがあってはじめて導かれる。そのため、言明Aが誤りと判明したとき、われわれは、それを導くうえで稼働していたネットワークの「どこかに」間違いがあることはわかっても、「どこに」間違いがあるかはわからない。こうして、自然科学において、理論から導かれた仮説が実験・観察・観測結果と一致しなかったとき、その構成要素のどれもが改訂可能であるという「**全面的改訂可能論**」（「**デュエム=クワイン・テーゼ**」）が帰結する。命題が単独で検証されず、事実による裁きの前に立たされるのは理論の全体だ、という考えが「**ホーリズム**」（全体論、holism）だ。

その結果、なにが実在とされるかは、理論や概念の枠組み全体（「概念枠」）に相対的であることになる。光学理論によって紫外線が実在とされるのも、ギリシア神話においてゼウス神が実在とされるのも大差はない。

一方、改訂を迫られたとき、どの命題を選ぶかに関しては明白な傾向がある。科学者は、ニュートンの法則のような、その学問の基本法則、また、論理法則、知覚命題は否定しようとしない。それを否定すれば、学問そのものが瓦解し、あるいは、論理や知覚の信頼性といった日常生活の骨組みが動揺するからだ。彼らは、否定してもあまり大きな影響は出ない前提を否定してその場をしのぐ。

クワインによれば、科学とは、自然法則をうつしとった「自然の鏡」ではなく、ひとびとのコミュニケーションの道具である。科学的知識が共有されていれば、互いの情報交換と合意形成は容易になる。実用性を考えれば、ニュートン力学が放棄されるなど、システムが激変することは好ましくない。科学（的真理）を実践的目的に有用な道具とするこの考えは、「プラグマティズム」の現代版である。

だが、矛盾律や同一律など、論理学の基本法則も否定される場合がある。量子力学における「量子論理」においては、古典的論理法則が成り立たない。

ところで、**ヒューム**からカルナップまで、経験主義においては、「三角形は三つの頂点をもつ」などの概念分析、もしくは論理法則から真理とされる「分析的真理」と、観察にもとづく「総合的真理」の区別がつねに前提されていた。この「分析／総合」の区別は、クワインによれば「**経験主義のドグマ**」なのである。

哲学は概念分析を事としていたが、「分析／総合」の区別がない以上、哲学と科学の境界は成立しない。こうして、認識論や存在論など、哲学の伝統的課題もすべて経験科学によって説明されるべきとする「自然主義」が帰結する。認識論や存在論の「自然化」は、その後、言語分析哲学の、重要な参照軸となる。

【参考文献】クワイン『ことばと対象』（勁草書房）、『集合論とその論理』『論理学の方法』（岩波書店）、丹治信春『クワイン――ホーリズムの哲学』（講談社）

クワインのホーリズム

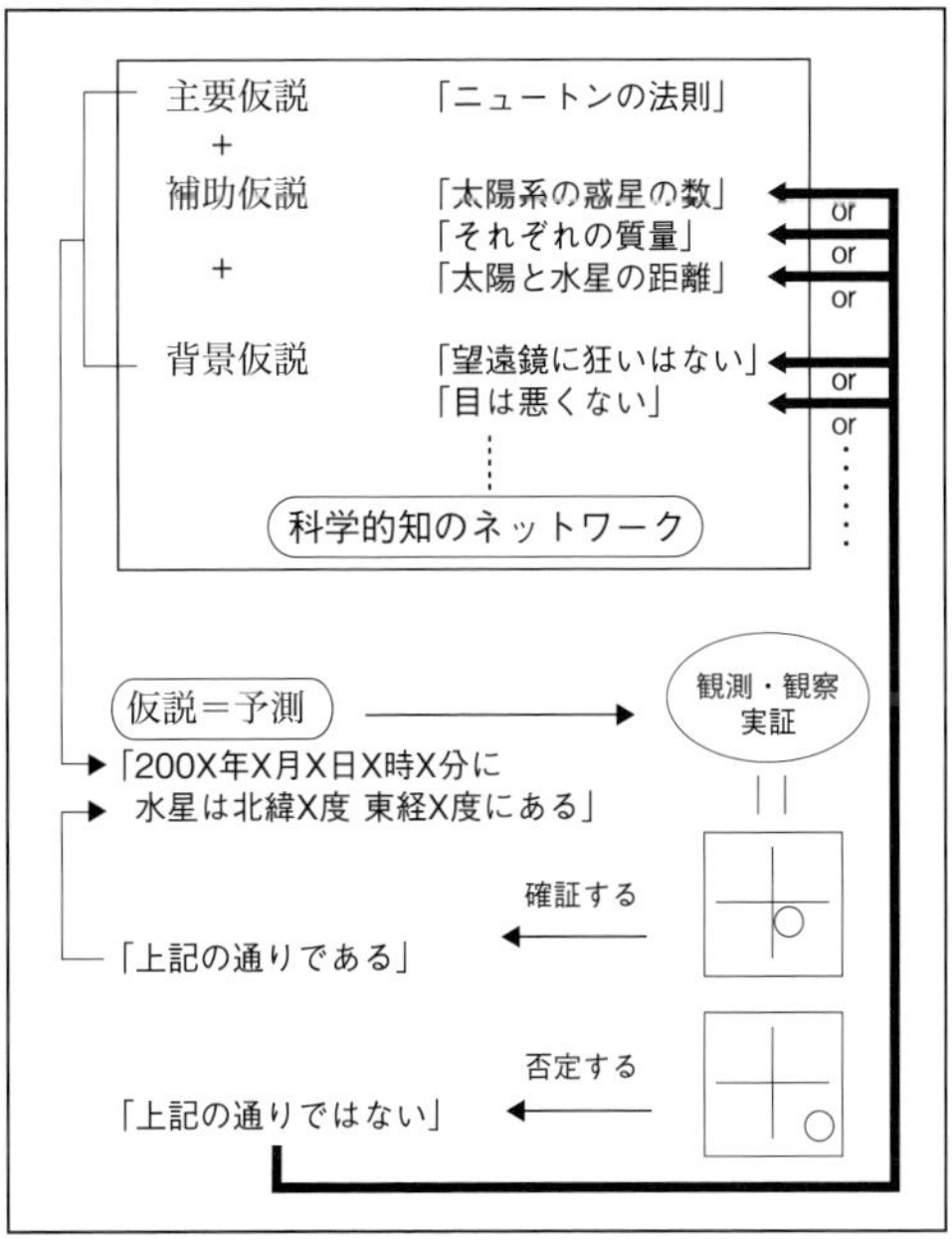

クワインの生涯／著作

1908　オハイオ州アクロンに生まれる。父は工場経営者、母は学校の教師。
1930　オーバリン・カレッジで数学と哲学の学士号を取得。
1932　ハーバード大学で哲学の博士号を取得。ヨーロッパ旅行に出かけ、タルスキやカルナップなどウィーン学団のメンバーと知り合う（1933 年まで）。
1941　『現代論理入門』刊行。
1942　アメリカ海軍の諜報部に勤務、少佐にまで昇進（1946 年まで）。
1948　ハーバード大学教授に就任。
1951　論文「経験主義の二つのドグマ」を発表。
1952　『論理学の方法』刊行。
1953　『論理的観点から』を刊行。
1960　『ことばと対象』を刊行。
1970　『論理学の哲学』を刊行。
1978　ハーバード大学の名誉教授に。
1990　『真理を追って』刊行。
2000　死去。

デイヴィドソン Donald Davidson（一九一七～二〇〇三）

プラグマティズムと**論理実証主義的経験主義**を継承しながら、独自の形而上学をふくむ言語哲学を構築した。その体系は、意味論と行為論とを二本柱とする。

　意味論に関して、デイヴィドソンは、**タルスキ**の真理論から自然言語の意味を定義しようとする。タルスキの真理理論とは、「〝雪が白い〟が真であるのは、雪が白いときであり、またその場合に限る」（「T文」）という真理の外延的定義である。

　異民族の言語を理解しなければならないとしよう。「リゲット」と聞こえるものが彼らにとっては重要だが、それが何かはわからない。このとき、伝統的言語観においては、「リゲット」という語の「意味」、すなわち彼らが念頭におくもの（「観念」）、あるいはこの語の適切な用法を定める「規約」を理解しなければならないとされた。だが、異民族の心の中をのぞき込むことはできないのだから、彼らの観念や規約を直接的に知ることはできない。

　われわれにできるのは、彼らの行為や発話を観察し、解釈することだけだ。「リゲットがある」という発話は、雨が降るときには正しく、曇りのときには間違いだ。また、晴れのときにも正しい。またそれは、子どもが生まれるときには正しく、老人が亡くなるときには間違いだ、といった用法を収集することになる。そのとき、われわれは「〝リゲットがある〟が真なのは、雨が降る、晴れである、子どもの誕生のとき、……である」という多くのT文をふまえ、相手の発話の全体が整合性をもつように、「リゲット」という語を解釈していく。

　こうした作業は、相手が語の使い方を間違えていたら成り立たないが、このこともまた確かめようがない。こうして解釈者は、発話者が最大限の真なる信念をもっていることをけっして疑わないという「**善意の原理**」（principle of charity）が要請される。この要請は、検証のしようもなく、また、他言語理解という行為に先立つ前提であるため、「ア・プリオリ」な要請であり、ここにデイヴィドソン独自の形而上学を見ることができる。

　一方、行為論に関してデイヴィドソンは「行為の因果説」をとる。

デイヴィドソンの言語哲学

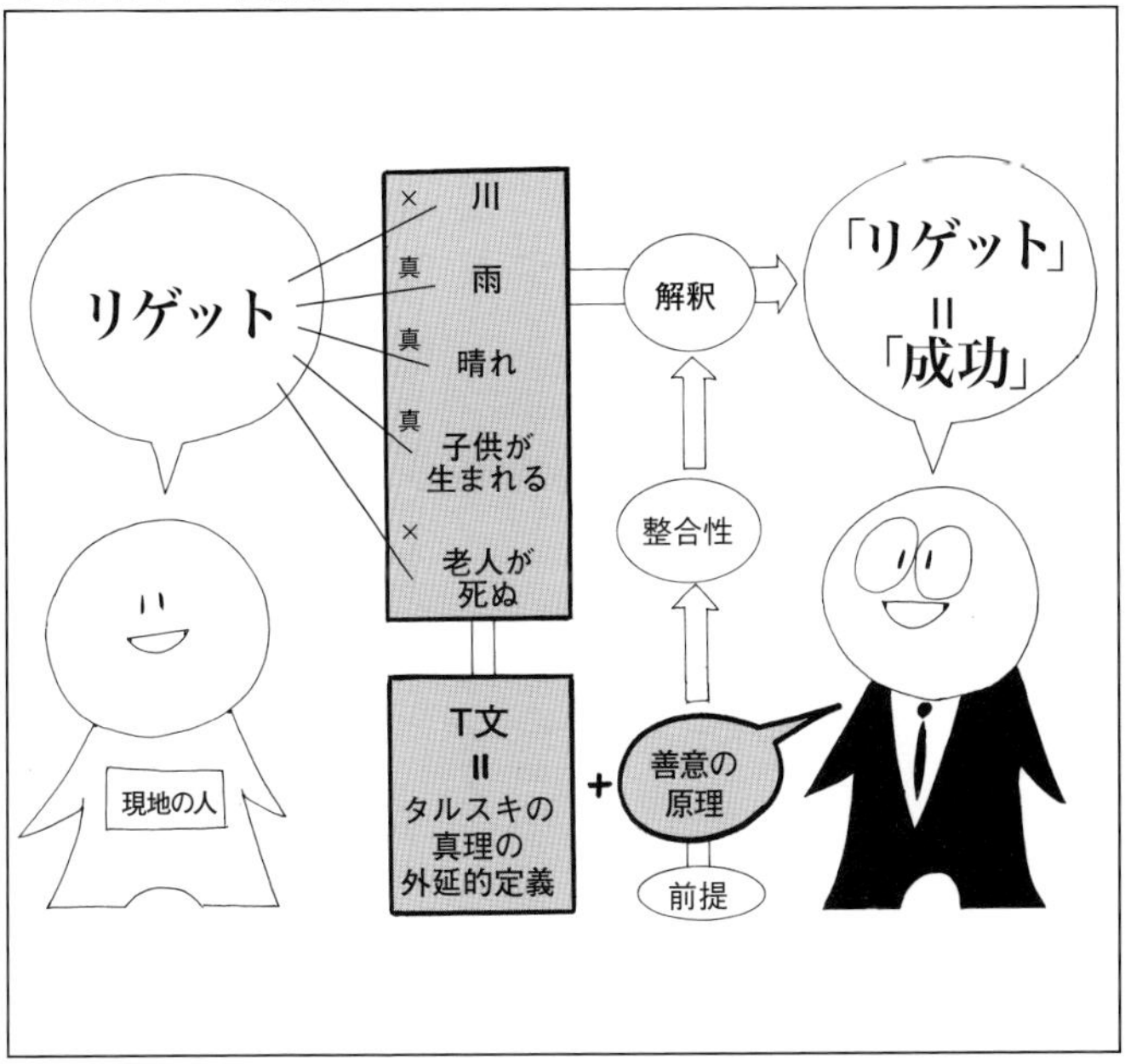

英米分析哲学においては**エリザベス・アンスコム**（一九一九〜二〇〇一）が、すでに「**意図的行為**」についての理論を構築していた。彼女によれば、意図的行為においては、行為者当人が、自分が何をしているかを「観察によらない知識」（knowledge without observation）という仕方で知っており、その行為の説明としては、なぜその行為を選択したかについて本人が与える「理由」（reason）によってのみ可能である。こうしてアンスコムは、「反因果論」を唱えたことになる。

それに対してデイヴィドソンは、理由による説明だけでは、なぜその理由が、その行為の理由であるのかが説明できないと考える。その理由がその行為の理由と了解されるときには、その理由に関する信念をもったことが当の行為の「原因」（cause）であるという因果了解が前提される、というわけである。

デイヴィドソンの生涯／著作

1917　マサチューセッツ州スプリングフィールドに生まれる。
1935　奨学金を得てハーバード大学に入学。英文学、比較文学、古典学を学ぶ。
1941　ハーバード大学で修士号を取得。
1942　海軍に入隊。
1945　退役。
1947　クイーンズ大学の講師に就任。
1949　プラトン『ピレボス』に関する論文で博士号を取得。
1951　スタンフォード大学へ移る。
1967　プリンストン大学へ移る。
1970　ロックフェラー大学へ移る。
1976　シカゴ大学で教授に就任。
1980　『行為と出来事』を刊行。
1981　カリフォルニア大学バークレー校の哲学教授に就任。
1984　『真理と解釈』を刊行。
2001　『主観的、間主観的、客観的』を刊行。
2003　心臓発作により死去。

【参考文献】デイヴィドソン『行為と出来事』『真理と解釈』（勁草書房）、森本浩一『デイヴィドソン』（NHK出版）

クリプキ

Saul Aaron Kripke（一九四〇〜二〇二二）

クリプキは、若くして「**クリプキ・モデル**」とよばれる**可能世界意味論**を考案するなど、論理学において大きな貢献をした。哲学の世界では、**固有名**の意味に関する議論（『名指しと必然性』一九七二）、後期**ウィトゲンシュタイン**の「規則にしたがうこと（following rules）」に関する論（『ウィトゲンシュタインのパラドックス』一九八二）で幅広い反響をまねいた。

「必然性」は、伝統哲学においてしばしば用いられた概念だが、**クワイン**にとっては哲学的に不適切な概念であった。なぜなら、「8が7より大きいことは必然的である」一方、「8＝太陽系の惑星の数」でもある。両者をあわせると、「太陽系の惑星の数が7より大きいことは必然的である」と結論されるが、これは誤りだ。正しいふたつの前提から誤った結論が導かれたのは、クワインによれば「必然性」という概念がいかがわしいものだからである。

これに対してクリプキは、クワインの指摘する問題の根は「必然性」概念にあるのではなく、「8」のような「名前（固有名）」と、「太陽系の惑星の数」のような「確定記述」の論理的性質の相違にあるとした（『名指しと必然性』）。一般に、**フレーゲ**などもふくめた論理学では、文の主語となる固有名（「アリストテレス」）は「確定記述」（「アレクサンドロス大王の家庭教師」）と同格にあつかわれていた。「Xは『形而上学』を書いた」のXに「アリストテレス」「アレクサンドロス大王の家庭教師」のどちらを入れても、両者は同じ対象を指し、真理値はかわらないからである。ところが、確定記述がある対象を指示するのは、その対象が、記述にあらわされている条件（アレクサンドロス大王の家庭教師であったこと、など）を満たしているからだが、固有名についてそのようなことは言えない。そのため、われわれが知っているのとは別の状況を仮想した場合、確定記述の対象は変化するが、固有名についてそのようなことは起こらない。すなわち、現実とは異なる状況、すなわち、現実とは異なる「可能世界（possible world）」を考えた場合、「アリストテレス」はどのような可能世界においても同一人物を指すが、「アレクサンドロス大王の家庭教師」は可能世界によっては別の人物を指しうる。それゆえ、両者は同義ではない。一方、「アリストテレスはアリストテレスである」という同一性命題は、こうして必然的に（いかなる可能世界においても）真である（「同一性の必然性」）。いかなる可能世界においても固有名は同じ個体を指すため、固有名は「**固定指示子**（rigid designator）」とよばれる。

クリプキはまた、「金」「水」「光」といった「自然種」にも論を広げる。「水はH_2Oである」は、自然科学によって発見された事実であるために「ア・ポステリオリ」だが、水がH_2Oであることは、水の内部構造の必然性という「形而上学的事実」にもとづくため必然的である。こうして「ア・ポステリオリな必然性」を認めることにより、クリプキは、すべての必然的真理はア・プリオリであるという論理実証主義の主張を反駁した。

『**ウィトゲンシュタインのパラドックス**』でクリプキがあつかうのは、「68＋57という足し算にどうして125という答えを出さなければならないのか」という問題である。足し算を習うとき、はじめ一桁の足し算、二桁の足し算といった仕方で、かぎられた事例しか習わない。ところである生徒にとって、68＋57は、これまで経験した最大の数かもしれない。そのとき、その生徒が、なにかのはずみで、68と57以上の足し算においては、どの数をもってきても5にしかならないような演算として、「足し算」を理解していたとしよう。その場合、生徒は「68＋57＝5」という「答え」をだしてしまう。すなわち、規則を習得するうえで、実例をもとにしても、例にはかぎりがあるのだから、新たな事例について、規則を別様に読み取る可能性は斥けられず、また、明示的規則（「繰り上がり」など）を示しても、それを別様に理解することはつねに可能だ、というわけである。同じことは、算数だけでなく、日常的な言語使用などあらゆる規則一般に言える。にもかかわらず規則が守られるのは、なにか規範的なものが存在するからではなく、それが共同体の事実、すなわち、共同体のメンバー全員がそれを守っているからだ、とクリプキは考える。誰でも、もし共同体のメンバーであろうとすれば、そのやり方にしたがうしかない、というわけである。

【参考文献】クリプキ『名指しと必然性』『ウィトゲンシュタインのパラドックス』（産業図書）、飯田隆『クリプキ』（NHK出版）

クリプキの生涯／著作

1940　ニューヨーク州ロング・アイランドにユダヤ教のラビの子として生まれる。
1958　高校生にしてアメリカ数学会で、のちに「クリプキ・モデル」とよばれる様相論理のモデルを発表。ハーバード大学入学。
1959　マサチューセッツ工科大学の講師に就任。
1966　ハーバード大学講師（哲学）。
1972　『名指しと必然性』を刊行。ロックフェラー大学教授（哲学）。
1975　論文「真理論概説」を発表。
1976　プリンストン大学哲学科教授就任。
1977　論文「話者の指示と意味論的指示」を発表。コーネル大学教授（兼任）。
1979　論文「信念に関するパズル」を発表。
1982　『ウィトゲンシュタインのパラドックス』を刊行。
1997　プリンストン大学名誉教授に。
2002　ニューヨーク市立大学大学院教授。

ローティ Richard Rorty（一九三一～二〇〇七）

ローティは、プラグマティズムを徹底し、西洋哲学に伝統的な「基礎づけ主義」が不可能であり、いわゆる英米系分析哲学における「言語論的転回」以降の哲学もその誹りは免れないとする。

「**基礎づけ主義**（foundationalism）」とは、知識や真理、存在などにとって、その絶対的で究極的な根拠が存在しなければならないとし、また、しばしば、それは存在するとみなす立場である。絶対確実な足場をもとめ、コギトにいたった**デカルト**がその典型とされるが、哲学史においては、イデアを想定した**プラトン**、神の存在に依拠した中世・近世哲学、また、**カント**の超越論的哲学、論理実証主義などもその例に漏れない。基礎づけ主義においては、不動の足場としての「アルキメデスの点」が求められると同時に、そのつど、「主観／客観」「真理」「実在」「客観性」などの概念、ならびにそれを取り扱う哲学や自然科学などが特権化される。

基礎づけ主義に対しては、すでにドイツの批判的合理主義者**ハンス・アルバート**（一九二一～）による批判があった（『批判的理性論考』一九七六）。彼は、最終的基礎づけの探求は、「**ミュンヒハウゼン（ほらふき男爵）・トリレンマ**」に陥るとする。

すなわち、何ものかの最終的基礎づけをもとめていくと、①基礎となるもののさらに基礎をもとめることになる「無限後退」、②あるものを基礎づけるのに、それによって基礎づけられたものをもちだす「循環」（ニワトリが先か、タマゴが先か）、③基礎づけの連鎖をどこかで断ち切って、最終的な出発点や根拠を想定する「独断」（アリストテレスの「第一原因」など）のどれかに陥るというわけである。

ところで、近世・近代哲学が意識や主観を基礎づけの場としたのに対して、**フレーゲ**、前期**ウィトゲンシュタイン**などの論理的言語分析、後期ウィトゲンシュタインや日常言語学派による日常言語分析は、言語分析という方法によって哲学的問題を解決し、あるいは解消しようとするものであった。哲学的分析の場が意識から言語へとシフトしたことをローティは、「**言語論的転回**（linguistic turn）」とよび、この問題にかんする同名のアンソロジーを発表した（『言語論的転回』一九六七）。

ところが、やがてローティは、**クワイン**などの影響のもとに、**プラグマティズムの徹底化**による近代哲学批判、基礎づけ主義批判を先鋭化する。すなわち、この時期のローティは、「実在」を正確にうつす「自然の鏡」として人間の心や自然科学をとらえる近代西洋哲学を批判し、「真理の対応説」「心身二元論」「主観／客観図式」「真理」「実在」「客観性」などといった概念装置、さらにはそれを取り扱う哲学や自然科学を特権化することは無意味、かつ不可能であるとして、伝統的あるいは近代的西洋哲学の基礎づけ主義を解体する。ローティによれば、「アルキメデスの点」の追求は、人間の活動を制限するものが必要だという「強迫観念」のなせる業にすぎない。そればかりかローティは、当初、彼が与していた、言語論的転回以降の哲学に関しても、心から独立の世界の忠実な像としての知識を追求し、真理、実在、客観性と言った概念に依拠する点、近代哲学と本質的に変わらないものとして批判するのである（『哲学と自然の鏡』一九八一）。

こうして、ローティは、言語論的転回を超えた「**プラグマティズム的転回**」を提唱する。彼によれば、各自がそのつど所属している地域や時期に相対的な社会的慣行のみが概念に意味をあたえる（それゆえ、特定の文脈に依存しない「普遍的」なものとしての「真理」「実在」「客観性」という伝統的哲学の概念は使い物にならない）。知識は「社会的実践」にほかならず、「真理」「客観性」は、「連帯」にその根をもつ。連帯と言っても、〝究極の一致〟を目指す対話ではなく、〝刺激的で実りある不一致〟を通じてあらたな生き方をうみだす「会話」を手段とする。哲学の使命とは、ローティによると、文化や歴史を超越した「永遠の課題」を解決することではなく、各自の偶然的状況を受け入れ、改善するための新たな語彙をうみだすことである。ローティの主張は、伝統哲学を批判するだけではなく、その弱点を克服し、論理学や言語分析などによって新たな客観性を実現したと考えられていた、言語論的転回以降の哲学、すなわち**分析哲学の自己否定**と受け取られ、大胆なスタイルや**ハイデガー**、**デリダ**のような大陸系哲学者への彼の親近感もあいまって、脱構築とならぶ「**ポストモダン**」哲学として受容された。

【参考文献】ローティ『哲学と自然の鏡』（産業図書）、『リベラル・ユートピアという希望』（岩波書店）、『アメリカ　未完のプロジェクト』（晃洋書房）

ローティの生涯／著作

1931　ニューヨーク州に生まれる。
1949　シカゴ大学で学士号を取得。
1952　シカゴ大学で修士号を取得。
1956　イェール大学で博士号を取得。
1958　ウェルズレイ大学講師に就任。
1961　プリンストン大学教授に就任。
1967　『言語論的転回』を編集。
1979　『哲学と自然の鏡』を刊行。
1982　『哲学の脱構築　プラグマティズムの帰結』を刊行。ヴァージニア大学教授に就任。
1983　アメリカ学士院会員に選ばれる。
1989　『偶然性、アイロニー、連帯』刊行。
1991　『哲学論文集』を刊行。
1998　スタンフォード大学比較文学科教授に就任。『アメリカ 未完のプロジェクト』刊行。
1999　『リベラル・ユートピアという希望』刊行。
2007　膵臓癌による合併症でカリフォルニア州の自宅で死去。

ロールズ John Bordley Rawls（一九二一〜二〇〇二）

十九世紀的価値哲学や倫理学に対して、二十世紀の哲学、とりわけ論理実証主義や言語分析が主流となったのちでは、「価値」や「倫理」「道徳」について哲学的分析的に論じることは不可能になったかの観があった。

英米分析哲学における倫理学の代表的人物は**G・E・ムーア**（『倫理学原理』）である。かれは、「善い」は、「赤い」と同様、直覚可能だが、それ以上分析不可能な単純性質である、と主張した。善を、別なものに分析不可能であるというこの主張は、裏を返せば、「存在から当為を推論することはできない」という**ヒューム**の主張（『人間知性論』第三巻第一章第一節）にさかのぼる。ムーアによれば、道徳的倫理的なものを、それとは異なる、自然科学や心理学によって取扱可能な自然的性質へと還元しようとするのは、「**自然主義的誤謬**」である。この主張は、具体的には、心理的特性の代表である「快楽」に善を還元しようとする功利主義を批判するものであった。その後、分析哲学においては、「Fは悪いことだ」という文は、発話者の情動の表出にすぎないとする**A・J・エアー**の「**情動主義**」、「Fは善い」と述べることは「同種のあらゆる状況においてFを選択すべきだ」という普遍的指令の遂行的発話であるとする**ヘア**の「**指令主義**」などがあらわれた。だが、こうした言語分析的な手法は、道徳的倫理的発話の形式を論じるにすぎず、その内容についてはなにも語らない。それは価値に関する多元主義に名を借りた相対主義とも見える。

こうした状況において、ロックやルソー、あるいはカント以来の社会契約論を現代的に再構築し、「**公正としての正義**」を唱えたのがロールズである。

今あげた分析哲学的倫理学とは別に、英米には「功利主義」の伝統が根強くあった。功利主義は、社会の構成員各自の「選好」（各自が、AとBという価値を体験的に知っていた場合、そのどちらを最終的に選ぶか）によって、社会全体の意思を決定しようとするが、こうしたやり方では、社会における少数派の権利が尊重されず、ひとびとの多様性、複数性がないがしろにされるとロールズは考える。なにをもって幸福と考えるかは、ひとによってさまざまであり、社会におけるこうした多様な幸福観をそれぞれ実現するためには、「自由」「機会」「所得（富）」「生きがい」などの「社会的基本財」が公平に分配されることが最重要課題となる。

　そのためにロールズは、伝統的社会契約説の「自然状態」に相当する「**原初状態**（original position）」を想定し、そこでは最終的に、「**正義の二原理**」が承認されるとする。第一に、社会の構成員全員が「基本的な自由」を平等に分かち合うことがなにより望ましいとする「平等な自由の原理」、第二に、それにもかかわらず発生する、所得や社会的地位などの不平等については、①全員が平等な機会を与えられ、公正に競争した結果の不平等にとどめるべき（公正な機会均等原理）であり、かつ②社会でもっとも不遇なひとびとの暮らしを最大限改善する（格差原理）というものである。

　実際の立法などにおいては、自分の地位や性別、人種、資産などに応じて、特定の社会的条件の者に有利な仕方で提案がなされることが避けられない。ところが、ロールズによれば、原初状態において、各自は、現実社会における自分の生活水準に関してなにも知らないことが前提される。このような状態のことをロールズは「**無知のヴェール**（veil of ignorance）」がかけられた状態とよぶが、この前提にたてば、機会や競争の公正性、最低限の生活の保障といった右の原理にだれもが同意するだろう、というわけである。

また、実際の具体的な倫理的規則に関しては、現実社会で通用している倫理規則を収集したうえでその規則を定式化する〝ボトムアップ〟な方向と、社会科学理論などから演繹的にルールを導く〝トップダウン〟的方向のバランスによって適否を判定すべきであるとする（「反照的均衡」）。

　ロールズのリベラリズムに対しては、私有財産権と市場経済を重視する自由至上主義の立場をとる**ロバート・ノージック**（一九三八～二〇〇二）が、格差原理は政府による不当な介入を許すものとして批判を加え、また、経済学者**アマルティア・セン**（一九三三～）は、ロールズが物質的平等にとどまっているとし「基本的潜在能力」の平等を提案した。

【参考文献】ロールズ『正義論』（紀伊國屋書店）『公正としての正義』（木鐸社）、ハーマン編『ロールズ哲学史講義』（みすず書房）、川本隆史『現代倫理学の冒険』（創文社）、パトナム『事実／価値二分法の崩壊』（法政大学出版局）

ロールズの生涯／著作

1921　メリーランド州ボルチモア生まれ。
1943　プリンストン大学を卒業。アメリカ陸軍に入隊。原爆投下後の広島の惨状も目の当たりにする。
1946　士官への昇進を辞退し、兵卒として除隊。プリンストン大学大学院に入学。
1950　論文「倫理の知の諸根拠に関する研究」で哲学博士号を取得。プリンストン大学哲学講師。
1952-53　オックスフォード大学へ留学。アイザイア・バーリンの影響を受ける。
1953　コーネル大学准教授に就任。
1962　コーネル大学哲学部教授就任直後、マサチューセッツ工科大学教授に転ずる。
1971　『正義論』を刊行。
1979　ハーバード大学哲学教授に就任。
1985　「公正としての正義」を発表。
1991　ハーバード大学名誉教授に就任。
1999　『万民の法』を刊行。
2002　死去。

フッサール

Edmund Husserl（一八五九～一九三八）

「**現象学**（Phänomenologie）」の創始者。知覚や想起など、経験の構造を精密に記述分析し、認識するものと認識されるものとの間にあり、それが形成（「構成（Konstitution）」）される場である、普遍的な「志向的相関関係（intentionale Korrelation）」を分析することが現象学の本義である（『ヨーロッパ諸学の危機と超越論的現象学』）。その体系は、大略、志向性理論、受動的綜合の分析、時間論などに区分されるが、すべて密接に関連しあっている。

（一）志向性理論

師**ブレンターノ**に淵源をもつ「**志向性**（Intentionalität）」、すなわち、「なにものか（＝対象）についての意識」が現象学の出発点となる。ブレンターノなどの志向性概念が時間経過を考慮に入れないものであったのに対して、フッサールの志向的相関は順次、展開する時間過程である。

バードウォッチングに出かけた川辺の藪に黒い嘴が見え（T1）、近づくと黄色い脚がみえる（T2）。さらに鳴き声も聞こえた（T3）。「ゴイサギだ」（T4）。こうしてゴイサギについての知覚が成立する。この経験は、「T1に見えた〝黒い嘴をもつものX1〟、T2に見えた〝黄色い脚をもつものX2〟、T3に〝鳴いたものX3〟は、すべて同じもの（X1=X2=X3）であり、すなわちT4における〝ゴイサギであるものX〟である」と書き直すことができる。ここで時点ごとに見えるものを「現出」とよぶが、T1からT4にかけてそのつど異なる現出が同一のXに関係づけられ、その結果、ひとつの現出者の知覚経験が成立する。この過程を「同一化綜合」とよぶ。フッサールの独特な点は、この同一化綜合の結節点としてのXを「対象」とした点だ。すなわち、対象は、実在物でも直観されるものでもなく、諸現出を関係づける際に生じる虚焦点のようなものである。

対象が実在しているとは、次のような事態である。T1～T3の現出をもとに「ゴイサギ」を知覚した。ところがゴイサギとは、「全長六〇センチで背中が黒く、腹が白く、光彩は赤い、頭頂部に白い冠毛のある、夜行性で魚類や蛙などを常食とし、集団繁殖する鳥」（＝※）だ。わたしが見ているのはその一部にすぎない。ゴイサギを知覚するとは、※をふくんだ全体がそこにいるとみなすことだが、このような事態が「理性定立」、すなわち、一定の根拠、証拠をもとにその証拠をこえた全体を経験することであり、それを可能にする与件をフッサールは「明証（Evidenz＝証拠）」とよぶ。

実在とは理性定立されたもののことだ。ただしそれは「最終決定的（endgültig）」ではない。ゴイサギに近づいてみたら、それはゴイサギに似た別の鳥だったかもしれず、あるいはデコイかもしれない。明証的理性定立はのちに「誤りと判明する（「幻滅」）」ことがある。もちろん、観察を重ねるにつれ、当初の理性定立が確証されていくこともあるが、その場合もあとから幻滅にいたる可能性を排除することは、原理的にできない。なぜなら、※のように、なにものかに帰属しうる性質や述語は無限にあるからだ。ある理性定立が最終決定的となり、その対象が「真実在」であり、それについての判断が「真理」となるのは、あらゆる性質や述語に関する確証が完了したとき（「十全的明証」）だが、これは原理的に実現不可能だ。

とはいえ真理や真実在は経験において機能をもつ。「十全的明証」「真理」をフッサールは「カント的意味における理念」とよぶ。「理念」とは、認識などの活動にとっての目標である。通常の目標は、その内容が確定し、原理的に実現可能だが、カント的理念は、その内容が確定せず（ゴイサギのつもりが、デコイだった）、達成も不可能だ。二次曲線が座標軸に永遠に近づくがけっして交わらない状態に、これをフッサールはたとえている。

ところで、志向的相関関係を介することなしに、われわれはなにも経験できない（いかなる現出をも介さず、立方体を知覚、想像することはできない）。逆に、その背後に〝物自体〟があり、志向的相関関係はその「あらわれ」にすぎないとする想定は、人間ならぬ「神の視点」にみずからを擬するものであり、これをフッサールは激しく批判する。一方、志向的相関関係においては、そのつどの知覚対象に関する未確認要素（「部分志向」）は無限なので、これまでの経験はつねに新たな経験に凌駕され、裏切られる。このような開かれた経験の構造こそが、なにものかが（想像や、観念の産物ではなく）「実在すること」の意味である。このように、実在や真理、自我、世界など、われわれの経験の骨組みを（正当化、基礎づけ、保証、説明するのではなく）「解明（aufklären）」することが現象学の課題だ。

なお、先の過程においては、「黒い嘴」「黄色い脚」などの「述語」が同一のXに関係づけられているが、このXに述語が付加されたものが「ノエマの核」である。**ノエマ**とは考えるという意味のギリシア語「**ノエイン**」の受身形だが、思考だけでなく、知覚や言明、価値評価などひろく知的活動一般が念頭におかれている。同一のノエマの核は、想像され、知覚される（「直観性格」）。それは確実に存在し、あるいは虚構である（「存在性格」）。Xと述語、直観性格、存在性格をあわせたものが「完全なノエマ」だ。それに対応する、知覚や想像などわれわれの側の活動（「作用」「体験」）をフッサールは「**ノエシス**」とよぶ。

（二）現象学的還元

現象学的分析の第一歩としてフッサールは、「**現象学的還元**（phänomenologische Reduktion）」もしくは「**超越論的還元**（transzendentale Reduktion）」が必要であるとする。通常われわれは、「まず事物があって、それを経験する」（「ゴイサギがいたから、それが見えた」）と考える。このように事物や世界の存在をあらかじめ前提する態度をフッサールは「自然的態度」とよぶが、この回路を切る（ausschalten「遮断する」）のが現象学的還元である（『純粋現象学と現象学的諸哲学のための諸構想（イデーン）』）。

事物が実在するとはいかなることかを解明するのが現象学なのだから、事物の存在を前提したのでは説明されるべき当のものを説明の開始点においたことになる。また、認識と無関係に事物が存在することを前提するのは、「神の視点」にほかならない。志向的相関の分析を実践するために、実在論的前提を取り除くのは分析の遂行上、当然である。

一方、志向的相関関係にとって、物自体などの外部は存在せず、世界や諸事物など「すべては志向的対象である」。こうして、世界の全体をカバーして、その存在の構造を解明する「超越論的現象学」が成立することになる。

（三）経験の構造

経験主体の現象学的分析に関して重要なのは時間論と受動的綜合の分析である。

何ものかの知覚が時間的過程であるように、知覚経験そのものも時間構造をもっている。メロディー知覚に典型的であるように、たった今聞こえた音はもはや過ぎ去り、今は、次の音が聞こえ、その次には別の音が、これから聞こえるだろう。「たったいま（T1）－いま（T2）－これから（T3）」という「時間形式」は知覚や想起などあらゆる作用（体験、ノエシス）に伴い、それを分節化している。ところで、このT1－T2－T3は一次元的順序関係だが、その項が同時に現存しうる五十音や数列とは異なり、時間関係においては非存在が含まれている。まだ非存在であるもの（「これから」）が、存在（現前）するにいたり（「いま」）、やがてもはや非存在になる（「たったいま」）過程が時間の流れだ。この過去には「過去把持（Retention）」が関与するとフッサールは言う（『内的時間意識の現象学』）。過去把持は、保持というよりも、最前のものが絶えず過去へと遠ざかることを示す「脱-現在化」である。

体験が過去把持によって絶えず「脱-現在化」（忘却）される一方、「わたしが~を聞いた」という過去の自分は「想起」によって確保される。想起を起動するのは「連合」という受動的綜合だ。連合とは、今見えたものが、それと類似した過去のものを思い出させる現象だが、それは気づいたらいつの間にか生じ、わたしを巻き込んでいる「受動的」現象だ。連合は、また、知覚において機能し（右の※）、言語的意味の母体となる「類型」の生成メカニズムでもある。

このように、経験構造を具体的に分析する現象学の視点からすると、自然科学は、すべてを数値化し、理想化（理念化）する、われわれの「生活世界」にかけられた「理念の衣（Ideenkleid）」にほかならない。理念の衣をはぎとり、現象学的分析によって具体的経験構造を解明することによってはじめて生きられる現実は確保されることになる。

ブレンターノ、**シュトゥンプ**らの記述心理学、**ライプニッツ**、**ボルツァーノ**、**フレーゲ**らの客観主義的論理学、**ヒルベルト**の形式主義数学などとの交錯する地点にうまれたのが現象学であった。その後、現象学は、**ハイデガー**や**メルロ＝ポンティ**などに影響を与え、また、社会学や精神医学など隣接諸科学にも取り入れられた。

【参考文献】フッサール『ヨーロッパ諸学の危機と超越論的現象学』（中央公論社）、『経験と判断』（河出書房新社）、『現象学の理念』（作品社）、『幾何学の起源』（青土社）、レヴィナス『フッサールとハイデガー』（せりか書房）、貫成人『経験の構造』（勁草書房）

フッサールの生涯／著作

1859　オーストリア帝国の小都市プロスニッツにユダヤ系織物商の子として生まれる。
1876　オルミュッツのギムナジウムを卒業。ライプツィヒ大学に入学。物理学、天文学、哲学を学ぶ。
1878　ベルリン大学に移り、ヴァイアーシュトラース、クロネッカーのもとで数学を学ぶ。
1881　ウィーン大学に移る。
1883　ウィーン大学で「変分法」に関する数学論文で学位を取得。ベルリン大学に戻り、ヴァイアーシュトラースの助手になる。
1884　ブレンターノに師事し、哲学研究を始める。
1886　ブレンターノの推薦で心理学者のシュトゥンプがいるハレ大学へ行く。
1887　論文「数の概念について—心理学的分析」で教授資格を取得。
1887　ハレ大学の私講師に就任。
1891　『算術の哲学—論理学的かつ心理学的研究』第1巻を刊行するが、フレーゲとナトルプに批判され、2巻以降を断念。
1900　『論理学研究』第1巻を刊行。
1901　『論理学研究』第2巻を刊行。
1901　ゲッティンゲン大学准教授に。
1906　正教授に就任。
1911　哲学雑誌『ロゴス』の創刊号に『厳密な学としての哲学』を発表。
1913　研究機関誌『哲学および現象学研究年報』の創刊号に『イデーン』Ⅰを発表。
1916　リッケルトの後任としてフライブルク大学哲学科の正教授に就任。
1919　ハイデガーが助手となる。
1927　大英百科事典の新項目「現象学」を執筆（「ブリタニカ草稿」）。
1928　「内的時間意識の現象学」を『年報』に発表。退職。
1929　弟子たちの手で70歳記念論文集として『年報』別巻が出版される。『形式的論理学と超越論的論理学』を発表。
1931　『デカルト的省察』を刊行。
1937　「ヨーロッパ諸学の危機と超越論的現象学」を雑誌『フィロソフィア』に発表。
1938　フライブルクにて死去。『経験と判断』刊行。

ハイデガー Martin Heidegger（一八八九〜一九七六）

ハイデガーは、ギリシア哲学以来の哲学においてつねに取りこぼされていた「**存在一般の意味への問い**」を問い直そうとする。

当初、ハイデガーは、存在の意味は、自ら存在し、かつそのことをわかっている存在者、すなわちわれわれ自身の存在に分析の糸口を求める（『**存在と時間**』一九二七）。われわれは、気づいたときにはつねにすでに現に存在している「**現存在**（Dasein）」だ。

（一）世界内存在——現存在の日常的あり方

現存在は、とりあえず、日常の行為に没頭している。ところで、洗面、着替え、料理、食事、仕事、睡眠などといった日常的行為は、かならず道具を用いた行為である。事物は、まず「**道具存在**（Zuhandensein）」であり、事物を「観察の対象（Vorhandensein）」としてとらえるデカルトのやり方は、抽象的な逸脱形態にすぎない。

一方、道具はそれぞれ単独ではなりたたない。大工が、木材をノコギリで切るのは、それを釘で打ち付けて柱を立てるため、柱を立てるのは、そこに天井や屋根をのせるため、といった仕方で、行為とそこで用いられる道具は「目的‐手段」のネットワーク（「目的手段連関」）を作っている（「**道具連関**」）。また、そのことをいちいち思い返すことはなくても、われわれはこうした目的手段連関のことをつねにわきまえている（「**配視**（Umsicht）」）。

この道具連関こそがわれわれの生きる場所である。特に何をするわけでもなく、ただ歩くだけでも靴や衣服が道具として用いられている。また、われわれは、この外部にあらかじめ存在し、その後で道具連関に入り込むわけではない。道具連関こそがわれわれの生きる「世界」であり、われわれにはそれ以外の場所はない。それゆえ、現存在は「**世界内存在**（In-der-Welt-Sein）」だ。

また、わたしが洗面、料理、家造りなどをするのは、結局、まわりまわって自分自身のためなのだから、わたしが組み込まれている目的手段連関の究極目的はわたし自身の現存在だ。こうして、世界内存在としてのわたしは、道具を用いてそのなかで生きることにおいて、自分自身に配慮し（Sorge）、自分の存在に関わっている（①）。ところが、日常におけるこのあり方は幻想である。なぜなら、道具連関、目的‐手段連関の究極目的としての自分は交換可能だからである（わたしの作った料理も家も、できたとたん、他人にとられるかもしれない）。交換可能、代理可能な現存在のことをハイデガーは「**ひと**《ダス・マン》（das Mann）」とよぶ。それは匿名の、誰でもありうるけれども、誰でもいい存在である（②）。そしてハイデガーは、こうした交換、代理可能なあり方は、現存在の「本来」に反する「非本来性」であるとする。

ハイデガーの「存在と時間」

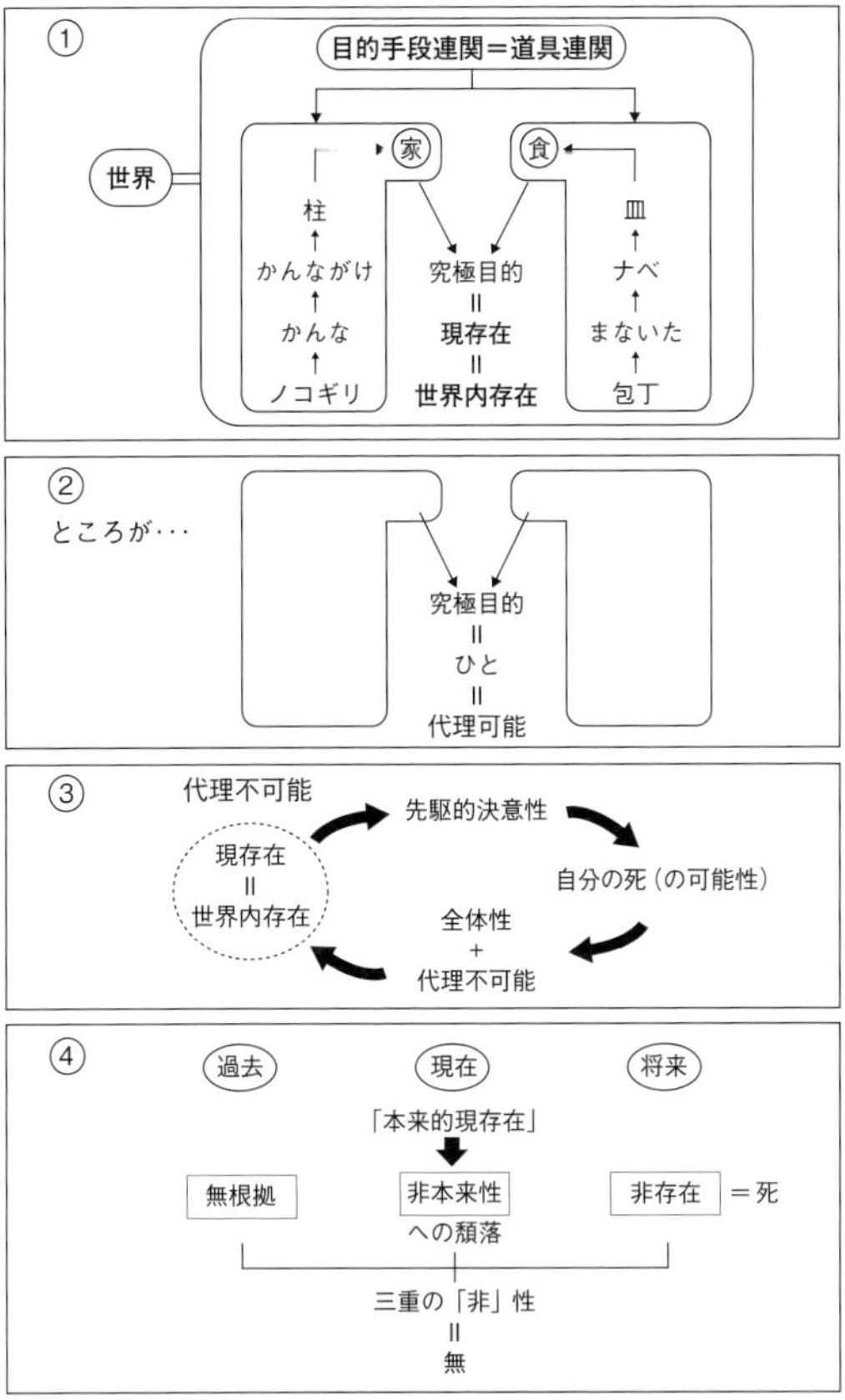

（二）死へ向かう存在――現存在の本来性

交換や代理が不可能なあり方が実現されるのは、自分自身の死（の可能性）を直視するときである。

誰かが、ほかの誰とも交換不可能であるのは、たとえば、そのひとが傑出した才能を持っているときかもしれないが、誰もがそのような才能を持っているわけではない。それに対して、死は、誰もが生まれたときから運命づけられている事柄だ。現存在は、例外なく、生まれた瞬間から「**死へむかう存在**（Sein zum Tode）」である。

しかも、わたしは自分の死を誰かに代わってもらうことはできない。なにかの事情で「身代わり」となってもらうことはありえても、その場を切り抜けたわたしは、いつか自分の死を迎える。死病に冒された幼いわが子の死を代わってやれないかと親なら思うにちがいないが、それは不可能だ。わたしの死はわたしのみが立ち向かえるものであり、それを前にした現存在はそれぞれ交換、代理不可能であり、それゆえ、ここに現存在の本来性を確保する回路を見いだすことができる。

自分の死は、現存在が本来的なものであるために、もうひとつ重要な意味をもつ。すなわち、棺を覆いてのちはじめて生はさだまると言うように、現存在は、死を迎えてはじめて全体として完結しうる（「**全体性**」）。現存在はその全体性を確保してはじめて本来の現存在でありうる。だが、一方、現存在は、死を迎え、自分が生ききった瞬間、すなわち全体性が成就された瞬間、自分の存在を失ってしまう。まるで、風船に空気を満たして、その能力が最大限に発揮された瞬間、割れてしまうように、現存在は本来性全体性が達成された瞬間、その存在を失うのである。

ところが、自分の死をリアルタイムで経験することも、まして、それを後から振り返ることもできない（「死の追い越し不可能性」）。そのため、自分が死ぬという可能性をひとは日常的には忘れている。なるほど誰もが「ひとはいつか死ぬ」と考えているが、ここでいう「ひと」とはまさに誰でもいいが、誰というわけでもない「ひと」である（「ひとごと」）。ところが、現存在は、死を避けることはできず、死によって全体性が達成されることによって存在を全うするのが本来のあり方であり、それを成就するためには、そのつど、自分の死をあらかじめ先回りして（「先駆的」）、その可能性と立ち向かう「**先駆的決意性**」が必要であるとハイデガーは言う③。

とはいえ、そのようにして本来的現存在が確保されたとしても、安住の場が見いだせたわけではない。過去、現在、将来という時間の三局面に関して見たとき、将来に関して現存在は、自分の可能性に身を投じる「**企投**」をおこなうが、それは結局、死、すなわち自分の非存在、無にいたる。過去についてみれば、あらゆる現存在は、気づいたときには、根拠も理由も意味もなく「つねにすでに」現に存在していた（「**被投性**」）。そして現在において現存在は非本来性へと「頽落」している。無根拠、非存在、非本来性、という三つの無に取り囲まれた存在が現存在なのである④。こうして、無をまえにした現存在は「不安」におそわれ（「情動性」）、居心地の悪さ（「**不気味さ**」、Unheimlichkeit）をおぼえることになる。

（三）「転回」以降のハイデガー

『存在と時間』は未完に終わる。存在一般を明らかにするうえで、現存在を手がかりにしても、**デカルト**以来の主観中心主義を克服することはできないからだ。しかも、デカルト以来の哲学は、自然を主観のとらえた法則性に還元し、支配、制御の対象としかとらえない、技術偏重主義である（『世界像の時代』）。

『芸術作品の起源』においてハイデガーは、絵画や詩、建築などの芸術作品に注目する。ゴッホの『靴』が、農夫の生活やその歴史、過去の決断、生まれ落ちての運命など、その「世界」を示す（「開示」）とともに、かれらが踏みしめる「大地」を露わにする。世界はかれらの生活を開示するが、それは歴史など、当面、隠蔽されているもののゆえである。また、大地は、それが地表の下に「隠蔽」されているがゆえにすべてを支え、ここには、隠蔽の開示という構造がある。『存在と時間』においてハイデガーは、なにものかがその真の姿をあらわすこと（「**アレーテイア**」）こそが真理だとした。芸術作品に見られる隠蔽と開示の相互貫通の構造とは、存在の真理の真相にほかならず、それを「**生起**（Ereignis）」とよぶ。こうして、現存在を手がかりとして存在の意味をさぐるのではなく、存在そのものに定位して、その真理を探究するにいたったハイデガーの思索の転換を「**転回**《ケーレ》（Kehre）」とよぶ。

その後、『哲学への寄与』では、ドイツ神秘思想を思わせる「響き」「投げ送り」「跳躍」「基礎づけ」「将来的な者たち」「最後の神」といった段階を組み合わせることによって存在の理解が図られる。『存在と時間』における「配視」、『芸術作品』における「**開示／隠蔽**」など、ハイデガーは視覚的比喩に頼っていたが、やがて「存在の声に聴従する」といった聴覚的比喩が前景にあらわれる。どこからともなく響く声を聞くとき、そこから贈られていることに気づく。対象化、言語化しえぬものをあらわすのが、後期ハイデガーにおける「**存在（Seyn）**」という表記であった。

ハイデガーは、その謎めいた、しかし従来の哲学を覆すテクストにより、ドイツ、フランスの多くの哲学者に大きな影響を与えた。

【参考文献】『ハイデッガー全集』（創文社）、『ハイデッガー選集』（理想社）、ハイデガー『存在と時間』（ちくま学芸文庫、中央公論新社）、木田元編『ハイデガーの知88』（新書館）、ドレイファス『世界内存在』（産業図書）

ハイデガーの生涯／著作

1889　バーデン州ミスキルヒで誕生。
1909　フライブルク大学神学部入学。
1915　論文「ドゥンス・スコトゥスの範疇論と意義論」。
1922　論文「アリストテレスの現象学的解釈」（ナトルプ報告）。
1927　『存在と時間』を刊行。
1928　フライブルク大学正教授に就任。
1929　『カントと形而上学の問題』。
1933　フライブルク大学総長就任式で「ドイツ大学の自己主張」講演。翌年退任。
1943　『ヘルダーリンの詩作の解明』。
1949　『ヒューマニズムについて』。
1953　『形而上学入門』。
1957　『根拠律』。
1959　『言葉への途上』『放下』。
1960　『芸術作品の起源』。
1961　『ニーチェ』。
1962　『物への問い』『技術と転回』。
1967　論集『道標』。
1971　『シェリング講義』。
1976　フライブルクで死去。

サルトル

Jean-Paul Sartre（一九〇五〜一九八〇）

フッサールや**ハイデガー**から出発したサルトルは「**実存主義**（existentialisme）」を唱え、第二次世界大戦後の欧米や日本などでひろい読者層を獲得した。

デカルトは「わたし（自我）」を哲学の基礎にすえたが、サルトルにとって、自我は反省によってあとから作り出されたものであり、基礎となるのは「意識」である。すなわち、人間はだれでも、「自分は机ではない、かれとはちがう、世界ではない」といった仕方で自己を規定し、それによって存在する「**対自存在**（être-pour-soi）」であり、これは事物や道具がそれ自体においてただ存在する「**即自存在**（être-en-soi）」であるのとは鋭い対照をなす。対自存在としての意識は、自分とそれ以外のものの間に「無」「裂け目」を生み出しながら存在する。

この裂け目は、自分自身に対しても生じる。すなわち、自分の過去や現在を否定して、あらたなあり方を目指す（「**投企**（projet）」）のが人間のあり方だ。ひとはだれでも気づいたときにはすでに現実に存在していたが、その自分が何者であり、世界とどのように関わるかは各自が自分で決める。伝統的なヨーロッパ哲学においては、個物について、「イデア」（**プラトン**）、「本質」（**トマス**）が先立つとされていた。ところが、サルトルによれば、個人に関しては、そのあり方（本質）がさだまる以前に、だれもがつねにすでに現実に存在していることになる。つねにすでに現実に存在している各自のあり方を「**実存**（existence）」とよぶ。こうしてサルトルは「**実存は本質に先立つ**」と述べる。一方、自分のあり方をみずから選択することは実存的決断とよばれる。

その本質が定まらず、とりあえず現実に存在している各実存は、基本的に「自由」である。ただし、なんの指針もない状態で、すべてが自分の選択に委ねられるという状況はむしろ苦痛である。自由は伝統的に、実現すべき理想と考えられていたが、サルトルにおいては逆に、だれもが巻き込まれた事実であり、しかもかならずしもありがたいものでもない。サルトルによれば、「人間は自由の刑に処せられて」おり、また「人間は自由でなくなる自由はない」。「人間は無益な受難である」。各自のあり方は、行為によって実現するので、現実への身を賭した積極的参加（「**アンガ**

ジュマン（engagement）」が要請される。

一方、対自存在とは、自分の過去と現在に裂け目を生むことによって存在するものなので、「それであるものではなく、それでないものである」。また根本的に自由であるということは、だれも自分が何者かわからない、ということでもある。その不安から、各自は、何らかの役割を演じることで逃れようとする。サルトルによれば、パリのカフェの給仕は懸命に「給仕の役」を演じようとしている。それは、自分の姿を自分に対していつわる「自己欺瞞（mauvaise foi）」である。

とはいえ、人間は、こうした対自存在としてのあり方を失い、即自存在に転落することがある。それは、わたしが、他人の「まなざし（regard）」の対象になるときだ。

サルトルによれば、互いに相手をまなざしの対象としようとする「他人という地獄」が人間関係であり、それは「相克」である。

サルトルは、やがて**マルクス主義**と実存主義の綜合を企て（『弁証法的理性批判』）、個人が「全体」へ向かって自分を乗り越え、個人的実践によって歴史を作ることこそが弁証法であるとした。

サルトルはまた『嘔吐』などの小説、『出口なし』などの戯曲でも知られる。フランスではその後、構造主義などが一世を風靡し、サルトルの考えは、主観主義的人間中心主義的なものとして顧みられない時期が続いた。

【参考文献】『サルトル全集』（人文書院）、『サルトル／メルロ＝ポンティ往復書簡』（みすず書房）

サルトルの生涯／著作

1905　パリに生まれる。父親は海軍将校。
1923　ポール・ニザンとつくった同人誌に短篇「病める者の天使」を書く。
1924　高等師範学校に入学。
1929　ボーヴォワールと知り合い、２年間の契約結婚を結ぶ。教授資格を取得。
1931　ル・アーブルの高等中学校の教師に就任。
1933-34　ベルリンに留学し、フッサール現象学を学ぶ。
1936　『想像力』を刊行。
1937　『自我の超越』『壁』刊行。
1938　『嘔吐』を刊行。
1939　『情緒論素描』刊行。
1940　『想像力の問題』を刊行。
1943　『存在と無』を刊行。『蝿』がデュラン演出で初演。
1944　『出口なし』初演。
1945　雑誌『現代』（『レ・タン・モデルヌ』）を創刊。『自由への道』の第１部「分別ざかり」第２部「猶予」を刊行。
1946　『実存主義とは何か―実存主義はヒューマニズムである』を刊行。
1947-76　『シチュアシオン』を刊行。
1947　『ボードレール』刊行。
1948　『文学とは何か』刊行。『汚れた手』初演。
1949　『自由への道』第３部「魂の中の死」第４部「最後の機会」
1951　『悪魔と神』初演。
1952　『聖ジュネ』を刊行。
1953　『キーン』初演。
1955　『ネクラソフ』初演。
1959　『アルトナの幽閉者』初演。
1960　『弁証法的理性批判Ⅰ』を刊行。
1964　『言葉』刊行。ノーベル文学賞を辞退。
1965　『トロイヤの女たち』初演。
1971　『家の馬鹿息子』を刊行。
1973　『反逆は正しい』刊行。
1980　肺水腫により死去。
1983　『マラルメ論』『奇妙な戦争―戦中日記』『倫理学ノート』刊行。
1989　『真理と実存』刊行。
1991　『アルブマルル女王もしくは最後の旅行者』刊行。

メルロ=ポンティ

Maurice Merleau-Ponty（一九〇八〜一九六一）

西洋哲学において、人間の身体が肯定されたことは僅かであり、それが具体的に分析されたことは皆無だった。**フッサール**の現象学と構造主義を巧みに融合したメルロ=ポンティは、身体を精緻に分析し、主知主義と経験主義の二元論を克服しながら、「世界」や「存在」を解明する地点にまで踏み入った。『行動の構造』（一九四二）は、有機的自然、心理、社会の関係を、動物の採取行動などからあきらかにする。行動は、生理学者の考えるような「刺激‐反応」という要素同士の関係（動いているものなら何でも跳びかかるヒキガエルの無条件反射のような「癒合的形態」）につきない。いわゆる条件反射のように、「明暗」など、視野の構造に反応し、学習可能な「可換的形態」、地図上の記号の位置関係と現地の建物の位置関係とを対応させるように、構造同士の構造を把握する「シンボル的形態」などが区別され、その到るところに、〝要素の寄せ集めをこえた意味をもち、移調可能な布置〟である「ゲシュタルト」（「形」）がみられる。また、**新カント派**は、無機的自然が有機的自然を、有機的自然が心理を一方的に基礎づける「階層構造」を唱えたが、メルロ=ポンティによれば、上位の構造の必要から下位の構造が変形することもある（右腕の神経を切断されたネコにおいて、右腕なしには脱出できない状況では、通常、ありえない仕方で右腕を動かす神経回路がうまれる）。

身体が具体的に分析されるのは『知覚の現象学』（一九四五）だ。ここでいう身体は、数値化（身長、血圧など）、対象化された「客観的身体」ではなく、上下左右前後などの「方位原点」としての「現象的身体」だ。自転車に乗る、ボールを受ける、キーボードをうつなどの際、われわれが意識的、意図的に腕や腰、指などを制御しなくても、身体各部位が「自然発生的」にバランスをとり、坂やカーブなど、状況の変化に対応する。状況にいくらでも適応する、身についた動き方が「**身体図式**」(schéma corporel)だ。それにもとづく所作は、「わたし」がおこなう「一人称的」行為ではなく、匿名の「非人称的」行動だ。その結果、幼児期以来、習得された無数の身体図式は、習慣化された行為として自動化され、「習慣的身体」となる。習慣化された身体図式（たとえば握手）は、それに必要な身体部位（右腕）が事故などで失われても残存し、失った肢体に重さなどを感じる「幻影肢」をうむ。

一方、ボールの速度などに応じて、差し出す腕の角度やタイミングなどが調整されるが、このように、多くは視覚的にあたえられ、適切な身体運動を引き出す状況のあり方を「運動意味」と言う。その結果、身体は、状況と一つの「系（システム）」をなす「状況内存在」となる。状況の運動意味に対応することで、新たな身体図式が起動し、（楽器、技術習得など）身体的実存全体は更新されてゆく。状況に応じた新たな身体図式は、それ以前の身体的実存にとっては、（状況に依存した）偶然的なものだが、一度身についたあとは、それなしに状況を生き抜くことはできない必然的なものとなる。身体的実存とは偶然を必然に転化する装置であり、偶然性と必然性という、通常相対立する二つの規定が両立する「**両義性**」をその特色とする。

メルロ=ポンティ生涯／著作

1908 フランスの大西洋岸、シュフォール・シュル・メールに生まれる。
1926 高等師範学校に入学。在学中サルトル、ボーヴォワール、レヴィ＝ストロースらと知り合う。
1935 「キリスト教とルサンチマン」発表。
1935-39 高等研究院におけるコジェーヴのヘーゲル講義を聴講。
1942 『行動の構造』刊行。
1945 学位論文として同年刊の『知覚の現象学』および『行動の構造』(1942)を提出、博士号を受ける。
1947 『ヒューマニズムとテロル』刊行。
1948 『意味と無意味』を刊行。
1955 『弁証法の冒険』を刊行。
1960 『シーニュ』を刊行。
1961 パリの自宅で執筆中、心臓麻痺のため死去。
1964 『見えるものと見えないもの』刊行。
1967 『世界の散文』刊行。

状況そのものも、身体的実存との系において組織化されるが、それが知覚である。夕焼け空にぼんやり見えたものが、とつぜん、気球と判明する、遠方のグラスがいかにも脆そうに見えるなど、知覚の内容は、わたしがいる「ここ」から離れた「あそこ」で視野が組織化・分節化・形象化されたり、視覚的与件に触覚的性質を感じたりするなど、「物のうちでの超越」によって自然発生的に決定される。こうした組織化は、状況ごとに一貫した仕方で起こるため、「世界」や「事物」の実在や超越、同一性が確保される。それを可能にする「首尾一貫した変形」が、中期メルロ=ポンティの言う「スタイル」だ。他方、組織化、形象化は、状況にそのつど、適切に対応する身体図式なしにはありえない。そのため、「世界は身体という生地で仕立てられている」。だが他方で、知覚は「あそこ」における組織化だ（「視覚は、物のまっただ中で生起する」）。こうした両義的なあり方を、晩年のメルロ=ポンティは「**キアスム**」（「わたしが生きればおまえが死ぬ、おまえが生きればわたしが死ぬ」など、食うか食われるか状態）とよび、それが生起する全体を「**肉**」とよんだ。それは、身体と世界、感覚と思考など、いたるところにある「絡み合い」の総称である。

【参考文献】 メルロ=ポンティ『眼と精神』『見えるものと見えないもの』『意識と言語の獲得』『シーニュ』（みすず書房）、『知覚の現象学』『フッサール「幾何学の起源」講義』（法政大学出版局）

ガダマー Hans-Georg Gadamer（一九〇〇～二〇〇二）

聖書や古代文学、思想など、簡単には理解しえないテクストを理解可能にするための「**解釈学**（Hermeneutik）」は、古代ギリシア以来、**ルター**や**シュライエルマッハー**を経て、**ディルタイ**まで、多くの議論が積み重ねられた。広義の他者理解論でもある解釈学は、テクスト理解の技法とみなされたが、ガダマーは、**ハイデガー**の現存在分析と重ね合わせて、哲学として彫琢した（『真理と方法』一九六〇）。

通常、テクスト理解とは、テクストの著者の見解や考えを追体験することと考えられていた。〝著者の気持ちになる〟というこのモデルをガダマーは批判し、未来に向かっての「対話」「経験」として、理解や解釈をとらえる。

テクストにおいて理解困難な場所があるのは、その著者と解釈者との間で、なにかを認知、評価する前提が異なるからだ。このようにひとや時代、地域によって異なる、感覚（感性）や認識、価値判断、行為の規範のことをガダマーは「**地平**（Horizont 視野、基準）」とよぶ。地平とは、地平線・水平線の内側の、各自の視点が位置し、視界を限定するものだが、それを逃れることは誰にもできない。一方、どんなに中立的な読み方をしているつもりの解釈者も、各地域、時代固有の地平に加え、伝統的に形成された読解コードや評価基準などの影響を免れることはできない。こうした、過去の範型的作品が相互に影響を与え、その総体が学校教育などをつうじて解釈者の読解の足場となる事態を「**影響作用史**（Wirkungsgeschichte）」とよぶ。

地平は、見方を変えれば「偏見」「先入観」だ。通常、とりわけ近代自然科学的認識観において、偏見や先入観は認識を曇らせる悪しきものとされていた。ところがガダマーによれば、じつは地平こそが解釈、理解を可能にする。すなわち、理解困難なテクストの著者は、（後代の）読者、解釈者に対して、著者なりの真理を主張しようとしており（「**真理要求**（Wahrheitsanspruch）」）、読者としては、それにまず気づく必要があるとガダマーは言う。たとえば、愛する者が若死にしたとき、その遺体に防腐処理をしてガラスケースに入れ、自分の身近におく、というシーンがあったとき（ゲーテ『親和力』）、それをグロテスクな悪趣味として否定するのではなく、著者なりの真理の表現ととらえなければならない。

その可能性に思いがいたったとき、解釈者は、自分の見方（地平）が間違っているかもしれないという動揺に襲われ、「愛する者を弔う、本当のやり方は何か」という問いに直面する。この問いは、（入学試験問題のように）すでに解答が決まっている見せかけの問い（「偽の問い」）ではなく、どこかに回答があるかどうかもわからない、「真の問い」である。真の問いに直面したとき、解釈者は、なんとかして答えを見つけようとする。その中で、著者の地平も、また、それまで解釈者自身を拘束していた地平も相対化され、著者と解釈者、またそれ以外の地平を巻き込んだ「**地平融合**」が起こり、第三の地平がえられる。解釈とは、こうして著者と解釈者との間の「問いと答え」の関係（「対話」）であり、そのプロセスは、解釈者が古い自分をこえて新たな地平に達する「経験」でもある。このプロセスが起動するためには、テクストにおける理解困難な箇所にであわなければならないが、それが浮上するのはひとえに、解釈者が、著者のものとはちがう、自分の地平に立っていたからなのである。偏見、先入観といわれた地平は、解釈プロセスを起動する。それが理解の妨げとなるのは、解釈者が自分の地平に固執するときだけだ。

　一方、地平融合によってえられた第三の地平もまた、別の見解にぶつかれば崩れてしまう。自分の地平を絶えず相対化しながら、さまざまな他者の理解を深めてゆく作業に終わりはない。この事態をガダマーは解釈学的循環とよぶ。解釈学的循環とは、伝統的に、「テクストの部分を理解しなければ全体は理解しえず、全体を理解しなければ部分も理解できない」という、解釈を不可能にする循環と考えられていた。だが、重要なのは、循環に「正しく入り込むこと」である、とガダマーは言う。それは、解釈に終点がないこと、人間存在が有限であることを示す循環なのである。

　ガダマーの議論は、「**作者の死**」の議論を導いたが、その一方で、「解釈の普遍性」をめぐる**ハーバーマス**からの批判、解釈行為全体の基盤に「善意志」という主観主義的要素が隠れているとする**デリダ**からの批判も寄せられた。

ガダマーの生涯／著作

1900　マールブルクに生まれる。
1923　フライブルク大学の研究室を訪れ、ハイデガーに会い、夏休みをハイデガーの山小屋で過ごす。
1931　教授資格論文『プラトンの弁証法的倫理学』を刊行。
1950　このころ、解釈学理論の構築を決意。ハイデガー60歳記念論文集を編集・刊行。
1953　クーンとともに雑誌『哲学展望』を創刊。レーヴィットをアメリカからよび戻す。
1960　『真理と方法』を刊行。
1962　ドイツ哲学会会長となる。
1967-77　『小論集』を刊行。
1967　ハーバーマスとの論争開始。
1971　『ヘーゲルの弁証法』を刊行。
1976　『科学の時代における理性』を刊行。
1981　パリでデリダと論争。
1985-95　『著作集』を刊行。
2002　ハイデルベルクで死去。

【参考文献】ガダマー『真理と方法』『芸術の真理』『健康の神秘』（法政大学出版局）、『哲学 芸術 言語』（未来社）

レヴィナス

Emmanuel Levinas（一九〇六〜一九九五）

ハイデガーとおなじく、レヴィナスは「存在」を問題にするが、ただし、そのスタンスは正反対だ。ハイデガーにとって、自分の存在はあらかじめ自明であり、すべての存在者にとっての贈与だった。それに対して、ナチス・ドイツの強制収容所から奇跡的に帰還したレヴィナスにとって、世界や自分が存在しているということこそ、信じられない、恐るべきことである。ハイデガーが、「〜は存在する」という意味のドイツ語「Es gibt（それは与える）」から出発するのに対して、レヴィナスは、同じ意味のフランス語「**il-y-a**《イリヤ》（それはそこに〜をもつ）」によるが、それはかれにとって、存在者なき存在であり、生き埋めの恐怖にも比するべきものだった。そのような地点から、レヴィナスは、主体の位置を割り出そうとする。

レヴィナスがまず批判するのは、西洋哲学における「**全体性**（totalité）」の形而上学だ。キリスト教は、この世の終末におとずれる「最後の審判」によって世界全体を完結した全体として把握し、そのなかに個人を位置づける。他人をふくむ諸対象、世界全体を認識し、概念によって意味づけ、それによってすべてを「同化」する自律的認識主体として自我をとらえる**プラトン**、**デカルト**、**カント**、**ヘーゲル**、さらに**フッサール**などの哲学もまた、全体のなかに位置づけられつつ、その全体を把握する自我という、同じ構図によっている（『全体性と無限』一九六一）。

ところが、ここに、自我に由来する意味に回収しえず、全体性に絡め取ることができないものが登場する。すなわち、弱く、無防備な「**顔**（visage）」だ。顔とは、デカルトからフッサールにいたる西洋哲学においてつねに範型とされた認識や観察の対象ではなく、対面のなかで経験され、わたしに応答を迫る存在である。それは、なんらかの本質や概念に回収し、同化されることのない、「わたし自身には内包されない絶対的に他なるもの」だ。

顔は、わたしに羞恥をおぼえさせる。羞恥とは、日頃、見て見ぬふりをしている自分自身の姿を暴露されたときにおぼえる、自分自身であることへのいたたまれなさである。それによって、わたしは内面を切り崩され、自分を空にし、自分であることに安住することをやめて、自分をこえたものを求めざるをえない。顔とは、わたくしに無限の責任を課す他者なのである。

顔という他者に応答し、無限の責任を果たすとき、じつはわたしは「存在」している。他者とは、こうして、存在に先立つものであり、それ自体は、存在とは別の次元に属する。こうした他者のあり方をレヴィナスは「**非根源的**」(anarchique 根源＝アルケーの不在)とよぶ。

一方、他者とのこうした関係は、非相互的、非対称的な「関係なき関係」であるが、このような無限の応答への責任を果たすことが「倫理」である。「汝殺すなかれ」といった規範に代表されるように、カントなど、伝統的倫理学において、倫理とは、自分と他人との間の対称的関係と考えられていたが、レヴィナスにおける倫理は、まったく非対称的である。だが、他者とのこうした関係があってはじめてわたしは存在しうるのだから、他者への応答という倫理は、わたしにとって不可避となる。こうして、不可避の倫理が存在のさらに根底に存することになる。

顔と対面したとき、わたしは自律的な理性的人格であることをやめ、無限に責任に答え、自分を相手に贈与する。それはわたしがわたしに休らうことすら不可能とするだろう。こうして、西洋哲学においてつねに想定されていた全体性に破れが生じ、わたしは全体の一項であることから抜け出すことができる。こうして、存在することから脱却することこそが、レヴィナスにとっての正義である。

カント的実践理性とは、自分のしたがう法をみずから立て、それぞれ自分の目的を追求する相互に対等な理性的主体の共同体を目指すものだった。レヴィナスは、こうしたカント的実践理性の白黒反転的構図を描く。そこでは、非対称的、非相互的な関係において、他者による他律的なあり方が倫理とされるのである。

八〇年代以降、レヴィナスの思索は、**デリダ**をはじめとするフランスの哲学者に影響を与えて、倫理へのシフトを引き起こし、また、当時の他者論にも大きな影響を与えた。

レヴィナスの生涯／著作

1906　ロシア帝国領リトアニアのカウナスに生まれる。
1920　リトアニアに戻る。
1923　フランスのストラスブール大学に入学。哲学を学ぶ。
1930　『フッサール現象学における直観の理論』を刊行。また、この年にフランスに帰化。
1935　『逃走について』刊行。
1947　『時間と他者』『実存から実存者へ』を刊行。
1949　『フッサール、ハイデガーと共に実存を発見しつつ』を刊行。
1961　『全体性と無限』で国家博士号を取得。
1963　『困難な自由』を刊行。
1968　『四つのタルムード読解』を刊行。
1974　『存在の彼方へ』を刊行。
1976　『固有名』を刊行。
1982　『倫理と無限』を刊行。
1993　『死と時間』を刊行。
1995　パリで死去。

【参考文献】 レヴィナス『固有名』(みすず書房)、『時間と他者』(法政大学出版局)、『実存から実存者へ』(講談社学術文庫)、熊野純彦『レヴィナス入門』(ちくま新書)

フランクフルト学派

フランクフルト社会研究所とその機関誌『社会研究』(一九三二〜四二)を中心とした知識人サークルの名称。**マックス・ホルクハイマー**(一八九五〜一九七三)、**ヴァルター・ベンヤミン**(一八九二〜一九四〇)、**ヘルベルト・マルクーゼ**(一八九八〜一九七九)、**テオドル・アドルノ**(一九〇三〜六九)などの「第一世代」、「第二世代」の**ユルゲン・ハーバーマス**(一九二九〜)など。**ルカーチ**(一八八五〜一九七一)をはじめとする西欧マルクス主義、ウェーバー・マルクス主義、中流階級の心理を分析するためのフロイトの援用、さらに、批判的反省による理論と実践との関連づけなどといった共通項はあるものの、むしろ各哲学者独自の活動により、それぞれ影響力をもった。

ホルクハイマーは、一九三一年にフランクフルト社会研究所長に就任し、『社会研究』を刊行した。彼は、マルクス的資本主義批判と世紀末的市民文化批判とを結合する。当初は、社会全体を問題とする機能が社会科学にあると主張して、最先端の個別科学と哲学とを結合した学際的唯物論のプログラムを主導したが、やがて、学問への希望を失い、西洋において「**道具的理性**」のみが理性として残るにいたった過程を論じている(『啓蒙の弁証法』一九四七)。

アドルノ

ベンヤミンは、ユダヤ神秘思想とマルクスの解放理論とが結合した独特の思想で知られる。とりわけ、「複製技術時代の芸術」(一九三九)では、宗教的礼拝物などに代表される「**アウラ**」が近代芸術において減少の一途をたどり、映画のような複製芸術においては決定的に失われたと指摘する。しかし、ベンヤミンにとって、それはヘーゲル的な「芸術の終焉」を意味するものではなく、映画におけるモンタージュ技法などによる異化効果など、新たな芸術のあり方を開くものであった。『パサージュ論』では、十九世紀パリの街路について社会史的に考察され、資本主義の夢からの覚醒が期待される。遺稿となった「歴史の概念について」では、歴史がつねに勝者の歴史であるとすれば、救済がどのように可能かを論じる。

マルクーゼは、マルクス主義とハイデガーの実存哲学の統合を目指し、『一次元的人間』(一九六四)は、ニュー・レ

ヨーロッパ亡命地図

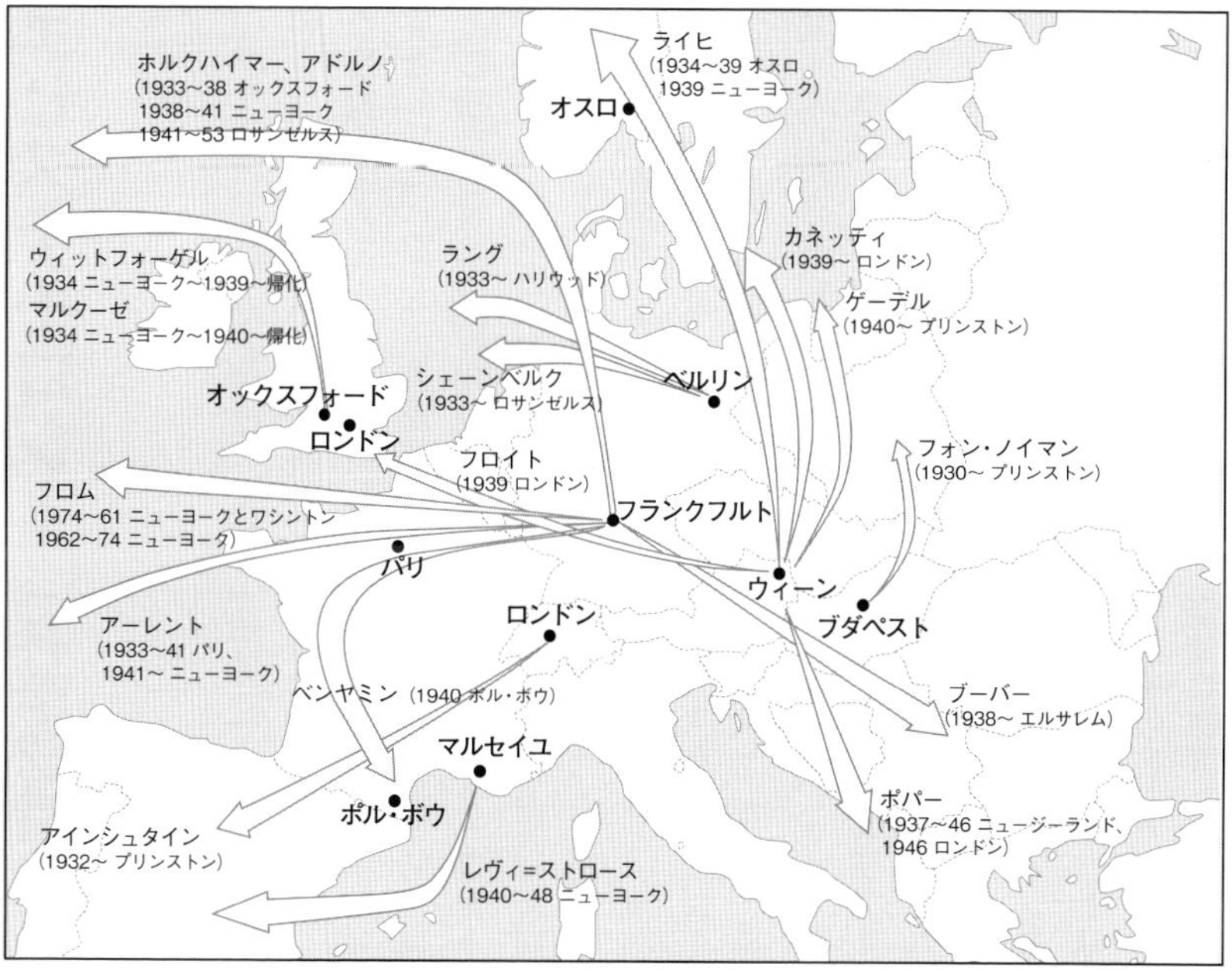

フトのバイブルとなった。

アドルノは、哲学、社会学、美学を横断する業績を残したが、**ヘーゲル**の弁証法における同一性原理への傾斜を取り除き、真理は否定性としてしか可能ではないとする非同一性原理を一貫した。

アドルノ門下であるハーバーマスは、十八世紀において成立した、芸術や文学、政治について自由に議論を戦わせる「公共圏」が現代において失われ、形式民主主義に堕した「構造転換」をふまえ、言論による合意の条件を追求する。それは、いかなる強制もない自由な討議によって合意にいたる「**理想的コミュニケーション**」だ。ハーバーマスによれば、**カント**以来の「啓蒙」は、現代においてもなお、「未完のプロジェクト」であり、また、民主主義において絶対的に優先する個人権の擁護のためにも公共圏の機能が不可欠である。

ハーバーマスは、英米分析哲学やフランス現代思想にも論争を挑んだが、一方、「合意のテロル」と批判する者もいる（**リオタール**）。

【参考文献】ホルクハイマー、アドルノ『啓蒙の弁証法』（岩波書店）、アドルノ『否定弁証法』（作品社）、マルクーゼ『一次元的人間』（河出書房新社）、ハーバーマス『近代の哲学的ディスクルス』（岩波書店）、ジェイ『弁証法的想像力』（みすず書房）、徳永恂『フランクフルト学派の展開』（新曜社）

エピステモロジー（科学認識論）

フランスでは、たとえば「質量」「速度」「正常」「異常」のような自然科学の基本概念が、科学理論内部でどのような位置を占めるかを実証的に考証し、科学史を連続的発展としてではなく、「非連続」な組み替えの連続として捉える独自の科学史研究があった。**オーギュスト・コント**（一七九八〜一八五七）の実証主義、**アンリ・ポアンカレ**（一八五四〜一九一二）や**ピエール・デュエム**（一八六一〜一九一六）などの自然科学者自身による科学についての理論的反省といった伝統にもとづいて、**ガストン・バシュラール**（一八八四〜一九六二）、**ジョルジュ・カンギレム**（一九〇四〜一九九五）が築いた「科学認識論」（エピステモロジー）である。のちの**アルチュセール**、**フーコー**、さらに**ピエール・ブルデュー**（一九三〇〜二〇〇二）などの仕事は、彼らなしには考えられない。

　バシュラールによれば、たとえば、アインシュタインの相対性理論をニュートン物理学の「発展」とみなすことはできない。彼は「新しい学説は古い学説を包含した」にすぎない、と考える。従来、質量は一定量の物質との関係で定義され、速度は質量の関数だったが、アインシュタイン以降は、質量が速度の関数とみなされるといった「**非連続性**」が見られるからである。

バシュラール

　カンギレムもまた、科学に関する進歩史観を否定する。過去を現在の先駆形態、現在が可能になるための模範とみなす考えは、回顧的錯覚にもとづいている。むしろ、科学の展開は不連続であり、構造的な科学史は、不連続性をも説明できなければならない。カンギレムがとりあげるのは生命科学だが、そこでは、たとえば「正常」と「異常」に関する逆転が生じた。十九世紀において、正常（健康）と異常（疾患、病的）との相違は数量的に捉えられ、異常は、統計的な平均値からの偏差とされた。両者の関係は連続的で、正常な身体の「生理学」をもとに病的なものも知りうると考えられた。ところが、身体が認識対象として浮上するのは疾患においてであり、健康とは身体諸器官が沈黙していることである。また、統計的平均値から外れているとしても、環境との関係においては正常となりうる。ここでは、病的なものに関する「医

フランスの科学思想の系譜図

フランス革命（1789）

｜

理工科学校（エコール・ポリテクニーク）設立（1794）

高等師範学校（エコール・ノルマル・シュペリウール）設立（1794）

｜

科学史研究

コント（1798〜1857）／**ポアンカレ**（1854〜1912）

デュエム（1861〜1916）／**コイレ**（1892〜1964）

｜

エピステモロジー（科学認識論）

バシュラール（1884〜1962）／**カンギレム**（1904〜1995）

｜

科学の非連続性

｜

アルチュセール（1918〜1990）「認識論的切断」

フーコー（1926〜1984）「狂気の歴史」「言葉と物」

ブルデュー（1930〜2002）「ディスタンクシオン」

学」から、身体の正常／異常は認識されることになる。しかも、こうしてみるならば、疾患のあることは、けっして身体にとって異常なことではなく、むしろ、いかなる不健康をも経験しない者はかえって有害な結果をまねく。生体は、開放的システムであり、疾患や障害を克服して新たな平衡状態を作ることこそが健康である。こうして、統計的平均値という正常（健康）の規範があらかじめあるのではなく、むしろ各生体は、規範を創造するシステムであることになる。

　科学史の非連続性のテーゼは、**アルチュセール**によって「**認識論的切断**」と読みかえられ、また、『狂気の歴史』『言葉と物』などの**フーコー**の仕事につながっていく。また、バシュラールは、科学認識論とは別に、独自の物質の詩学をつくった。火、土、水、空気といった物質について、その手触り（さらさらした、ねとねとした、手応えのある、など）や、その運動の方向などについて、われわれの想像力に筋道を与え、想像を膨らませるパン種のように働くさまを描き、文芸批評における「テーマ批評」に大きな影響を与えた。

【参考文献】バシュラール『科学認識論』（白水社）、『近似的認識試論』『適応合理主義』（国文社）、『空と夢』（法政大学出版局）、カンギレム『科学史・科学哲学研究』『正常と病理』『反射概念の形成』『生命科学の歴史』（法政大学出版局）

ソシュール

Ferdinand de Saussure（一八五七〜一九一三）

スイスの言語学者。ジュネーブ大学での講義ノートをもとに編集された**『一般言語学講義』**は、構造言語学の聖典とされ、また構造主義の成立に大きな影響を与えた。

ソシュール以前において、「チョウ」「サクラ」「鏡」といった語は、「概念」の名前と考えられた。花から花へと飛ぶ、薄い羽の昆虫をひとまとめにして「蝶」という概念が生まれ、それに日本語では「チョウ」という名称がつけられる。その概念は、英語では「butterfly」、ドイツ語では「Schmetterling」、フランス語なら「papillon」という名称がつけられる。こうした語彙がそれぞれ集まったものが、たとえば日本語だ、という考え方を「**言語名称目録観**」という。

ところが、「右」という語の場合、何らかの個体を集めた「右」という概念は想像しえず、「左の反対」と言うしかない。このように、ある語の意味が他の語との差異によってきまるということは、じつはすべての語について言える。かつて「下駄」「雪駄」「草履」の区別があったが、「雪駄」が死語になるとともに、いまやかつての雪駄は「草履」とよばれる。こうした事態は、言語名称目録観では説明できない。

これについて**丸山圭三郎**（一九三三〜一九九三）は卓抜な比喩で説明している。言語名称目録観においては、概念が、あたかもまんじゅうのように、実体として存在し、それに押された焼き印が名称と考えられていた。そのため、「下駄」「雪駄」「草履」というまんじゅうの入った箱から一つがなくなっても、ほかの名前や概念に変化はない（①）。ところが、実際の言語は、空気を充満した風船が、狭い箱に入れられているようなものだ、と丸山は言う。箱の中で、各風船の領分は、ほかの風船との力関係においてのみ決まる。各風船は、少しでも大きな空間を占めたいので、一つでも風船がはじけてなくなれば、空いた場所にほかの風船が広がってくる（②）。かつての雪駄が「草履」とよばれるのは、こうしたメカニズムによる。

各語の守備範囲は、他の語との差異によってきまる。言語は、各語の違いを示す差異、つまり「示差」の体系だ。体系内で、語の消滅や誕生など変動が生じると、体系全体において各語の覆う範囲も変動する。金箔の表が拡がれば、裏も同時に拡がるように、語の適用範囲と概念の範囲は表裏一体である。このように表裏一体になっているものをソシュールは「**シーニュ**」（記号）とよび、その視聴覚的に感知可能な部分を「**シニフィアン**」（表すもの、能記）、概念に当たる部分を「**シニフィエ**」（表されるもの、所記）とよぶ。また、そのつど、各語がどのような記号であるかは、その時々の示差の体系全体のあり方できまり、これを「**共時態**」という。時間経過とともに、語の誕生消滅などの変動が起こるとき、各時点での共時態Aが共時態Bに、また、共時態Bが共時態Cへといった仕方で変化する。これを「**通時態**」とよぶ。

　現実の言語活動は「**パロール**」、語彙や文法の体系は「**ラング**」とよばれ、両者の根底には、言語能力としての「**ランガージュ**」が想定される。ラングがなければパロールを営むことはできず、パロールがなければいかなるラングも現実に存在しえない。

丸山圭三郎による比喩

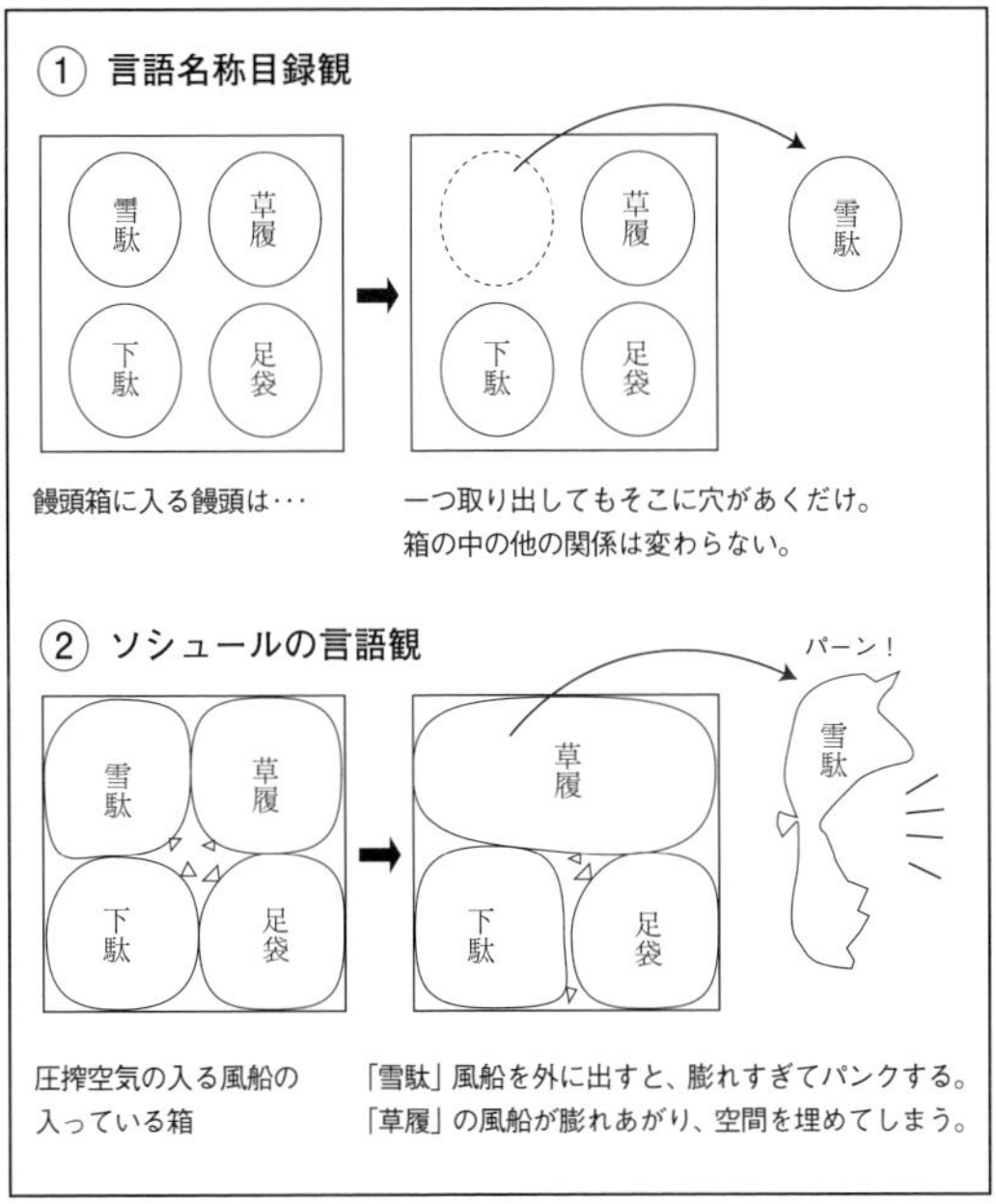

① 言語名称目録観
雪駄
草履
下駄
足袋
饅頭箱に入る饅頭は・・・
一つ取り出してもそこに穴があくだけ。
箱の中の他の関係は変わらない。
② ソシュールの言語観
パーン！
圧搾空気の入る風船の入っている箱
「雪駄」風船を外に出すと、膨れすぎてパンクする。
「草履」の風船が膨れあがり、空間を埋めてしまう。

【参考文献】『ソシュール講義録注解』（法政大学出版局）、ソシュール『一般言語学第二回講義』『一般言語学第三回講義』（エディット・パルク）、丸山圭三郎『ソシュールの思想』（岩波書店）

ソシュールの生涯／著作

1857　スイス、ジュネーブに生まれる。
1870　ギリシア語学習を開始。
1873　ギムナジウム入学。
1875　ジュネーブ大学に入学。
1876　パリ言語学会に入会。10代にして数々の発表をして注目を集める。ライプツィヒ大学に留学。
1878-79　ベルリンに滞在。
1878　『印欧諸語の母音の原初体系』を刊行。
1880　論文「サンスクリットにおける絶対属格の用法について」をライプツィヒ大学に提出し、博士号を取得。
1880　パリ大学でブレアルの講義を聴講し、才能を認められて同大学の「ゴート語および古代高地ドイツ語」講師に就任。
1891　ジュネーブ大学教授に就任。
1906-11　ウエルトハイマーの後を受け、講義「一般言語学」を行う。
1913　死去。

ラカン

Jacques Lacan（一九〇一〜一九八一）

フランスの精神科医。**フロイト**の理論を構造主義的に読みかえ、言語や他者なくして自我がありえないことを示す。

生後六〜十八ヵ月の乳幼児は、神経系の未発達のため、空腹や尿意、排便、母親の声やまなざしなど、断片的な感覚があるだけの「**寸断された身体**」にすぎない。**鏡像段階説**によれば、視覚神経の発達により、鏡に映った像を「自分の像」として認知したとき、はじめて、その鏡像において乳幼児の自我が発生する。ところが、感覚や欲求を感じる現実の身体とは別の、いわば外部の視覚像によって自我の統合が生まれるため、悲惨な寸断状態である現実的身体と統一的な視覚像とのあいだで乳幼児は絶えず緊張を強いられ、後者の統一的なあり方に理想としての自我を設定する「自己愛（ナルシシズム）」の基盤が形成される。また、乳幼児の自我は、外部の鏡像によらなければ生まれないのだから、鏡像による疎外なしに自我は成立しないことになる。また、鏡に映った自分の姿は、父母など家族に囲まれている以上、自我は、社会的関係なしには成立しない。

さらに、二〜三歳の幼児はエディプス・コンプレックスを経験する。視覚像によって統合されているにすぎない鏡像段階の幼児は、母親と自分とをはっきり区別できず、自他未分のままである。幼児は、母親が欲望するものを自分でも欲望し、また、自分こそが母親の欲望の対象になろうとする。ところが、母親の欲望は、自分ではなく、父親に向かっている。それに気づいたとき、幼児の自我のあり方は再び変化する。

そのメカニズムをあらわすのが**シェーマL**だ。フロイトの欲動（エス）にあたるSは、名も実体もない。象徴としての父親にあたる他者Aは、Sがその場所を得て、安定した構造を築くために必要な定点であり、われわれの世界から切り離されているがゆえに存在価値をもつ。象徴的な父に代わって、のちに共同体の法や言語などがそこに代入される。母親と一体化しようとした幼児が父親の存在に気づくときのように、SはAによびかけられて、それに向かおうとするが果たせず（①）、父親にとっての「いい子」としての役割を演じて（②）、母親と親子らしい関係を結ぶ（③）。そのとき幼児は、鏡像関係的な「いい子」としての

シェーマL

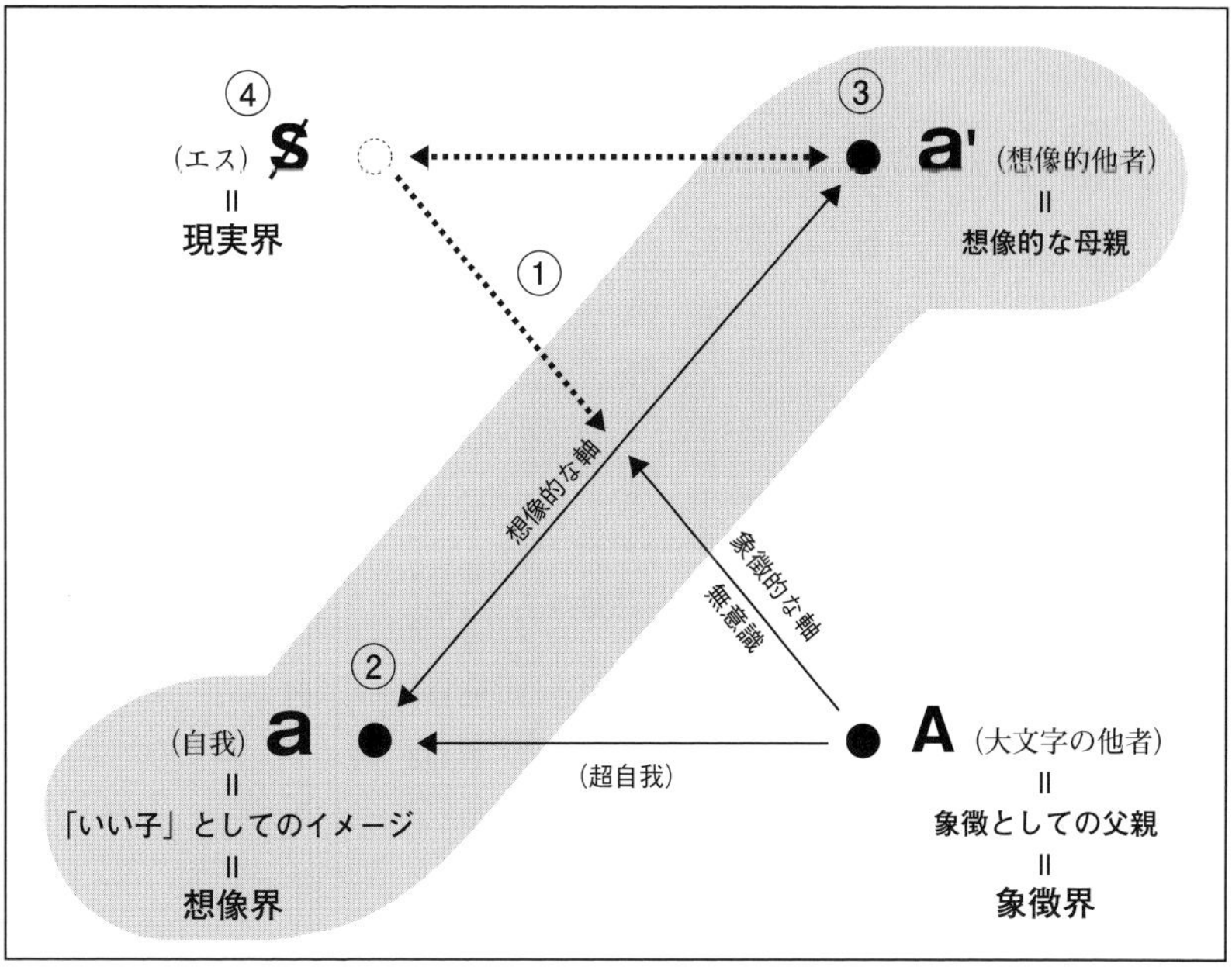

イメージであるaに移り、やはり想像的である他者a'（母親）と関係を結んでいることになる。この関係の外にあって、欲動Sは、実体が不分明な**「現実界」**として力を行使する（④）。

幼児の自我は、他者としての父親、法、言語によって形成されるばかりではなく、無意識もまた、一つの言語活動によって構造化されている、とラカンは考える。すなわち、こうして成立した「寄る辺なき」主体の内部は、他者の声によって支えられている。それに接近するためにラカンが考案したのが、フロイトの「自由連想法」をもとにした「短時間セッション」という臨床的方法だった。

【参考文献】ラカン『エクリ』（弘文堂）、『フロイトの技法論』『精神分析の四基本概念』（岩波書店）、福原泰平『ラカン』（講談社）

ラカンの生涯／著作

1901 パリで生まれる。
1928 パリの警察の病棟医を務める。
1929 サンタンヌのアンリ・ルーセル病棟に勤務。
1932 論文「人格との関係からみたパラノイア性精神病」で博士号を取得。
1932 サンタンヌ医学部の病棟医長に就任。
1936 「鏡像段階論」を発表。
1953 「セミネール」を開始。
1964 精神分析家の団体「パリ・フロイト派」を創立。『フロイトの技法論』講義。
1956 『フロイト理論と精神分析技法における自我』講義、『精神病』講義。
1958 『無意識の形成物』講義。
1960 『精神分析の倫理』講義。
1964 『精神分析の四基本概念』講義。
1966 『エクリ』を刊行。
1980 パリ・フロイト派解散。
1981 「フロイトの大義派」を創立。死去。
2001 『他のエクリ』刊行。

レヴィ=ストロース Claude Lévi-Strauss （一九〇八〜二〇〇九）

フランスの文化人類学者。**ソシュール**的な二項対立（差異）に「変換」という観点を導入することによって、「構造」の概念をつくりあげた。

　人類学が対象とする、モノやヒトの交換、規則やタブーなどについて、レヴィ＝ストロース以前は、その現象の内在的性質や機能によって説明されるのが通例であった。たとえば、世紀末の人類学において問題となった「マナ」は、売買、交換、譲渡、祈願、呪文などさまざまな場面に登場し、そのつど、多様な意味をもちうるが、**エミール・デュルケム**（一八五八〜一九一七）や**マルセル・モース**（一八七二〜一九五〇）らはそれを、神や人、事物などに宿る「霊力」のようなものと考えていた。それに対してレヴィ＝ストロースは、「マナ」は数学のXのようなものだと考える。すなわち、言語は、ソシュールの考えるように示差の体系であるため、できるときには一気にできあがるが、できあがった記号作用（能記、シニフィアン）に対応する、意味されるもの（所記、シニフィエ）は、事物についての知であるため、一気には獲得することができず、その間隙を埋めるのが「マナ」という「**浮遊するシニフィアン**」だ、というわけである。

　このように、個々の現象をそれだけで取り上げるのではなく、全体的な構造（「マナ」の場合には言語活動全体）として捉えることによって多くのことが明らかになる。

　たとえば、「イトコ婚」の制度が多くの社会に見られる。イトコ関係には、同性兄弟姉妹の子ども同士である「平行イトコ」と、異性兄弟姉妹の子ども同士である「交叉イトコ」がある。ところが、男性と、その母方の交叉イトコの女性との婚姻を奨める社会は多いのに、平行イトコとの婚姻は禁止されることが多い。これは、心理的にも遺伝的にも説明はつかないが、システムの全体を見るとその意味が理解できる。すなわち、男系家族の男子の場合、母方の「おじ」の娘は、必ずその男子と別の家族集団に属しており、したがって、これを繰り返すことによって、必ず異なる家族集団の間でメンバーの交換がなされ、安定したシステムが形成されるからだ。こうして、近親婚の禁忌や結婚規則、循環婚や女性の交換といった、相互に無関係に見えるさまざまな現象が、同じ構造のさまざまな側面であることがわかる。

また、多くの社会では、親子、夫婦、兄弟、親戚などの人間関係の親疎についての禁忌がある。部族ごとに、そのパターンは四種類しかなく、相互に「変換」可能な構造をなす。すなわち、部族Aにおいて、子どもは両親と一緒に行動してもよく、また母親は自分の男兄弟と一緒に行動しうるが、父母はけっして行動をともにせず、また、子どもも母方のおじと行動しない。部族Bでは、子どもはおじと、父は母と行動をともにするが、母親と男兄弟、両親と子どもは行動をともにしない。ここで部族AとBとでは、同じ人間関係が問題になりながら、親疎が逆転している。こうした逆転が「**変換**」である。なお、ここで、母方のおじが登場するのは、彼が母親の出身家族の代表であり、彼との関係によって、部族間の女や子孫の交換のシステムが決定されるからだ。

レヴィ＝ストロースの生涯／著作

1908　ベルギーのブリュッセルに生まれる。アルザスのユダヤ人の家系で、父親は画家。
1927　パリ大学に入学。法学、哲学を学ぶ。
1935-39　ブラジル、サンパウロ大学の社会学教授に就任。
1939　フランスに戻り、従軍。
1941　アメリカに亡命。
1942　ニュー・スクールの教授に就任。
1948　フランスへ帰国。
1949　『親族の基本構造』で博士号を取得し、同書を刊行。
1950　高等研究実習院の講師に就任。
1955　『悲しき熱帯』を刊行。
1958　『構造人類学』を刊行。
1959　コレージュ・ド・フランスの教授に就任。
1962　『野生の思考』を刊行。
1964-71　『神話論理』刊行。
1984　コレージュ・ド・フランスを退職。
1994　『ブラジルへの郷愁』刊行。

構造が変換によって規定されるものであることは、後年の神話分析においてより明らかになる。そこでレヴィ＝ストロースは、世界各地の神話を一群のものとして捉え、各神話が、他の神話の変換によって生じたものと見る。たとえば、「妻が弟に犯されたことを知った男が、弟と妻を殺す」という神話Aと、「聞き分けのない男子の顔に、祖母がおならをかける。それを知った孫は祖母を殺してしまう」という神話Bとの間には変換関係がある。すなわち、「水平の人間関係（夫婦や兄弟）において、男が能動的に出した体液が女性の体内に入る」というAに対して、Bは「垂直の人間関係（祖母と孫）において、女が能動的に出したものを男が受け入れる」という仕方で、各二項対立が逆転されているというわけだ。

　こうした「**構造**」は、建物や骨格のように、各要素がそれぞれ独立に存在して、それが組み合わされるというものではなく、二項対立とその変換によって生まれる群である。いわゆる無文字社会に、こうした精緻な論理（『野生の思考』）が支配していることを主張することによって、レヴィ＝ストロースは、欧米中心主義を批判し、また、本人も把握していない構造の一項としてのみ人間は存在するとすることで人間中心主義を批判する。

【参考文献】レヴィ＝ストロース『悲しき熱帯』（中央公論社）、『野生の思考』『蜜から灰へ』（みすず書房）、小田亮『構造主義のパラドクス』（勁草書房）

バルト Roland Barthes（一九一五〜一九八〇）

フランスの文芸批評家。小説はもちろん、広告、大衆文化、消費文化をはじめ、あらゆる意味におけるテクストの記号論的、テクスト論的な仕掛けをあきらかにし、文芸批評、文学研究、美学、写真論をはじめとする芸術論、さらに文明論や文化論、カルチュラル・スタディーズなど、きわめて広範な影響を与えた。

その思想形成は、本人の整理によると四期にわかれる（『彼自身によるロラン・バルト』一九七五）。

第一期、「**社会的神話学**」の時代においては、グレタ・ガルボやシトロエンの新車など、現代の消費社会における神話の構造が分析される。『パリマッチ』誌の表紙となった、フランス国旗に敬礼する黒人兵士の写真においては、この「記号表現」と、「フランス帝国主義」という「記号内容」は区別しえない。すなわち、記号表現（**シニフィアン**）と記号内容（**シニフィエ**）に区別される通常の記号に対して、記号表現（黒人兵士の写真）と記号内容（「フランス帝国主義」）が分かちがたく同一化し、まったく自然なものと見えているが、それが、現代社会における神話である。こうした神話をバルトは、広告からプロレスまで、いたるところに見いだした（『神話作用』一九五七）。

とはいえ、もちろん神話は自然ではなく〝自然化〟であり、そこでは結局、神話がメッセージとして伝える内容に潜むイデオロギー性が隠蔽される。**エミール・ゾラ**などの自然主義に代表されるような、〝迫真のものこそが真の芸術である〟という、文学テクストに関するブルジョワの自然主義イデオロギーは、**カミュ**に触発された**ヌーヴォー・ロマン**の「**中立の文体**」によって暴露されることになる（『零度のエクリチュール』一九五三）。

ところで、記号がシニフィアンとシニフィエからなる以上、シニフィエをいくら批判しても、シニフィアンの方は無傷にとどまってしまう。**ソシュール**をつうじて形成されたという第二期、「記号学」の時代においてバルトは、たとえばファッション雑誌という、内容空疎な文章についての記号論的分析をおこない、シニフィアンを批評の俎上にあげる（『モードの体系』一九六七）。ファッションについての文章は、「カーディガン」「開襟」といったファッションの記号表現（シニフィアン）、「タッサーシルク＝夏」といった外部のコンテクストからなる記号内容（シニフィエ）からなるが、しかし、ファッションそのものはつねに暗示されるだけで、明示されることはない。ファッションの文章とは、**ロブ＝グリエ**の文学に似た「**シニフィエなきシニフィアン**」の戯れなのである。

　第三期、**クリステヴァ、デリダ、ラカン**をつうじて形成された「テクスト性」の時代においては、**バルザック**の短編「サラジーヌ」（『S／Z』一九七〇）、あるいは日本（『表徴の帝国』一九七〇）が対象となる。前者においては、解釈学的、記号的、象徴的、行為的、文化的などさまざまなコードを駆使して、出来事の真実味、細部の説得力、好奇心をかき立てる謎が、あたかも現実を模倣したかのように実現される自然化のコードが取り出され、後者においては、〝皇居を中心とした東京〟という都市のあり方などの記号論的意味が論じられた。

　第四期、**ニーチェ**を介した「モラリテ」の時代においては、読むことの悦楽、「**作者の死**」が問題となる（『テクストの快楽』一九七三）。『恋愛のディスクール』（一九七七）は、『若きウェルテルの悩み』などといった古典的テクストからの抜粋からなるが、そこでは恋愛という、すぐれて個人的、心理的であるはずのものが、多声的でマテリアル（物質的）なものとして呈示される。死の直前の写真論（『明るい部屋』一九八〇）では、物語や百科事典的教養など、普遍化可能なものとしての「**ストゥディウム**」に対して、「**プンクトゥム**（刺し傷、斑点）」が区別される。プンクトゥムとは、写真の主題とは無関係な土の道の手触り、その三年前に亡くなった母親の遺影の細部、とりわけそのまなざしからの光線などのように、あたかも自分がそこに居合わせ、母親がそこに存在するかのように実感させるディテールだ。ストゥディウムが、結局は、他人の視線をわたしが受け継ぐことであるのに対して、プンクトゥムは、コード化の編み目をつきやぶり、見るものを刺し貫き、主体の存立を危うくする。

バルトの生涯／著作

1915　シェルブールに生まれる。
1935　パリ大学に入学。古代ギリシア文学を学ぶ。
1953　『零度のエクリチュール』を刊行。
1954　『ミシュレ』『神話作用』を刊行。
1962　高等研究実習院の教授に就任。
1964　『エッセ・クリティック』刊行。
1967　『モードの体系』を刊行。
1970　『S/Z』『表徴の帝国』を刊行。
1973　『テクストの快楽』を刊行。
1975　『彼自身によるロラン・バルト』を刊行。
1976　コレージュ・ド・フランス教授に。
1977　『恋愛のディスクール・断章』刊行。
1978　『文学の記号学』刊行。
1980　『明るい部屋』刊行。事故死。
1982　『第三の意味』『美術論集』刊行。
1984　『言語のざわめき』『テクストの出口』刊行。
1987　『偶景』刊行。
1989　『エッフェル塔』刊行。

【参考文献】バルト『神話作用』（現代思潮社）、『表徴の帝国』（新潮社）、『零度のエクリチュール』『S／Z』『テクストの快楽』『恋愛のディスクール・断章』『ラシーヌ論』（みすず書房）、鈴村和成『バルト』（講談社）

アルチュセール

Louis Althusser（一九一八〜一九九〇）

　アルチュセールは、**バシュラール**や**カンギレム**など**エピステモロジー**の系譜をふまえながら、**マルクス**の『資本論』を構造主義的に読解した。彼は、テクストにあらわれる言葉を追う「表層的」読解と、テクストの意味を形作る問題構成を読み取る「兆候論的」読解を区別する。

　マルクスに関する兆候論的読解の結果、前期マルクスと、『ドイツ・イデオロギー』以降のマルクスとの間の「**認識論的断絶**」が明らかとなる。当初、マルクスは、絶対精神に定位した**ヘーゲル**と、**フォイエルバッハ**的な人間主義（ヒューマニズム）という「問いの構造」にもとづいて、労働者が、その生産物、生産手段、共同体、人間から「疎外」されるとする「労働疎外論」によって思考していた。ところが、やがてマルクスは、生産力（労働手段、労働力、原材料）と生産関係（資本と労働）、上部構造と下部構造という複数の構造同士の関係、構造の構造によって問題をとらえるようになる。労働者という個人を基本におく実体論的な考え方にかわって、労働力や生産力といった抽象的量にもとづく関係論的な考え方があらわれるのである。当初の問いが、ある事柄を表面化させ、その事柄の構造が、当初の問いを変形して別な問いをうむ過程が、「認識論的断絶」だ。こうして、エピステモロジーが科学史において指摘した「非連続性」を、アルチュセールは、マルクスに読み取ったことになり、その指摘は、前期マルクスと後期マルクスをめぐる論争に大きな影響を及ぼした。

　ところで、マルクスは、労働価値説によって、商品価格が、需要と供給といった市場原理ではなく、労働する人間に依存するというモデルを提案したが、認識論的断絶はこのメリットを打ち消すものでもある。そこで、アルチュセールは、**イデオロギー**の相対的独立性を強調する。資本主義成立過程に関するマルクス的唯物史観では、政治、宗教、文化、イデオロギーといった上部構造が、生産力と生産関係という下部構造によって決定されるものとされた。ところがアルチュセールによれば、個人は、国家のイデオロギー装置によって、主体として形成される。マルクスは、国家を「**想像（幻想）の共同体**」とよんだが、各自は、社会の中で生きるとき、否応なしに「イデオロギー」を生きている。学校、

教会、組合、マスメディアなど、市民社会のすべての制度を動員して、市民社会と国家にふさわしい主体が生産されるからだ。一方、国家のイデオロギー装置は、一つの構造だが、アルチュセールによれば、主体なき構造はない。**ソシュール**において、個々人の言語活動であるパロールと、形成された構造としてのラングが相補的であるように、国家においても、構造において生産された主体が参与することにおいてはじめて、国家や社会制度も機能し、再生産されるのである。

こうして、歴史においては、上部構造と下部構造とが複雑に入り乱れて機能し、そこに、たとえば、ヘーゲル的「絶対精神」のような単一の原因を想定することはできない。経済の次元が、労働時間、製品の生産時間、生産期間、在庫などをふくめた回転時間などといったさまざまなリズムから組み立てられるように、政治や文化など各次元は、その内部でさまざまなリズムを抱え、相互に区別され、固有の効力をもった、それぞれ独立の構造だ。そのため、たとえばフランス革命について、ルイ十四世の対英外交の失敗という政治的次元、政治的不満を訴えるパンフレットの印刷事情といった文化的次元、第三階級の貧困といった経済的次元といったさまざまな次元、構造にわたる原因が輻輳的に作用しておこった、と言われる場合のように、社会や歴史のあり方は、相対的に独立な諸構造によって決定されている。これをアルチュセールは、『夢判断』における**フロイト**の用語を借用して「**重層的決定**（surdétermination）」とよぶ。社会の歴史は複数の構造が構造化されているため、そのなかの出来事について、単一の原因を設定することも、また、そこから派生する単一の結果によって理解することもできない。歴史は諸構造の輻輳によって形成されるため、歴史は、主体も目的もない過程にすぎないことになる。

アルチュセールは、マルクス主義哲学を理論における階級闘争とみなし、マルクス主義哲学再活性化への道を開いた他、ポスト構造主義の思潮に大きな影響を与えた。

アルチュセールの生涯／著作
1918　アルジェリアに生まれる。
1948　高等師範学校の教員に就任。
1959　『政治と歴史―モンテスキュー・ヘーゲルとマルクス』を刊行。
1965　『マルクスのために』『資本論を読む』を刊行。
1970　論文「イデオロギーと国家のイデオロギー装置」を発表。
1973　『歴史・階級・人間――ジョン・ルイスへの回答』を刊行。
1980　妻エレーヌを絞殺。精神鑑定の結果、心神喪失による免訴となる。
1990　心拍停止により死去。
1992　『未来は長く続く』刊行。
1993　『フロイトとラカン―精神分析論集』刊行。
1994　『哲学について』刊行。
1994-95　『哲学・政治著作集』刊行。
1995　『再生産について』刊行。
1998　『マキャヴェリの孤独』『愛と文体―フランカへの手紙』刊行。

【参考文献】アルチュセール『甦るマルクス』（人文書院）、『マキャヴェリの孤独』（藤原書店）、アルチュセールほか『資本論を読む』（ちくま学芸文庫）

ドゥルーズ Gilles Deleuze （一九二五〜一九九五）

ドゥルーズの名を一躍高からしめたのは、**フェリックス・ガタリ**（一九三〇〜一九九二）との共著『**アンチ・オイディプス**』（一九七二）だが、その準備は、『**差異と反復**』（一九六八）に結実する**ヒューム**や**ベルクソン**、**ニーチェ**、**カント**、**スピノザ**といった哲学者たちとの対決によってなされていた。

ヒューム的連合原理によって構成された主体は、**デカルト**的実体でもカント的形式でもなく、「自己自身を展開する運動」であり、また、ベルクソンの「生」に見られるように「他のものに生成する運動」、「自己との差異」の生産、実現だ。ニーチェにおける「力への意志」が差異の生産でありながら、同時に「永遠回帰」という「反復」であるように、差異（の生産）とは「反復」にほかならない。一方、「存在」は、あらゆる存在者に一義的にあてはまるため、一義的存在は何かに囲い込まれることはありえず、すべてが自由に遊ぶ「**ノマド**」（遊牧）的次元となる。

「差異の自己生成」やノマドは、『アンチ・オイディプス』での**マルクス**や**フロイト**などとの対質において、「生産する欲望」や「分裂者」に姿を変える。

すなわち、栄養摂取、呼吸、循環、人間活動、資本の回転、国家の創設などすべては、そのつど二つの項のあいだに取り結ばれる関係が基礎になる。たとえば栄養摂取は、母親の乳房と乳児の口、口と胃袋、さらに肛門といった単線的系列からなり、交換経済においては、獲物や収穫が布や牛乳と交換され、さらにそれが他の物と交換される単線系列だ。こうした、各項の欠如部分（＝欲望）を埋めることにおいて消費が生産される諸系列のことをドゥルーズは「**生産する欲望**」とよぶ。

ところが、生産された物の対価が次の交換にただちに結びつかず、生産する欲望の流れが滞ってしまうと、余った資金は直接消費には結びつかないで、生産手段の向上に役立つ物の購入や建設（設備投資）などに振り向けられる。従来にくらべてより能率的な設備の導入により、生産能力が向上すれば、それによって剰余価値が生まれ、利潤が発生する。こうして金が金を生むシステムが成立したとき、はじめの余った資金は「資本」となる。資本とは、株式投資が典型的であるように、「金が金を生む」サイクルに取りこまれた資金だ。いちど資本が生まれると、それは誰か所有者の名の下に登録され、資本を最大化すべく新たな欲望が生み出されることになる。広告などによってつねに新たな欲望を生む（大衆）消費社会が成立するのである。資本は、交換経済における交換の流れが滞ったときに生まれ、消費社会における新たな生産と欲望の流れを生む元になっている。このように、それ自体は実質も分節もないのに、さまざまな生産する欲望の系列を生み出すものをドゥルーズは「**器官なき身体**」とよぶ。専制君主制における領土や、個人における死への欲動（タナトス）も器官なき身体である。器官なき身体と欲望諸系列との吸引と反撥の狭間に、「主体」は発生する。

ドゥルーズの生涯／著作

1925	パリ生まれ。
1948	教授資格試験に合格。
1957	ソルボンヌ大学助手になる。
1963	『カントの批判哲学』刊行。
1964	リヨン大学教授。
1965	『ニーチェ』刊行。
1966	『ベルクソンの哲学』刊行。
1967	『マゾッホとサド』刊行。
1968	『差異と反復』刊行。
1969	パリ第８大学教授。
1972	『アンチ・オイディプス』刊行。
1975	『カフカ』刊行。
1976	『リゾーム…序』刊行。
1980	『千のプラトー』刊行。
1981	『スピノザ 』『感覚の論理』刊行。
1983/85	『シネマ 1/2』刊行。
1986	『フーコー』刊行。
1987	パリ第８大学退官。
1988	『襞』刊行。
1991	『哲学とは何か』刊行。
1995	自宅アパルトマンから投身自殺。

生産する欲望の相互に絡み合った流れと、そこで発生しては消えてゆく器官なき身体や主体という流動性こそが実態であるにもかかわらず、そこに固定した枠組みをはめようとするのが精神分析であり、マルクス主義だ。精神分析は、万人を父母との関係におく「オイディプス的三角形」によって各人の人格とその内容を固定しようとし、マルクス主義は万人を階級や組織に登録しようとする。労働を基本にすえ、すべてを私有財産や家庭に繋ぎ止める古典経済学も同様である。

こうした枠組みのすべてを横断する「逃走線」を見抜き、横断線が縦横にのびる「**リゾーム**」（根茎）構造を生き抜いて、器官なき身体を打ち破る存在を、ドゥルーズ＝ガタリは「**分裂者**」とよぶ。それは、精神分析において万人のトラウマとなるとされる〈ファロスの欠如〉が欠如した存在、逃走線にそって仕切り直し続ける「ノマド」（遊牧者）の次元を自由に遊び、吸引と反撥の強度を生き抜く力をもった存在なのである。神や欲動など、いかなる超越者も認めない内在の地点から、ドゥルーズは、資本主義に対抗する哲学を構築する。

【参考文献】ドゥルーズ『差異と反復』（河出書房新社）、『意味の論理学』（法政大学出版局）、ドゥルーズ＝ガタリ『アンチ・オイディプス』（河出文庫）、『千のプラトー』（河出書房新社）

フーコー Michel Foucault（一九二六〜一九八四）

フーコーは、ヨーロッパ近世以来の、社会構造や人文科学、権力などの変遷を、学校教育や性など、きわめて具体的な場面について分析しながら、「理性」「歴史」「生命」「主体」「真理」など、伝統的に価値とされてきたものの構築過程を露わにする。**カンギレム**などのエピステモロジーをふまえておこなわれたかれの分析は、一見、「社会史」「カルチュラル・スタディーズ」にみえるが、じつは西洋近代的理性の価値を奪う、**ニーチェ的「系譜学」**の実践だ。

(一) 理性の他者──『狂気の歴史』(一九六一)

フーコーによれば、近代的理性が確立したのは、「狂気」など、理性にとっての「他者」を排除し、対象化することによる。すなわち、中世後期からルネサンス期における狂気は、ボッシュの絵画、エラスムス『痴愚神礼賛』に見られるとおり、人智を越えた自然の真理を告げるものとされ、あるいは、晩年、狂気に到ったイタリアの国民的詩人トルクァート・タッソー（一五四四〜一五九五）を見舞ったモンテーニュは、かれの狂気を天才の証として賞賛した。ところが、十七世紀にいたると、一転、狂気は排除の対象となる。**デカルト**は、狂人を理性的懐疑の資格なきものとし（『省察』一六四一）、またフランス各地に「一般施療院」が設けられ、「放埒者、低能者、放蕩者、不具・病弱者、……遊び女、気違い」を収監する「大監禁」がおこった。それは、理性が、〝自らの他者〟としての狂気を囲い込み、それとは異なるものとしての自分の自己同一性を確立しようとする試みである。このあと、狂気については、それを分析、分類、治療しようとする精神医学などが生まれるが、それはいずれも、狂気を対象化し、結局は、理性的秩序の外部に位置づける営みであった。狂気を疎外することによってのみ西洋理性は理性たりえたのである。

(二) 人間の誕生と死──『言葉と物』(一九六五)

同書は、西洋的理性を、より内在的に分析し、その歴史的展開の非連続性を明らかにする。現在で言う、「生物学」「経済学」「言語学」が、近世以来、いかに相異なった内容をもっていたかを示す同書は、バシュラール、カンギレムの「非連続性」の大規模な論証でもある。

たとえば十八世紀においては、一方で**カール・フォン・リンネ**（一七〇七～一七七八）のように大々的な植物分類学が確立しながら、他方において、巻き貝の化石を動物の心臓の化石とみなすようなことがなされていた。ここには、事物の表面（「表象」）上の類似点に注目する視線はあったが、表面の奥に潜む「組織」「機能」に注目し、たとえば「人間の肺」と「魚の鰓」は、表面的形状はちがっても機能的には同一であるとするような視線は存在しなかったのである。動物などの組織や機能に着目する視線が生まれるには、十九世紀の**ジョルジュ・キュビエ**（一七六九～一八三二）をまたなければならなかった。

一見、おなじ動植物をあつかう知にみえても、各時期の研究者たちの視線や言葉遣いには明確な限界があり、それをフーコーは「知の土台」「**エピステーメ**」（認識体系）とよぶ。エピステーメは、視線や認識、言葉遣いの枠組みであり、したがって、世界全体に関する知と物の秩序の枠組みである。十八世紀と十九世紀とでは、エピステーメが異なり、したがって、学問にも連続性はない。

一方、十九世紀において、生命、言語、経済活動をあつかう右の三学問において、「生きる人間」「話す人間」「はたらく人間」という仕方で、「人間」という認識対象が誕生したことだ。ギリシアから「ルネサンス」を経て、デカルト、**カント、フッサール、サルトル**にいたるまで、西洋哲学、もしくは西洋的知一般において価値とされていた「人間」は、フーコーによれば、たかだか十九世紀の産物にすぎない。二十世紀後半における精神分析や言語学、人類学が先触れとなって示しているように、「人間」は、「波打ち際の砂の表情」のように消滅するにちがいない、とフーコーは言うのである。

「人間の誕生と死」とでも要約できる『言葉と物』は、十八世紀のエピステーメを、十七世紀までのそれの反転拡大版としてえがく。それは、いわゆる「未開社会」を、万古以来同一構造が支配する「冷たい社会」とみなした**レヴィ＝ストロース的構造主義**を、「熱い社会」であるはずのヨーロッパの知に適用したものでもある。十九世紀に「人間」が誕生した時点で、すでにその人間は各人の意識や知識を超えた巨大なエピステーメによって可能となる主体にすぎなかった。さらに、「生命」「歴史」なども、おなじ十九世紀に生まれた虚構にすぎない。こうしてフーコーは、過去と現在を連続した過程として描く歴史学を厳しく批判する（『知の考古学』一九六九）。

ベンサムが提案した「パノプティコン」

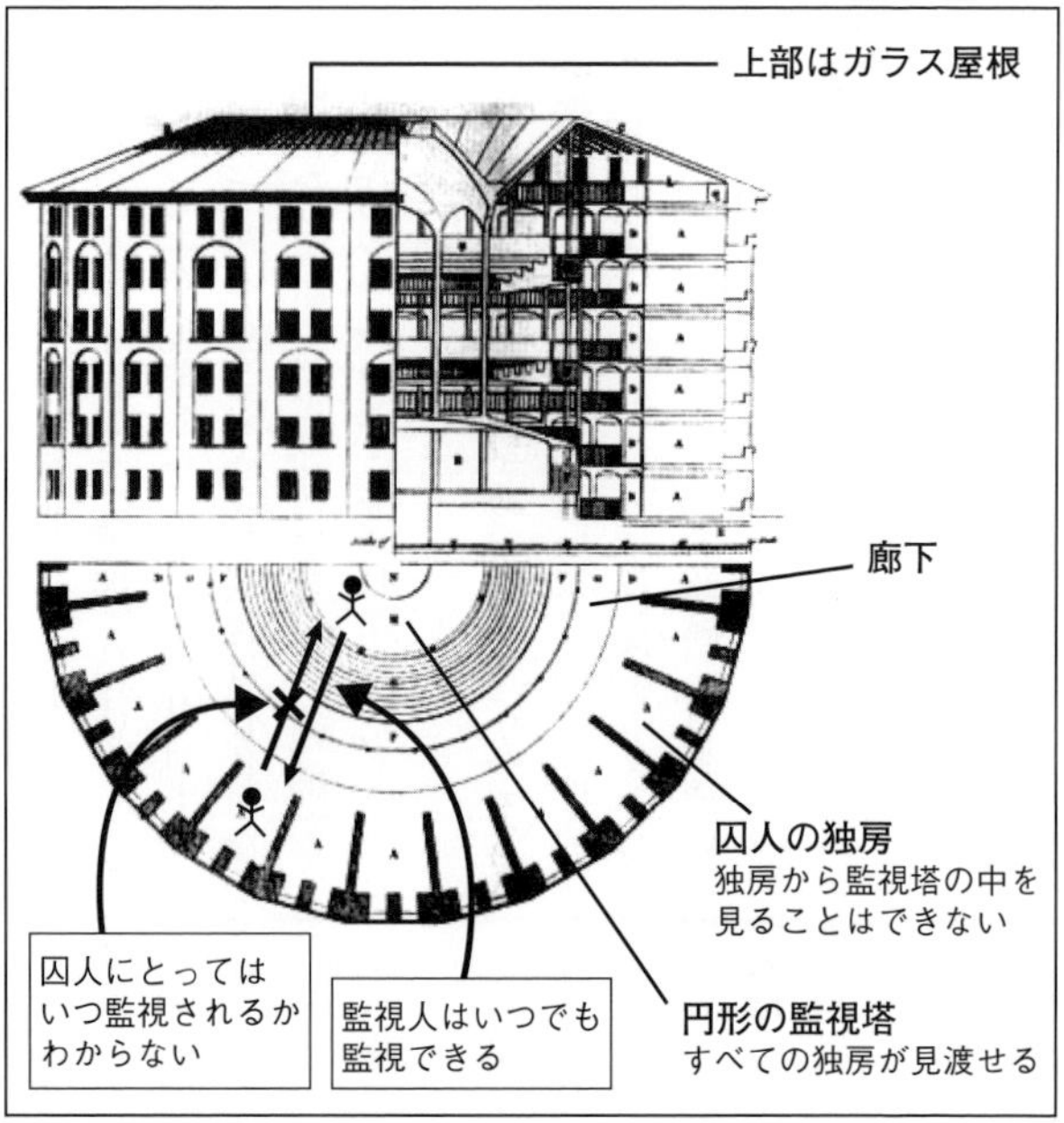
上部はガラス屋根
廊下
囚人の独房
独房から監視塔の中を見ることはできない
円形の監視塔
すべての独房が見渡せる
囚人にとってはいつ監視されるかわからない
監視人はいつでも監視できる

（三）権力論――『監獄の誕生』『性の歴史』（一九七五～七六）

「人間」といった概念が成立する基盤には、もう一つ別な次元がある。**「主体」を構築する権力**という次元だ。

　近代において国民全員を覆う制度となった、学校、軍隊、病院、工場、監獄では、とりわけ身体を回路としてひとびとの「規格化」がなされた。たとえば、学校において生徒は、整列行進、書写姿勢の訓練など、身体所作を身につけ、時間割によって時間管理を徹底される。試験は、各生徒の内面を、成績や席次は、クラスの中での各人の位置を、誰の目にもみえるものとする。学校、軍隊などは、一定年齢の国民がかならず一度は通過する場だが、各自は、こうして一定の仕方で登録され、標準化された身体や知識を身につけ、ふつうなら第三者がうかがい知れない理解力などに関しても可視化される。「国民」全員が、ひとつのおなじ型によって「規格化」され、透明化されるのである。

　近世以前の「権力」は、国王など特定の支配者が、死（刑）への恐怖によって、無名の民衆を支配するものであり、それをフーコーは「死の権力」とよぶ。それに対して、学校などに見られる近代の権力は「生の権力」である。学校や軍隊などにおける訓練や知識は、各自から見れば外部から与えられる規範だが、ひとびとは、それを身につければ〝よりよく生きる〟ことができ、身につけなければ標準的生から脱落するため、外部からの規範をすすんで受け入れ、それを内面化する（規律化）。こうした生の権力のあり方を示すのが、**ジェレミー・ベンサム**の提案した監獄施設、「**パノプティコン**（一望監視施設）」である。パノプティコンとは、独房がドーナツ型に並んだ中央に監視塔が置かれた監獄建築だ。監視塔からは、労せずして周囲の独房を監視できるが、囚人からはその中をうかがうことができない。囚人は、監視人の存在は知っているが、自分がいつ監視されるかわからないため、いつ監視の目がおよんでも差し支えないようにふるまうしかない。こうしてかれらは、自分から規則を守ることになり、規律化されるのである。

学校など、公的空間だけではなく、私的空間にも権力は介入し、それが「生政治」である。十九世紀以来、「露出症、フェチシスト」など「性倒錯者」の概念がうまれて、該当するものが取り締まりの対象となり、「子どもの性」が話題となって青少年の自慰行為が禁じられ、未婚女性が「ヒステリー」あつかいされ、夫婦の性行為や出産が、性科学や人口学の名の下に管理される。こうして、市民階級の再生産が可能となるが、そこで機能していたのは、行政や教育などの制度と結びついて、ひとびとの行為や嗜好、欲望を支配する権力となった、（教育学、性科学などの）学問的「真理」、すなわち、性に関する「言説」だった。

とはいえ、「性」なるものは、学問から行政にいたるまでを覆う言説の根拠とされてはいたものの、それ自体は、欲望とも身体器官とも行動とも特定されず、その正体はついに明らかにされない。「性」もまた、「人間」などとおなじく、特定の言説によって生み出された虚構なのである。

近代における生の権力、性政治をつうじて、ひとびとは特定の仕方で規格化された。近代社会は、自由な理性的主体の時代とされていたが、じつは、「大文字の（Sではじまる）主体」とは、権力によって構築され、規格化する力に従う存在でしかなかった。これをフーコーは、「臣従体（sujet）」「**小文字の主体**」とよぶ。フランス語で主体を表す「Sujet」は、古い用法では「臣下」を意味したのである。

生の権力は、各自の存在を貫くため、そこから逃れることはできず、権力の外部はない。だが、晩年のフーコーは、微細な関係の積み重ねによって規格化されない存在へとむかう「生存の美学」を構想しつつ、早すぎる死を迎えた。

フーコーの生涯／著作

1926　ポワティエ市にて出生。
1948　哲学学士号取得。自殺未遂。
1950　フランス共産党入党。
1951　この年以後、リール大学、ウプサラ大学、ワルシャワ大学などを歴任。
1954　『精神疾患と人格』刊行。
1961　『狂気の歴史』刊行。
1963　『臨床医学の誕生』『レーモン・ルセール』刊行。
1966　『言葉と物』刊行。
1968　５月革命で学生を支持したため、チュニス大学からヴァンセンヌ実験大学への転籍を余儀なくされる。
1969　『知の考古学』刊行。
1970　コレージュ・ド・フランス教授に。
1971　『言説の秩序』。
1975　『監獄の誕生』刊行。
1976　『知への意志』（『性の歴史』1）。
1982　『快楽の活用』『自己への配慮』（『性の歴史』２、３）刊行。
1984　後天性免疫不全症候群（AIDS）にて死去。

【参考文献】フーコー『言葉と物』『狂気の歴史』『監獄の誕生』『性の歴史』（新潮社）、『知の考古学』（河出書房新社）

デリダ Jacques Derrida（一九三〇〜二〇〇四）

　古代以来の西洋哲学をその根底において無力化する「**脱構築**（déconstruction）」を展開したデリダは、伝統的な哲学を追究する研究者や哲学者におおきな衝撃を与えた一方、文芸批評や法学、ポストコロニアリズム、建築、芸術など、哲学以外の数多くの分野に影響を与えた。

　デリダによれば、西洋の哲学は、しばしば、二つの概念の対によって構築されている。「真／偽」「起源／コピー」「善／悪」「イデア／個物」「自然／人工」「精神／物質」「知性／感性」「本来性／非本来性」「内部／外部」「自我／他我」「西洋／東洋」「男／女」などがその例だ。こうした概念対をデリダは「**二項対立**（oppositions）」とよぶ。たとえば、**プラトン**における「イデア（としての真存在）／現実の個物（という幻影）」においては、イデアが個物にとっての目的、原因、規範、尺度とされるように、一般に、二項対立においては、前項が、後項に対して優位にあるものと考えられる。後項は、否定されるべきものとみなされ、あるいは、前項から派生するものとみなされる。「二項対立」とは、このように序列化された概念対だ。

　ところが、各二項対立は、じつは成立しない。プラトンにおいて、われわれが実際に経験でき、規定できるのは現実の個物であり、イデアはその「目標、原因」などとして想定されるにすぎず、その具体的な内容を規定することはできない。**デカルト**をはじめとする近世以降の哲学者の基本的図式である「自我／他我」も同様だ。自我を確かめるには、自分がおこなう思考などを、自分で〝反省〟し、自分が何をやっていたか確かめるしかない。ところが、自我は、思考などと同時に反省をおこなうことができない（とされる）ため、反省の対象となるのは、そのときの現在の自分ではなく、〝ついさっき〟の自己（すなわち、真の自分である現在の自我にとっての〝他者〟）でしかない。自我にとって、自分自身はつねに〝後追い〟〝遅延されたもの〟としてしか明らかとならない。こうした、遅延されざるをえない現前のことをデリダは、「**差延**」とよぶ。おなじことは、右に挙げたすべての二項対立にあてはまる。一般に、二項対立においては、前項が後項の起源・目的となるかのように言われながら、じつは、後項こそが前項が可能であるための条件なのである。それゆえ、西

洋哲学の基礎にある二項対立は、じつはどれも成立しない。

デリダによれば、こうした二項対立があたかも当然のように受け入れられてきたのは、西洋哲学の根底に根拠なき独断があり、それが諸二項対立を生み出していたからだ。根拠なき独断としてデリダが挙げるのは、論理的なものや有意味なものをすべてに優先する「**ロゴス中心主義**(logocentrisme)」、文字に対して声を優先し、書かれたテクストより音声記号を理想とする「**音声中心主義**」、その根源にあって、そのつどの現在において眼前にあるものこそが真の存在であるとする「**現前の形而上学**」、さらに、あらゆる存在に、第一原因もしくは最終目的といった〝根拠〟を想定しなければ気がすまない「**存在-神-目的-始源論**」、さらに、男性的なものを女性的なものの優位におく「**男根中心主義**」、ヨーロッパを他の地域のどこよりも優位とみなす「**ヨーロッパ中心主義**」などである。

西洋哲学の支柱となっていた二項対立をあばき、それが不可能であることを示すことによって西洋哲学を骨抜きにしてゆくのが「脱構築」である。

八〇年代半ば以降は、政治や法、正義などが前面にでる(『法の力』一九八九など)。デリダによれば、脱構築はもともと法と正義への問いかけである。すなわち、法は脱構築されねばならないが、正義は脱構築不可能だ。なぜなら、法は、どんなによくできた法であっても、その創設(憲法発布、独立宣言……)の瞬間に、〝この法にしたがうべし〟という無根拠の暴力が(パフォーマティヴに)行使されるからである。法が、必然的に一般的形式的であり、したがって他者との関係を消すものであるのに対して、正義は、つねに単独で、特異なもの、「まったき他者」にかかわるもの、とデリダは考える。まったき他者との単独の関係が正義なのだから、他者が複数存在するという現実を考えると、正義は不可能なこと、アポリア、矛盾の体験であり、それは脱構築の経験にほかならない、というわけである。

【参考文献】デリダ『エクリチュールと差異』(法政大学出版局)、『グラマトロジーについて』(現代思潮社)、『声と現象』(ちくま学芸文庫)、『他の岬』(みすず書房)、高橋哲哉『デリダ』(講談社)

デリダの生涯／著作

1930 アルジェ郊外に生まれる。
1962 フッサール『幾何学の起源』を仏訳、長大な「序説」を付して刊行。
1967 『声と現象』『グラマトロジーについて』『エクリチュールと差異』刊行。
1972 『余白——哲学の／に』『散種』、対談集『ポジシオン』刊行。
1974 『弔鐘』刊行。
1980 『葉書』刊行。
1986 『海域』刊行。
1987 『火ここになき灰』刊行。
1988 『メモワール、ポール・ド・マンのために』刊行。
1990 『フッサール現象学における発生の問題』刊行。
1991 『時間を与える』『割礼告白』刊行。
1993 『マルクスの亡霊たち』刊行。
1994 『友愛のポリティックス』『法の力』刊行。
1996 『抵抗——精神分析の／に』刊行。
1999 『死を与える』刊行。
2004 膵癌で死去。

クリステヴァ Julia Kristeva（一九四一〜）

　クリステヴァは、**ソシュール**などの記号論と、**フロイト**、**ラカン**的精神分析を結合し、**レヴィ＝ストロース**以来の構造概念に対する、閉鎖的、完結的という批判を克服し、記号や意味の生成に関する理論的枠組みを構築した。

　クリステヴァは、テクストの記号的意味を外れるもの、テクストの他者を執拗に求めた。その出発点が、ロシアのフォルマリスト、**ミハイル・バフチン**（一八九五〜一九七五）である。バフチンの言う、テクストの多声性、言語がもつ、音やリズム、図像性といった物質性は、たんなる伝達機能にのみ役立つものと考えられた意味を粉砕するが、こうした詩的言語にこそ記号論は注目しなければならない、とクリステヴァは言う。バフチンは、また、「叙事的言説＝モノローグ小説」と「カーニバル言説＝ポリフォニー小説」を対比するが、後者においては、作者と作中人物、読者、さらに、歴史上のさまざまな文学作品の総体との対話関係がうまれ、単一の著者やその意図には還元されない。クリステヴァによれば、およそテクストとは、さまざまに引用され、吸収、変形されたテクストのモザイクにすぎず、こうしたテクスト内部におけるテクスト間の相互作用を、彼女は「**間テクスト性**(intertextualité)」とよぶ。

　クリステヴァは、テクスト間の相互作用に関するこうした構想と、フロイト−ラカン理論を掛け合わせて、「**ジェノ・テクスト／フェノ・テクスト**」の区別を提唱する。生物学における、遺伝子型（ジェノ・タイプ）と表現型（フェノ・タイプ）にあたるこの区別において、間テクスト性は、記号、意味、主体ができあがる以前に、多様な欲動の交錯による無限の「意味生成（signifiance）」過程と位置づけられる。完成したテクストであるフェノ・テクストは、単一の著者に帰属するものとされ、固定した意味をもつものとみなされがちだが、その根底には、ジェノ・テクストの過程があるため、じつは、間テクスト的な、引用のモザイクたらざるをえない。

　やがてクリステヴァは、「ジェノ・テクスト／フェノ・テクスト」間の〝意味生成過程〟を、「**ル・サンボリック**（記号象徴態）」と「**ル・セミオティック**（原記号態）」の交錯と位置づける。ル・サンボリックとは、記号体系や論理的意味、規範、秩序、法、制度などからなる次元であり、一方、それに先行する物質的異質性、身体的欲動の次元がル・セミオティックである。ル・サンボリックは、つねにル・セミオティックを抑圧、排除することによって成立するが、逆に、ル・セミオティックは、つねに欲動を再活性化させ、ル・サンボリックの体系内に噴出して、これを破壊しようとする、というのである。

ル・サンボリックという用語からも察せられるように、クリステヴァのこの構図は、フロイト、あるいは、とりわけラカンの構造主義的精神分析と平行的である。すなわち、フロイトのエディプス・コンプレックスに関してラカンが提起した「シェーマL」において、幼児の欲動は、「大文字の他者」である父親制的秩序、すなわち法、言語などといった「象徴界」によって抑圧され、自我と他我との想像的関係が生じる。クリステヴァの区別におけるル・サンボリックは、このシェーマLにおける父権制的秩序に相当する。

クリステヴァの特徴的な点は、精神分析において、もっぱら性的な欲動とみなされていた、エディプス・コンプレックス成立以前の状態を、ル・セミオティックという記号論的メカニズムとみなした点にある。ル・セミオティックがル・サンボリックへと分節され、秩序化されるメカニズムを、クリステヴァは「**コーラ**（場、母体）」および、前エディプス段階における、母親との一体化への欲望の断念、棄却（abjection）の正否が、芸術活動やメランコリーなど言語活動の諸類型をうむさまを分析する。主体は、こうした意味生成過程からうまれるものである以上、統合された主体ではありえず、「**多数のロゴス**（**ポリロゴス**）」に引き裂かれた存在たらざるをえない。

ブルガリア生まれの女性であるクリステヴァは、さまざまな意味で、フランス人社会における他者であり、その立場を掘り下げる小説も発表している。

クリステヴァの生涯／著作

1941 ブルガリアのソフィア生まれ。
1965 給費留学生としてパリに留学。
1966 「テル・ケル」の活動に加わり、主宰のソレルスと結婚する。
1969 『セメイオチケ』刊行。
1970 『テクストとしての小説』刊行。
1974 『詩的言語の革命』刊行。
1975 『記号の横断』刊行。
1977 『ポリローグ』刊行。
1980 『恐怖の権力―「アブジェクシオン」試論』刊行。
1981 『ことば、この未知なるもの』。
1985 『初めに愛があった―精神分析と信仰』刊行。
1987 『黒い太陽―抑鬱とメランコリー』。
1988 『外国人 ―我らの内なるもの』。
1990 『彼方をめざして―ネーションとは何か』、小説『サムライたち』刊行。
1994 『プルースト―感じられる時』。
1998 『斬首の光景』刊行。
1999 『ハンナ・アーレント―「生」は一つのナラティヴである』刊行。

【参考文献】クリステヴァ『ポリローグ』（白水社）、『恐怖の権力』『外国人』（法政大学出版局）、『斬首の光景』（みすず書房）

応用倫理学

遺伝子操作、臓器移植、動物の生存権、環境保全など、伝統的な倫理学に登場しなかった諸問題をあつかう「倫理学」の総称。環境倫理、生命倫理、メディア倫理、情報倫理、コンピュータ倫理、技術倫理、戦争倫理、職業倫理、フェミニズム、などがある。「応用」倫理といっても、数学の「応用問題」のように、理論の次元ですでに確立した定理を、個別の具体的状況にあてはめるだけですむわけではない。すなわち、功利主義や規範主義など伝統的倫理理論を、現代社会特有の諸状況に、トップダウン式に「応用」してすむわけではなく、ケーススタディ（「決疑論」）によって、ボトムアップ式に解決を図らなければならず（「反照的均衡」**ロールズ**）、その結果、伝統的な倫理理論が密かに前提していた哲学的枠組みにまでさかのぼった見直しが迫られる。

応用倫理学が必要となった背景には、過去にはなかったさまざまな技術的進歩がある。

たとえば、免疫抑制法、生殖補助医療（人工授精、体外受精、胚移植など）、遺伝子操作などの技術が進歩したことによって、従来にはありえなかった問題が生じる。免疫抑制法によって臓器移植が可能になった結果、心臓のように生命維持に本質的な臓器を、それを必要とされる他人に移植するために、従来の心停止死にかわって「脳死」という、新たな死の基準が生まれた。生殖補助医療が進歩する結果、代理母の場合のように、「遺伝的母親」と「出産した母親」が別人となるケースが生まれ、その子どもの親権をどちらに付与するべきかといった問題、あるいは、人工授精で生まれた子供に、遺伝的父親が誰かを知る権利を認めるべきか、という問題が生じる。こうした状況は、たとえば「血統」、もしくはたかだか対面状況において解決されてきた「養子縁組」などによって維持されてきた、「家族」の観念からは解決しえず、また、場合によっては伝統的家族観を揺るがしかねない事態である。一方、遺伝子組み換えが施された作物による農業が普及するにつれ、組み換えDNAによる動植物もしくはDNA組み換え技術そのものの管理に関して、従来の農家など個人レベルでは処理しえず、国家の役割が必要となる。こうして、

パスモア

シンガー

倫理の担い手が個人から国家にうつる場合もある。

臓器移植や遺伝子組み換えの問題を扱うのは、「**生命倫理**（bioethics）」だが、そこではさらに、伝統的倫理学の基本的前提への批判的反省が必要となる状況が生じている。すなわち、**ロック**などの社会契約論において、身体は各自の所有物であることが、生産手段や生産物、土地などの私有権の前提となっており、また、**ミル**における功利主義においても、「他人に危害を与えないかぎり、個人は何をおこなっても禁じられない」という形で、各個人の自由が認められていた（「愚行権の容認」）。このような観点からすると、たとえば、貧困ゆえの臓器売買は正当化され、臓器取引のブローカーを取り締まることもできなくなる。こうした状況に対して、「わたしは身体をもつ」のではなく、「わたしは身体である」といった仕方で、伝統的倫理理論の哲学的前提を見直す必要が生じてくる。

伝統的倫理理論の限界がより先鋭化するのは、「**環境倫理**（environmental ethics）」においてである。天然資源の枯渇、（熱帯雨林の消失など）生態系の劣化、生物種の減少、廃棄物（ゴミなど）の累積などが、とりあえず、環境倫理の問題だ。環境倫理においては、右で見た、伝統倫理における、各自の自由追求原理のほか、「各自は、他人に危害を加えることが禁じられるが、それは、他人から危害を加えられる事態を防ぎたいからだ」という、伝統的契約理論における〝対称性原理〟とよぶべき前提も脅かされる。なぜなら環境倫理においては、人間以外の生物種、あるいは、生態系、景観などに生存権（存続権）を認めるべきかどうかが問題となるが、人間以外の存在について、対称性原理は妥当せず、また、天然資源の枯渇、地球汚染などは、現世代が自分の利益を追求した結果、未来世代の不利益を生むが、まだ存在しない未来世代と現世代との間にも対称性原理は成り立たないからだ。

一方、地球生態系は無限ではなく、資源は有限という地球全体主義は、伝統倫理における、自由追求原理を否定する。

環境倫理をめぐる議論においては、人間中心主義的倫理学で十分とする立場（**ジョン・パスモア**）と、人間中心主義を否定して、「感覚を持ち、痛みを感じる動物」（**ピーター・シンガー**）、「およそ生きとし生けるもののすべて」（**シュヴァイツァー**、**ポール・テイラー**）、「生態系の全体」を尊重すべきとする自然中心主義が主張されたが、哲学的前提にまで立ちいった議論は今後に期待すべきである。


【参考文献】パスモア『自然に対する人間の責任』（岩波書店）、シンガー『実践の倫理』（昭和堂）、『動物の解放』（技術と人間）、シュレーダー＝フレチェット編『環境の倫理』（晃洋書房）

フェミニズム

十八世紀以降欧米に生まれ、全世界に広まった。大きく三期にわけることができる。

「第一波フェミニズム」は、十八世紀後半から十九世紀にかけて、参政権、労働権、教育権など「男性と同等の権利」を主張した**オランプ・ドゥ・グージュ**（一七四八～一七九三）、**メアリ・ウルストンクラフト**（一七五九～一七九七）などによるもので、**ロック**や**ミル**、**マルクス**、**エンゲルス**などを理論的支柱とする。

一九六〇年代のアメリカ合州国では、経済的繁栄と同時に進行した職住分離、核家族化、地域社会解体などによって、女性の専業主婦化、すなわち女性の経済的隷属化が進行し、孤独、無力感が広がった。これに対して女性の社会参加、職業参加を訴えた**ベティ・フリーダン**（一九二一～二〇〇六）らの活動が全米からさらに各国に広がったものが「第二波フェミニズム」である。

『第二の性』（一九四九）を書き、「個人的なことは政治的なことである」と述べた**シモーヌ・ドゥ・ボーヴォワール**（一九〇八～一九八六）はその代表的人物とされる。また、男性中心的な生と性の支配については「家父長制」という言い方がなされ（**ケイト・ミレット**（一九三四～））、それが男性支配のイデオロギー、女性の経済的抑圧などの装置として機能していることが指摘される。ラディカル・フェミニズムは、「性暴力」（レイプなど）において被害者に罪意識を負わせる仕組みをあばき、また、セクシャル・ハラスメントやポルノグラフィの暴力性を明らかにする。近代資本制社会においては、「母性神話」（**ルソー**、精神分析）が捏造され、流布されるが、それは、労働者家庭における「主婦」労働について、その使用価値しか認めず、交換価値を認めない体制と表裏一体である。こうしてマルクス主義フェミニズムは、資本主義体制が、資本家と労働者ではなく、「資本家と有償生産労働者、無償の再生産労働者」の三層からなることを明らかにした。

また、**フロイト**などの精神分析においては、オイディプス・コンプレックスなど、男性の去勢恐怖にもとづく主体形成プロセスを語り、「男性」という主体の虚構性を明らかにしたが、**ジュリア・クリステヴァ**、**リュス・イリガライ**（一九三〇

バトラー

フェミニズムの系譜

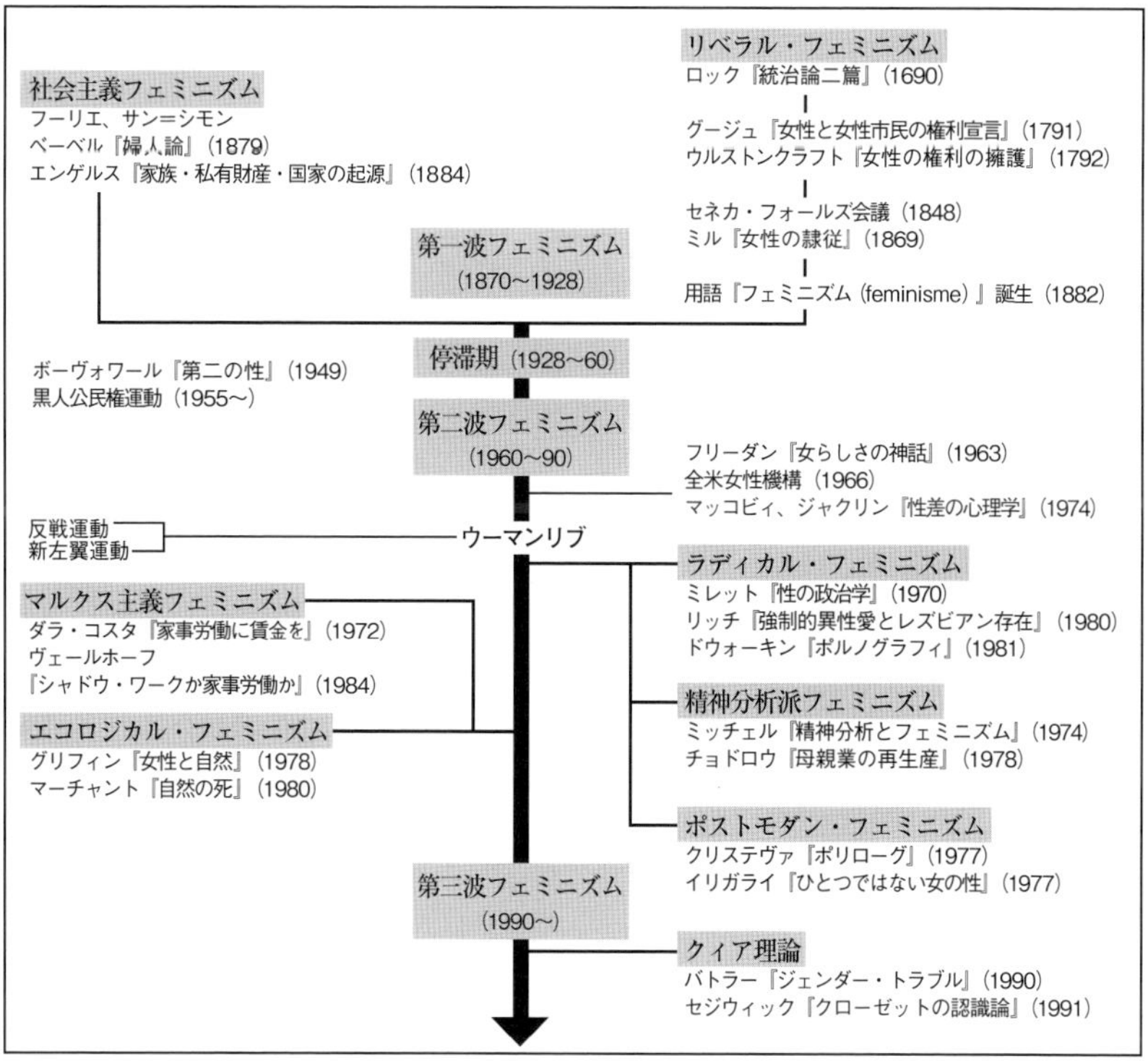

〜）といったフランスのポスト構造主義者たちは、体制において封印されていた女性的なものの多声性（「ポリロゴス」、クリステヴァ）、あるいは、女性の複数的快楽（イリガライ）を主張する。

とはいえ、第二波フェミニズムにおいては、女性を一律に家父長制の犠牲者とみなし、あるいは、男根中心的体制の生成過程において前オイディプス的な性的差異を前提するなど、ジェンダー二元論や性に関する本質主義がいたるところに見られた。一口に「女」と言っても、階級や教育、出身家庭や出身文化、経済的条件などによってさまざまであるという事実がこれでは見落とされてしまう。それを批判し、新たな次元を切り開いたのが、**ジュディス・バトラー**（一九五六〜）であり、それを「第三波フェミニズム」とよぶ。バトラーは、近代主体性の神話そのものを解体し、ジェンダー二元性の暴力を可視化するために、「男性」「女性」はパフォーマティヴに構成されたものとする「構成主義」の立場から、「行為体」の質的多様性に着目する。

【参考文献】ボーヴォワール『第二の性・決定版』（新潮社）、イリガライ『性的差異のエチカ』（産業図書）、バダンテール『母性という神話』（ちくま学芸文庫）

オリエンタリズム、ポストコロニアリズム

とりあえず西洋形而上学批判として登場した「ヨーロッパ中心主義」批判（デリダ）だが、その根はさらに深く、広い。そのことを明らかにしたのが**エドワード・サイード**（一九三五～二〇〇三）の「オリエンタリズム」批判である（『オリエンタリズム』一九八六）。

「**オリエンタリズム**」は、古くは欧米人の「東洋趣味」をさすが、ここでは、「東洋」「アジア」などを「ヨーロッパ」の対立項として措定し、それに関する真理、学問を形成することによって、支配的制度や差別的表象を形成する「言説」（フーコー）、西洋による文化支配の装置を意味する。

ヨーロッパ人は、「東洋人」について「好色で怠惰、自分の言語や文化、地理などを把握できず、独立した国家を運営し他国と交渉する術もなく、肉体的にも劣っている」という負の表象を作り流布した。「東洋人」は、自己について語る能力をもたないため、欧米人文献学者や言語学者、地理学者や鉱山学者などが現地を踏査し、その報告書を基本文献として、東洋学についての学会組織、大学での東洋学講座といった「制度化」が進む。制度化された知は、現実の植民地政策に利用され、こうして、制度と権力に結びついた表象、つまり言説としての「オリエンタリズム」が成立する。

サイード

ボスポラス海峡、エジプトから日本にいたる領域を一括して「東洋」とよぶことに、地理的、政治的、宗教的、言語的、「民族」的、経済的、文化的、歴史的など、いかなる観点から見ても根拠はない。「オリエントとは、むしろヨーロッパ人の頭の中で作り出されたもの」なのである。

オリエンタリズムには二つの側面がある。第一に、「東洋人」という表象によって、ヨーロッパ人としては、本来完全に把握しえない多様な他者をひとからげに把握できる。第二に、そのように規定された他者とは「異なるもの」として、つまり「彼ら東洋人のように怠惰でも、感情的でも、好色でも、不信心でもないもの」として「ヨーロッパ人」の自己同一性が構築され、しかもそれはすべてを対象化し、意のままに操る超越的主体である。ここにあるの

アジアーアフリカ独立地図

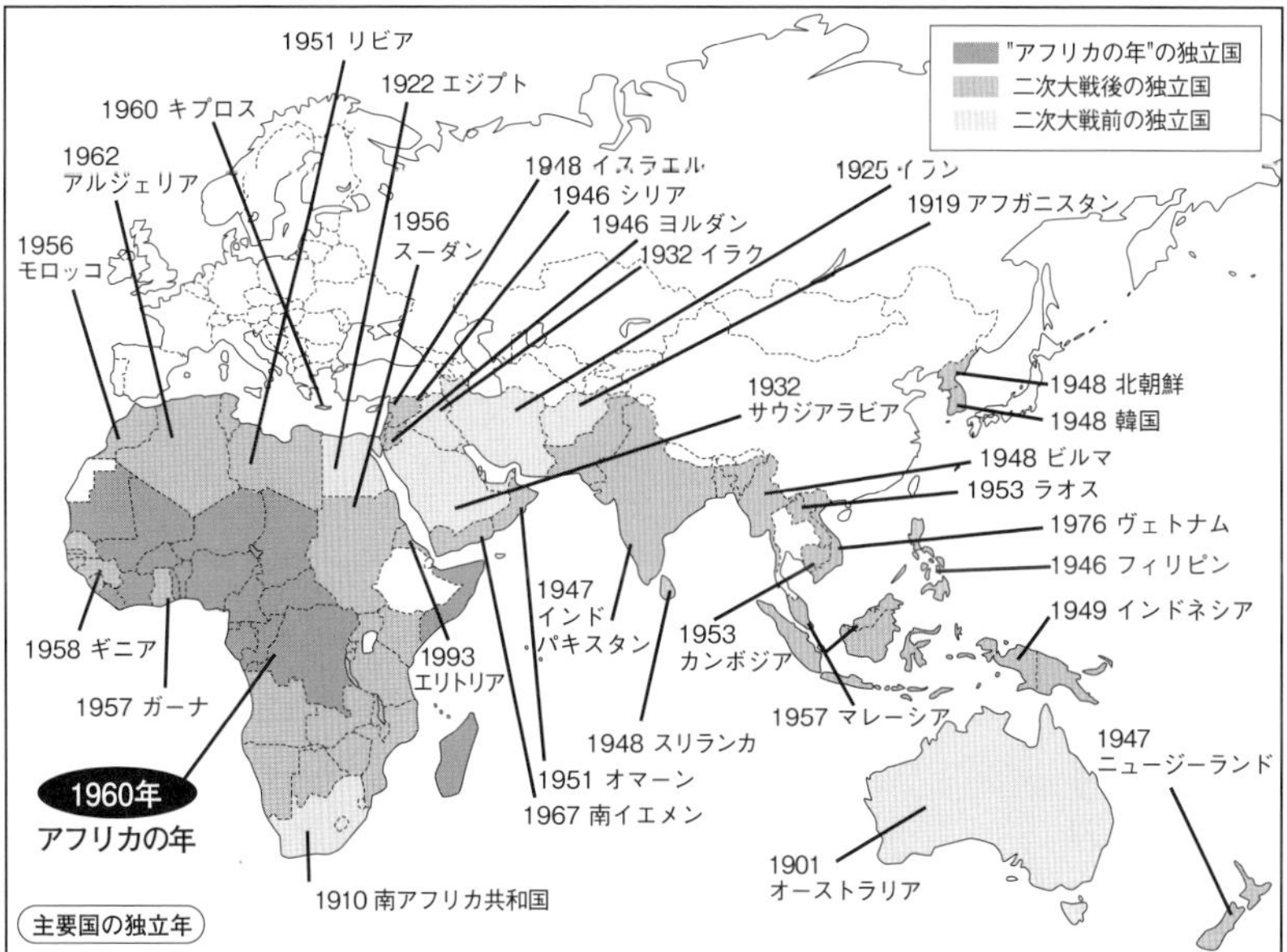

主要国の独立年

1919アフガニスタン 1922エジプト 1925イラン 1932イラク、サウジアラビア 1943レバノン 1946シリア、ヨルダン、フィリピン
1947インド、パキスタン 1948スリランカ、イスラエル、ビルマ、韓国、北朝鮮 1949インドネシア 1951オマーン、リビア
1953ラオス、カンボジア 1956スーダン、モロッコ、チュニジア 1957マレーシア、ガーナ 1958ギニア
1960カメルーン（仏領）、セネガル、トーゴ、マダガスカル、ニジェール、コートジヴォワール、コンゴ、ナイジェリア、キプロス他
1961クウェート、カメルーン（英領）、シエラレオネ 1962ルワンダ、ブルンジ、アルジェリア、ウガンダ
1963ケニア 1964ザンビア 1965シンガポール

は、「西洋／東洋」という**デリダ**的二項対立だ。

　オリエンタリズムがヨーロッパで支配的になったのは十五世紀から十九世紀にかけてのことである。それは、ヨーロッパの植民地帝国主義の時代にほかならず、また、啓蒙主義のはじまった時代でもあった。近代ヨーロッパの思想や学問体系、制度に埋め込まれた、欧米中心主義や植民地帝国主義の正当化装置を暴露、解体する作業を「**ポストコロニアリズム**」（植民地時代とその余波）とよぶ。これは、植民地時代以降の旧植民地における文化混淆（「**クレオール**」）などを問題とする、**G・C・スピヴァク**（一九四二〜）、**トリン・T・ミンハ**（一九五三〜）などの「ポストコロニアリズム」とは異なり、欧米的知そのものの脱構築だ。

　オリエンタリズムは、哲学をふくむ西洋起源の諸学問の移入とともに、ヨーロッパから見れば外部に位置する日本にも蔓延している。

【参考文献】サイード『オリエンタリズム』（平凡社ライブラリー）、ファノン『アフリカ革命に向けて』『黒い皮膚・白い仮面』（みすず書房）、スピヴァク『サバルタンは語ることができるか』（みすず書房）、ホール『カルチュラル・アイデンティティの諸問題』（大村書店）、バーバ『文化の場所――ポストコロニアリズムの位相』（法政大学出版局）、本橋哲也『ポストコロニアリズム』（岩波新書）、フランク『リオリエント』（藤原書店）

アフォーダンス

アメリカ合州国の知覚心理学者**J・J・ギブソン**（一九〇四〜一九七九）の提唱した用語。

上り坂は障害となり、崖は落下の危険があるため、回避行動を誘発し、逆に、ちょうど腰の高さの台は、そこに座る行動を、肘の高さの台は、持っていた荷物をそこに置く行動を誘う。平らな地面とそれを覆う大気は、哺乳類のような生物に歩行や走行、鳥のような生物には飛行、また一般に、呼吸による酸素摂取の可能性を提示し、水は、魚類などに、泳いだり、鰓による酸素摂取をしたりする可能性を提示する。このように、環境が、その中にいる行為者に、一定の行動、反応の可能性（「価値」「意味」）を提供（afford）するとき、提供される性質が「**アフォーダンス**（affordance）」である。

アフォーダンスは、ゲシュタルト心理学者である**クルト・レヴィン**（一八九〇〜一九四七）や**クルト・コフカ**（一八八六〜一九四一）の言う「要求特性」、現象学者**メルロ＝ポンティ**の言う「運動的意味」と類似する。ただし、「要求特性」が知覚者の欲求などに依存する主観的性質とされ、また、メルロ＝ポンティの運動的意味が、対象のあり方（ボールが一定速度、一定角度で向かってくること）の視覚的認知情報を、それに対処する身体的実存の運動情報（腕を一定角度、一定速度で前に出して、ボールを受け止める）に転換する装置であるのに対して、ギブソンのアフォーダンスは、ひとえに環境の実在的性質とされる点に特色がある。

ギブソン

環境内の分節ごとにアフォーダンスは異なり、また、昼と夜とでは同じ環境でも異なる行為の可能性を提供する。そのため、それを知覚する行為者は、さまざまなアフォーダンスが構造化された総体である「包囲光」に身を浸していることになり、そのなかから情報を抽出する知覚能力を、生物は進化の過程で身につけたと、ギブソンは考える（「生態学的光学」）。

行為者は、環境内の分節に関して、その形状や物質的性質などについての知覚をもとに、それに対応する行為がどのように可能かを推論したり、解釈したりする〝内的過程〟を経る必要はなく、行為を導くのは、そのつどの直接的知覚である。人間にせよ、動物にせよ、視覚や

アフォーダンスの例（殴られやすい形と蹴られやすい形）

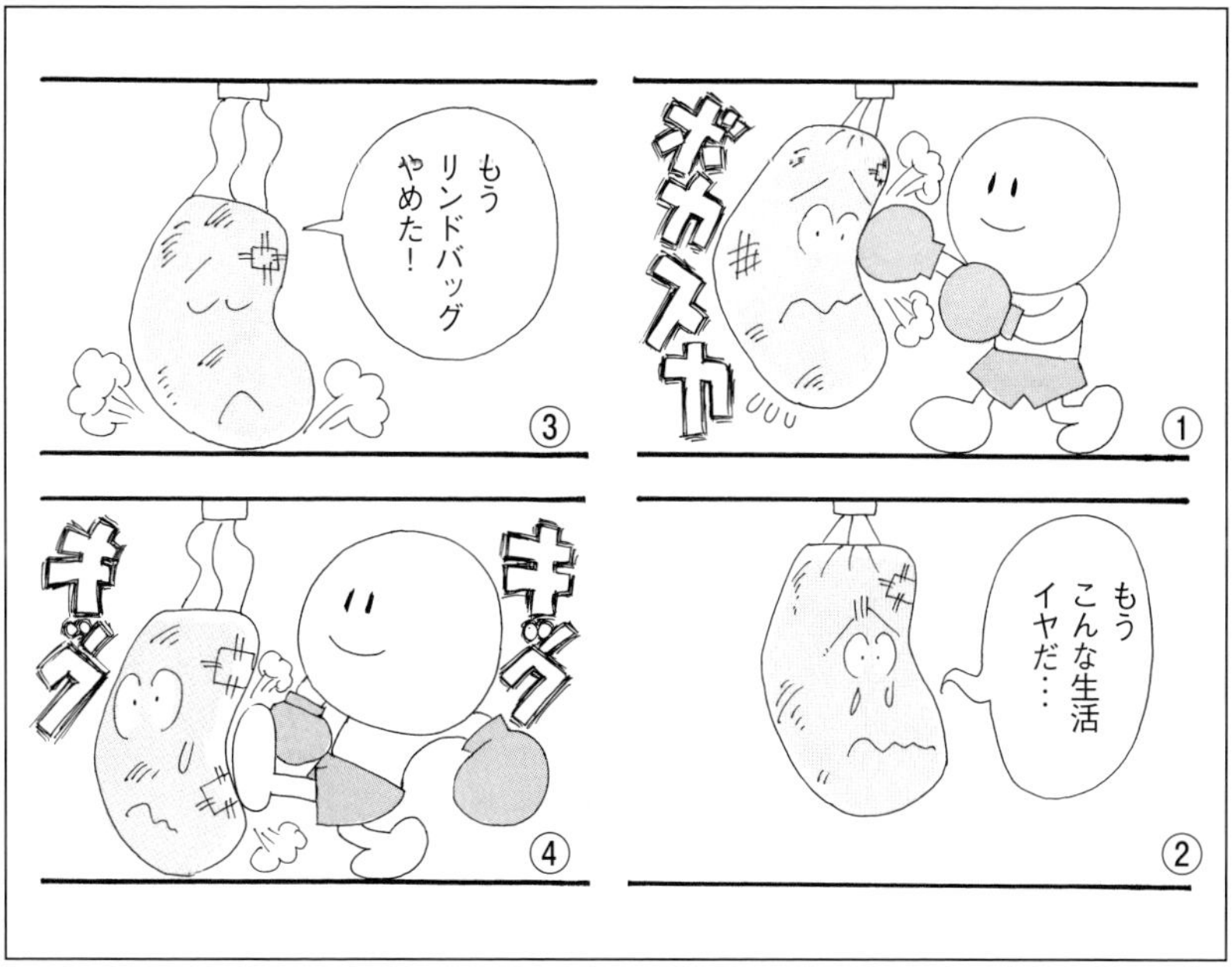
①
ボカスカ
②
もう
こんな生活
イヤだ…
③
もう
リンドバッグ
やめた！
④
キック
キック

触覚などといった外受容的感覚器官を介してえられた情報を、いったん脳中枢に回付し、そこでさまざまな情報を総合的に処理し、そのうえで歩行などを司る運動神経や筋肉へと指令を送るのではなく、環境の分節と身体運動との間には直接的な対応関係がある。自律歩行型のロボットを作る際、斜面などのデータを中央で演算処理して腕や足に指示するというやり方には限界があり、最近では、斜面などのデータに直接対処しつつ動き方を創発的に見いだすやり方が取られているが、ギブソンの考える行為とは、こうした、環境と身体運動との、脳中枢を経ない自己組織化とも言えるだろう。

ギブソンの手法は、認知科学の「生態学的アプローチ」とされ、「計算論的アプローチ」「社会文化的アプローチ」と区別される。その内容は、伝統的哲学における「認識論的」問題設定や主観／客観図式などへの批判に他ならない。アフォーダンスは包囲光のたんなる受容という受動的なものではなく、むしろ、それに誘発された身体的活動という能動性との「系」であり、それゆえ、従来の主体と客体という図式を克服するものだからだ。

【参考文献】ギブソン『生態学的視覚論』（サイエンス社）、『直接知覚論の根拠　ギブソン心理学論集』（勁草書房）

複雑系

　熱力学など、要素間の動的な相互作用が多様な部分系を生み、系全体の巨視的な動向が、部分や要素の総和には還元しえないものを**複雑系**とよぶ。熱力学や有機化学、生態系、免疫系、脳神経系などの自然科学的事象だけではなく、都市の発展などの地理学的、社会学的事象、経済現象、言語現象など、多くの場面に、複雑系の構造は見いだされる。近代自然科学や哲学は、**デカルト**や**ニュートン**に代表されるように、全体を要素に解析し、その和によって全体をとらえようと試み、また、その過程においては、各要素を認識して、その全体を把握し、科学技術などによって操作する主体が重要な位置を占めた。そのようなやり方では把握することも、操作することもできない諸現象を、単純なものの総和としてではなく、複雑なままにとらえようとするのが複雑系である。

　複雑系には多くのタイプがあるので、一概にその特質を述べることはできない。身近な現象としては、液体や気体に熱を加えた際に発生する「対流」がある。液体を入れた容器を火にかけたとき、熱源に近い下部のエネルギーが増大し、液体分子は活発に運動するようになる。その分、容器下部の液体の比重は、容器上部の液体に比べて小さくなるが、この不安定が臨界点を超えると、上の液体が下降し、下の液体が上昇する循環運動が起こり、それが対流である。対流は、細かな「蜂の巣状（ハニカム）構造」の形（「ベナール細胞」）で生じており、その位置や大きさは安定している。ベナール細胞を構成する水分子はつぎつぎに入れ替わるが、それは、水分子が、一度できた流れにのって運動し、結果として同じ形を作るからだ。

　ここから、複雑系の基本性格が明らかになる。第一に、個々の水分子といった微視的レベル（ミクロレベル）と、対流という巨視的レベル（マクロレベル）との間には「フィードバック・ループ」がある。すなわち、液体分子レベルでの流動性が、容器全体レベルにおける不安定性・非平衡性を生み、その結果、対流という、巨視的レベルでの安定した秩序や形、構造が生まれる。その一方、一度できた流れは、個々の液体分子の流れを制御する。その結果、液体分子の運動によって構造は再生産され、強化されることにな

プリゴジン

る。ある過程のアウトプットが、その過程そのものの動作を決定する回路をフィードバック・ループとよぶが、対流は、液体分子の運動と、その回路とのフィードバック・ループによって安定した形を作っていることになる。第二に、その結果、マクロレベルにおけるベナール細胞という構造は、自己複製機能によってうまれる自己組織系であり、それを「**オートポイエシス**」（みずから＝オート、創成する＝ポイエシス）とよぶ。ここには、すべてを眺望し、全体を設計する設計者的存在や、すべての根拠となる設計図的原理について語る余地はない。第三に、全体の構造は、偶然のゆらぎによって決定される。オーストラリアの草原に生息するシロアリの一種は、地表に塚のような巣を作り、その巣は複雑な構造をしているが、その内部における柱や階段、小部屋などの構造は偶然、決まる。シロアリの唾液には、他の個体を誘引するフェロモンが含まれており、一匹がくわえて来て落とした泥の上にたまたま、他の個体が泥を落とすと、フェロモンが増加して、ますます多くの個体がそこに泥を落とし、こうして柱や壁の位置が決まり、全体の構造が決定するからである。

対流やシロアリの巣ばかりではなく、産業の地理的分布や社会、歴史、さらに宇宙もまた複雑系として理解することができる。対流は、液体に加えられる火力によって生まれるマクロ構造であり、それは火力というエネルギーが液体へと伝えられ、集約されていたものが放散される「散逸構造系」である。複雑系の始祖のひとり、**イリヤ・プリゴジン**によれば、それは、蓄積されたエネルギーが散逸する「**エントロピー**」（拡散度）の増加にともなう動的過程によって一定の構造ができ、エントロピーが収縮する動的平衡性だ。そのようなメカニズムは、ビッグバンにはじまる宇宙の全体におよぶ。

複雑系は、自然科学や社会科学などに見られる、経験的モデルのひとつとみなされがちだ。だが、プリゴジンの洞察が、**ニーチェ**の「パースペクティヴィズム」（遠近法症候群）」や「力への意志」に触発されていることからも明らかなとおり、複雑系は、伝統的哲学とも強い親和性をもつ。実際、**カント**が『判断力批判』などで言及する「自然の恩恵」、**シェリング**の自然学、あるいは、それ以前の、**アリストテレス**の「四原因論」、**マキアヴェッリ**の政治論などは、複雑系の先駆け、あるいは、その事態を制御する仕掛けとも言える。哲学は、そのつどの「統一理論」だが、現代におけるその資格を複雑系理論はじゅうぶんに持っている。

【参考文献】プリゴジン『散逸構造』『混沌からの秩序』（みすず書房）、ゲルマン『クォークとジャガー』（草思社）、ワールドロップ『複雑系』（新潮文庫）、マンデルブロ『フラクタル幾何学』（日経サイエンス）、吉永良正『「複雑系」とは何か』（講談社現代新書）、吉岡洋『「思想」の現在形』（講談社選書メチエ）、清水博『生命を捉えなおす』（中公新書）

おわりに

本書は、西洋哲学史上の重要な人物や学派、潮流ごとに、その考えの全体像、ならびに、各哲学者の背景とその影響を可能なかぎりコンパクトにまとめたものである。

哲学を学び、研究するうえでの躓きの石にもいくつかある。

ひとつは、使われている言葉がわからないというものだ。哲学書に出てくる見慣れないことばの意味を知るためには「哲学事典」があるが、事典を読むためにも一定の予備知識が必要である。本書は、見慣れない語や概念については、できるだけ解説していくよう心がけた。

第二は、なぜそのことが問題になるのかわからないというものである。本書は、各哲学者の問題設定がどうして生まれたのか、その背景や、問題同士の関連をできるかぎり丹念に説明した。

本書では、可能なかぎり多くの解説図や地図、年表などを、各記述のそばに記載した。それによって、文章で書かれたことを直観的に理解し、また、文章ではなかなか伝わらない、時間空間的な拡がりを見て取っていただければと思う。

西洋哲学史を通覧した解説書を書く試みは、著者にとっては三回目となる。過去の二冊は、中学校卒業程度もしくは高校生に理解していただけることを目標とした。過去二冊にくらべて、各哲学者に割くことのできるスペースの大きい本書では、それよりやや高度の、大学教養課程もしくは専門課程において必要とされる内容と情報を盛り込んだ。

『標準哲学史』と銘打っておきながら、こんなことを言うのは奇異に感じられるかもしれない。だが、古代ギリシアをはじめとする知的活動を、あたかもひとつの〝精神〟、ひとつの〝理性〟

の展開過程――「哲学史」――であるかのように見なすのは、ヘーゲルや新カント派などによる「回顧的錯覚」の産物だ。それぞれの知的活動は、実際には、各地域、各時代の情勢からその都度必要な形で生まれたにすぎない（拙稿「哲学と世界地図」『大航海』六五号、二〇〇七年十二月）。地図や年表を挿入することで、そのような事情も見て取っていただけるよう、本書では努めた。

各哲学者の考えをまとめるなかでは、それぞれの一見、無関係と思われる諸側面や諸概念同士に、思わぬ関係が浮かび上がり、いわば、思考がおのずから動き出す瞬間もあった。各項目千五百字から三千字程度の分量で、各哲学者のすべてを語り尽くすことはできないが、かれらの言葉の彼方にある、思考のスリルの一端でも描きえたのであれば幸いである。

新書館編集部の、たいへん丁寧で、かつ知的刺激に満ちたお誘いと督促がなければ、本書が生まれることはなかった。原稿脱稿以来、数度にわたる打ち合わせをおこなっていただいた編集部、筆者による無理無体な要望に真摯に応え、図版やイラストまで描いてくださった新書館デザイン室の方々にも心からお礼を申しあげます。

貫 成人

モナド論　84
物自体　101, 103, 104, 106, 116, 175, 176
『物への問い』　181
モノローグ　212
模倣　28, 201
モラリスト　62, 63
モリヌークス問題　82
問答法　17, 18

●ヤ行

ヤハウェ神　44
唯物史観　123, 202
唯名論　37, 40, 41, 49, 50
『友愛のポリティックス』　211
有機体の哲学　152
有神論的唯心論　83
『誘惑者の日記』　121
ユダヤ教　34, 76, 77, 125, 130, 169
ユダヤ戦争　10
『ユートピア』　58
『夢判断』　133, 203
要求特性　220
幼児性欲論　131
抑圧　129-131, 133, 213, 216
欲　動　74, 76, 131-133, 196, 197, 205, 212, 213
『欲動とその運命』　133
欲動二元論　131
『四つのタルムード読解』　189
予定調和　85
『余白——哲学の／に』　211
『余録と補遺』　117
『悦ばしき知識』　129
『ヨーロッパ諸学の危機と超越論的現象学』　174, 177
ヨーロッパ中心主義　146, 211, 218
ヨーロッパ中心主義批判　146
四大元素　14

●ラ行

ライプツィヒ大学　87, 107, 129, 177, 195
ライプニッツ・ヴォルフ学派　96
「ライン新聞」　125
『ラケス』　21
楽観主義　151
ラッセルのパラドクス　149, 151
ラディカル・フェミニズム　216, 217
ランガージュ　195
ラング　191, 195, 203
『リオリエント』　56
力学主義　84
理工科学校　193
離在　21
『理論概念の方法論的性格』　163
理性主義　90, 92
理性定立　175
『理性の機能』　153
理性の限界　96, 97, 104, 105
理性の狡知　114
理性の真理　86, 105
理性は情念の奴隷である　90
理想言語学派　147
理想的コミュニケーション　191
リゾーマタ　15
リゾーム　205
『リベラル・ユートピアという希望』　171
リビドー　131
リベラリズム　173
リベラル・フェミニズム　217
粒子説　152
流出　33, 34, 115, 143
流出説　34
リュケイオン　10, 27, 28
『リュシス』　21
量化理論　148
両義性　18, 142, 185
量子力学　14, 165
量子論理　165
リヨン大学　205
リール大学　209
『臨床医学の誕生』　209
輪廻転生　22
『倫理学原理』　172
『倫理学ノート』　183
倫理的観念論　107
『倫理と無限』　189
ルサンチマン　126, 185
ル・サンボリック　212, 213
ル・セミオティック　212, 213
ルネサンス　34, 52, 56, 57, **58, 59,** 206, 207
霊魂の不死　101, 135
冷戦　146
『零度のエクリチュール』　200, 201
『歴史』　60
『歴史・階級・人間——ジョン・ルイスへの回答』　203
歴史主義　138
『歴史哲学』　113
「歴史の概念について」　190
レギーネ体験　121
レジオン・ドヌール最高勲章　144
『レ・タン・モデルヌ』　183
レトリック　15
レパントの海戦　37, 57
『レーモン・ルセール』　209
『恋愛のディスクール』　201
錬金術　58
労働価値説　124, 202
労働疎外論　202
ロゴス　30, 31, 177, 211, 213, 217
『ロゴス』　177
ロゴス中心主義　211
ロシア革命　147
ロックフェラー大学　167, 169
ローマ帝国　10, 36, 37, 58, 61
ロンドン大学　153
論理学　40, 41, 87, 92, 110, 113, 115, 136-138, 140, 146, 148, 150, 154, 157, 158, 165, 168, 171, 177
『論理学』　115
『論理学研究』　137, 177
『論理学の哲学』　165
『論理学の方法』　165
論理実証主義　154, 162, 164, 166, 169, 170, 172
論理実証主義的経験主義　166
論理主義　138, 139, 148-150, 152
『論理的観点から』　165
論理的原子論　150,151
『論理的原子論の哲学』　151
『論理哲学論考』　154, 155, 157, 162

●ワ行

『若きウェルテルの悩み』　201
『我が哲学大系の叙述』　109
惑星軌道論　115
『惑星の軌道に関する哲学的論考』　115
わたしは何を知りうるか→クセジュ
ワーテルローの戦い　93
『笑い』　144
ワルシャワ大学　209

プラグマティズム的転回　171
プラトニズム　23
フランクフルト学派　146, 147, **190, 191**
フランクフルト社会研究所　190
フランス革命　57, 92-94, 107, 109, 115, 193, 203
『フランス革命論』　107
フランス共産党　209
『フランスにおける階級闘争』　125
『フランスの内乱』　125
フランチェスコ会　47
「ブリタニカ草稿」　177
『ブリュメールの18日』　125
『プリンキピア・マテマティカ』　150-153, 162
プリンストン高等研究所　163
プリンストン大学　167, 169, 171, 173
旧い道　48
『プルースト――感じられる時』　213
『ブルーノ』　109
フレンチ・インディアン戦争　57
『フロイトとラカン――精神分析論集』　203
『フロイトの技法論』　197
プロセス神学　152
プロセス哲学　153
『プロタゴラス』　21
プロトコル命題　154
プロネーシス　27,28
『プロレゴーメナ』　104, 105
『文学とは何か』　183
『文学の記号学』　201
文化人類学　146, 198
文化大革命　147
文化哲学　138, 139
プンクトゥム　201
分析的真理　165
分析的方法　59
分析哲学　92, 146, 165, 167, 170-172, 191
分析判断　105
分析倫理学　90, 119
『分析論』　26, 40, 49
分析論　26, 40, 49, 98, 203
分有　21, 24, 45, 46
分離　14, 50, 133, 216
分裂者　204, 205
米西戦争　93
ヘケイタス　51
『ヘーゲルの弁証法』　187
ペシミズム　117, 138
ペストの流行　58
『ヘブライ語文法綱領』　77
ペリパトス学派　27
『ベルクソンの哲学』　205
ペルシア戦争　10
『ヘルダーリンの詩作の解明』　181
ベルリン大学　107, 109, 115, 117, 125, 177
ヘレニズム　10, **30, 31,** 36
ヘレニズム哲学　10, 31
ペロポーネソス戦争　10
弁証法　34, 110, 111, 113, 115, 121, 183, 185, 187, 190, 191
『弁証法的理性批判』　183
『弁証法の冒険』　185
弁証論　96, 103
『弁神論』　87
弁論術　15
『放下』　181
封建制社会　123
暴政　60, 61
法則定立学　139
『法哲学』　114
放念　54
『法の力』　211
『法の哲学』　115
方法的懐疑　64, 65
方法論的独我論　162
『法律』　21
ポエニ戦争　10, 37
『ポジシオン』　211
ポスト構造主義　146, 147, 203, 217
ポストコロニアリズム　147, 210, **218, 219**
ポストモダン　117, 154, 171, 217
ポストモダン・フェミニズム　217
ボストン茶会事件　57
母性神話　216
ポテンツ　108
『ボードレール』　183
ポーランド学派　136, 137
ポーランド継承戦争　57
ポリス　15, 18, 24, 30, 31
ホーリズム　164
ポリフォニー　212
『ポリローグ』　213, 217
ポリロゴス　213, 217
ポルノグラフィ　216, 217
梵我一如　117
本質　19, 44-48, 50, 70, 71, 109, 113, 115, 117, 157, 161, 171, 182, 188, 214, 217
ボン大学　125, 129

●マ行

「マインド」　159
マキアヴェリズム　60
『マキャヴェリの孤独』　203
『マクベス』　103
マクロコスモス　53
マサチューセッツ工科大学　169, 173
『マゾッホとサド』　205
末期中世哲学　48-51
マナ　198
まなざし　183, 196
マニ教　10, 38
『マラルメ論』　183
マルクス主義　146, 183, 190, 203, 205, 216, 217
マルクス主義哲学　203
マルクス主義フェミニズム　216, 217
『マルクスのために』　203
『マルクスの亡霊たち』　211
マールブルク学派　138
マールブルク大学　139
満足した豚よりも不満足な人間であれ　118
マンチェスター大学　157
『見えるものと見えないもの』　185
未完のプロジェクト　171, 191
ミクロコスモス　53
『ミシュレ』　201
見知り　151, 163
蜜蝋の比喩　70
ミーメーシス　28
ミュトス　22, 28
ミュンヒハウゼン・トリレンマ　170
『未来は長く続く』　203
ミレトス　12
民主制　60,61,95
無意識　130,132,133,162,197
『無意識』　133
ムエイン　34, 52
矛盾律　53, 85, 165
無神論　71, 77, 107
無神論論争　107
「むすんでひらいて」　95
無対象的表象　136, 137, 150
無知のヴェール　173
無知の知　10, 16, 17
『村の占者』　95
名辞　41
明治維新　93
明証性　66, 135
命題関数　148, 149
命題自体　136
『命題論』　40
命題論　40, 136
名誉革命　57, 81
メタ言語　136, 137
『メタフィジカ』　29
メディチ家　10, 60
『メノン』　21, 22
メメントモリ　63
『メモワール、ポール・ド・マンのために』　211
免疫抑制法　214
目的因　24, 25
『モーセと一神教』　133
『モードの体系』　200, 201
モナド　56,84,85,86,87
モナドは窓をもたない　84
『モナドロジー』　85, 87

人間本性論　89
認　識　論　48, 49, 78, 79, 83, 104, 105, 140, 153, 165, 192, 193, 202, 217, 221
認識論的断絶　202
認識論的問題設定　78, 79
認知科学　146, 221
ヌーヴォー・ロマン　200
ヌース　14, 26
『ネクラソフ』　183
熱力学　108, 146, 222
能記　195, 198
能動理性　47
ノエイン　175
ノエシス　176
ノエマ　175, 176
『野の百合、空の鳥』　121
ノーベル賞　147
ノーベル文学賞　144, 151, 183
ノマド　204, 205

●ハ行
配視　178,181
ハイデルベルク大学　77, 115, 139
『パイドロス』　21
『パイドン』　21, 84
『ハイラスとフィロナスの対話』　83
『蝿』　183
『葉書』　211
白紙　78, 79, 81
『パサージュ論』　190
『初めに愛があった――精神分析と信仰』　213
パスカルの法則　72
パースペクティヴィズム（眺望固定病）　129, 223
バーゼル大学　129
発生的心理学　135
発話媒介行為　160
バーデン学派　139
波動説　152
パトス　27, 31
ハニカム構造　222
パノプティコン　118, 208
『母親業の再生産』　217
ハーバード大学　153, 165, 167, 169, 173
パフォーマティヴ　160, 211, 217
ハプスブルク家　61
ハプローシス　32
パブロフの犬　89
パラドクス　13-15, 22, 149-151, 168, 169
パリ・コミューン　93, 125
パリ大学　47, 95, 195, 199, 201
パリ第8大学　205
「パリ・フロイト派」　197
『パリマッチ』　200
パルテノン神殿　9
『パルメニデス』　21
ハレ大学　177
パロール　195, 203
反因果論　167
反合理主義　73
『反時代的考察』　129
反照的均衡　173
汎神論　15, 31, 53, 75-77, 109
汎神論論争　77
『パンセ』　63
反対の一致　52
パンタ・レイ　13
判　断　20, 30, 65, 90, 96, 103-105, 117, 121, 133-135, 138, 139, 175, 177, 186, 203, 223
判断中止　30
『判断力批判』　96, 103-105, 223
反定立　110, 111
反哲学　126, 157
『反哲学的断章』　157
反動形成　133
『ハンナ・アーレント――「生」は一つのナラティヴである』　213
『反復』　121
反復強迫　132
万物の根源　12, 52
反-本質主義　19, 157
『万民の法』　173
反ユダヤ主義　144
汎論理主義　139
美学　28, 92, 96, 103, 105, 110, 114, 139, 157, 191, 200, 209
『悲劇の誕生』　117, 129
非合理なるがゆえにわれ信ず　39
『火ここになき灰』　211
非根源的　189
『美術家列伝』　59
『美術論集』　201
ヒステリー　130, 131, 133, 209
『ヒステリー研究』　133
『襞』　205
否定主導語　161
否定の道　32
美的観念論　109
ひと（ダス・マン）179, 180
被投性　180
『人さまざま』　63
『美と崇高の感情に関する観察』　104, 105
『ひとつではない女の性』　217
否認　133, 135
『批判的理性論考』　170
批判哲学　77, 96, 205
百年戦争　37, 57, 58
百科全書　57, 94
百科全書派　94
非ユークリッド幾何学　148
ピュシス　12, 25
ピュタゴラス派　21
『ヒューマニズムとテロル』　185
『ヒューマニズムについて』　181
ヒュームの法則　90
ピューリタン革命　57
ヒュレー　24, 25
『表示について』　137, 151
表　象　84, 116, 117, 129, 134-137, 140, 143, 144, 149, 150, 207, 218
表象自体　136
表層自我　142
『表徴の帝国』　201
『漂泊者とその影』　129
ピルグリム・ファーザーズ　57
『ピレボス』　21, 84, 167
非連続性　192, 193, 202, 206, 207
ファロスの欠如　205
『不安の概念』　121
フィードバック・ループ　222, 223
『フィヒテとシェリングの哲学体系の差異』　115
『フィロソフィア』　177
『封鎖商業国家論』　107
フェティシズム　123, 124
フェノ・タイプ　212
フェノ・テクスト　212
フェミニズム　146, 147, **216, 217**
フォルマリスト　212
不可識別者同一の原理　84, 85
不完全性定理　147
不気味さ　180
複合概念　79
複雑系　109, 144, 146, 147, **222, 223**
「複製技術時代の芸術」　190
『フーコー』　205
武士道　140
『婦人論』　217
『フッサール現象学における直観の理論』　189
『フッサール現象学における発生の問題』　211
『フッサール、ハイデガーと共に実存を発見しつつ』　189
『物質と記憶』　143, 144
『物質の分析』　151
物理的単子論　104, 105
不動の動者　25-27, 29
プフォルタ学院　107, 129
普仏戦争　93, 129
普遍概念　50
普遍記号法　85-87
『普遍言語』　87
『普遍代数学』　153
普遍論争　26, 36, 37, **40-43**
浮遊するシニフィアン　198
フライブルク大学　163, 177, 181, 187
プラグマティシズム　141
プラグマティズム　92, 93, **140, 141**, 146, 165, 166, 170, 171

超越論的統覚　100, 101, 107
超越論的論理学　113, 177
超自我　132, 133
『弔鐘』　211
超人　77, 128
超人思想　77
朝鮮戦争　147
超存在　137
眺望固定病→パースペクティヴィズム
直観の形式　100
『ツァラトゥストラはこう言った』　93, 129
通時態　195
常に死を思うこと　63
冷たい社会　207
『テアイテトス』　17, 21
ＤＮＡ組み換え　214
定言命法　102
『抵抗――精神分析の／に』　211
帝国主義　93, 200, 219
ディスタンクシオン　193
Ｔ文　166
『ティマイオス』　21
定立　106, 110, 111, 139, 175
デカルト神話　159
『デカルト的省察』　177
《デカルトとクリスティナ女王》　68
『デカルトの形而上学』　69
『デカルトの哲学原理』　77
テクスト　181, 186, 187, 200-202, 211-213
『テクストとしての小説』　213
『テクストの快楽』　201
『テクストの出口』　201
『出口なし』　183
『哲学および現象学研究年報』　177
『哲学史』　31
『哲学・政治著作集』　203
『哲学探究』　154, 155, 157
『哲学的考察』　157
『哲学的断片』　121
『哲学的断片への後書』　121
『哲学的断片への完結的、非学問的な後書き、演技的、情熱的、弁証法的雑集、実存的陳述』　121
『哲学的文法』　157
『哲学展望』　187
『哲学と自然の鏡』　171
『哲学とは何か』　205
『哲学について』　203
『哲学の諸問題』　151
『哲学の脱構築　プラグマティズムの帰結』　171
『哲学の貧困』　125
『哲学批評雑誌』　115
『哲学への寄与』　181
『哲学論文集』　161, 171
テーマ批評　193
デミウルゴス　21, 22
デーモン　18
デュエム＝クワイン・テーゼ　164
デュナミス　25
「テル・ケル」　213
デルフォイ　16, 17
テロス　24, 25
転回　98, 100, 170, 171, 180, 181
天界-天使界-元素界　34
『天体の一般的自然史と理論』　104, 105
天地創造　39, 123
天動説　53, 58, 59, 62, 100
ト・アペイロン　12, 15
『ドイツ・イデオロギー』　125, 202
ドイツ観念論　77, 92, 93, 105, 114, 122, 136, 138
『ドイツ国民に告ぐ』　107
ドイツ神秘主義　53
「ドイツ大学の自己主張」　181
同一化　131, 133, 174, 200
同一哲学　109
同一律　165
統一理論　223
投影　62, 111, 133, 162
投企　182
道具　47, 79, 102, 114, 141, 157, 160, 164, 165, 178, 179, 182, 190
道具存在　178
洞窟の比喩　23
道具的理性　190
道具連関　178, 179
統制的理念　104
『逃走について』　189
『統治二論』　81
『統治論二篇』　217
『道徳形而上学の基礎づけ』　104, 105
『道徳原理の探求』　89
『道徳・政治論集』　89
『道徳的認識の源泉について』　135
『道徳と宗教の二源泉』　144
『道徳の系譜』　129
『道徳論の体系』　107
『道標』　181
『動物運動論』　25
動物の生存権　214
『動物発生論』　25
『動物部分論』　25
「ドゥンス・スコトゥスの範疇論と意義論」　181
独墺学派　135
独我論　154, 162
独我論的現象主義　162
ドクサ　17, 23
特殊相対性理論　147
独断のまどろみ（独断の微睡）　88, 92, 96
独断論　57, 92, 97
徳は知なり　18
「独仏年誌」　125
徳論　118
突然変異　144
『トーテムとタブー』　133
トートロジー　154
ト・ヘン　32, 34
ドミニコ会　47
トラウマ　131, 132, 205
奴隷解放宣言　93
奴隷道徳　126
『トロイヤの女たち』　183

●ナ行

内奥自我　142
『内的時間意識の現象学』　177
『名指しと必然性』　168, 169
ナトルプ報告　181
ナルシズム　131
南海泡沫事件　57
汝自身を知れ　18
南北戦争　93, 140
二月革命　93
肉　185
二項対立　19, 73, 110, 198, 199, 210, 211, 219
『ニコマコス倫理学』　28
二世界説　22, 126
『贋金づくり』　63
『ニーチェ』　181, 205
『ニーチェ対ヴァーグナー』　129
日常言語学派　147, 158, 160, 170
『日常生活の精神病理学』　133
日露戦争　147
日清戦争　93
ニヒリズム　126-129, 138
「ニーベルングの指環」　129
ニュートンの法則　164
ニュートン力学　163, 164
ニューヨーク市立大学　169
ニュー・レフト　190
二律背反　97, 103
人間機械論　70
『人間ぎらい』　63
人間主義　202
『人間知性改善論』　77
『人間知性の研究』　89
『人間知性論』　79, 81, 82, 172
人間中心主義　117, 183, 199, 215
『人間的自由の本質について』　109
『人間的な、あまりに人間的な』　129
『人間の使命』　107
『人間の知識』　151
人間は考える葦である　72
人間は万物の尺度である　15
『人間不平等起源論』　95

『精神のエネルギー』　144
「精神病理・精神分析学報」　133
精神分析　130, 133, 146, 197, 203, 205, 207, 211-213, 216, 217
『精神分析とフェミニズム』　217
『精神分析入門』　133
『精神分析の四基本概念』　197
精神分析派フェミニズム　217
生態学的アプローチ　221
生態学的光学　220
西南ドイツ学派　139
『生に対する歴史の利害』　129
生の技法　31
『性の政治学』　217
生の飛躍　144
『性の歴史』　31, 208, 209
生への盲目的意志　116
生命の跳躍　144
生命の哲学　142
生命倫理　214, 215
『西洋哲学史』　151
『世界像の時代』　181
『世界統握の時代』　69
世界内存在　178, 179
『世界年代』　109
『世界の散文』　185
『世界の論理的構築』　162, 163
『世界の論理的構築』　162, 163
『世界霊魂について』　109
セクシャル・ハラスメント　106, 216
積極哲学　109
絶対精神　112-114, 121-123, 202, 203
絶対的自我　107, 108
セネカ・フォールズ会議　217
『セメイオチケ』　213
『善悪の彼岸』　129
善意志　102, 103, 187
前意識　132
善意の原理　166, 167
先駆的決意性　180
繊細の精神　72
専制政　60, 61, 113
全体性　180, 188, 189
『全体性と無限』　188, 189
全体論　146, 164
全体論的プラグマティズム　146
『全知識学の基礎』　107
先入見　59
『千のプラトー』　205
潜伏期　131
全面的改訂可能論　164
臓器移植　214, 215
想起説　22
『草稿 1914 ～ 1916』　157
綜合定立　110, 111
総合的真理　165
綜合的方法　59
総合判断　105
『創世記』　38
『創造的進化』　144
想像（幻想）の共同体　202
『想像力』　183
『想像力の問題』　183
相対主義　10, 15, 138, 172
『相対性の原理』　153
相対性理論　138, 144, 147, 192
総領　61
疎外　62, 124, 125, 196, 202, 206
即自存在　182, 183
ソクラテス以前の哲学者　15
ソクラテス以前のひとびと　10
ソクラテスの逆説　18
《ソクラテスの死》　19
『ソクラテスの弁明』　21
『ソピステス』　21
ソフィスト　10, **12-15**
素朴観念論　83
素朴実在論　83
ソルボンヌ（大学）　144, 205
ゾロアスター教　34
存在　20, 21, 23-26, 32-34, 38-41, 44-50, 54, 64-69, 72-78, 82-87, 89, 96-101, 104-106, 108-110, 113-117, 120, 122, 124-126, 128, 131-133, 135-139, 142, 144, 146, 148-150, 152, 154, 157, 162, 165, 169, 170, 172, 176, 178-189, 194-196, 199, 201, 204, 205-211, 213, 223
存在一般の意味への問い　178
存在-神-目的-始源論　211
『存在者と本質』　45
存在するとは知覚されることである　82
『存在と時間』　178-181
『存在と無』　183
存在の一義性　46
『存在の彼方へ』　189
存在の類比　46
存在は必要もなく増やしてはならない　50
存在論　49, 50, 66, 85, 104, 105, 146, 165

●タ行

第一局在論　132
第一次世界大戦　132, 135, 147, 162
第一性質　80, 82, 83
大英百科事典　177
体外受精　214
退行　26, 131
大航海時代　57
『第三の意味』　201
対自存在　182, 183
対象言語　136, 137
対象論　135, 137
第二局在論　133
第二次世界大戦　147, 182
第二性質　80, 82, 83
『第二の性』　216, 217
タイプ理論　150
大陸合理論　57, 79, 104
対流　222, 223
多元論　14, 15
他者論　189
ダス・マン　179
多声性　212, 217
多値論理　136, 137
脱我　32
脱構築　171, 210, 211, 219
脱自　32, 34
妥当　138
タナトス　131, 205
他人という地獄　183
『愉しみと日々』　63
魂の不滅　18, 22
魂の平安　30
単一化　32
探求のパラドクス　22
男根期　131
男根中心主義　211
単子　84, 104, 105
単純概念　79
単独者　121
『単なる理性の限界内における宗教』　104, 105
『断片』　157
知ある無知　52, 53
知覚の一元論　82
『知覚の言語』　161
『知覚の現象学』　184, 185
知覚の束　90
知覚命題　164
力への意志　109, 116, 128, 129, 204, 223
『痴愚神礼賛』　58, 63, 206
『知識学』　106
地動説　53, 58, 59, 62, 100
『知の考古学』　207, 209
知は力なり　59
地平　56, 71, 126, 186, 187
地平融合　187
『知への意志』　209
『知の考古学』　207, 209
『茶色本』　157
チャーティスト運動　93
中欧論理学派　146
中欧論理思想　93, **136, 137**
中期プラトン主義　21
『中国学』　87
抽象観念　79
中立の文体　200
チュニス大学　209
超越論的還元　176
『超越論的観念論の体系』　109
超越論的実在論　83
超越論的哲学　96, 100, 154, 170

『資本論を読む』 203
市民革命 92
『射影幾何学の公理』 153
社会契約説（社会契約論） 57, 78, 80, 81, 92, 94, 95, 118, 172, 173, 215
『社会契約論』 95
『社会研究』 190
社会史 190, 206
社会主義フェミニズム 217
社会的神話学 200
社会文化的アプローチ 221
写像理論 154, 155
『シャドウ・ワークか家事労働か』 217
シャルトル大聖堂 49
シャルロッテン工科大学 157
ジャンセニスム派 72
主意主義 37, 38, 39, 48, 51, 117
自由意志 38, 48, 50, 103, 104, 106, 114, 144
『自由意志論』 38
宗教改革 57, 58
『宗教とその形成』 153
『宗教の自然史』 89
集合論 150
十字軍 37, 56, 58
十字軍運動 36
重層的決定 203
充足理由律 85, 86, 87, 116, 117
『充足理由律の四つの根について』 116, 117
習得知 49, 50
『自由への道』 183
終末論 39
自由連想法 131, 133, 197
『自由論』 119
主観／客観図式（「主観／客観」図式） 56, 64, 66-68, 70, 152, 221
主観主義 101, 136, 183, 187
主観主義的人間主義的 183
『主観的、間主観的、客観的』 167
主観的観念論 107, 109
主体的真理 121
主知主義 18, 27, 37, 39, 47, 48, 157, 184
『出エジプト記』 45
ジュネーブ大学 195
『種の起源』 93
『ジュベール随想録』 63
純粋記憶 143
純粋経験 141
純粋持続 142, 143
『純粋理性批判』 93, 96, 98, 100, 103-105, 140
止揚 110, 111
昇華 133
『小学生の単語帳』 157
松果腺 71
消極哲学 109
『省察』 65, 68, 71, 206
『省察と箴言』 63
象徴界 213
『象徴作用』 153
『情緒論素描』 183
情動 28, 135, 172, 180
情動主義 172
『情念論』 71
商品経済 123
上部構造 122, 123, 202, 203
逍遙学派 27, 29
剰余価値 125, 204
所記 195, 198
初期ギリシア哲学 10
『曙光』 129
『女性と自然』 217
『女性と女性市民の権利宣言』 217
『女性の権利の擁護』 217
『女性の隷従』 217
思慮 27
指令主義 172
『ジレンマ』 159
『次郎物語』 112
『死を与える』 211
新アカデメイア派 21
『新エロイーズ』 95
『神学大全』 47
神学の婢 36, 47
進化論的宇宙論的形而上学 141
新カント派 41, 92, 93, 105, **138, 139**, 146, 184
真空存在の確認 72
《真空についてのマグデブルグの新実験》 73
シンクレティズム 58
『箴言集』 63
人工言語 146, 158
人工授精 214
臣従体 209
心身二元論 69, 70, 159, 171
心身平行論 76
心身問題 64, 71, 143, 158, 159
『人生における諸段階（人生行路の諸段階）』 121
人性論 89
身体図式 184, 185
神智学 54
『人知原理論』 83
心的現象 134, 135
『心的現象の分類について』 135
人徳 27
『真の宗教』 38
神秘思想 34, **52-54**, 58, 74, 181, 190
神秘主義 32, 34, 53, 153
神秘体験 34, 52, 54
新プラトン主義 10, 13, 21, 23, **32-34**, 36, 38, 40, 52-54, 58, 110, 115, 153
人文主義者 58
シンボル 138, 139, 140, 184
シンボル形式 138, 139
「新ライン新聞」 125
『心理学の哲学』 157
真理自体 136
心理主義 137, 138, 149
真理値 148, 168
『真理と解釈』 167
『真理と実存』 183
『真理と方法』 68, 186, 187
真理の外延的定義 166, 167
真理の対応説 137, 171
真理要求 186
『真理を追って』 165
『人倫の形而上学』 96
『人類史の憶測的起源』 104, 105
『神話作用』 200, 201
『神学・政治論』 77
『親和力』 186
遂行論的矛盾 160
随想録 63
『数学入門』 153
『数学の基礎』 157
崇高 104, 105, 114
スコラ学 39, 79, 81
スタンフォード大学 167, 171
ストア派 10, 30, 31, 37, 38, 62, 63, 111, 112
ストゥディウム 201
ストラスブール大学 189
スーパーエゴ 132, 133
スパルタクスの乱 37
『スピノザ』 205
スピノザ主義 77
「スピノザの教説について」 77
スピノザ論争 77
スペイン継承戦争 57
スペルマータ 14,15
寸断された身体 196
西欧マルクス主義 190
『聖家族』125
生活形式 155, 156
生起 28, 138, 181, 185
性器期 131
正義の二原理 173
『正義論』 173
生産する欲望 204, 205
『政治家』 21
『政治学』 27, 28, 60
『政治経済論集』 89
『政治と歴史――モンテスキュー・ヘーゲルとマルクス』 203
『聖ジュネ』 183
『聖書』 47, 73
『政治論集』 89
『精神現象学』 93, 109-113, 115
『精神疾患と人格』 209

個体性　48, 51, 87
固着　131
『国家』　21, 40, 60
『国家論』　77
固定指示子　169
個的形相　49
古典経済学　122, 205
『孤独な散歩者の夢想』　95
『言葉』　183
『ことば、この未知なるもの』　213
『ことばと対象』　165
『言葉と物』　67, 193, 206, 207, 209
『言葉への途上』　181
コナトゥス　74, 94
コーネル大学　169, 173
『この人を見よ』　129
このもの性　48, 49
個物に先だって　40
個物のあと　40
コプラ　149
個別観念　49, 50
コペルニクス的転回　98, 100
コペンハーゲン大学　121
護民官　60, 61
小文字の主体　209
固有名　151, 168, 169
『固有名』　189
コーラ　213
『ゴルギアス』　21
コルサール事件　121
コレージュ・ド・フランス　144, 199, 201, 209
『根拠律』　181
コンスタティヴ　160
『困難な自由』　189

●サ行

最高完全者　75-77, 115
最後の審判　39, 123, 188
再生　59
『再生産について』　203
最善観　85, 86
最大幸福主義　118
最大多数の最大幸福　118, 119
『差異と反復』　204, 205
差延　210
作者の死　187, 201
『さまざまな意見と箴言』　129
『サムライたち』　213
作用 - 内容 - 対象　136
作用因　24, 25
散逸構造系　223
三角貿易　56, 92
産業革命　57, 92, 93, 123
三十年戦争　37, 56, 57
『算術の基礎』　149
『算術の基本法則』　149
『算術の哲学――論理学的かつ心理学的研究』　177
『斬首の光景』　213
サンパウロ大学　199
産婆術　17
《サン・ピエトロ寺院》　55
三位一体　53
ジェノ・タイプ　212
ジェノ・テクスト　212
シェーマL　213
ジェームズ・ランゲ説　141
『シェリング講義』　181
『ジェンダー・トラブル』　217
ジェンダー二元論　217
『詩学』　28
『視覚新論』　83
『視覚と色彩について』　117
シカゴ大学　163, 167, 171
『自我の超越』　183
自我の同一性　90
『時間と自由』　144
『時間と他者』　189
『時間を与える』　211
『色彩について』　157
四原因説　24, 25
事行　106
思考するもの　74
志向性　134, 136, 174
志向的相関関係　174-176
『思考について』　159
『思考の諸様態』　153
『思考の有機化』　153
自己欺瞞　183
自己形成性　144
自己原因　75
自己刷新性　144
自己組織化する全体　108
自己超越体　152
『自己への配慮』　209
自殺擁護者　117
事実確定的発言　160, 161
事実知　159
事実と価値の二元論　90
事実の真理　86, 87
地震原因論　104, 105
自然　10, 12, 14, 21, 22, 25, 27, 29, 31, 44, 46, 47, 50, 54, 58, 59, 63, 68, 69, 71-73, 76-78, 80, 81, 85, 88, 89, 94, 95, 100, 104, 105, 107-111, 113-115, 142, 144, 146, 164, 165, 181, 200, 201, 206, 210
自然学　27, 29, 31, 54, 58, 223
自然学者　10, **12-15**, 22, 71
自然権　80, 81, 94
自然言語　158, 166
『自然宗教についての対話』　89
自然主義　44, 165, 172, 200
自然主義的誤謬　172
自然状態　81, 94, 173
『自然神学と道徳の原則の判明性』　105
自然中心主義　215
『自然哲学』　115
『自然哲学の認識論的諸原理』　153
自然淘汰　144
『自然と生命』　153
自然に帰れ　94
『自然の概念』　153
自然の鏡　164, 171
『自然の死』　217
自然法　80, 81, 107, 118
『自然法論』　81, 107
『思想と動くもの』　144
思想の三統領　92, 93, 129
『思想の自由の返還要求』　107
四則演算計算機　87
『持続と同時性』　144
事態　41
七月革命　93
七年戦争　57, 93
『シチュアシオン』　183
実験心理学　141
実在論　23, 37, 40, 41, 83, 143, 176
実証主義　134, 154, 162, 164, 166, 169, 170, 172, 192
実践三段論法　26, 27
『実践理性批判』　96, 102-105, 107
『実存から実存者へ』　189
実存主義　120, 147, 182, 183
『実存主義とは何か――実存主義とはヒューマニズムである』　183
実存的決断　182
実存哲学　72, 109, 190
実存は本質に先立つ　182
実体　25, 26, 29, 66, 74, 75, 79, 83, 86, 87, 89, 90, 94, 99, 100, 104, 106, 129, 133, 152, 158, 194, 196, 197, 202, 204
『実体の本性と実体相互の交渉ならびに心身の結合についての新説』　87
質料　24, 25, 30, 45, 46
質料因　24, 25
私的言語　156
『詩的言語の革命』　213
シトー会　47
『死と時間』　189
『死に至る病』　121
シニフィアン　195, 198, 200, 201
シニフィエ　195, 198, 200, 201
シニフィエなきシニフィアン　201
シーニュ　185, 195
『シーニュ』　185
『シネマ1／2』　205
『事物の根本的起源について』　87
死へむかう存在　179
資本主義　93, 122-125, 190, 202, 205, 216
『資本論』　125, 202

『饗宴』　21
『狂気の歴史』　193, 206, 209
『共産党宣言』　93, 125
共時態　195
『強制的異性愛とレズビアン存在』　217
鏡像段階　196, 197
「鏡像段階論」　197
教父　36
『恐怖の権力——「アブジェクシオン」試論』　213
教養小説　112
共和制　60,61,113
去勢恐怖　131,216
虚表象　136
ギリシア神話　18,164
ギリシア文明　12
キリスト教　29-32, 34, 36, 38, 39, 44-47, 50, 52, 53, 56, 58, 61, 72, 77, 83, 87, 107, 123, 126, 188
『キリスト教における修練』　121
『キリスト教の運命とその精神』　115
『キリスト教の合理性』　81
『キリスト教の実定性』　115
『キリストにならいて』　52
『キーン』　183
『近世哲学史講義』　109
『近代音楽論』　95
禁欲主義　31
『金利を上げてお金の価値をあげることの帰結』　81
クィア理論　217
クイーンズ大学　167
『偶景』　201
『偶然性、アイロニー、連帯』　171
偶然の真理　86, 105
『偶然の黄昏』　129
偶然のゆらぎ　223
偶有性　44,99
クセジュ（わたしは何を知りうるか）　63
『痴愚神礼賛』　58, 63, 206
『靴』　181
グノーシス主義　53
グノーシス派　37, 39
『雲』　19
『クラーク宛第四書簡』　86
『クラークへの手紙』　85
グラーツ学派　135-137
『グラマトロジーについて』　211
『クリティアス』　21
『クリトン』　21
クリプキ・モデル　168, 169
クレオール　219
『黒い太陽——抑鬱とメランコリー』　213
『クローゼットの認識論』　217
君主制　60, 61
敬虔主義　53
経験主義のドグマ　165
『経験的立場からの心理学』　134, 135
『経験と判断』　177
経験論　41, 49, 56, 57, 78, 79, 87, 88, 90, 93, 104
経験論的懐疑論　92
傾向性　159
『経済学・哲学草稿』　125
『経済学批判』　122,125
計算論的アプローチ　221
形式主義数学　177
形式論理学　113
『形而上学』　14,19,134,168
形而上学　21, 28, 29, 38, 41, 71, 84, 97, 101, 130, 152, 153, 163, 166, 169, 188, 211, 218
『形而上学的思想』　77
形而上学的目的論　138
『形而上学入門』　181
『形而上学の夢によって解明された視霊者の夢』　105
『芸術作品の起源』　181
芸術の終焉　190
『芸術の哲学』　109
形相　44-46, 48, 50
形相因　24,25
系譜学　129, 206
『啓蒙とは何か』　105
『啓蒙の弁証法』　190
『汚れた手』　183
ゲシュタルト　184,220
ゲッティンゲン大学　117, 149, 177
ゲルマン民族大移動　37
ケーレ　181
『言語起源論』　95
言語ゲーム　155-157
言語行為論　160
『言語と行為』　161
『言語のざわめき』　201
言語分析哲学　146, 165
言語名称目録観　194, 195
言語論的転回　170, 171
『言語論的転回』　170, 171
原罪　38, 39, 73
現実界　26, 197
現実原則　131
現実的実体　152
現実的状態（エネルゲイア）　25
犬儒派　30,31
現象界　101, 104,106,116
現象学　92, 105, 111-113, 135-137, 146, 147, 174-177, 181, 184, 220
現象学的還元　176
現象主義　162
原初状態　173
原子論　30, 94
原子論者　14,15
『言説の秩序』　209
現前の形而上学　211
『幻想の未来』　133
原則論　98, 100
現存在　178-181
現存在分析　186
『現代論理入門』　165
ケンブリッジ大学　151, 153, 157
権利の請願　57
『権力への意志』　129
元老院　60, 61
『恋する詩神』　95
行為遂行的発言　160, 161
合一　32-34, 52, 54, 71
『行為と出来事』　167
行為の因果説　166
行為の結果　141
合意のテロル　191
行為論　166
後期新プラトン主義　32
公共圏　191
交叉イトコ　198
口唇期　131
構成　162
構成主義　217
「公正としての正義」　172,173
構造言語学　194
構造主義　146, 147, 183, 184, 194, 196, 202, 207, 213
高等師範学校　183, 185, 193, 203
『行動の構造』　184, 185
幸福　28
『幸福論』　63
合目的性　104
肛門期　131
合理化　133
功利主義　27, 57, 92, 93, **118, 119**, 172, 215
功利の原則　118
合理論　56, 87, 93, 104
合理論的独断論　92
『声と現象』　211
《氷の海》　54
五月革命　147, 209
コギト　67, 170
コギト・エルゴ・スム　65
国際連盟　144,147
『告白』　95
国民国家　92
『心の概念』　159
『心の分析』　151
個人主義的人間中心主義　117
個人的なことは政治的なことである　216
コスモポリタン　12,30
悟性　53, 99, 103, 111, 112, 114, 138, 154
悟性概念　99, 100, 104
個性記述学　139

エロス　131
演繹法　57, 59
厭世主義　117
『エンチクロペディ』　115
延長するもの　70
エントロピー　223
オイディプス的三角形　205
黄金律　102
『嘔吐』　183
欧米中心主義　199, 219
応用倫理学　146, 147, **214, 215**
王立協会　87
大文字の主体　209
大文字の他者　213
オカルト　58
オーストリア継承戦争　57
『おそれとおののき』　121
オッカムの剃刀　50, 51
オックスフォード大学　81, 158, 159, 161, 173
『オデュッセイア』　12
オートポイエシス　109, 223
オリエンタリズム　147, **218, 219**
『オリエンタリズム』　218
オルフェウス信仰　10
音声中心主義　211
『女殺油地獄』　103
『音符の新しい記号に関する提案』　95

●カ行

『海域』　211
『外界に関するわれわれの知識』　151
快感原則　131, 133
「快感原則の彼岸」　133
懐疑主義　10, 21, 30, 31, 37, 65
階級闘争　125, 163, 203
懐疑論　57, 62, 63, 88, 92, 97, 104
『外国人――我らの内なるもの』　213
解釈項　140
解釈学　146, 147, 186, 187, 201
解釈学的循環　187
『解析学者』　83
『概念記法』　148, 149
概念論　37, 40, 41
概念枠　164
外部知覚　135
快楽主義　10, 30, 31, 37
『快楽の活用』　209
快楽論　62
カイロネイアの戦い　27
顔　188, 189
カオス　141
科学哲学　146, 147, 162
『科学・哲学論集』　153
『科学と近代世界』　153
科学認識論→**エピステモロジー**
『科学の時代における理性』　187
『科学評論雑誌』　115
『可感界と可想界の形式と原理』　104,105
『格言と省察』　63
格差原理　173
『確実性の問題』　157
『学問芸術論』　95
格率　102
仮言命法　102
過去把持　176, 177
『家事労働に賃金を』　217
仮説形成　140
『家族・私有財産・国家の起源』　217
家族的類似　19, 157
カタルシス　28
価値哲学　138, 172
『活力測定考』　104, 105
『割礼告白』　211
『過程と実在』　153
過程の哲学　152, 153
カテゴリー　26, 40, 99, 100, 101, 113, 138, 158, 159
カテゴリー錯誤　158, 159
『カテゴリー論』　26
寡頭政　60, 61
『彼方をめざして――ネーションとは何か』　213
カーニバル　212
可能世界　85, 168, 169
可能世界意味論　168
可能的状態　25
カノッサの屈辱　37
カバラ　34
『カフカ』　205
下部構造　10, 122, 123, 125, 202, 203
家父長制　216, 217
『壁』　183
『貨幣、利子論集』　81
『画法幾何学の公理』　153
神　16-18, 20-22, 32, 34, 38, 39, 44-48, 50, 52-54, 56, 58, 60-67, 69, 71-78, 83, 85-87, 96, 97, 101, 103-105, 107, 120, 121, 124, 126, 127, 152, 153, 175, 176, 181, 209, 211
神の国　39, 61
神の誠実　65-67, 69
『神の存在証明の唯一の可能な証明根拠』　104, 105
神の存在論的証明　66
神の似姿　38, 39, 48
神は死んだ　127
カリフォルニア大学　163, 167
カルチュラル・スタディーズ　200, 206
『彼自身によるロラン・バルト』　200, 201
考えるもの　69
感覚所与　99
感覚日記　156
『感覚の論理』　205
還帰　32-34
環境保全　214
環境倫理　214, 215
『監獄の誕生』　208, 209
観察によらない知識　167
観察命題　154
観照　33
感性界　22
感性の多様　99
慣性の法則　64
完全な存在　20, 26, 66, 76
観相学　112
間テクスト性　212
関東大震災　147
『カントと形而上学の問題』　181
『カントの批判哲学』　205
『観念の冒険』　153
観念連合　88
観念論　23, 77, 82, 83, 92, 93, 105, 107, 109, 114, 122, 136, 138, 142, 143
キアスム　185
記憶の円錐　143
機械の中の幽霊　159
『幾何学基礎論』　151
幾何学主義　57, 70, 82, 84
『幾何学の起源』　211
幾何学の精神　72
器官なき身体　205
記号　31, 49, 50, 78, 85-87, 95, 134, 140, 141, 156, 184,195,198, 200, 201, 211-213
記号学　200,201
『記号の横断』　213
記号論　31, 49, 50, 87, 140, 200, 201, 212, 213
記述心理学　135, 177
『技術と転回』　181
記述理論　137, 150
貴族制　60, 61
基礎づけ　62, 104, 105, 113, 138, 146, 149, 170, 171, 175, 184
基礎づけ主義　170, 171
企投　180
技能知　158
帰納法　57, 59
規範主義　27, 118
『奇妙な戦争──戦中日記』　183
客観主義　136, 137, 177
客観主義的論理学　177
客観的観念論　109
95ヵ条の提題　37
旧約聖書　10, 54, 120
キュニコス派　30, 31
キューバ危機　147
『教育の目的』　153
『教育論』　81

事項索引

●ア行
愛知　17, 28
『愛と文体―フランカへの手紙』　203
『愛の業』　121
『アイロニーの概念』　121
アヴィニヨン幽囚　37, 58
アウシュヴィッツ　146
アウラ　190
『青色本』　157
アカデミア・プラトニカ　10
アカデメイア　10, 21, 27, 28
『明るい部屋』　201
悪法もまた法である　18
『悪魔と神』　183
アクラシア　18, 27, 28
アタラクシア　30, 31
新しい道　48, 49
熱い社会　207
アテナイ　10-12, 14, 15, 18, 23, 27-29
『アテナイ人の国制』　27
《アテナイの学堂》　29
アトム　14
アパテイア　31
アフォーダンス　146, 147, **220, 221**
アブダクション　140, 141
ア・プリオリ　99, 166, 169
アフリカの年　219
アヘン戦争　93
ア・ポステリオリ　99
アポリア　211
アメリカ独立宣言　57, 92, 93
『アメリカ　未完のプロジェクト』　171
アラビア世界　44
『あらゆる啓示批判の試み』　107
「アリストテレスによる存在者のさまざまな意味について」　135
『アリストテレスのカテゴリー論への序論』　40
アルキメデスの点　170, 171
アルケー　12, 24, 25, 189
『アルシフロン』　83
『アルトナの幽閉者』　183
『アルブマルル女王もしくは最後の旅行者』　183
『あれかこれか』　120, 121
アレテー　27, 28
アレーテイア　181
アンガジュマン　182
アンシャン・レジーム　94
『アンチ・オイディプス』　204, 205
『アンチクリスト』　129
アンチノミー　100, 103
『イエスの生涯』（シュトラウス）　115, 129
『イエスの生涯』（ヘーゲル）　115
イェーナ大学　107, 109, 115, 117, 125, 149, 163
『家の馬鹿息子』　183
イェール大学　171
イオニア（学）派　11, 13, 15
異化効果　190
「意義」と「意味」の区別　148
イギリス経験論　57, 104
イギリス東インド会社　57
イコン　140
『意識に直接あたえられたものに関する試論』　142
意識の流れ　141, 144
『意志と表象としての世界』　116, 117, 129
『イタリア・ルネサンスの文化』　59
『一次元的人間』　190
一望監視施設　118, 208
一者　32-34
逸脱　131
一般意志　95
『一般言語学講義』　194
イデア　20-26, 30, 32, 33, 40, 45, 48, 50, 83, 126, 127, 144, 170, 182, 210
イデア界　22
イデア説　10, 20, 24
イデイン　20
イデオロギー　122, 200, 202, 203, 216
『イデーン』　177
遺伝子操作　214
意図的行為　167
イドラ　59
イマージュ　143, 144
意味生成　212, 213
『意味と無意味』　185
意味の検証理論　162, 163
意味の「真理条件」説　148
意味論　166, 169
『イリアス』　12
イリア（il-y-a）188
イリュミニスム　53
『印欧諸語の母音の原初体系』　195
因果論的機械論　138
『イングランド史』　89
インデックス　140
『ヴァーグナーの場合』　129
ヴァージニア大学　171
ヴァールブルク研究所　138
ヴァンセンヌ実験大学　209
『ウィトゲンシュタインのパラドックス』　168, 169
『ウィルヘルム・マイスターの修業時代』　112
ウィーン学団　154, 165
ウィーン大学　133, 135, 163, 177
ヴェトナム戦争　147
ウェーバー・マルクス主義　190
ウェルズレイ大学　171
ウォーターゲート事件　147
ウーシア　25
嘘つきのパラドックス　136
『宇宙論』　71, 141, 153
ウプサラ大学　209
ウーマンリブ　217
運動的意味　220
永遠回帰　127, 128, 204
永遠真理創造説　69
永遠の真理　86
永遠の相のもとに　76, 77
『永遠平和のために』　105
永久真理　38
影響作用史　186
永劫回帰　127
『エイサゴゲー』　40
英知界　101
エイドス　24, 25
英蘭戦争　57
エウデモニア　28
『易経』　29
エクスタシス　32
『エクリ』　197
『エクリチュールと差異』　211
エコロジカル・フェミニズム　217
エス　132, 133, 196
『S／Z』　201
エセー　63
『エチカ』　77
『エッセ・クリティック』　201
『エッフェル塔』　201
エディプス・コンプレックス（オイディプス・コンプレックス）　131-133, 196, 213, 216
エネルゲイア　25
エピクロス派　30
エピステーメ　17, 23, 207
エピステモロジー　146, **192, 193**, 202, 206
エピドシス・アウトゥー　32
エポケー　30, 31
『エミール』　94, 95
エラン・ヴィタール　143, 144
エレア（学）派　11, 15, 21
エレンコス　17, 18

フランク、アンドレ・グンダー　56, 92
フーリエ、フランソワ＝マリー＝シャルル　217
プリゴジン、イリヤ　109, 223
フリーダン、ベティ　216, 217
ブルクハルト、ヤーコプ　59
プルースト、マルセル　62, 63, 213
ブルデュー、ピエール　192, 193
ブルトマン、ルドルフ　139
ブルーノ、ジョルダーノ　43, 53, 69, 84, 109
フレーゲ、フリードリヒ・ルートヴィヒ・ゴットローブ　87, 93, 136, 140, 146, 147, **148, 149,** 168, 170, 177
ブレンターノ、フランツ　92, 93, **134, 135,** 136, 174, 177
ブロイアー、ジョセフ　133
フロイト、シグムント　92, 93, 117, 129, **130-133**, 147, 190, 196, 197, 203, 204, 212, 213, 216
ブロイラー、オイゲン　133
プロクロス　11, 32, 33
プロタゴラス　11, 13, 15, 21
プロティノス　11, 32-34, 52-54, 115
フロム、エーリッヒ　191
フンボルト、アレキサンダー　125
ヘア、リチャード・マーヴィン　119, 172
ベークマン、アイザック　71
ヘーゲル、ゲオルク・ヴィルヘルム・フリードリヒ　10, 31, 34, 53, 54, 57, 61, 64, 69, 74, 77, 92, 93, 105, 107, 109, **110-115**, 117, 120-123, 125, 134, 141, 147, 153, 185, 187, 188, 190, 191, 202, 203
ベーコン、フランシス　37, 43, 48, 57-59, 69
ベーコン、ロジャー　43, 48, 57, 59, 69, 78
ペトラルカ、フランチェスコ　59
ベーベル、アウグスト　217
ベーメ、ヤコブ　43, 53, 54
ヘラクレイトス　11, 13, 15, 25
ペリー、マシュー・カルブレース　93
ベルクソン、アンリ　34, 92, 93, 141, **142-144**, 146, 147, 204, 205
ヘルダー、ヨハン・ゴットフリード　69, 77
ヘルダーリン、ヨハン・クリスティアン・フリードリヒ　77, 109, 115, 181
ヘロドトス　16
ベンサム、ジェレミー　27, 57, 69, 90, 93, 118, 119, 208
ベンヤミン、ヴァルター　147, 190, 191
ボーア、ニールス　14
ポアンカレ、ジュール＝アンリ　192, 193
ホイヘンス、クリスティアン　87
ボイル、ロバート　77
ボーヴォワール、シモーヌ・ド　183, 185, 216, 217
ボッシュ、ヒエロニムス　206
ホッブズ、トマス　64, 69, 71, 94
ポパー、カール　191
ボーブナルグ、リュック・ド・クラピエ・ド　63
ホメロス　12
ポリュビオス　60
ホルクハイマー、マックス　147, 190, 191
ボルツァーノ、ベルナルト　136, 137, 177
ポルピュリオス　40
ホワイトヘッド、アルフレッド・ノース　23, 34, 87, 150, 151, **152, 153**, 162

●マ行
マイノング、アレクシウス　135, 137, 150
マイモニデス、モーゼス　43
マキアヴェッリ、ニコロ　60, 61, 69, 223
マーチャント、キャロリン　217
マッコビィ、エレノア　217
マルクス、カール　10, 92, 93, **122-125**, 129, 146, 147, 151, 183, 190, 202-205, 211, 216, 217
マルクス・アウレリウス（・アントニヌス）　11, 30, 31, 33
マルクーゼ、ヘルベルト　147, 190, 191
マルサス、トマス・ロバート　122
マルティ、アントン　135
マルブランシュ、ニコラス　69
丸山圭三郎　194, 195
マン、トマス　117
マンハイム、カール　147
ミシュレ、ジュール　59, 201
ミッチェル、ジュリエット　217
ミル、ジョン・スチュアート　57, 69, 93, 118, 119, 215-217
ミレット、ケイト　216, 217
ミンハ、トリン・T　219
ムーア、ジョージ・エドワード　172
メアリ（二世）　81
メルセンヌ、マラン　71
メルロ＝ポンティ、モーリス　71, 93, 139, 144, 146, 147, 177, **184, 185**, 220
メンデルスゾーン、モーゼス　77
モア、トマス　57-59
モース、マルセル　198
モリエール　62, 63
モリヌークス、ウィリアム　82
モンテスキュー、シャルル・ルイ・ド・スコンダ　69, 203
モンテーニュ、ミシェル・エイカン・ド　43, 57, 59, **62, 63**, 69, 206

●ヤ行
ヤコービ、フリードリヒ・ハインリヒ　69, 77, 101
ヤン・デ・ウィット　77
ユング、カール・グスタフ　133

●ラ行
ライヒ、ヴィルヘルム　191
ライプニッツ、ゴットフリート・ヴィルヘルム　34, 53, 56, 57, 69, 77, **84-87**, 96, 105, 115, 116, 143, 177
ライル、ギルバート　71, 146, 147, **158, 159**
ラカン、ジャック　133, 146, 147, **196, 197**, 201, 203, 212, 213
ラスク、エミール　139
ラッセル、バートランド　87, 137, 146, 147, 149, **150, 151**, 152-155, 157, 162, 163
ラファエッロ　29
ラ・ブリュイエール、ジャン・ド　62, 63
ラ・ロシュフーコー、フランソワ　62, 63
ランガー、スザンヌ・K　139, 195
ラング、フリッツ　191
ランゲ、フリードリヒ・アルベルト　138, 141
リオタール、ジャン＝フランソワ　147, 191
リカード、デヴィッド　122
リッケルト、ハインリッヒ　139, 177
リッチ、アドリエンヌ　217
リッチュル、アルブレヒト　129
リープマン、オットー　138
リベラ、アラン・ド　41
リーベルト、アルトゥール　139
リンネ、カール・フォン　207
ルイ十四世　57
ルカーチ（・ジョルジ）　147, 190
ルーゲ、アルノルト　125
ルー（・アンドレアス）・ザロメ　129
ルソー、ジャン＝ジャック　57, 69, 89, 92, 93, **94, 95**, 96, 115, 172, 216
ルター、マルチン　37, 43, 57-59, 109, 129, 186
レヴィ＝ストロース、クロード　146, 147, 185, 191, **198, 199**, 207, 212
レーヴィット、カール　187
レヴィナス、エマニュエル　146, 147, **188, 189**
レヴィン、クルト　220
レシニェフスキ、スタニスワフ　136, 137
レッシング、ゴットホルト・エフライム　69, 77
ロスケリヌス　37, 40, 41, 43
ロック、ジョン　37, 56, 57, 69, **78-81**, 82, 83, 88, 90, 122, 123, 167, 169, 172, 215-217
ロッツェ、ヘルマン　138, 139
ローティ、リチャード　170, 171
ロブ＝グリエ、アラン　201
ロラン、ロマン　133
ロールズ、ジョン　172, 173

●ワ行
ワット、ジェームズ　92

シェリング、フリードリヒ・ヴィルヘルム・ジョゼフ 57, 69, 77, 93, 105, **108, 109,** 110, 113, 115, 121, 134, 153, 181, 223
シェーンベルク、アルノルト 191
シゲルス（ブラバンの） 47
シジウィック、ヘンリー 118
ジード、アンドレ 62, 63
ジャクリン、キャロル 217
シャルル八世 60
シャンフォール、ニコラス＝セバスティエン 63
シュヴァイツァー、アルベルト 215
シュトゥンプ、カール 135, 177
シュトラウス、デヴィッド・フリードリヒ 115, 129
ジュベール、ジョゼフ 63
シュライエルマッハー、フリードリヒ・ダニエル・エルンスト 117, 186
シュレーゲル、アウグスト・ウィルヘルム・フォン 109
シュレーゲル、フリードリヒ・フォン 121
ショーペンハウアー、アルトゥール 92, 93, **116, 117**, 129
シンガー、ピーター 119, 215
スアレス、フランシスコ・ド 43, 69
スコトゥス・エリウゲナ→エリウゲナ
スコトゥス→ドゥンス・スコトゥス
ストローソン、ピーター・フレデリック 87
スパルタクス 37
スピヴァク、ガヤトリ・C 219
スピノザ、バルーフ・ド 53, 56, 57, 61, 71, **74-77**, 87, 109, 110, 115, 152, 204, 205
スミス、アダム 89, 90, 117, 122, 124
スラッファ、ピエロ 155
セジウィック、イヴ・コゾフスキー 217
セネカ、ルキウス・アンナエウス 11, 30, 31, 33, 37, 62, 217
ゼノン（エレアの） 11, 13, 15
ゼノン（キュプロスの） 11, 30, 31, 33, 37
セン、アマルティア 173
セント＝クレア、ジェームズ 89
ソクラテス 10, 11, 15, **16-19**, 20-22, 27, 40, 41
ソシュール、フェルディナン・ド 146, 147, **194, 195**, 198, 200, 203, 212
ゾラ、エミール 200
ソロン 21

●タ行
ダヴィッド、ジャック＝ルイ 19
ダーウィン、チャールズ 93, 144
タッソー、トルクァート 206
ダラ・コスタ、マリアローザ 217
ダランベール、ジャン・ル・ロン 69, 89
タルスキ、アルフレッド 136, 137, 165-167
タレス 10-15, 17, 22, 25
ダンテ（・アリギエーリ） 59
チョドロウ、ナンシー 217
ツヴィングリ、ウルリッヒ・フルドリッヒ 58
デイヴィドソン、ドナルド **166, 167**
ディオゲネス（シノペの） 11, 30, 31, 33
ディオニュシオス二世 21
ディオン 21
ディドロ、ドゥニ 69, 89, 94, 95
テイラー、ポール 215
ディルタイ、ウィルヘルム 186
デカルト、ルネ 37, 41, 56, 57, **64-71**, 72-74, 76, 79-84, 87, 93, 130, 133, 143, 152, 158, 159, 170, 177, 178, 180-182, 188, 204, 206, 207, 210, 222
デモクリトス 11, 13-15, 30, 125
デューイ、ジョン 93, 141
デュエム、ピエール 164, 192, 193
デュラン、シャルル 183
デュルケム、エミール 198
デリダ、ジャック 19, 73, 93, 146, 147, 171, 187, 189, 201, **210, 211**, 218, 219
テルトゥリアヌス 37, 39
テレーズ・ルヴァスール 95
ドウォーキン、アンドレア 217
ドゥルーズ、ジル 92, 93, 125, 129, 144, 146, 147, **204, 205**
ドゥンス・スコトゥス、ヨハネス 36, 37, 40, 41, 43, 47-49, 181
ド＝ゴール、シャルル 147
ドッズ、エリック・ロバートソン 14
トマス・アクィナス 27, 29, 32, 36, 37, 41, 43, **44-47,** 48, 51
トマス・ア・ケンピス 52
トワルドウスキ、カシミール 135-137

●ナ行
ナトルプ、パウル 138, 139, 177, 181
ナポレオン（一世） 57, 93, 107, 115
ニコマコス 27
ニザン、ポール 183
ニーチェ、フリードリヒ・ヴィルヘルム 23, 74, 77, 92, 93, 109, 116, 117, **126-129**, 147, 181, 201, 204-206, 223
ニーチェ、エリーザベト 129
ニュートン、アイザック 84, 85, 87, 94, 105, 108, 115, 163, 164, 192, 222
ノージック、ロバート 173

●ハ行
ハイデガー、マルティン 10, 14, 29, 53, 54, 69, 93, 120, 139, 146, 147, 171, 177, **178-181**, 182, 186, 187, 188, 189, 190
ハイネ、ハインリヒ 125
バウアー、ブルーノ 125
バウムガルテン、アレクサンダー・ゴットリーブ 69
バクーニン、ミハイル・アレクサンドロヴィッチ 125
バークリ、ジョージ 56, 57, 69, 80, **82, 83**
バシュラール、ガストン 192, 193, 202, 207
パース、チャールズ・サンダース 93, 140, 141, 153, 223
パスカル、ブレーズ 56, 57, 62-64, 69, **72, 73**
パスモア、ジョン 215
バッターニー（アルバテグニウス） 42
バトラー、ジュディス 217
バナール、マーティン 23
バーネット、ジョン 14
パノフスキー、エルヴィン 139
ハーバーマス、ユルゲン 105, 147, 187, 190, 191
バフチン、ミハイル 212
ハーマン、ヨハン・ゲオルグ 69, 77
パラケルスス 43
バーリン、アイザイア 173
バルト、ロラン **200, 201**
ハルトマン、ニコライ 139
パルメニデス 11, 13, 15, 21
ピーコ・デッラ・ミランドラ、ジョヴァンニ 11, 33, 34, 43, 53, 58
ピュタゴラス 11, 13, 15, 21
ヒューム、デヴィッド 56, 57, 69, **88-90**, 92, 93, 95-98, 105, 117, 165, 172, 204
ビュリダン、ジャン 40
ピュロン 11,21,30,31,33,37,65
ヒルベルト、デヴィッド 177
ビンスワンガー、ルートヴィヒ 133
フィチーノ、マルシリオ 11, 21, 33, 34, 43, 53
フィッシャー、クーノ 139
フィヒテ、ヨハン・ゴットリーブ 57, 69, 93, 105, **106, 107**, 108-110, 113, 115-117, 134
フェレンツィ（・シャーンドル） 133
フォイエルバッハ、ルートヴィヒ・アンドレアス 62, 202
フォン・ノイマン、ジョン 191
フーコー、ミシェル 31, 67, 118, 125, 129, 146, 147, 192, 193, 205, **206-209**, 218
フス 58
フッサール、エドムント 64, 71, 87, 93, 105, 135, 137,139, 141, 146, 147, 163, **174-177**, 182-184, 188, 189, 207, 211
プトレマイオス 53
ブーバー、マルティン 191
プラトン 10, 11, 13-15, 19, **20-23**, 24-28, 32-34, 36-41, 45, 48, 50-54, 58, 60, 83, 84, 110, 115, 117, 123, 126, 144, 153, 157, 167, 170, 182, 187, 188, 210

人名索引

●ア行

アインシュタイン、アルバート　147, 151, 191, 192
アヴィケンナ→イブン＝シーナー
アヴェロエス→イブン＝ルシュド
アウグスティヌス　32, 36, 37, **38, 39**, 41, 43, 47, 48, 51
アシュリー卿、アンソニー　81
アドルノ、テオドール　146, 147, 190, 191
アナクサゴラス　11, 13-15, 25
アナクシマンドロス　11-13, 15
アナクシメネス　11-13, 15
アベラール（ペトルス・アベラルドゥス）　37, 40, 41, 43
アラン　62, 63
アリストテレス　10, 11, 14, 19, 21, **24-29**, 36, 37, 40, 41, 44-51, 57-60, 74, 75, 118, 134-136, 148, 159, 161, 168, 170, 181, 223
アリストパネス　19
アルケシラオス　21
アル＝シャーティル　42
アルチュセール、ルイ　125, 146, 147, 192, 193, **202, 203**
アルバート、ハンス　170
アルベルトゥス・マグヌス　47
アレクサンドロス（大王）　10, 11, 24, 26-28, 30, 31, 36, 37, 168
アーレント、ハンナ　191, 213
アンスコム、エリザベス　167
アンセルムス　37, 40, 41
アンティオコス　21
アンドロニコス（ロードスの）　27, 29
アンナ・O　130
イェーガー、W.W.　14
イエス　11, 37, 115, 129
イブン＝クッラ　42
イブン＝シーナー（アヴィケンナ）　29, 37, 41, 42, 134
イブン＝タイミーヤ　42
イブン＝ルシュド（アヴェロエス）　27, 29, 37, 41, 43, 47
イリガライ、リュス　216, 217
ヴァイアーシュトラース、カール　177
ヴァーグナー、リヒャルト　117, 129
ヴァザーリ、ジョルジョ　59
ヴァッラ、ロレンツォ　58
ヴァランス男爵夫人　95
ヴィーコ、ジャンバティスタ　69
ウィットフォーゲル、カール　191
ウィトゲンシュタイン、ルードウィヒ　19, 73, 93, 117, 146, 147, 149, 151, **154-157**, 162, 168-170
ヴィンデルバント、ウィルヘルム　138
ウェーバー、マックス　139, 190
ヴェールホーフ、クラウディア・フォン　217
ヴォエティウス、ギズベルト　71
ヴォルテール　69, 85
ヴォルフ、クリスティアン　87, 96
ウカシェヴィチ、ヤン　136, 137
ヴラストス、グレゴリー　18
ウルストンクラフト、メアリ　216, 217
エアー、アルフレッド・ジュール　172
エックハルト　43, 52-54
エピクロス　11, 30, 31, 33, 37, 125
エラスムス、デジデリウス　43, 57-59, 63, 69, 206
（スコトゥス・）エリウゲナ、ヨハネス　36, 37, 40, 41, 43, 47-49, 181
エリーザベト（プファルツ公女）　71
エンゲルス、フリードリヒ　93, 125, 216, 217
エンペドクレス　11, 13-15
オースティン、ジョン・ラングショー　146, 147, **160, 161**
オッカム、ウィリアム　36, 37, 40, 41, 43, 47-51, 57, 78
オルセン、レギーネ　121

●カ行

カイレポン　16
ガダマー、ハンス＝ゲオルグ　68, 146, 147, **186, 187**
ガタリ、フェリックス　204, 205
ガッサンディ、ピエール　69, 71
カッシーラー、エルンスト　138, 139
カトー、マルクス・ポルキウス　62
カネッティ、エリアス　191
カミュ、アルベール　200
カーライル、トマス　118
ガリレイ、ガリレオ　57, 58, 59
カルカヴィ、ピエール・ド　87
カルナップ、ルドルフ　133, 147, **162, 163**, 164, 165
ガルボ、グレタ　200
カンギレム、ジョルジュ　192, 193, 202, 206, 207
カント、イマニュエル 27, 41, 57, 61, 64, 66, 67, 69, 77, 87, 88, 92-95, **96-105**, 106-110, 113-118, 122,123, 134, 136, 138, 140, 142, 144, 146, 147, 154, 170, 172, 175, 181, 184, 188, 189, 191, 204, 205, 207, 223
ギブソン、ジェームズ・ジェローム　220, 221
キュビエ、ジョルジュ　207
キルケゴール、ゼーレン　92, 93, **120, 121**
クザーヌス、ニコラウス　11, 34, 43, 52, 53, 58, 84, 109, 115
グージュ、オランプ・ドゥ　216, 217
クセノパネス　11, 13, 15
クセノフォーン　19
グーテンベルク、ヨハネス　57
クヌッツェン、マルティン　105
クラウス、オスカー　135
クリスティナ女王　68, 71
クリステヴァ、ジュリア　201, **212, 213**, 216, 217
グリフィン、スーザン　217
クリプキ、ソール　**168, 169**
クリュシッポス　11, 30, 31, 33, 37
グリーンバーグ、クレメント　105
クロネッカー、レオポルド　177
クワイン、ウィラード・ヴァン・オーマン　93, 141, 146, 147, 163, **164, 165**, 168, 170
クーン、トマス　147, 187
ケインズ、ジョン・メイナード　157
ゲーテ、ヨハン・ヴォルフガング　77, 109, 112, 117, 186
ゲーデル、クルト　147, 191
ケプラー、ヨハネス　53, 57, 58, 115
ゲーリケ、オットー・フォン　73
コイレ、アレクサンドル　193
コーエン、ヘルマン　138, 139
コジェーヴ、アレクサンドル　185
ゴッホ、ヴィンセント・ヴァン　181
コフカ、クルト　220
コペルニクス、ニコラウス　42, 57, 58, 62, 98, 100
ゴルギアス　11, 21
コロンブス、クリストファー　37
コンディヤック、エティエンヌ・ボノ・ド　69, 95
コント、オーギュスト　134, 192, 193
コーンフォード、フランシス・マクドナルド　14

●サ行

サイード、エドワード　218
サヴァナローラ、ジローラモ　60
サール、ジョン　161
サルトル、ジャン＝ポール 142, 146, 147, **182, 183**, 185, 207
サン＝シモン、クロード・アンリ　217
ジェームズ、ウィリアム　93, 133, 141
シェークスピア、ウィリアム　103

図説・標準 哲学史

2008年2月10日　初版発行
2025年2月15日　第17刷

著　者　　貫 成人
発　行　　株式会社 新書館
〒113-0024 東京都文京区西片2-19-18
電話 03(3811)2966
（営業）〒174-0043 東京都板橋区坂下1-22-14
電話 03(5970)3840
FAX 03(5970)3847
装　幀　　SDR（新書館デザイン室）
印　刷　　精興社
製　本　　井上製本所

落丁・乱丁本はお取り替えいたします。

Printed in Japan ISBN978-4-403-25093-4

新書館のハンドブック・シリーズ

文　学

世界文学101物語
高橋康也 編
シェイクスピア・ハンドブック
高橋康也 編
幽霊学入門
河合祥一郎 編
日本の小説101
安藤 宏 編
新装版 宮沢賢治ハンドブック
天沢退二郎 編
源氏物語ハンドブック
秋山虔・渡辺保・松岡心平 編
近代短歌の鑑賞77
小高 賢 編
現代短歌の鑑賞101
小高 賢 編著
現代の歌人140
小高 賢 編著
ホトトギスの俳人101
稲畑汀子 編
現代の俳人101
金子兜太 編
現代俳句の鑑賞101
長谷川 櫂 編著
現代詩の鑑賞101
大岡 信 編
日本の現代詩101
高橋順子 編著
現代日本 女性詩人85
高橋順子 編著
中国の名詩101
井波律子 編
現代批評理論のすべて
大橋洋一 編
自伝の名著101
佐伯彰一 編
落語の鑑賞201
延広真治 編
翻訳家列伝101
小谷野敦 編著
時代小説作家ベスト101
向井 敏 編
時代を創った編集者101
寺田 博 編
ＳＦベスト201
伊藤典夫 編
ミステリ・ベスト201
瀬戸川猛資 編
ミステリ絶対名作201
瀬戸川猛資 編
ミステリ・ベスト201 日本篇
池上冬樹 編
名探偵ベスト101
村上貴史 編

人 文・社 会

日本の科学者101
村上陽一郎 編
増補新版 宇宙論のすべて
池内 了 著
ノーベル賞で語る 現代物理学
池内 了 著
図説・標準 哲学史
貫 成人 著
哲学キーワード事典
木田 元 編
哲学の古典101物語
木田 元 編
哲学者群像101
木田 元 編
現代思想フォーカス88
木田 元 編
現代思想ピープル101
今村仁司 編
日本思想史ハンドブック
苅部 直・片岡 龍 編
ハイデガーの知88
木田 元 編
ウィトゲンシュタインの知88
野家啓一 編
精神分析の知88
福島 章 編
スクールカウンセリングの基礎知識
楡木満生 編
現代の犯罪
作田 明・福島 章 編
世界の宗教101物語
井上順孝 編
近代日本の宗教家101
井上順孝 編
世界の神話101
吉田敦彦 編
社会学の知33
大澤真幸 編
経済学88物語
根井雅弘 編
新・社会人の基礎知識101
樺山紘一 編
世界史の知88
樺山紘一 著
ヨーロッパ名家101
樺山紘一 編
世界の旅行記101
樺山紘一 編
日本をつくった企業家
宮本又郎 編
考古学ハンドブック
小林達雄 編
日本史重要人物101
五味文彦 編
増補新版 歴代首相物語
御厨 貴 編
中国史重要人物101
井波律子 編
イギリス史重要人物101
小池 滋・青木 康 編
アメリカ史重要人物101
猿谷 要 編
アメリカ大統領物語 増補新版
猿谷 要 編
ユダヤ学のすべて
沼野充義 編
韓国学のすべて
古田博司・小倉紀蔵 編
韓流ハンドブック
小倉紀蔵・小針進 編
イスラームとは何か
後藤 明・山内昌之 編

芸　術

現代建築家99
多木浩二・飯島洋一・五十嵐太郎 編
世界の写真家101
多木浩二・大島 洋 編
日本の写真家101
飯沢耕太郎 編
ルネサンスの名画101
高階秀爾・遠山公一 編著
西洋美術史ハンドブック
高階秀爾・三浦 篤 編
日本美術史ハンドブック
辻 惟雄・泉 武夫 編
ファッション学のすべて
鷲田清一 編
ファッション・ブランド・ベスト101
深井晃子 編
映画監督ベスト101
川本三郎 編
映画監督ベスト101 日本篇
川本三郎 編
書家101
石川九楊・加藤堆繋 著
能って、何？
松岡心平 編
舞踊手帖 新版
古井戸秀夫 著
カブキ・ハンドブック
渡辺 保 編
カブキ101物語
渡辺 保 編
現代演劇101物語
岩淵達治 編
バレエ・ダンサー201
ダンスマガジン 編
バレエ・テクニックのすべて
赤尾雄人 著
ダンス・ハンドブック 改訂新版
ダンスマガジン 編
バレエ101物語
ダンスマガジン 編
バレエ・ピープル101
ダンスマガジン 編
新版 オペラ・ハンドブック
オペラハンドブック 編
オペラ101物語
オペラハンドブック 編
オペラ・アリア・ベスト101
相澤啓三 編著
オペラ名歌手201
オペラハンドブック 編
CD&DVD51で語る 西洋音楽史
岡田暁生 著
クラシックの名曲101
安芸光男 著
モーツァルト・ベスト101
石井 宏 編
ロック・ピープル101
佐藤良明・柴田元幸 編